VALE QUANTO PESA
UM ESTUDO SOBRE OS IMPACTOS DO CONTROLE NA GESTÃO

MARCUS VINICIUS DE AZEVEDO BRAGA

Prefácio
Ronaldo Fiani

VALE QUANTO PESA
UM ESTUDO SOBRE OS IMPACTOS DO CONTROLE NA GESTÃO

Belo Horizonte

2021

© 2021 Editora Fórum Ltda.

É proibida a reprodução total ou parcial desta obra, por qualquer meio eletrônico, inclusive por processos xerográficos, sem autorização expressa do Editor.

Conselho Editorial

Adilson Abreu Dallari
Alécia Paolucci Nogueira Bicalho
Alexandre Coutinho Pagliarini
André Ramos Tavares
Carlos Ayres Britto
Carlos Mário da Silva Velloso
Cármen Lúcia Antunes Rocha
Cesar Augusto Guimarães Pereira
Clovis Beznos
Cristiana Fortini
Dinorá Adelaide Musetti Grotti
Diogo de Figueiredo Moreira Neto (*in memoriam*)
Egon Bockmann Moreira
Emerson Gabardo
Fabrício Motta
Fernando Rossi
Flávio Henrique Unes Pereira

Floriano de Azevedo Marques Neto
Gustavo Justino de Oliveira
Inês Virgínia Prado Soares
Jorge Ulisses Jacoby Fernandes
Juarez Freitas
Luciano Ferraz
Lúcio Delfino
Marcia Carla Pereira Ribeiro
Márcio Cammarosano
Marcos Ehrhardt Jr.
Maria Sylvia Zanella Di Pietro
Ney José de Freitas
Oswaldo Othon de Pontes Saraiva Filho
Paulo Modesto
Romeu Felipe Bacellar Filho
Sérgio Guerra
Walber de Moura Agra

FÓRUM
CONHECIMENTO JURÍDICO

Luís Cláudio Rodrigues Ferreira
Presidente e Editor

Coordenação editorial: Leonardo Eustáquio Siqueira Araújo
Aline Sobreira de Oliveira

Av. Afonso Pena, 2770 – 15º andar – Savassi – CEP 30130-012
Belo Horizonte – Minas Gerais – Tel.: (31) 2121.4900 / 2121.4949
www.editoraforum.com.br – editoraforum@editoraforum.com.br

Técnica. Empenho. Zelo. Esses foram alguns dos cuidados aplicados na edição desta obra. No entanto, podem ocorrer erros de impressão, digitação ou mesmo restar alguma dúvida conceitual. Caso se constate algo assim, solicitamos a gentileza de nos comunicar através do *e-mail* editorial@editoraforum.com.br para que possamos esclarecer, no que couber. A sua contribuição é muito importante para mantermos a excelência editorial. A Editora Fórum agradece a sua contribuição.

Dados Internacionais de Catalogação na Publicação (CIP) de acordo com a AACR2

B813v	Braga, Marcus Vinicius de Azevedo Vale quanto pesa: um estudo sobre os impactos do controle na gestão / Marcus Vinicius de Azevedo Braga.– Belo Horizonte : Fórum, 2021. 358 p. ISBN: 978-65-5518-148-7 1. Direito Financeiro. 2. Política Educacional. 3. Controle Governamental. I. Título. CDD 341.38 CDU 347.73

Elaborado por Daniela Lopes Duarte - CRB-6/3500

Informação bibliográfica deste livro, conforme a NBR 6023:2018 da Associação Brasileira de Normas Técnicas (ABNT):

BRAGA, Marcus Vinicius de Azevedo. *Vale quanto pesa*: um estudo sobre os impactos do controle na gestão. Belo Horizonte: Fórum, 2021. ISBN 978-65-5518-148-7.

Dedico esta obra à geração de profissionais da área de controle interno que, desde o início do final do século XX, têm promovido avanços estruturais e relevantes nessa função no Brasil, trazendo-a para o seu devido lugar no campo das políticas públicas.

Agradeço a minha esposa, Ethel Braga, e as minhas filhas, Clara e Helena, pelo apoio diuturno aos meus projetos acadêmicos, projetos esses que, por vezes, imputaram grande sacrifício ao convívio fraterno que tanto nos apraz.

Já tenho este peso que me fere as costas. E não vou, eu mesmo, atar minha mão.

(Antônio Carlos Belchior

Da música *Como o Diabo gosta*

LP Alucinação 1976)

LISTA DE ABREVIATURAS E SIGLAS

AEPG	Avaliação da Execução dos Programas de Governo
AGU	Advocacia-Geral da União
CADIN	Cadastro informativo de créditos não quitados do setor público federal
CAQ	Custo Aluno-Qualidade
CA Qi	Custo Aluno-Qualidade Inicial
CGU	Controladoria-Geral da União
CiSet	Controle Interno Setorial
CNE	Conselho Nacional de Educação
COAF	Conselho de Controle de Atividades Financeiras
CONACI	Conselho Nacional de Controle Interno
CONAE	Conferência Nacional da Educação
CONSOCIAL	Conferência Nacional sobre Transparência e Controle Social
DENATRAN	Departamento Nacional de Trânsito
DPF	Departamento de Polícia Federal
FHC	Fernando Henrique Cardoso
FNDE	Fundo Nacional de Desenvolvimento da Educação
Fundeb	Fundo de Manutenção e Desenvolvimento da Educação Básica e de Valorização dos Profissionais da Educação
Fundef	Fundo de Manutenção e Desenvolvimento do Ensino Fundamental e de Valorização do Magistério
IDEB	Índice de Desenvolvimento da Educação Básica
IDH	Índice de Desenvolvimento Humano
IIA	*The Institute of Internal Auditors*
INEP	Instituto Nacional de Estudos e Pesquisas Educacionais Anísio Teixeira
INMETRO	Instituto Nacional de Metrologia, Qualidade e Tecnologia
LAI	Lei de Acesso à Informação
MEC	Ministério da Educação
MPE	Ministério Público Estadual
MPF	Ministério Público Federal
NTE	Núcleos de Tecnologia Educacional
OEA	Organização dos Estados Americanos
PAC	Programa de Aceleração do Crescimento
PAR	Plano de Ações Articuladas
PDDE	Programa Dinheiro Direto na Escola
PDE	Plano de Desenvolvimento da Educação
PIB	Produto Interno Bruto
PNAE	Programa Nacional de Alimentação Escolar
PNATE	Programa Nacional de Apoio ao Transporte do Escolar
PNE	Plano Nacional de Educação
PNLD	Programa Nacional do Livro e do Material Didático
PNTE	Programa Nacional de Transporte Escolar
PNUD	Programa das Nações Unidas para o Desenvolvimento
PPA	Plano Plurianual

PROINFO	Programa Nacional de Tecnologia Educacional
RMS	Recurso Ordinário em Mandado de Segurança
SASE	Secretaria de Articulação com os Sistemas de Ensino
SEED	Secretaria de Educação a Distância
SFC	Secretaria Federal de Controle Interno
SIGPC	Sistema de Gestão de Prestação de Contas
SIMEC	Sistema Integrado de Monitoramento Execução e Controle do Ministério da Educação
SIOPE	Sistema de Informações sobre Orçamentos Públicos em Educação
SISCORT	Sistema de Controle de Remanejamento e Reserva Técnica
SUAS	Sistema Único de Assistência Social
SUS	Sistema Único de Saúde
TCE	Tomada de Contas Especial
TCT	Teoria dos Custos de Transação
TCU	Tribunal de Contas da União

LISTA DE FIGURAS

Figura 1   Visão da rede de *accountability* da política educacional

LISTA DE GRÁFICOS

Gráfico 1   Evolução do orçamento do FNDE
Gráfico 2   Transferências da União a municípios (2005-2014) na função educação

LISTA DE QUADROS

Quadro 1	Evolução do orçamento do FNDE 2005-2014
Quadro 2	Detalhamento dos programas analisados
Quadro 3	Análise das resoluções dos programas educacionais
Quadro 4	Possibilidades de oportunismo na política educacional descentralizada
Quadro 5	Relação de controles e incentivos na política descentralizada
Quadro 6	Rede de *accountability* da política educacional
Quadro 7	Interações das quatro funções básicas da Controladoria do Setor Público
Quadro 8	Legislações no período da pesquisa que afetam a transparência municipal
Quadro 9	Deficiências de monitoramento nos relatórios de AEPG
Quadro 10	Extrato de constatações do sorteio de municípios afetas à estrutura
Quadro 11	Extrato de desvios de finalidade nos sorteios de municípios
Quadro 12	Impacto dos órgãos de controle na auditoria interna do FNDE
Quadro 13	Classes de recomendação no sorteio de municípios
Quadro 14	Classes de recomendação por programa
Quadro 15	Linhas de atuação da CGU na promoção da transparência e do controle social
Quadro 16	Relação de pontos da CONAE relacionados a ações da CGU
Quadro 17	Excerto de recomendações do PNLD afetas a remanejamento
Quadro 18	Recomendações afetas à prestação de contas
Quadro 19	Análise das recomendações à luz da lógica do programa
Quadro 20	Quesito realimentação
Quadro 21	Quesito padronização
Quadro 22	Quesito dependência
Quadro 23	Quesito controles
Quadro 24	Quesito incentivos

SUMÁRIO

INTRODUÇÃO
O PESO DO CONTROLE
E O SEU VALOR 25

CAPÍTULO 1
UMA REVISÃO DA TEORIA DOS CUSTOS DE
TRANSAÇÃO 31
1.1   Principais conceitos da TCT 31
1.2   Os custos de transação e suas fontes 39
1.2.1 O conceito de racionalidade limitada 41
1.2.2 Oportunismo no contexto da TCT 45
1.2.3 Ativos específicos 49
1.2.4 Incerteza e complexidade 52
1.3   Arranjos institucionais e a questão dos híbridos 55
1.4   Aplicação dos arranjos institucionais no setor
      público 60
      Conclusões parciais 67

CAPÍTULO 2
O AMBIENTE E O ARRANJO INSTITUCIONAL
DA POLÍTICA EDUCACIONAL
DESCENTRALIZADA 69
2.1   Federalismo, descentralização e educação 69
2.1.1 Uma breve discussão sobre o federalismo no Brasil ... 69
2.1.2 A política educacional no contexto da Educação Básica
      brasileira 72
2.1.3 Transferências, equalização e padronização 78
2.1.4 Um sistema nacional de educação? 84
2.2   O arranjo institucional da política educacional
      descentralizada 88
2.2.1 O papel do FNDE 88

2.2.2   Principais programas da Educação Básica do FNDE
         descentralizados para os municípios 94
2.2.3   Descentralização e arranjos híbridos 97
2.2.4   Oportunismo e os atores da política educacional
         descentralizada 105
2.3   Autonomia e implementação da política educacional nos
         municípios 110
2.3.1   Implementação e a questão das capacidades do ente
         municipal 110
2.3.2   A discussão dos burocratas no nível de rua 116
2.3.3   Uma autonomia emancipatória e multinível? 119
         Conclusões parciais 122

CAPÍTULO 3
O CONTROLE DA POLÍTICA EDUCACIONAL
DESCENTRALIZADA – A CONTROLADORIA-
GERAL DA UNIÃO 125
3.1   Corrupção, autonomia e os custos de transação 126
3.1.1   Corrupção: um problema complexo e estrutural 126
3.1.2   Fenômeno complexo, de causas e remédios da mesma
         natureza 134
3.1.3   Discricionariedade e corrupção – um debate sobre essa
         tensão 143
3.2   A rede de *accountability* da política educacional
         descentralizada – atores e interações 151
3.2.1   Discussões sobre o conceito de rede de
         accountability 151
3.2.2   A rede de *accountability* da política educacional 154
3.2.3   O controle interno – um ator privilegiado na
         pesquisa 162
3.3   Controladoria-Geral da União 166
3.3.1   Origem e trajetória 166
3.3.2   Estrutura e forma de organização 172
3.3.3   Ações da CGU voltadas para as políticas
         descentralizadas 180
         Conclusões parciais 187

CAPÍTULO 4
ANÁLISE DA ATUAÇÃO DA CONTROLADORIA-GERAL DA UNIÃO NA POLÍTICA EDUCACIONAL DESCENTRALIZADA, DE 2005 A 2014, SOB A ÓTICA DA TEORIA DOS CUSTOS DE TRANSAÇÃO – ANÁLISE DOS PROBLEMAS ENCONTRADOS 189

4.1 Descrição do modelo de análise 189
4.2 Análise dos problemas encontrados à luz das categorias 193
4.2.1 Categoria racionalidade limitada, incerteza e complexidade 197
4.2.1.1 Racionalidade limitada 197
4.2.1.2 Implementação no município 202
4.2.1.3 Denúncias 205
4.2.1.4 Complexidade 208
4.2.1.5 Oportunismo *ex ante* 213
4.2.1.6 Oportunismo *ex post* 216
4.2.1.7 Diluição de responsabilização 221
4.2.2 Especificidade 223
4.2.2.1 Dependência e capacidades municipais 225
4.2.2.2 Preservação da parceria 230
4.2.2.3 Dependência da trajetória 235
4.2.2.4 Regra de entrada e o efeito refém 237
4.2.3 Autonomia 241
4.2.3.1 Regras como limitadoras 242
4.2.3.2 Aderência e *remediableness* 249
4.2.3.3 Desvio de finalidade e submetas 251

CAPÍTULO 5
ANÁLISE DA ATUAÇÃO DA CONTROLADORIA-GERAL DA UNIÃO NA POLÍTICA EDUCACIONAL DESCENTRALIZADA, DE 2005 A 2014, SOB A ÓTICA DA TEORIA DOS CUSTOS DE TRANSAÇÃO – ANÁLISE DAS SOLUÇÕES PROPOSTAS 257

5.1 Aspectos gerais das ações da CGU no contexto das soluções 257

5.2 Análise das proposições da CGU à luz das categorias....... 273
5.2.1 Categoria racionalidade limitada, incerteza e complexidade.. 273
5.2.1.1 Recomendação e complexidade... 273
5.2.1.2 Recomendações de caráter orientativo ou preventivo 277
5.2.1.3 Superposição de competências e lacunas........................... 279
5.2.1.4 Realimentação do arranjo e do ambiente........................... 281
5.2.1.5 Transparência, incerteza e controle social.......................... 286
5.2.2 Categoria especificidade.. 290
5.2.2.1 Controle social e redução da dependência......................... 290
5.2.2.2 Dependência na parceria e caminhos alternativos............. 293
5.2.2.3 Dependência e rede de *accountability*............................... 296
5.2.2.4 Ações da CGU e quase mercado 298
5.2.2.5 Transparência e redução da dependência.......................... 302
5.2.2.6 Recomendação e dependência do implementador............ 304
5.2.3 Categoria autonomia... 307
5.2.3.1 A visão da discricionariedade... 307
5.2.3.2 Ajustes *ex post* e *remediableness*...................................... 309
5.2.3.3 Mecanismos locais de *accountability* e as recomendações..... 312
5.2.3.4 Alinhamento com os objetivos da política......................... 314
5.2.3.5 Intencionalidade na combinação de controles e incentivos... 317
5.3 Síntese das principais conclusões 318

CONSIDERAÇÕES FINAIS.. 329

REFERÊNCIAS 335

ANEXO
RELAÇÃO DE DOCUMENTOS ANALISADOS 353
1) Relatórios de AEPG.. 353
2) Relatórios de sorteio de municípios.. 353
3) Relatórios da CGU de contas anuais do FNDE alusivos aos exercícios de 2005, 2011, 2013 e 2014 357
4) Informações veiculadas na imprensa e em *sites* oficiais das operações em conjunto da CGU com outros órgãos, como o Ministério Público e a Polícia Federal... 357
5) Normativos e documentos relacionados a transparência............... 358

PREFÁCIO

O problema do desvio e má gestão de recursos públicos há anos ganha espaço nas pautas dos jornais e da televisão, assegurando grandes audiências. Essa divulgação maciça vem produzindo um amplo repúdio a práticas nocivas à gestão pública, mas ao mesmo tempo difundiu a crença de que esses problemas podem ser solucionados de maneira rápida e fácil, bastando para isso adotar medidas repressivas suficientemente fortes para coibir comportamentos indesejados. Essa ideia aparece frequentemente acompanhada do diagnóstico de que uma solução depende apenas de "vontade política" para endurecer leis e condenações.

Medidas repressivas são sempre necessárias: a impunidade obviamente gera incentivos para comportamentos desviantes. No entanto, medidas repressivas são apenas metade da resposta para o problema da má gestão e do desvio de recursos públicos. Infelizmente, não reconhecemos ainda que boa parte dos problemas deriva de fatores estruturais, cuja solução exige ir além da adoção de medidas repressivas. Tais fatores incluem, por exemplo, dificuldades geradas pelo nosso arranjo federativo, deficiências técnicas do funcionalismo, especialmente em nível subnacional; e uma atuação dos órgãos de controle que se limitam a punir sem apontar as correções institucionais necessárias, às vezes nem mesmo informar os órgãos envolvidos dos problemas estruturais encontrados, renunciando dessa forma a possibilidade de fornecer *feedback* valioso acerca do funcionamento das políticas públicas avaliadas.

Este livro é pioneiro ao investigar os problemas estruturais que afetam a política educacional brasileira, inclusive a atuação dos órgãos de controle. Esta investigação é desenvolvida a partir de um referencial teórico, o que acentua mais ainda o seu caráter inédito, neste país onde o empirismo e o voluntarismo campeiam largamente na gestão pública. A adoção do paradigma dos custos de transação permite a Marcus Braga não apenas identificar problemas estruturais no controle das políticas públicas em educação, mas até mesmo demonstrar várias vezes que a atuação dos órgãos de controle pode ser contraproducente.

Enfim, este livro é uma leitura indispensável para aqueles que se preocupam com a eficiência e qualidade da gestão no Brasil. Sem atentar para os problemas estruturais que estão por trás do desvio e má gestão pública no país, profundamente analisados por Marcus Braga nesta obra, podemos ter certeza de que as manchetes de corrupção vão se repetir no futuro, como fazem agora.

Ronaldo Fiani
Doutor em Economia pela Universidade Federal do Rio de Janeiro. Professor Associado D.E. do Instituto de Economia da UFRJ.

INTRODUÇÃO

O PESO DO CONTROLE
E O SEU VALOR

O presente livro, uma versão com algumas modificações de uma tese de doutorado defendida pelo autor em 2019,[1] trata de dois temas que ganharam centralidade no Brasil no final da segunda década do século XXI.

O primeiro são as consequências do combate à corrupção sobre a gestão das políticas públicas, dado que a corrupção emerge como um problema central, percebido em um contexto de queda da legitimidade da democracia liberal, sustentáculo político do sistema capitalista, sendo causa de indignação, em especial pelos seus efeitos em relação às políticas sociais, na criança sem escola e no enfermo sem hospital, como causa da ausência de escolas no "padrão FIFA", como visto em muitas manifestações populares.

O segundo tema é o papel da União em relação às políticas descentralizadas no desenho do federalismo brasileiro e, nesse contexto, o papel da *accountability* como garantidor de efetividade, como indutor de qualidade ou, ainda, como um gerador de ônus para a gestão dessas políticas surge nas discussões que se debruçam sobre o atual modelo de colaboração entre os entes.

---

[1] BRAGA, Marcus Vinicius de Azevedo. *Controle, educação e custos de transação*: análise da atuação da Controladoria-Geral da União (CGU) na Política Educacional descentralizada para os Municípios, de 2005 A 2014. 2019. 269 f. Tese (Doutorado) – Programa de Pós-graduação em Políticas Públicas, Estratégias e Desenvolvimento (PPED), Instituto de Economia, Universidade Federal do Rio de Janeiro, Rio de Janeiro, 2019.

Para tratar desses dois temas, a presente pesquisa elege a política educacional,[2] de grande capilaridade e diversidade na sua implementação, associada à atuação de um órgão recente e que assumiu grande relevância, a Controladoria-Geral da União, como ponto de estudo do controle dessas políticas descentralizadas, no contexto da realidade do federalismo brasileiro. No caso da presente pesquisa, optou-se pela possibilidade de se ter discussões renovadas com a agregação da teoria dos custos de transação, como proposto nestas linhas.

O livro tem como objeto a atuação da Controladoria-Geral da União no arranjo institucional da política educacional descentralizada para os municípios brasileiros, no período de 2005 a 2014, no que se refere à gestão desses recursos e objetiva analisar essa interação em relação aos fatores que contribuem para os custos de transação, respondendo em que medida as práticas desse órgão tiveram o potencial de tornar mais ou menos onerosa a implementação da política estudada nos municípios.

E por que esses custos de transação são relevantes? Esses são os custos de se coordenar uma política desenvolvida a partir de orientações do governo central e implementada nos milhares de municípios – com suas peculiaridades – e que impactam a política pública, onerando a gestão destas pela inclusão de ritos e procedimentos, o que pode se tornar mais acentuado pela característica dos órgãos de controle no país, de ter ingerência no processo de implementação com vistas a aprimorá-lo ou corrigi-lo, por vezes assumindo o protagonismo que deve ser da gestão.

O livro se justifica por analisar um arranjo institucional de uma política que se espraia pelos mais de 5.500 municípios, abrangendo mais de 48 milhões de crianças e jovens na Educação Básica pública,[3] tendo o condão de contribuir para as discussões da *accountability* das diversas políticas sociais descentralizadas, que trazem associadas questões, como a redução das desigualdades e a

---

[2] A Política Educacional é complexa, como será tratado no Capítulo 2, envolvendo aspectos pedagógicos e de gestão. No caso da presente tese, o foco se concentra nos aspectos de gestão da mesma, de aplicação desses recursos, em especial na parceria com os municípios pela via da descentralização.

[3] Dados do INEP/MEC (BRASIL, 2019).

promoção do desenvolvimento, bem como por trazer a discussão da atuação dos órgãos de controle de forma mais alinhada às políticas públicas, em especial em um cenário no qual os pressupostos do nosso pacto federativo entram na mesa de discussão.

No que tange à relevância social e política, a pesquisa oferece subsídios para a macrodiscussão do arranjo institucional adotado para as políticas públicas, inserida no contexto federativo de execução pela gestão municipal, desenho que não é exclusivo da política educacional e que se aplica também de forma mais usual à Política de Saúde e de Assistência, contribuindo a presente discussão para a melhor efetivação dessas políticas pelos gestores e possibilitando replicar conhecimentos para outras áreas nas quais a União atue de forma similar, com a ação específica do órgão de controle interno federal.

Dado que outros países adotam o federalismo como sistema político, e alguns destes, como Índia, México e Nigéria, por exemplo, têm grande extensão territorial e padecem de problemas sociais similares ao Brasil,[4] a presente discussão pode colaborar também no desenvolvimento de modelos e discussões de arranjos institucionais no âmbito de programas sociais descentralizados e realizados em parceria com governos subnacionais, inclusive nesses outros países, ancorado na teoria dos custos de transação, considerando um segmento específico desse arranjo, que é a atuação dos órgãos na rede de *accountability*.

A justificativa de se escolher o período de 2005 a 2014 se deve a abranger o governo Luiz Inácio Lula da Silva a partir do momento em que a CGU já se apresenta mais institucionalizada, chegando até o fim do primeiro mandato do governo Dilma Rousseff, de forma a contemplar a implementação da Lei de Acesso à Informação (LAI) como marco que teve grande influência na relação do governo federal com os municípios e que permitirá as análises necessárias de um modelo de atuação em relação à política educacional descentralizada.

No ano de 2015, ocorreram mudanças inseridas pelo então ministro Valdir Simão nas fiscalizações de entes federativos, com o uso

---

[4] Somente como ilustração, conforme índice de percepção da corrupção da Transparência Internacional 2016, as colocações dos países são: Brasil (79º), Índia (79º), México (123º) e Nigéria (136º). No que tange ao Ranking IDH Global 2014, do PNUD/ONU, tem-se: Brasil (75º), Índia (130º), México (74º) e Nigéria (152º).

de indicadores sociais. Já os anos de 2016 a 2019 foram emblemáticos para a própria CGU, uma vez que foi objeto de mudanças e indefinições diversas. Assim, não seria interessante a inclusão desses cinco anos na pesquisa em face das análises necessárias, sendo desejável utilizar esse período inicial de consolidação da CGU, de 2005 a 2014, uma década que possibilitará as análises necessárias e o correspondente aprendizado para o futuro.

A pesquisa é empírica e de caráter qualitativo, por se fundamentar em aspectos concretos e por ter um forte viés descritivo, centrada nos processos analisados, em seus elementos e suas relações (TRIVIÑOS, 1995), e tem no ambiente a fonte direta de seus dados (LUDKE; MARLI, 1986).

A pesquisa qualitativa, pelo seu aspecto processual, enxerga a realidade como uma construção, com atribuições sociais de significado (GUNTHER, 2006), apontando indicadores do funcionamento de estruturas sociais à luz de fatos e fenômenos descritos, ou seja, relaciona os fatos de forma contextualizada, na busca de uma síntese, valendo-se, inclusive, de categorias.

Para a análise dos dados coletados, sob a ótica das categorias analíticas, será utilizada a técnica da análise documental, entendida como o exame de documentos como jornais, revistas, relatórios e manuais, que, em complemento a outras técnicas ou de forma autônoma, pode desvelar aspectos novos do objeto, identificando a informação necessária nos documentos a partir de questões postas (LUDKE; MARLI, 1986). A relação dos documentos analisados encontra-se no Anexo I[5] e refere-se a ações da CGU no período da pesquisa em relação aos programas educacionais descentralizados pelo governo federal para os municípios.

A presente pesquisa pode gerar uma expectativa do cálculo dos custos de transação – ou seu incremento – na política educacional a partir da atuação da CGU ou ainda, tomando uma ação isolada deste órgão, mensurar os custos de existência do órgão, associados

---

[5] Em relação a uma das fontes de dados, os relatórios do Programa de Fiscalização a partir do sorteio de municípios, o período da pesquisa refere-se às edições 15ª à 39ª do sorteio, e cada edição desta tem cerca de 60 relatórios, que variam de 30 a 80 páginas, e para fins de operacionalização da presente pesquisa, efetuou-se uma amostra aleatória que resultou em 230 relatórios e desta se buscou um estrato de 78 relatórios, que foram analisados buscando-se distribuir estes entre todas as unidades da federação e nos anos da pesquisa.

aos custos decorrentes da atividade de controle, com a pretensão de comprovar quantitativamente que o controle aumenta ou diminui esses custos.

Uma abordagem dessa natureza, além de ser de complexa operacionalização, dado que os custos de transação não são geralmente contabilizados diretamente e se distribuem no espaço e no tempo, traria uma visão simplista da questão, de forma que se optou por relacionar a atuação da CGU, de forma global, no decorrer de um largo período de tempo, com os fatores que afetam os custos de transação, para que seja identificado de que forma essa interação de controles e incentivos promovida por esse órgão de controle em um ambiente federativo tem o potencial de aumentar ou diminuir esses custos, em uma lógica aplicável a esta e a outras políticas nesse desenho.

O livro está dividido, dessa forma, em cinco capítulos, sendo o primeiro voltado a apresentar de forma resumida os conceitos da teoria dos custos de transação, o referencial teórico escolhido; o segundo se detém a analisar o ambiente e o arranjo institucional da política educacional; o terceiro introduz a discussão da *accountability* dessa política descentralizada à luz da teoria dos custos de transação, com destaque ao papel da CGU; e os dois últimos capítulos trazem a análise dos documentos listados no Anexo I à luz da discussão do referencial teórico.

Em face da grande visibilidade adquirida nos meios de comunicação, vale a pena fazer uma observação acerca do problema da corrupção. A corrupção é abordada na presente pesquisa como um problema complexo, com a demanda por soluções oriundas de diversas abordagens, com similaridade ao fenômeno do oportunismo, e que tem no seu combate e prevenção custos não somente de subsistência dos órgãos de controle, mas outros decorrentes dessa atuação nas políticas públicas de maneira reflexa, que podem se tornar mais onerosas, em uma intrínseca relação entre implementação e *accountability*.

Da mesma forma, em um ambiente federativo, há de se dialogar com a autonomia, com os aspectos sistêmicos da política, transcendendo situações pontuais, para entender como essa movimentação de órgãos frente às irregularidades pode deixar um legado de amadurecimento nas políticas descentralizadas – no caso da pesquisa, a política educacional –, dado que o federalismo é um ambiente institucional que carece dessa autonomia para seu êxito.

A teoria dos custos de transação é utilizada na pesquisa com o potencial de mediar a tensão entre uma concepção do controle da corrupção mais diretiva, focada em normas e na conduta dos agentes, em relação a uma visão mais liberal, de autorregulação, indicando que no arranjo se combinam controles e incentivos, na garantia dos atingimento dos objetivos, de acordo com a natureza das transações, e os custos de transação, ou seja, os custos de negociar, redigir e garantir o cumprimento de um contrato, são os limitadores desses mecanismos para que não se tornem proibitivos e suplantem os objetivos, em uma visão que pode conversar também com as discussões contemporâneas do controle governamental na área de gestão de riscos.

O controle, como função político-administrativa, então, vale também pelo peso que impõe ao gestor. Esse é um critério para qualificar também um bom controle. Uma visão que retira essa função de um patamar superior, às vezes insulado, para trazer este para a discussão do alinhamento, da convergência, da sinergia, que agregam valor às políticas públicas, da melhor maneira possível. Um controle sintonizado com a realidade. Ou o controle é "pé no barro", ou fica com o "pé de barro".

CAPÍTULO 1

UMA REVISÃO DA TEORIA DOS CUSTOS DE TRANSAÇÃO

O presente capítulo objetiva sintetizar os conceitos da teoria dos custos de transação (doravante TCT) que serão aplicáveis à pesquisa, em especial aqueles que são importantes no estudo das políticas públicas, procurando fornecer um arcabouço que ampare as discussões sobre o objeto de estudo. Para facilitar a compreensão, ele será dividido em quatro tópicos, sendo o primeiro de apresentação da TCT e seus conceitos; o segundo relacionando os fatores que afetam os custos de transação; um tópico apresentando a questão dos arranjos institucionais; e, por fim, outro relacionando os conceitos apresentados ao setor público, deixando a trilha para o segundo capítulo, que tratará mais amiúde da política educacional, seu ambiente e o seu arranjo institucional.

1.1 Principais conceitos da TCT

A ideia da TCT surge do trabalho seminal de Ronald Coase (1937), pesquisador que traz uma proposição inovadora em relação à visão predominante de que a direção dos recursos dependeria direta e exclusivamente dos mecanismos de preços, assumindo que existem métodos alternativos de se conduzir a produção, pois há custos significativos para se acessarem mercados e, para isso, existe a necessidade de instituições que coordenem essas transações visando reduzir seus custos.

Segundo Fiani (2002), as discussões de Coase (1937) iniciam estudos das condições sob as quais os custos de transação deixam de ser desprezíveis para assim serem considerados nas decisões dos agentes econômicos em relação à forma de alocação de recursos – e, no caso em estudo, da descentralização da política educacional – e de que forma a atuação do controle impacta nos custos de coordenação desse processo. Esses custos são relevantes na construção dos desenhos de implementação, incluído aí também a atuação no controle desse processo.

A TCT é parte da chamada *New Institutional Economics* e, apesar dos estudos do jovem Coase (1937) datarem da década de 1930, a discussão toma mais corpo apenas a partir da década de 1970, com a agregação de novos estudos de Oliver Williamson (1975), autor que trouxe profundas contribuições na discussão da TCT pós-Coase, apresentando esta em uma abordagem mais aplicada e estruturada, com aspectos mais micronalíticos[6] e valorizando novos conceitos, como a racionalidade limitada e a especificidade de ativos, enxergando a firma como uma estrutura de governança, e não como uma função de produção.

O que significa essa mudança de paradigma em relação à firma? Significa que esta deixa de ser uma estrutura oculta, hermética, para ser percebida enquanto uma organização que interage com as suas partes e com o ambiente, na busca de coordenar suas ações e com esses atores, sem desconsiderar a visão de incentivos do mecanismo de preços. Agregam-se, assim, à chamada teoria neoclássica novos elementos, desprezados anteriormente, que relacionam a economia ao direito e à administração.

Williamson (1996), em uma de suas principais obras sobre o tema, indica que a TCT compara firmas, mercados e arranjos híbridos, em uma perspectiva de análise organizacional, como formas alternativas de gerenciamento das transações – o conceito de transações pela TCT será abordado mais à frente –, com distintas

---

[6] É comum entender a obra de Douglass North como uma visão institucionalista mais ampla, focada no ambiente institucional, e os estudos de Williamson como uma visão sobre os arranjos institucionais ou estruturas de governança, enxergando-se nesses estudos possibilidades de complementação.

formas de organização. O próprio autor busca definir o papel da TCT por meio de interrogações de forma bem singela:

> Algumas transações são simples e fáceis de mediar. Outras são difíceis e exigem muito mais atenção. Podemos identificar os fatores que permitem que as transações sejam classificadas como um tipo ou outro? Podemos identificar as estruturas de governança alternativas dentro das quais as transações podem ser organizadas? E podemos combinar estruturas de governança com transações de maneira discriminatória (reduzindo custos de transação)? Essas são as questões negligenciadas com as quais o *design* organizacional precisa se familiarizar. Estes são os problemas para os quais a análise de custos de transação promete oferecer novos *insights* (WILLIAMSON, 1981, p. 553).[7] (Tradução nossa)

Ou seja, a transação surge como elemento central a ser organizado em arranjos que deem conta de sua realização, considerados os custos gerados. Os arranjos institucionais surgem então para reduzir os custos de transação, e aí está toda a dinâmica da discussão da TCT, que será detalhada ao longo do capítulo 1.

Como defendido por Ketokivi e Mahoney (2016), o foco da TCT é a criação de salvaguardas a um menor custo, que mantenham a integridade das relações contratuais, trazendo para o centro da discussão a sobrevivência das partes, e não de um polo apenas, em uma discussão que alia eficácia e sustentabilidade, incorporando o dinamismo da vida real.

Essa discussão de arranjo institucional como foco não é incoerente com a maximização de benefícios (WILLIAMSON, 1981), elemento principal da discussão clássica da economia, e sim uma lógica diferente que incorpora salvaguardas com menos dispêndio. Uma discussão de quanto é possível de salvaguardas *ex ante* (prevenção), mas sem ignorar a importância das ações *ex post* (correção), como asseverado também por Mahoney e Ketokivi (2016).

---

[7] Do original: *"Some transactions are simple and easy to mediate. Others are difficult and require a good deal more attention. Can we identify the factors that permit transactions to be classified as one kind or another? Can we identify the alternative governance structures within which transactions can be organized? And can we match governance structures with transactions in a discriminating (transaction-cost-economizing) way? These are the neglected issues with which organizational design needs to come to grips. These are the issues for which transaction cost analysis promises to offer new insights".*

Essa é, inclusive, a diferença marcante entre a TCT e a teoria da agência,[8] dado que a segunda mira no contrato *ex ante*, mais eficiente para regular as partes nos relacionamentos conflituosos entre o agente e o principal, enquanto a TCT busca uma ideia de cooperação e redução de conflitos, por enxergar os contratos como inevitavelmente incompletos (FIANI, 2013), o que indica que apenas atuar de forma *ex ante* não dá conta de todas as questões.

A transação, entendida como unidade básica de análise da TCT, caracteriza-se pela passagem de um ativo através da fronteira que separa duas etapas econômicas distintas (FIANI, 2011), e essas transações trazem custos aos agentes, sejam os custos de recorrer ao mercado[9] ou, de forma mais ampla, os custos de negociar, de formalizar e garantir compromissos (FIANI, 2002), ou seja, custos de coordenação, de organização e de monitoramento, e que são aumentados por determinadas características das transações e do ambiente, como a incerteza, a complexidade, a especificidade de ativos, bem como a racionalidade limitada e o oportunismo, conceitos que serão aprofundados mais adiante.

E para se obter essa coordenação, essa redução de conflitos nas organizações, são necessários os arranjos institucionais adequados, que reduzam os custos de um ativo que atravesse a fronteira que separe duas etapas econômicas distintas, e na análise destes, a TCT lança mão da ideia de custos de transação, entendida por Fiani (2011) como os custos de se coordenar a atividade econômica em sociedades nas quais a divisão do trabalho já se tornou importante,

---

[8] A teoria da agência é muito popularizada na discussão de governança corporativa, no âmbito da relação de acionistas e dirigentes, tendo nesta a assimetria informacional como questão central. Przeworski (1998) indica, de forma harmonizada com a TCT, que é impossível formular leis que especifiquem todas as ações dos agentes, sob todas as contingências, demonstrando aspectos frágeis da teoria da agência e a necessidade de inclusões de discussões, como a racionalidade limitada.

[9] Essa abordagem de transação traz uma nuança no que se refere às políticas públicas. Para Coase, as transações somente ocorrem quando há compra e venda em algum mercado, de modo que, para este autor, não faz sentido falar em transações e custos de transação no interior de uma organização, como uma firma. Já para Williamson, há uma transação sempre que um ativo atravessa uma interface tecnológica, ou seja, sempre que um ativo atravessa uma etapa do processo produtivo. Assim, há custos de transação diferentes de acordo com o tipo de organização que preside esta passagem do ativo, seja o mercado, uma organização como uma firma ou outro arranjo institucional. Tem-se então que apenas na definição de Williamson é que faz sentido falar em custos de transação em uma política pública.

pois essa divisão aumenta a relevância da interdependência e a necessidade de coordenação.

Fiani (2011), inclusive, seguindo a abordagem de Williamson, se opõe à ideia de que os custos de transação seriam apenas os custos de se recorrer ao mercado, na visão original de Coase (1937), ou seja, seriam apenas os custos de operação de um mercado, o que inviabilizaria a utilização dessa abordagem em outras estruturas, como no estudo das políticas públicas, por exemplo, adotando então a visão de Williamson, mais contemporânea, de que a transição de ativos por etapas econômicas distintas gera custos de coordenação, que precisam de arranjos para a redução desses custos.

A proposta do presente estudo, consoante com Fiani (2011), é que não existe razão para que esses custos desapareçam em outra forma de organização que não seja o mercado, dado que estes se prendem ao custo da organização dos sistemas econômicos, por conta da interdependência de seus atores e da necessidade inerente de se gerenciarem conflitos.

Essa proposição de custos de transação como definidores dos arranjos institucionais que atuam sobre os conflitos inerentes aos sistemas econômicos abarca todas as formas de organização e ainda contempla a questão dos direitos de propriedade, um dos conflitos possíveis, trazendo a discussão da TCT para uma visão mais concreta.

O que vincula os custos de transação são, então, os conflitos inerentes à organização e a necessidade de cooperação que reduza esses conflitos por meio de arranjos institucionais, que, por sua vez, também geram custos que devem ser acompanhados como indicadores das alternativas possíveis.

Por exemplo, uma tribo indígena, uma estrutura com baixo grau de complexidade, tem ainda assim sua divisão de tarefas, na qual as mulheres cozinham, os homens caçam e os jovens se detêm na pesca. Essa forma de organização, que visa à sobrevivência e continuidade daquela comunidade, tem custos de organização, de planejamento, de processo decisório e de monitoramento, e esse processo pode se dar mediante múltiplos arranjos, alguns onerosos, como reunir todos para se discutir a divisão de tarefas ou, ainda, colocar um adulto diuturnamente para vigiar a pescaria dos jovens. Isso, porém, pode ser feito de forma mais simples, trazendo todas as atividades para campo aberto, onde todos se vigiam mutuamente.

Em uma metáfora, Williamson (1985, p. 19) aponta que:

> Os custos de transação são o equivalente econômico do atrito em sistemas físicos. Os múltiplos sucessos da física na determinação dos atributos dos sistemas complexos, assumindo a ausência de atrito, dificilmente precisam ser recontados aqui. Tal estratégia tem um apelo óbvio para as ciências sociais.[10] (Tradução nossa)

Sendo um erro comum desprezar esses custos, que devem ser considerados e que precisam ser mitigados por meio de mecanismos que garantam a atividade econômica, em uma visão de eficiência que valorize as características da organização e que busque reduzir esses custos (AZEVEDO, 1996). A eficiência na TCT não considera apenas os custos de produção, mas, sim, o conjunto de custos envolvidos na coordenação do sistema, dado que a coordenação é relevante também na discussão posta.

Os custos de transação existem para dar conta das salvaguardas necessárias para as transações no arranjo, e isso se adequa à lógica do setor público, dado que o custo de uma política não é só o custo dos insumos envolvidos, mas de todo o processo de acordos, monitoramentos e supervisão entre as partes, o que, intuitivamente, é bem relevante na atividade governamental em face das suas características burocráticas.

A despeito de seus pesquisadores terem sido laureados com o Prêmio Nobel, como toda ideia que abala as estruturas postas, a TCT é sujeita a críticas, como, por exemplo, de Silva Filho (2006), valendo-se de Hodgson (1993), que indica que a TCT tende a trocar o indivíduo maximizador neoclássico pelo indivíduo minimizador dos custos de transação, convertendo a incerteza em risco calculável, negligenciando a primeira em uma visão reducionista, continuando a enxergar a firma como uma caixa preta.

Sobre essa crítica, pode-se dizer que a adoção da TCT como uma panaceia explicativa da realidade é tão nociva quanto a

---

[10] Do original: "*Transaction costs are the economic equivalent of friction in physical systems. The manifold successes of physics in ascertaining the attributes of complex systems by assuming the absence of friction scarcely require recounting here. Such a strategy has had obvious appeal to the social sciences*".

hegemonia do mercado como forma única de organização. A TCT traz a firma e os arranjos híbridos como forma de organização, bem como os custos de transação como forma de avaliação desses arranjos à luz da sua eficácia, identificando a coordenação como um fator a ser considerado e que traz custos, essencial para dar conta da incerteza dos ambientes e da ação oportunista dos agentes, dado que o mercado não é capaz de equacionar todas essas questões.

O fato é que a TCT busca romper a hegemonia de que a única forma de organização possível é o mercado, resgatando o papel de coordenação das instituições em uma visão microanalítica, valendo-se de perspectivas mais realistas, com a consideração dos custos de transação e a sua influência nos processos, na assunção que os contratos são incompletos, da relevância da incerteza, do oportunismo, o que rompe entendimentos deterministas e estáticos das organizações.

Nesse sentido, a TCT figura como a base de discussões, como aquelas que envolvem a regulação e a arbitragem, por romper com a ideia de centralidade normativa, na qual as disputas necessitam de um foro externo em todos os conflitos (WILLIAMSON, 1985), o que aumenta os custos de transação, substituindo essa abordagem por soluções menos onerosas, pela atuação *ex post*, em uma discussão relevante para o estudo das políticas públicas e as redes de *accountability*.

Complementando-se essa ideia, tem-se na TCT a visão de ajuste endógeno, entendido por Williamson (2002, p. 172) como *private ordering*:

> (...) o que implica esforços das partes imediatas numa transação para alinhar incentivos e criar estruturas de governança que estejam mais bem sintonizadas com suas necessidades de intercâmbio[11] (...). (Tradução nossa)

Esse alinhamento se faz valorizando formas menos onerosas de organização, sem a visão extrema de uma autorregulação pura e simples, mais distante de um burocratismo exacerbado, saindo

---

[11] Do original: "(...) *which entails efforts by the immediate parties to a transaction to align incentives and to craft governance structures that are better attuned to their exchange needs* (...)".

de uma ciência de escolha (ortodoxa) para uma ciência do contrato (WILLIAMSON, 2002), que busca, por ajustes *ex post*, garantir o atingimento dos objetivos, considerados os custos de transação. Reduzir instâncias, buscar arranjos que promovam a cooperação e reduzam os conflitos, tornar mais eficiente, mas em uma visão de eficiência que perceba que o mecanismo de substituição de preços não é a única forma de organizar as atividades. Essas são ideias centrais da TCT.

Ou seja, a visão do mercado como forma única de organização não dá conta da realidade, mas, com a agregação de outras formas, mais verticalizadas, emerge a preocupação com os custos de transação para que os sistemas não se afoguem em estruturas inócuas, entre normas e comandos, e existem situações específicas nas quais esses custos se tornam relevantes, situações que serão discutidas mais adiante.

A TCT, assim, se detém em um nível mais executivo, concreto das relações, dado que se preocupa como os atores se organizam para realizarem as transações, já definido o regramento pelo ambiente institucional, voltado assim para o ajuste desse contexto normativo em um plano real, buscando saber como as coisas podem se dar, valorizando não o sistema pensado, mas ele em ação.

Ela busca, no dizer de Coase (1988), trazer uma forma de análise dos efeitos das mudanças nos arranjos adotados, buscando assim a redução dos custos de transação, mantidas as salvaguardas necessárias, em especial nos estudos sociais, sendo que, na visão desse autor, mais do que uma oposição, a TCT é uma transformação nas visões mais ortodoxas dos sistemas econômicos.

Permite essa teoria o estudo de várias questões afetas à relação entre as organizações nos processos econômicos, desde as discussões de verticalização até as reflexões sobre o melhor arranjo institucional que permita o alcance dos objetivos, com atenção aos custos antes invisíveis, aproximando a discussão das organizações da economia.

Resumindo, utilizando-se diretamente das ideias de Williamson (2002), que aponta três fundamentos básicos da TCT, tem-se que:

> Em primeiro lugar, os atores humanos são descritos de maneiras mais verídicas em aspectos cognitivos e de auto interesse. Em segundo lugar,

a organização é importante. A governança das relações contratuais leva a sério o desafio conceitual colocado pela trinca de conflito, mutualidade e ordem. Em terceiro lugar, a organização é suscetível à análise. Esta última é realizada nomeando a transação como a unidade básica de análise, identificando estruturas de governança (que diferem em formas estruturais discretas) como os meios pelos quais gerenciar transações e unindo esses dois de forma discriminatória. Especificamente, as transações, que diferem em seus atributos, estão alinhadas às estruturas de governança, que diferem em seus custos e competências, de forma econômica.[12] (Tradução nossa)

Em um país com profunda matriz cartorial e de valorização do legalismo e do burocratismo, permeado de patrimonialismo e de poderes locais, as discussões trazidas pela TCT, em especial no que tange à discussão das políticas públicas, em desenhos de grande interdependência e capilaridade na estrutura federalista de um país de dimensões continentais, com dificuldades de efetividade nas políticas e com a necessidade dessas para o desenvolvimento, encontram um cenário recomendável para estudos lastreados nessa teoria, ainda que ela seja bem acanhada no ambiente acadêmico brasileiro, mormente das políticas sociais.

Oliver Williamson, ao longo de suas pesquisas, enfatizou certos conceitos da TCT que se adequam à presente pesquisa – que serão aprofundados nos tópicos a seguir – e que permitirão não somente analisar a política educacional descentralizada, mas também a atuação do controle interno do Poder Executivo Federal nesse contexto.

1.2 Os custos de transação e suas fontes

O presente tópico traz uma ideia essencial para a pesquisa e que fundamentará as categorias analíticas utilizadas. A visão

---

[12] Do original: *"First, human actors are described in more veridical ways in both cognitive and self-interestedness respects. Second, organization matters. The governance of contractual relations takes seriously the conceptual challenge posed by the Commons triple of conflict, mutuality, and order. Third, organization is susceptible to analysis. This last is accomplished by naming the transaction as the basic unit of analysis, identifying governance structures (which differ in discrete structural ways) as the means by which to manage transactions, and joining these two in a discriminating way. Specifically, transactions, which differ in their attributes, are aligned with governance structures, which differ in their cost and competencies, in an economizing way".*

apontada por Fiani (2011) no estudo da obra de Oliver Williamson é que existiriam determinantes ou fontes dos custos de transação:

> Os determinantes dos custos de transação, segundo Oliver Williamson, são: racionalidade limitada, complexidade e incerteza, oportunismo e especificidade de ativos. A análise desses determinantes possui duas consequências importantes. Em primeiro lugar, permite identificar se uma transação acarreta custos de transação elevados, ou seja, identificar se esses custos serão significativos na transação (...).
> Além disso, os determinantes dos custos de transação permitem identificar que a realidade em que eles podem ter importância é muito diferente daquele mundo ideal, descrito na Teoria do Equilíbrio Geral, com seus mercados perfeitamente competitivos. Assim, começamos a estabelecer um fundamento microeconômico que nos distancia da Teoria do Equilíbrio Geral, com sua visão idealizada do funcionamento de um sistema econômico (FIANI, 2011, p. 86-87).

A citação reforça a ideia de que a presença desses determinantes, alguns vinculados ao comportamento dos agentes, outros a características do ambiente, afeta diretamente os custos de transação, vinculando a discussão dos sistemas econômicos a aspectos mais objetivos, valorizando os efeitos nesses custos, considerando as questões contextuais.

De forma direta, tem-se que as salvaguardas para se atingirem os objetivos e que integram o arranjo institucional adotado (a temática dos arranjos será debatida no próximo tópico) – no caso, de uma política pública – tornam-se mais onerosas em contextos nos quais figuram esses determinantes, inclusive pelo fato de sua própria existência impossibilitar que o mercado seja a única forma de organização da atividade econômica.

Ou seja, a despeito de uma discussão da mensuração dos custos de transação e das dificuldades advindas desse processo, o que se aponta aqui são fatores vinculados às características dos atores e do ambiente que, quando presentes, geram a necessidade de arranjos mais onerosos, afetando os custos de transação. E esses fatores podem ser alimentados ou mitigados.

De forma a detalhar essa questão, a pesquisa se aprofundará nos seguintes determinantes: i) racionalidade limitada, ii) oportunismo, iii) incerteza e complexidade, e iv) especificidade dos ativos – sendo os últimos vinculados ao ambiente e os dois primeiros às características dos agentes envolvidos.

1.2.1 O conceito de racionalidade limitada

Um conceito central nas ideias de Oliver Williamson é o da racionalidade limitada, fundante nas discussões dos custos de transação, e que de fato é uma adaptação das discussões do pesquisador Herbert Simon (1916-2001), trazendo uma abordagem aprimorada da questão da incerteza e da própria visão do homem e de suas limitações.

Ao se acordar de manhã, tem-se uma ideia do dia à frente. Planeja-se, separam-se o dinheiro necessário e objetos, abastece-se o automóvel, verificam-se a água, o óleo e a bateria do celular, tudo isso à luz da sequência de eventos conhecidos para aquele dia.

Durante o dia chove e compra-se no ambulante um guarda-chuva a alto preço. Derrama-se café e, para não fazer feio na reunião, compra-se um novo *blazer*. As escolhas humanas não são oniscientes, não se conhecem todas as opções e suas consequências, decidindo-se da melhor forma possível, e essas ideias embasam os conceitos da racionalidade limitada, saindo de um mundo determinista para uma visão de possibilidades e que não aceita que se definam anteriormente, por meio de acordos exaustivos, todas as situações e, ainda, que os agentes consigam processar todas essas possibilidades ao longo do tempo.

Para falar da racionalidade limitada, faz-se necessário se servir diretamente das ideias de Herbert Simon, estudioso que se detém nas discussões da psicologia das organizações, com reflexo nas relações econômicas, e que rompe a lógica das escolhas postas, de um decisor pleno em um mundo estático para um novo paradigma. Segundo Simon (1979), o processo de decisões administrativas nos impõe opções baseadas em premissas factuais, que não conhecemos claramente e que não podem ser determinadas com segurança à luz do tempo e informações disponíveis, limitando-se a nossa racionalidade pela ausência de conhecimento e, ainda, devido à capacidade de processamento do ser humano.

Para Simon (1979), a racionalidade tem a ver com o estabelecimento de cadeias de meios e fins, e a total racionalidade teria a ver com o conhecimento das consequências de cada alternativa, alternativas essas que vêm da imaginação, que supre a experiência. Ou seja, escolhe-se sem se dispor de um panorama completo das decisões e suas consequências, trabalhando-se com o que se apresenta. Assim, é difícil falar de racionalizar plenamente as decisões quando desprovidos da visão ampla destas e das suas consequências no desenho dinâmico da vida das organizações, necessitando-se de uma racionalidade em outra dimensão, mais realista, que veja o ser humano como ele é, com suas limitações informacionais e de processamento.

O comportamento humano, conforme estudos de Simon (1978), tem um grande componente de racionalidade, mas isso não implica a maximização dos processos de escolhas, necessariamente. Mais do que resultado das escolhas, as discussões da racionalidade limitada se prendem ao processo dessas decisões e de como este é influenciado pelo acesso às informações e pela capacidade de processamento do decisor.

Racionalidade limitada não é irracionalidade, é uma característica dos agentes, e considera essa visão que existem restrições na capacidade humana de acumular, processar e transmitir informações, ainda que isso não diminua nossa coerência com os objetivos (FIANI, 2011), rompendo com o homem da economia neoclássica, maximizador e, supostamente, onisciente.

A racionalidade chamada de substantiva, na visão de Simon (1978), é a base da economia clássica e, nesta, a decisão se dá quando o custo marginal é menor em relação aos ganhos esperados a cada alternativa. Já na visão da racionalidade limitada, a melhor proposição é aquela que excede o nível esperado, que vai sendo ajustada gradualmente com as ofertas que são postas, em uma visão do "bom o suficiente", de razoabilidade contraposta a maximização do decisor plenamente racional, sendo que, na racionalidade limitada – ou procedural, como chamada por vezes pelo autor –, as características do decisor, a forma como a situação influencia a representação objetiva deste, são de extrema relevância (SIMON, 1985) em uma discussão de autonomia maior do decisor.

Dessa forma, a chamada racionalidade substantiva, oriunda de um modelo determinista,[13] não coaduna com as organizações e

---

[13] É de Arquimedes a célebre frase: "Me dê uma alavanca e levantarei o mundo". Tamanha disposição diante das propriedades desse artefato mecânico se vê repetida agora, diante

homens reais, que buscam soluções viáveis à luz de suas limitações. E essa discussão desembarca na TCT, ao indicar, pelo prisma da racionalidade limitada, que os contratos e compromissos no contexto das organizações são inevitavelmente incompletos, ou seja, o desenho *ex ante* destes não dá conta de todas as situações possíveis, pois elas não são somente desconhecidas, mas, por vezes, inimagináveis, situação agravada por uma característica do ambiente, o binômio complexidade e incerteza,[14] que será tratado mais adiante.

Contrapondo-se a ideias, inclusive da teoria da agência, que coloca a centralidade na questão da assimetria informacional, a visão da racionalidade limitada nos aponta que, mesmo que existisse um acesso pleno à informação, uma transparência total, teríamos limitações de compreensão e processamento, o que joga por terra a ideia de que o contrato é incompleto apenas por falta de informações, mas também pela limitação humana e pelo contexto da dinâmica das relações.

Ou seja, em uma sociedade de profusão de informações sobre a gestão da coisa pública, em um sentido crescente, o acesso a essa informação, na ideia do chamado problema de agência, não é o suficiente, pois essa informação precisa ser tratada e processada para que possa subsidiar ações que modifiquem a realidade.

Nesse sentido, Azevedo (1996) indica que, quanto mais racional a decisão, mais custosa ela é, por demandar informações e capacidade de processamento, o que faz os agentes se contentarem com uma decisão satisfatória, pertencente a um conjunto de outras decisões igualmente satisfatórias, e não diferenciáveis entre si, por conta da mesma racionalidade limitada. Ter limites é uma característica dos homens reais.

---

das recentes discussões do chamado *Big Data* e as suas possibilidades nos diversos campos da atividade humana, mitificando o acesso à informação, no qual o conhecimento de uma grande base de dados permitiria prever o futuro, em uma ressurreição clara do Demônio de Laplace, de ser possível com dados se prever o futuro de tudo no universo, uma ideia à qual a racionalidade limitada se contrapõe de maneira original e realista.

[14] Para uma percepção mais ampla da trajetória de como a ideia de incerteza/risco se incorpora lentamente à civilização ocidental, recomenda-se a leitura de Bernstein (1997). A ideia de racionalidade limitada, inclusive, não se contrapõe às ideias afetas à gestão de riscos, mas, sim, é um complemento a essa visão, por trazer a necessidade de revisão das respostas aos riscos (controles internos) de forma *ex post*, dada a própria racionalidade limitada.

A visão da TCT traz então um agente que não só tem limitações de acesso e processamento de informações, mas que, para obter essas informações, se exigem dele esforços adicionais, influenciando, inclusive, a sua postura em relação à suficiência de informações que subsidiem seus processos decisórios, sendo assim um agente consciente de que não é onisciente.

Dessa forma, o indivíduo decide enfrentando limitações e com a necessidade de promover adaptações *ex post* para dar conta de seus limites, assim como de fatores tais como a incerteza do ambiente. No entanto, pode este, no discurso, negar esse fato, descolando-se assim da realidade e sem mecanismos para lidar com ela. Não se trata de desconsiderar a dimensão *ex ante*, mas destacar o papel *ex post* como um ajustador da realidade que se constrói e que se descortina. Não é só uma questão de se ter a informação, de diminuir a assimetria informacional.

Ao mesmo tempo, rompe também com a visão idealista, de uma gestão perfeita, de políticas públicas vestais. Os ajustes são sempre necessários ao desenvolvimento das políticas, e as salvaguardas precisam ser aprimoradas. Uma visão essencial em um tempo de polarizações.

No contexto dessa discussão, emerge um conceito interessante na presente obra, o de *remediableness*, que significa, segundo Baudry e Chassagnon (2010), que os agentes econômicos são limitados racionalmente e, nesse contexto, agirão conforme a alternativa viável e possível, que possa ser descrita e implementada e que seja presumivelmente eficiente.

Em relação à *remediableness*, tem-se ainda que a ausência de previsão perfeita não é um defeito, pois os atores podem fazer o seu melhor, com suas limitações cognitivas, mas, com o desenrolar, podem ter que mudar a sua forma de atuação, pois não são decisores oniscientes (WILLIAMSON, 1999), em uma abordagem que considera a incerteza e aponta a necessidade de se adequar a esta.

Difícil ter essa visão em um mundo com um viés mecanicista, de indicadores, fluxos mapeados e probabilidades supostamente conhecidos, em uma valorização da questão da completude dos contratos, na qual a TCT traz uma valiosa contribuição por trazer a lógica de ajustamento, de equilíbrio e sustentabilidade. Como aponta Price (2012), é preciso atuar nas diversas demandas da organização, balanceando as diferentes frentes, sendo que a gestão não é algo linear e, como defende esse autor, assemelha-se mais ao equilibrador de pratos em varas do folclore mexicano, uma antiga brincadeira de rua que mostra a necessidade de sustentabilidade frente à incerteza e que, mais do que formas e modelos, é preciso manter os pratos girando.

Esse contexto de visão do arranjo necessário, mas não imutável, e que necessita dar conta dos seus objetivos, limitados pelos custos de transação, um resumo da TCT, traz centralidade à ideia da racionalidade limitada, que tem como decorrência a visão do bom suficiente, do ajuste necessário, das limitações do decisor, uma visão dinâmica que possibilita enxergar a atuação oportunista dos agentes e contra ela se prevenir, o que será mais bem discutido a seguir.

1.2.2 Oportunismo no contexto da TCT

Dando prosseguimento à revisão teórica da TCT, com vistas a adotar esse paradigma para a análise da atuação da CGU na descentralização da política educacional, viu-se que essa abordagem valoriza a eficácia, resgata a importância da coordenação e embute uma preocupação com os custos de transação no processo de governança, rompendo com a visão de homem maximizador, trazendo o conceito de racionalidade limitada, proporcionando uma abordagem menos determinista no trato da questão da incerteza e da complexidade.

Nesse sentido, a discussão sobre outro conceito caro à TCT, o oportunismo, surge de forma diversa da visão de senso comum do termo, entendido como exploração de oportunidades ainda não percebidas, para uma definição na qual, segundo Fiani (2011), oportunismo é a exploração maliciosa das informações que um agente possui e a outra parte ignora e que possibilita a obtenção de vantagens indevidas na transação. A premissa da racionalidade limitada cria condições adequadas para que os agentes adotem iniciativas oportunistas por meio de informações seletivas (omissão de informações importantes), distorcidas (informações falsas) ou falsas promessas. No último caso, o agente estabelece promessas que ele, *a priori*, já sabe que não vai cumprir (FIANI, 2002), manipulando as assimetrias de informação.

Ainda, Fiani (2002) indica que o oportunismo *ex ante* é a chamada seleção adversa, e o *ex post* é o chamado risco moral, que se dá, por exemplo, na redução da qualidade de um contrato a custo fixo ou, ainda, quando uma indústria de lâmpadas, por exemplo, diante da regulação sobre os preços, diminui a durabilidade do filamento das lâmpadas incandescentes.

Trazendo o texto original de Williamson, tem-se em relação ao oportunismo (1975, p. 317):

> Oportunismo é um esforço para realizar ganhos individuais através da falta de franqueza ou honestidade nas transações. Pode ter duas formas. O mais comumente reconhecido é a divulgação estratégica de informações distribuídas assimetricamente por (pelo menos alguns) indivíduos em proveito próprio. Negociações originais podem ser prejudicadas desta forma.
> O segundo tipo se manifesta durante a execução e renovação do contrato. A impossibilidade de extrair o que pode ser confiantemente considerado como promessas auto-executivas de se comportar "responsavelmente" requer que os acordos sejam monitorados e possam apresentar problemas[15] (...). (Tradução nossa)

A atuação oportunista é favorecida pela racionalidade limitada – que permite a manipulação de informações – e, ainda, pela especificidade de ativos, pelo efeito refém, que aumenta as chances de que as promessas não sejam cumpridas, conceitos da TCT que serão detalhados mais adiante. O oportunismo é uma possibilidade de ação, sempre presente por conta da racionalidade limitada. E, como possibilidade, precisa ser tratada.

Williamson (1975) se detém ainda nessa discussão de assimetria informacional, trazendo também um conceito pouco trabalhado nas discussões da TCT, que é a *information impactness*, que é quando um dos agentes do contrato tem profundo conhecimento dos negócios, sendo custoso para a parte menos privilegiada

---

[15] Do original: *"Opportunism is an effort to realize individual gains through a lack of candor or honesty in transactions. It can take either of two forms. The most commonly recognized is the strategic disclosure of asymmetrically distributed information by (at least some) individuals to their advantage. Original negotiations may be impaired on this account.*
The second type manifests itself during contract execution and renewal. The impossibility of extracting what can be confidently regarded as self-enforcing promises to behave "responsibly" requires that agreements be monitored and may pose problems (...)".

obter mais informações. Logo, é difícil nesse contexto distinguir se essa dificuldade se dá por má-fé ou por questões conjunturais. Um conceito interessante na presente pesquisa, que trabalha com políticas descentralizadas para municípios distantes e com suas especificidades no que tange à implementação.

Dessa atuação oportunista, em um ambiente de assimetria informacional, emerge também o conceito de submetas (*subgoal*), trabalhado por Williamson (1984), que indica que existe a propensão estratégica das partes em usar os recursos da organização para atingir seus próprios objetivos por conta da ausência de incentivos ao alinhamento dos objetivos do agente com os objetivos da organização a que pertence (WILLIAMSON, 1996) devido à dificuldade de monitoramento, oriunda da racionalidade limitada, causando distorções na alocação de recursos, privilegiando metas paroquiais em conflito com os objetivos globais da organização.

O oportunismo faz com que os atores locais queiram – e possam – ter ganhos às expensas do grupo maior, explorando as ambiguidades contratuais (WILLIAMSON, 1999), cabendo ao desenho do arranjo institucional considerar essa realidade, dado que a submeta (*subgoal*), em última análise, aumenta os custos de transação por demandar mais salvaguardas e afeta a eficácia do sistema, sendo também um conceito interessante na descentralização de políticas para os municípios e, ainda, na ressignificação da corrupção.

Como apresentado por Azevedo (1996) sobre a ideia de que as organizações seriam cooperativas e que não haveria oportunismo, o autor indica que o oportunismo é uma possibilidade que gera salvaguardas para amenizar eventuais danos, e isso independe de se imputarem características éticas ou aéticas aos agentes, em que pese a cultura ser sempre um fator relevante. O fato de o oportunismo ser apenas uma possibilidade já é, por si só, um problema que demanda cuidado, resgatando a discussão trazida por Williamson (1975).

Segundo o raciocínio de Azevedo (1996) sobre discussões que trazem de forma proeminente os aspectos morais dos agentes ou de categorias destes dentro de um senso comum de que determinados grupos são mais éticos que outros, tem-se que os indivíduos são racionais limitadamente, que todos são oportunistas e que problemas de adaptação levam estes a desenharem instituições a que se submetem para amenizar esses problemas, e a ética é uma dessas instituições, pois é uma restrição informal que disciplina o comportamento humano.

De forma resumida, as relações entre uma rede de atores, alguns com papéis preponderantes, pela ótica da racionalidade limitada, fazem as opções desses atores ocorrerem de forma a se ajustar ao que vai se apresentando pelas lacunas inerentes de informação e, nesse sentido, surge a atuação oportunista pela manipulação da assimetria informacional, em especial de atores com informações mais privilegiadas e patrocinadoras de submetas, o que possibilita a priorização de metas locais em detrimento dos objetivos globais, em especial se não houver um alinhamento de incentivos dos atores locais com a organização mais geral.

As soluções desses dilemas são objeto de discussão da TCT quando aborda a adoção de salvaguardas, que, conforme Dyer (1997), são mecanismos de controle que têm o objetivo de trazer a percepção de justiça e equidade entre as transações com o mínimo de custo, reafirmando a preponderância da ideia de sustentabilidade das relações, ou seja, de proteger as transações para que elas se mantenham no decorrer do tempo, apesar do risco de oportunismo por parte dos agentes envolvidos.

Críticos da TCT indicam que o uso de salvaguardas aumentaria o oportunismo (GHOSHAL; MORAN, 1996) por minar o sentimento de grupo e diminuir a confiança, colocando esta como elemento essencial nas relações, fundamental no uso dos mecanismos de preços. A TCT, porém, foge desses extremos, não supervalorizando nem os mecanismos de preços, nem a hierarquia, indicando que o oportunismo é um fenômeno que deve ser considerado por força da racionalidade limitada, não bastando apenas confiança – o que é um fator de mitigação do oportunismo na linha reputacional –, não isentando a necessidade de arranjos institucionais, mas que devemos ter atenção aos custos de transação na relação para que eles não assumam proporções que tornem a transação fonte de conflitos, ou mesmo inviável, sopesando confiança com controles, em uma visão razoável do problema, com a combinação de soluções.

Nesse sentido, existe a necessidade constante de se reverem os arranjos institucionais nessa visão dinâmica que fortalece a TCT. Assim, Williamson (1975) apresenta também o conceito de retroalimentação instrumental e estratégica, no qual vincula o alinhamento e suas consequentes mutações no nível do ambiente ou do arranjo institucional, indicando uma possibilidade de aprendizagem organizacional com as mudanças adotadas e necessárias, demonstrando que os arranjos, por serem dinâmicos, precisam amadurecer.[16]

1.2.3 Ativos específicos

Os ativos específicos são uma ideia central na TCT e, segundo Williamson (1996), a especificidade de um ativo é o grau em que este não pode ser reempregado sem sacrifício do valor produtivo, demandando complexa governança *ex post*, pois os ativos específicos dificultam a possibilidade de competição, trazendo grande interdependência, gerando atores reféns, e a ameaça de substituição termina por não ser o suficiente para cobrir o risco de oportunismo.

O principal problema no que tange à especificidade de ativos é que, uma vez que o investimento em um ativo específico tenha sido feito, comprador e vendedor passam a se relacionar de uma forma exclusiva ou quase exclusiva, o que faz com que essa especificidade seja um pré-requisito para que o risco associado a atitudes oportunistas seja significativo; caso contrário, a própria rivalidade entre os numerosos agentes da transação, tanto no papel de vendedores como de compradores, reduziria a possibilidade de atuações oportunistas (FIANI, 2002).

Nos seus estudos da obra de Williamson, Fiani (2011) aponta como fontes da especificidade dos ativos a localização, os atributos físicos, os ativos dedicados e os ativos humanos, características que vinculam os atores, em especial pelo investimento que vai se acumulando ao longo da relação, indicando o autor também que a incerteza e a frequência de ocorrências das transações justificam arranjos institucionais mais hierárquicos.

Fiani (2002) explica que o aumento da especificidade resulta no incremento dos custos derivados de negociar, formalizar,

---

[16] Braga e Machado (2015) trazem a discussão da realimentação das políticas públicas vinculada à atuação dos órgãos de controle, como mecanismos de aprimoramento dos arranjos adotados, trazendo essa discussão do amadurecimento dos arranjos para o setor público.

implementar e verificar a execução de cláusulas contratuais, dado que a especificidade dos ativos inibe o uso de mecanismos derivados da competição entre os agentes.
Como apontado também por Fiani (2014, p. 61):

> Ocorre que mercados não são adequados em transações com ativos de elevada especificidade, pelo fato de que ativos específicos possibilitam a manipulação de informações e promessas por parte de agentes que estejam em posição privilegiada na transação. Esta possibilidade de manipulação-denominada atuação oportunista-deriva do fato de que, em um ambiente econômico que envolve incerteza e complexidade – algo especialmente grave em situações de transformação, como é característico do processo de desenvolvimento econômico –, os limites naturais da racionalidade humana são pressionados.

Indicando que a especificidade dos ativos abre espaço para o oportunismo, onerando as salvaguardas do arranjo, por tornar uma parte refém da outra, pelo investimento realizado em função da expectativa futura, não sendo os mecanismos de preços suficientes para mitigar esse oportunismo.

A especificidade dos ativos como característica dos ambientes é fator determinante dos custos de transação, e isso aplica-se não apenas em sistemas privados, e sim em qualquer contexto no qual a interdependência exija o aumento de salvaguardas que protejam do oportunismo.

Para Vieira (2010), a especificidade dos ativos gera relações de monopólio nos contratos – o que favorece o oportunismo – e, no setor público, onde os agentes têm maior poder discricionário e há o monopólio sobre os serviços públicos prestados, o risco de oportunismo é ainda maior.

No setor público, com um grau de definição procedimental acentuado pelo forte arcabouço legal e, ainda, pela multiplicidade de atores que se controlam mutuamente na linha dos pesos e contrapesos, têm-se estruturas rígidas e interdependentes, o que contribui para a especificidade dos ativos envolvidos, seja *ex ante*, por já estarem definidas em uma norma as ações a serem seguidas, seja *ex post*, por envolver a cada transação a interação com diversos atores, em uma visão de dependência, de efeito refém, que mostra que as políticas públicas têm um grau de rigidez, o que dificulta o uso de mecanismos similares ao mercado, pela substituição de atores, para fugir à atuação oportunista.

Em complemento ao parágrafo anterior, tem-se, por exemplo, no processo de aquisições nas quais existem regras rígidas de qualificação dos fornecedores, por vezes com exigências apenas para externalidades estranhas ao produto adquirido – como não empregar menores de idade, por exemplo –, uma redução na possibilidade de substituições por conta de tais exigências formais, que fazem do universo dos que fornecem ao governo mais restrito mais um exemplo da aplicação da discussão de especificidade no setor público.

Nesse intento de discutir a especificidade como conceito aplicado à realidade do setor público, tem-se que os mecanismos previstos nas reformas gerenciais da década de 1990, no Brasil, como a publicização (BRASIL, 1995), são tentativas de se propor outra governança pela criação de quase mercados, nos quais as organizações sociais (Lei Federal nº 9.637, de 15.05.1998) são credenciadas para assumir a gestão de políticas sociais – com o aporte de recursos estatais – e para reduzir a dependência. Caso estas tenham desempenho deficiente, podem, pelas regras dispostas, vir a ser descredenciadas, sendo chamada outra organização social disponível no mercado para a prestação do serviço.

A especificidade de localização, de ativos humanos (capital intelectual) e dedicados (derivada da expectativa de ganho com um determinado investimento), somada às limitações dos mercados, dependendo do porte da política a ser gerida, desconsiderando a presença do fator corrupção na concessão dessas atividades, pode frustrar a governança pretendida nesse modelo, pois a substituição de uma organização social por outra, a base do arranjo mercado, não é tão simples assim, pois a relação na gestão da política criou dependência por conta dos ativos dedicados já citados, o que torna complexa essa possibilidade de substituição, em outro exemplo de como a discussão da especificidade pode se aplicar ao setor público.

Assim, é possível discutir a interdependência, a especificidade, no âmbito das políticas públicas e formas de reduzir o efeito refém, diminuindo consequentemente as salvaguardas e os custos de transação pela presença de mecanismos de incentivo, o que pode ser um caminho para uma maior utilização do incentivo na descentralização de atividades governamentais.

1.2.4 Incerteza e complexidade

Os últimos determinantes dos custos de transação a serem aprofundados são os que menos aparecem na literatura sobre o tema. A incerteza e a complexidade são fatores do ambiente e serão discutidos mais amiúde a seguir.

Na verdade, pode-se dizer que esses fatores – incerteza e complexidade – catalisam a especificidade de ativos e a racionalidade limitada, abrindo espaço para o oportunismo dos agentes. Como se vê, em relação à TCT, o oportunismo tem uma centralidade como problema, sendo o efeito a ser mitigado pelos arranjos, demonstrando uma inter-relação entre os fatores sobre esse tema.

A incerteza é a dificuldade de mensurar as probabilidades dos diferentes resultados frente às opções que se apresentam no processo decisório, e essa dificuldade onera os arranjos institucionais, afetando transações, em especial aquelas envolvendo ativos com alto grau de especificidade pelo seu pressuposto de continuidade, oriundo da dependência que gera relações mais duradouras e termina por ampliar os fatores que alteram as probabilidades de sucesso dos diferentes arranjos. As transações com baixa especificidade podem ser organizadas por ambas as partes, e essa capacidade de substituição permite maior flexibilidade nas opções que deem conta das probabilidades de sucesso na sustentação da relação (WILLIAMSON, 1996a), dado que a interdependência gera rigidez frente às mudanças do ambiente, o que dificulta a adaptação às incertezas, gerando a necessidade de salvaguardas.

Adams (2009) traz a discussão do risco percebido e a dificuldade real de se mensurarem as probabilidades na construção do risco de uma transação, de forma que fatores culturais e até psicológicos, como apontado por Gardner (2009) e Kahneman (2012), terminam por onerar esse processo intuitivo de estimativas, o que se torna mais complexo em transações de alta especificidade. A tendência, nesse sentido, é se ter uma visão mais pessimista ou, ainda, mais segmentada dos riscos e de suas probabilidades, o que, no caso da descentralização de recursos para os municípios, por exemplo, pode favorecer uma percepção mais aguda de eventos com grande repercussão ou que choquem as pessoas, mas que não necessariamente estejam tão relacionados ao programa e às suas finalidades em um aspecto macro.

Nesse sentido, tem-se também que a incerteza (AZEVEDO, 1996) se relaciona ao ambiente, o que existe de indeterminado neste, e a racionalidade limitada, ao agente, que não dispõe de informações ou não consegue processá-las. No contexto de uma descentralização de uma política a ser implementada no município, o ambiente apresenta um grau relevante de incerteza, pois as interações dos recursos disponibilizados com os atores municipais podem ter várias probabilidades de resultados em função da diversidade das realidades municipais e, no que tange à racionalidade limitada dos agentes concedentes, ela se relaciona à medida que estes conseguem saber ou processar o que está ocorrendo nos municípios.

Ou seja, a dificuldade de se mensurarem as possibilidades dessa interação entre as políticas públicas e o município gestor torna mais árduo o processamento, as opções, pressionando a racionalidade limitada e fortalecendo a necessidade de salvaguardas *ex post*, o que aumenta os custos de transação, dado que o contrato inicial que rege a política não dá conta da mesma.

Nesse contexto, surge a discussão de centralidade normativa como um foco do aspecto *ex ante* com maior grau de padronização, que, quando confrontada com as incertezas da realidade, pode gerar necessidades de ajuste, o que aumenta os custos de transação ou, ainda, pode gerar sanções pela adaptação descontextualizada, gerando salvaguardas onerosas e que não se alinham à política pública.

A busca de se padronizarem todos os aspectos *ex ante* é uma desconsideração dos contratos incompletos, oriundos da racionalidade limitada, mas também dos diversos fatores do ambiente, que, se combinado com a implementação da política, geram a necessidade de adaptação *ex post*, o que fortalece a discussão da autonomia dos atores que executam na ponta, para construir esses ajustes – uma abordagem relevante na descentralização de políticas para os municípios.

A complexidade, segundo Fiani (2002; 2011), relaciona-se aos múltiplos desdobramentos no processo decisório, o que amplia a chamada árvore de decisões, dificultando a antecipação de eventos, tornando-se custoso associarem-se salvaguardas a estes pela dificuldade de se calcularem as probabilidades e de identificá-las, razão pela qual os temas incerteza e complexidade são tratados em conjunto, valendo o mesmo raciocínio do parágrafo anterior, no que tange a políticas públicas.

O nosso exemplo base neste capítulo, a tribo indígena, retrata um ambiente de baixa incerteza, posto que os campos de caça e pesca sugerem regularidades e um contexto de fluxos decisórios simples e lineares, nos quais é possível se anteciparem as probabilidades de forma pouco onerosa.

No entanto, a chegada de uma seca modifica o curso dos rios da região, afetando a caça e a pesca e gerando a necessidade de reformulação dos processos de trabalho da tribo, com a abertura de diversas frentes de trabalho – coleta de frutos, caça de outros tipos de animais, etc. –, tornando os processos mais complexos, com uma maior árvore de decisões e com a incerteza sobre ações em cenários nos quais existe um baixo conhecimento acumulado. E todo esse cenário abre espaço para a atuação oportunista dos índios da tribo, pelo aumento dos efeitos da racionalidade limitada.

Esse novo contexto, mais complexo e incerto, afeta o arranjo institucional, na manutenção da sua subsistência, criando novas regras e estruturas de monitoramento, o que afeta diretamente os custos de transação, podendo ser escolhidos vários arranjos, e a TCT propõe, nesse sentido, que esses custos sirvam como eixo nesse processo de análise.

Como se vê, incerteza e complexidade são fatores relacionados, e a presença associada de fatores como a especificidade de ativos dificulta a construção de cenários, ensejando arranjos que contemplem mecanismos *ex post* e que impeçam a atuação oportunista pela possibilidade de manipulação de fluxos de informações, arranjos esses naturalmente mais onerosos.

Por fim, após a apresentação conceitual dos fatores que afetam os custos de transação, cabe uma contextualização no sentido de que existem condições específicas nas quais esses custos de transação são relevantes em termos de ônus para os arranjos, ou seja, que ensejam preocupação maior, condições essas que, articuladas e em uma ordem predeterminada, fazem desses custos relevantes, o que interessa no contexto do estudo dos fatores que impactam a coordenação das políticas descentralizadas e implementadas pelos municípios.

Na discussão trazida por Fiani (2002), a primeira condição é de racionalidade limitada dos agentes, o que se dá em ambientes de complexidade e incerteza, que pressionam a racionalidade desses agentes por serem ambientes com muitas possibilidades a serem consideradas, condição atendida no processo de descentralização, com indivíduos com dificuldade de antever e processar possibilidades, em um ambiente municipal amplo de possibilidades, como já apresentado. Mas apenas a racionalidade limitada em ambientes dessa natureza não é o suficiente para que existam custos de transação relevantes, pois, para isso, é necessário que exista a possibilidade da ação oportunista dos agentes, manipulando informações, o que se dá plenamente em um contexto federalista de entes que não necessariamente têm seus objetivos alinhados com o poder central.

Para que os custos de transação sejam relevantes, há de se considerar a especificidade dos ativos, ou seja, a pouca possibilidade de substituição dos agentes por outros, o que pressionaria o seu desempenho, o que é uma característica do ambiente de descentralização, dado que o arcabouço normativo prevê essa relação entre entes, com dificuldades de substituição pelos investimentos realizados e outros aspectos já apontados.

O cenário descrito aponta condições que se sucedem na formalização de transferências coordenadas por agentes com limitações em um ambiente diverso, de múltiplos municípios, o que cria a possibilidade de uma atuação oportunista pelos entes, o que se complica pelo efeito refém do tipo de relação estabelecida, reforçando a importância dos custos de transação no objeto do presente estudo, aspectos que serão aprofundados no capítulo 2.

A presente discussão chega então ao conceito de arranjos institucionais e à sua relação com o setor público, o que será explorado nos próximos tópicos.

1.3 Arranjos institucionais e a questão dos híbridos

O presente tópico traz o conceito de arranjo institucional, destacando a questão dos arranjos híbridos. Antes, porém, de abordar a questão do arranjo institucional, é importante compreender o que é o ambiente institucional no âmbito da TCT, conceitos pareados. Para isso, servindo-se da discussão de Fiani (2013, p. 8), que adota a definição clássica de Davis e North (1971), tem-se que:

> (...) um ambiente institucional (*institutional environment*) é constituído pelas regras políticas, sociais e legais mais básicas e gerais que estabelecem

o fundamento para o funcionamento do sistema econômico. Essas regras gerais e básicas definiriam o sistema político e econômico, transcendendo as regras que os agentes privados estabeleceriam para si, nas suas transações econômicas ou nas suas relações políticas e sociais particulares, as quais, por sua vez, constituiriam arranjos institucionais. De forma geral, os autores institucionalistas se dividem entre aqueles que enfatizam o papel do ambiente institucional no desenvolvimento, e aqueles que enfocam a questão dos arranjos institucionais.

Sendo, então, o ambiente de caráter mais amplo, de mudança mais lenta, e o arranjo institucional mais afeto a uma classe particular de transações, cabendo registrar que os estudos de Williamson se detêm mais aos arranjos institucionais ou estruturas de governança, segundo esse autor, expressão que não será utilizada na presente pesquisa para não causar confusão com a ideia de governança, hoje empregada de forma pouco rigorosa para uma classe muito ampla de fenômenos diferentes.

O arranjo institucional, então, que é o objeto deste estudo, surge ante a incompletude dos contratos e as ameaças do oportunismo, fazendo-se necessário para dar conta de alinhamentos *ex ante* e de ajustes *ex post*, reduzindo os custos de transação, considerando-se ainda que, segundo Fiani (2011, p. 93), o arranjo institucional é o conjunto de regras que fornecem o arcabouço no qual as transações se desenvolvem, especificando os agentes envolvidos, seu objeto e os tipos de interação, viabilizando as transações necessárias.

Segundo Williamson (1999), contrato é uma mera promessa, que não é autocontrolada por conta da possibilidade de atuação oportunista dos agentes, ou seja, são precisos mecanismos que deem conta dessa promessa em uma dimensão *ex post*, dado que, pela racionalidade limitada, nem tudo pode ser previsto anteriormente na pactuação do acordo, ainda mais em situações de complexidade e incerteza.

Segundo esse autor (WILLIAMSON, 2002), reforçando essa visão, ao contrário da busca pela melhor governança por incentivos *ex ante*, a TCT considera, por conta de assumir a racionalidade limitada, a firma como uma estrutura de governança que não se limita ao acordo redigido inicialmente, com a necessidade de mecanismos *ex post* para o ajuste das relações contratuais, considerados os custos de transação.

Segundo Williamson (1985, p. 20):

> Os custos de transação dos tipos *ex-ante* e *ex-post* são utilmente distinguidos. O primeiro é o custo de elaborar, negociar e salvaguardar um acordo. Isso pode ser feito com muito cuidado, no qual se elabora um documento complexo em que inúmeras contingências são reconhecidas, e as devidas adaptações pelas partes são estipuladas e acordadas com antecedência. Ou o contrato pode ser muito incompleto, as lacunas a serem preenchidas pelas partes à medida que as contingências surgem. Antes, portanto, do que contemplar antecipadamente todas as travessias imagináveis de pontes, o que é um empreendimento muito ambicioso, apenas as escolhas reais de cruzamentos de pontes são importantes, à medida que se desenrolam.[17] (Tradução nossa)

Essa ideia de se ter um arranjo institucional se pauta também na ideia de Williamson (1996), de que não existe cooperação espontânea, e sim cooperação induzida, e que essas estruturas buscam promover a cooperação e reduzir os conflitos, organizando-se, segundo esse autor, em dois polos: adaptação autônoma (mercado) e adaptação coordenada (hierarquia).

A adaptação autônoma, segundo Fiani (2011), é baseada exclusivamente em incentivos, no desenho que privilegie o chamado mecanismo de preços, típico de mercados e que, sem regras específicas ou especialização, é aplicado indistintamente a qualquer transação, sem a necessidade de uma terceira parte que faça a verificação. Autônoma pelo fato de que os agentes se adaptam a mudanças no ambiente da transação de forma independente, sem a presença de nenhum tipo de coordenação.

A adaptação coordenada, como no caso do mecanismo hierárquico, também nas palavras de Fiani (2011), é adotada quando da presença de ativos específicos, com grande interdependência entre os atores, exigindo outras formas de interação, com controles administrativos, que valorizam ações mais diretivas de uns

---

[17] Do original: "*Transaction costs of ex-ante and ex-post types are usefully distinguished. The first are the costs of drafting, negotiating, and safeguarding an agreement. This can be done with a great deal of care, in which case a complex document is drafted in which numerous contingencies are recognized, and appropriate adaptations by the parties are stipulated and agreed to in advance. Or the document can be very incomplete, the gaps to be filled in by the parties as the contingencies arise. Rather, therefore, than contemplate all conceivable bridge crossing in advance, which is a very ambitious undertaking, only actual bridge-crossing choices are addressed as events unfold*".

atores sobre outros. Isto porque os investimentos dos atores são dependentes entre si, e decisões autônomas podem levar a prejuízos para os demais agentes ou até mesmo para todos.

Seriam os tipos mercado e hierarquia gradações ou a mistura desses extremos traria uma nova forma de arranjo institucional? Sobre esse ponto, Fiani (2014), na discussão das ideias de Williamson, indica que as hierarquias (adaptação coordenada) constituem arranjos institucionais qualitativamente distintos do mercado (adaptação autônoma) e que o arranjo institucional chamado de híbrido constitui uma estrutura de governança específica, combinando incentivos e controles.

A forma híbrida, segundo Grassi (2003), sacrifica incentivos em favor da coordenação superior e, quando comparada à hierarquia, sacrifica a cooperatividade em favor da maior intensidade de incentivos, alinhando-se ao desenho da organização. Por envolver parcerias, as estruturas híbridas não operam bem em ambientes de extrema incerteza, dado que as partes têm um grau de autonomia relativa, adequando-se bem a cenários de mediana incerteza e especificidade dos ativos (WILLIAMSON, 1991).

Ménard (2011), estudioso francês que se deteve mais nos arranjos híbridos, indica que estes podem ser definidos como arranjos nos quais dois ou mais parceiros articulam decisões estratégicas e direitos de propriedade, que demandam coordenação da alocação de benefícios mútuos. Fiani (2013), por sua vez, aponta que, se os híbridos fossem apenas uma gradação, perderiam o sentido analítico, pois esse tipo de arranjo tem características próprias pelo fato de incorporar traços que necessitam ser combinados para resultarem em cooperação, mas que podem ser conflitantes.

O alinhamento entre os arranjos institucionais e as transações é o que reduz os custos de transação quando as condições determinam sua relevância, e isso se dá pela coordenação na busca de aumentar a cooperação e reduzir os conflitos, o que indica a relevância do modelo híbrido e a sua capacidade de combinação, em especial pela flexibilidade. A TCT aponta que apenas os mecanismos de mercado são insuficientes para dar conta de todos os tipos de transação, indicando os arranjos híbridos e o seu potencial de adaptação como uma das soluções viáveis para dar conta do oportunismo quando os agentes estão vinculados no longo prazo por investimentos específicos.

De forma a adensar um pouco mais a discussão sobre os arranjos híbridos, conceito essencial na presente obra, tem-se que os híbridos se apresentam em uma grande variedade de formas – como cooperativas, franquias, associações comerciais e *joint ventures* – e se caracterizam pela independência e autonomia das partes, por um lado, e ao mesmo tempo pela subordinação em parte dos agentes a regras hierárquicas (MÉNARD, 2004), como forma de combinar os traços dos dois modelos.

Nos híbridos, as partes mantêm a capacidade de ter decisões autônomas, e esses arranjos, que funcionam como um guarda-chuva para uma multiplicidade de modelos na prática, existem sempre que os mercados são percebidos como inadequados para coordenar determinadas classes de transações, necessitando de outro tipo de arranjo, que também não é hierárquico.

A opção por um híbrido, segundo Ménard (2006), se dá quando os investimentos entre as partes são suficientemente específicos para gerar riscos contratuais oriundos da dependência, sem ser o bastante para justificar a integração e, consequentemente, a perda de autonomia, e se justifica quando as incertezas são suficientes para requerer uma coordenação que os mercados não podem oferecer, mas sem abrir mão totalmente da autonomia. É uma forma menos onerosa de dar conta do risco de oportunismo e de descoordenação.

Para isso, esses arranjos combinam controles e incentivos, em variações que vão do quase mercado à quase integração (MÉNARD, 2011), sendo importante, nesse arranjo, a pressão por competição e um bom sistema de informações entre as partes, o que reduz o risco de oportunismo, facilita o controle mútuo e, consequentemente, reduz os custos de transação.

Essa combinação surge em um desenho no qual os incentivos existem por conta da autonomia das partes, e os controles, devido à necessidade de coordenação, de forma que controles não entram em choque com incentivos e vice-versa, determinando essa mescla as características dos híbridos em face da especificidade dos ativos e da incerteza.

A contratualização no híbrido é feita por acordos de longo prazo ou de curto e automaticamente negociáveis, com a necessidade do estabelecimento de padrões de qualidade, uniformidade, e a força desses contratos, chamados relacionais, reside na maior dependência deles da reputação das partes e de um menor detalhamento (maior autonomia na implementação), substituindo o *enforcement* legal e possibilitando as adaptações necessárias, em especial em ambientes de repetidas interações (MÈNARD, 2011), como é a descentralização de políticas para os municípios – ou pelo menos deveria ser.

Nesse sentido, Ménard (2011) propõe a existência de uma entidade no arranjo híbrido, o chamado centro estratégico, sobre o qual as transações são iniciadas, negociadas, monitoradas, adaptadas, cobradas e extintas, tendo essa entidade o poder de constranger participantes, ajustar a sua ação coletiva, designar mecanismos de disciplinamento e controlar a alocação de recursos.

O estudo dos arranjos híbridos aplica-se ao setor público em diversas situações, em especial nas discussões da chamada regulação, mas, na presente pesquisa, ele será utilizado para suportar a discussão da descentralização de recursos para a implementação de políticas em parceria da União com os municípios, como será visto mais amiúde no capítulo 2, no qual se verá como a discussão de arranjos híbridos se aplica à descentralização das políticas.

1.4 Aplicação dos arranjos institucionais no setor público

Concluindo-se a revisão dos principais conceitos da TCT aplicáveis à pesquisa, a questão posta é: seria possível a adoção desses conceitos aqui apresentados, de custos de transação, seus determinantes e os arranjos institucionais, no estudo das políticas públicas?

Williamson não se deteve muito sobre essa questão, escrevendo um artigo (WILLIAMSON, 1999) sobre a burocracia pública, destacando a questão da probidade e das chamadas transações soberanas, que são inviáveis de serem executadas no setor privado, não demonstrando muita empolgação com a aplicação de suas ideias no setor público de forma analítica, o que se dá por pesquisas subsequentes.

O fato é que o oportunismo é um fenômeno possível e presente nas relações nos setores público e público-privado, bem como a racionalidade limitada. A complexidade e a incerteza independem da natureza do setor analisado para se tornarem relevantes, restando apenas a questão da especificidade dos ativos, que pode ser adaptada ao setor público por nele existirem atividades que podem, em maior ou menor grau, ter mitigada a sua interdependência pela substituição de atores, reduzindo o "efeito refém".

As descentralizações de políticas sociais para os municípios, em parcerias nos processos de implementação, trazem características típicas dos arranjos híbridos por prezarem a interdependência e a autonomia das partes por conta do desenho federativo e, ainda, por atuarem em um ambiente de incerteza, pela combinação de recursos e regras do governo central com a diversidade dos cenários municipais, sem poder existir uma integração total na linha da federalização da política, o que afetaria o pacto federativo e todas as suas vantagens, em uma discussão que será tratada mais amiúde no capítulo 2.

Nesse contexto, pode-se dizer que a discussão de *accountability* se encontra com a discussão dos arranjos institucionais:

> Por exemplo, são as instituições políticas de uma nação que estabelecem a capacidade dos cidadãos de controlar os políticos e influenciar seu comportamento- o que, por sua vez, define se os políticos serão agentes dos cidadãos, ainda que imperfeitos, ou se terão a possibilidade de abusar do poder que lhes foi confiado, ou que usurparam, para fazer fortuna e agir em benefício próprio, em detrimento dos cidadãos (ACEMOGLU; ROBINSON, 2012, p. 32).

De forma que o ambiente institucional e, no caso específico da presente pesquisa, o arranjo institucional são essenciais para a promoção da confiança das relações, para a efetividade das políticas públicas e para possibilitar mecanismos de alinhamento destas.

Instituições inclusivas que garantam os direitos de propriedade, serviços públicos efetivos e um sistema judiciário imparcial não podem prescindir de mecanismos de controle, mas que levem em conta que escândalos, desvios, falhas necessitam aprimorar os arranjos institucionais, de forma inclusiva, realimentando e fortalecendo processos políticos para que o processo de descentralização não perca o seu sentido global.

A vantagem percebida de se trazer a discussão da TCT para o setor público, em especial na questão da *accountability*, é que essa abordagem traz uma lógica de adequação (PEDROSO, 2013), trabalhando com alternativas factíveis e implementáveis, o que se adequa bem a um setor no qual existe uma dificuldade de mobilização das estruturas em torno dos objetivos por não estar submetido a mecanismos de mercado, e sim de um mercado político, cuja atuação não se reverte diretamente em lucro ou prejuízo financeiro.

O mercado político demanda o amadurecimento da população nessa vivência política, da valorização de elementos da democracia, como a participação e a transparência, como fatores essenciais para que esse mecanismo mercadológico torne os dirigentes mais responsivos. A TCT apoia-se em incentivos e controles como forma de alinhamento e ajustes, e o bom uso destes tem relação direta de como se faz o uso da transparência e dos mecanismos de participação social.

No que tange à aplicação direta desses conceitos no estudo das políticas públicas, tem-se que é muito complexo se falar em mensurar diretamente os custos de transação envolvidos, posto que a análise de outras pesquisas indica as dificuldades dessa mensuração, como em Calmon e Pedroso (2011), por exemplo, que, no estudo do financiamento das políticas de saúde no Brasil, se utilizam de entrevistas tabuladas para se estimarem os custos de transação, atribuindo-se a esses valores de forma indireta.

Nesse sentido, socorrendo-se da discussão trazida por McCan *et al.* (2005), tem-se que a discussão dos custos de transação na política pública é um caminho para o aprimoramento dos instrumentos desta pela valoração e comparação e, em que pese a dificuldade apresentada por esses mesmos autores no que se relaciona à mensuração desses custos, é possível se construírem mecanismos de identificação de aspectos específicos da política no paradigma escolhido, buscando-se não a mensuração de custos em relação a um arranjo ideal, mas, sim, de que forma esses custos podem ser mitigados, que é o fator relevante de ajuste em um arranjo em curso.

Na realidade das políticas públicas, os arranjos vão sofrendo modificações de outros arranjos anteriores ou de outras políticas, com algum grau de dependência da trajetória, de modo que não existe uma enorme prateleira, utilizando-se de uma metáfora na qual se escolhe o arranjo menos oneroso para determinada política, na qual o esforço de se mensurar subsidiaria tal escolha, pois têm-se, de fato, processos em curso relativamente amadurecidos e que precisam ter identificados, o que leva a aumentar seus custos de transação no caminho da sua construção.

Assim, não se necessita medir objetivamente esses custos incorridos, alguns implícitos, mas, sim, valorar comparativamente práticas, no campo das microanálises, que permitam enxergar o que torna o arranjo mais oneroso e o que necessita ser aprimorado, sem a precisão em políticas tão complexas, em uma visão mais realista e produtiva da questão. A busca da mensuração é complexa e pouco agregadora para as análises propostas, dado que:

> A TCT, portanto, envolve a ciência do contrato, que se preocupa com a busca não só da resolução do conflito presente ou em marcha, mas também com o reconhecimento do conflito potencial e assim tratar das instituições ou estruturas de gestão que o impeçam ou atenuem. Williamson diz, porém, que a avaliação ou mensuração simultânea de custos *ex-ante* e *ex-post* é tarefa praticamente impossível. Entretanto, não é preciso que sejam calculados seus valores absolutos mas apenas que se possa, no momento de decisão, confrontar um modo de contratação a outro (cada um caracterizado pela presença, em diferentes níveis, de cada suposto comportamental) dentro dos arranjos institucionais existentes mantendo constantes os custos de produção ou as tecnologias utilizadas, com vistas a definir a forma (eficiente) esperada de organização (PESSALI, 1998, p. 36).

A discussão de se medirem os custos de transação e relacionar estes à efetividade de ações que visem mitigar a corrupção também é complexa, pois Anechiarico e Jacobs (1996) indicam que os eventos de corrupção não são relatados, são ocultos, o que dificulta calcular a efetividade de programas anticorrupção, suas salvaguardas e compará-los aos custos de transação gerados dentro do contexto da presente pesquisa.

Cabe destacar também outros trabalhos, como o de Moraes e Rodrigues (2005), que se detém no estudo de usinas de cana-de-açúcar no estado de São Paulo e, ainda, o de Schubert e Waquil (2014), no estudo da cadeia produtiva do leite no estado de Santa

Catarina. Ambos utilizam o estudo de caso baseado na obra de Farina (1997) e, a partir de entrevistas, os pesquisadores buscam entender os custos de transação e as suas causas para então atribuir-lhes valor, relacionando as dimensões ou atributos das transações aos seus custos estimados.

O trabalho de Moraes e Rodrigues (2005), em especial, para tornar operacional a teoria diante da dificuldade de mensuração dos custos de transação faz uso da ideia de que os atributos são elementos explicativos desses custos, invocando os estudos de Azevedo (1996), para quem os custos de transação são uma função definida de seus atributos, o que possibilita comparar a eficiência de diferentes formas de governança ou práticas do arranjo institucional a partir desses atributos ou dimensões.

Essa ideia não difere dos determinantes dos custos de transação já apresentados neste capítulo e busca instrumentalizar a análise de arranjos a partir dos seus custos de transação, mas não medidos, e sim por conta da presença de determinados atributos pelas próprias características desses custos, já abordadas.

No estudo das políticas públicas, estas, pelo seu caráter transversal e multifuncional, têm alto grau de complexidade, dado que:

> (...) na presença de custos transacionais, um programa multifuncional pode atuar de forma ineficaz e ineficiente e, mesmo assim, atender plenamente a expectativas fixadas no planejamento setorial. Em outras palavras, custos transacionais e multifuncionalidade criam impedimentos para o desempenho de um programa ser avaliado com precisão e dificultam o surgimento de estruturas de governança que gerem programas para alcançar de forma efetiva as condições necessárias à eficiência alocativa. Mesmo que fosse possível o surgimento dessas estruturas, nem sempre é factível implementá-las ou apurar com precisão seus efeitos (CALMON, PEDROSO, 2011, p. 335).

Podem-se reduzir custos sem medi-los. Nessa lógica, sem a mensuração direta, com a correspondente quantificação desses custos, pode-se ainda, sim, atuar sobre o arranjo, reduzindo seus custos de transação[18] pela redução dos fatores que os alimentam, utilizando-se

---

[18] Além das dificuldades de se obterem dados sobre custos de transação em diversas esferas e órgãos envolvidos, é sabido que o Brasil tem um déficit na implementação de um sistema de

para a identificação de práticas relacionadas a esses fatores não as entrevistas, que se prendem à percepção individual dos interlocutores e todos os problemas de subjetividade a elas atrelados.

Os fatores que induzem ao aumento dos custos de transação do arranjo adotado o fazem pela sua incidência na busca de garantir os objetivos da política, demandando a inclusão de salvaguardas *ex ante* na forma da melhor definição dos instrumentos de transferência de recursos e de normatização do programa, bem como *ex post*, como a apresentação de uma prestação de contas mais detalhada e a criação de mecanismos de monitoramento mais elaborados. Se os objetivos da política são importantes, os mecanismos de garantia deles assim o são também.

Da mesma forma, o setor público, pelas suas características fundamentadas na hierarquia, na normatização, tendo que dar conta dos objetivos nesse ambiente burocrático, carece de uma visão mais adaptativa, que valorize as salvaguardas dos objetivos, considerados os custos de coordenação, preservando a finalidade pública, reduzindo o burocratismo e sopesando a centralidade legal.

O oportunismo gera a submeta, o desvio de finalidade, que rompe com a ação pública destinada aos cidadãos, nos conflitos delegatórios naturais do setor público; assim, uma visão que valorize a governança *ex post*, que considere os custos para que não se caia em exageros desmedidos, é relevante, em especial no contexto cartorial brasileiro.[19]

Os objetivos das políticas públicas são centrais nas modernas democracias e, segundo Fukuyama (2018), a ordem política não é apenas limitar governos abusivos, e sim conseguir que estes façam o que se espera deles: políticas públicas eficientes. E em muitos países, a democracia em si é ameaçada por conta do grau de corrupção estatal ou pela sua ineficiência, levando a população a buscar soluções salvadoras.

---

custos no setor público, o que facilitaria uma abordagem mais quantitativa, datando de 2011 a criação de um Sistema de Informações de Custos do Governo Federal – SIC, que padece de dificuldades estruturais nas relações com os subsistemas de todo o governo federal, estando distante ainda o horizonte no qual se terá à mão o custo de órgãos e processos.

[19] Para mais dessa discussão de resultados e conformidade no setor público, na expansão da ideia de *compliance*, vide Braga e Granado (2017).

A questão é que o controle da corrupção tem um lado irônico, pois, conforme Anechiarico e Jacobs (1996), quanto mais mecanismos anticorrupção são criados, mais existe a possibilidade de se fortalecerem as patologias da burocracia, de forma que a corrupção e também o controle da corrupção contribuem para a crise contemporânea da administração pública, na qual se insere a discussão dos custos de transação.

McCan et al. (2005) e Vatn (2001), no estudo das políticas públicas, utilizando-se dos custos de transação, são categóricos ao indicar estes como critérios de definição dos desenhos a serem adotados, como um freio às medidas de combate ao oportunismo e que não perde de vista os objetivos dessas políticas, podendo utilizar, inclusive, formas de organização que tenham incentivos como base.

Destacam-se também, nesse sentido, os estudos de Shahab, Clinch e O'Neill (2018), que apresentam um modelo de avaliação dos custos de transação nos instrumentos de planejamento das políticas públicas e utilizam parte das características da transação, dos atores e da própria política, relacionando estas ao aumento ou redução desses custos, em mais um exemplo de promoção da efetividade das políticas, seus arranjos, sem enfrentar o desafio das mensurações estritas dos custos de transação.

Tomando um exemplo nacional e recente, os estudos de Santana (2013) sobre a Fundação Estatal Saúde da Família (FESF-SUS) na Bahia compararam, sem mensurar, os custos de transação *ex ante* e *ex post* de um desenho da transação "alocação de recursos humanos", quando coordenada pela administração direta, sem salvaguardas contratuais, apresentando custos de transação *ex ante* de baixa intensidade. No modelo com descentralização, apontaram que os custos de transação *ex ante* são maiores do que a contratação direta sem salvaguardas, o que corrobora a ideia de se avaliarem desenhos e abordagens, sem mensurar quantitativamente, mas indicando o potencial de aumentar ou diminuir os custos de transação.

Nesse sentido, a discussão da TCT tem muito a contribuir, pois, como lembrado por Williamson (1999), o controle no setor público envolve a duplicação dos esforços nas discussões de equilíbrio de poderes e a inibição de abusos, e uma maior centralidade da discussão sobre a corrupção e os mecanismos para sua mitigação, por exemplo, demanda que seus custos de transação figurem como uma das réguas das soluções apontadas, considerando-se ações de controle que sejam menos onerosas na sua implementação, aliando eficácia e eficiência. O custo do controle não pode ultrapassar o custo da coisa controlada, já ensinava há tempos conhecido princípio,[20] e o controle tem que funcionar para que os objetivos se concretizem.

Conclusões parciais

O capítulo traz uma visão geral da TCT e da sua aplicação no setor público, em especial no ambiente federativo e no arranjo de descentralização da política educacional para os municípios.

A TCT busca trazer uma visão diferente, complementar, sobre a hegemonia do mecanismo de mercado como forma de organização das transações, vendo estas como organizadas em arranjos institucionais, inseridos em ambientes institucionais.

Esses arranjos dispõem de salvaguardas *ex ante* (desenho) e *ex post* (ajuste), com vista a atingir os objetivos com o menor dispêndio de coordenação, de forma que surge então o conceito de custos de transação, ou seja, os custos de se organizar a atividade produtiva por força da divisão de trabalho e da necessidade de ampliar a cooperação e reduzir os conflitos.

Esses custos de transação são impactados por fatores, como a racionalidade limitada dos agentes, a incerteza e a complexidade do ambiente e a presença de ativos específicos, elementos que pressionam por mais salvaguardas para dar conta da atuação oportunista dos agentes.

O oportunismo é uma ideia central na TCT, como manipulação de informações que o agente detém na busca de obtenção de vantagens, sendo também uma possibilidade humana que precisa ser mitigada por instituições, tratando-se de uma espécie de corrupção da conduta.

A pesquisa traz o conceito de arranjo híbrido como um arranjo distinto do mercado e da hierarquia e que combina controles e

---

[20] O ainda vigente Decreto-Lei nº 200/1967 traz a síntese dessa ideia ao afirmar que: "Art. 14. O trabalho administrativo será racionalizado mediante simplificação de processos e supressão de contrôles que se evidenciarem como puramente formais ou cujo custo seja evidentemente superior ao risco".

incentivos, aliando interdependência e autonomia, servindo de base teórica para o estudo da descentralização no federalismo.

A discussão dos arranjos institucionais se aplica à administração pública, pois nesta existe a possibilidade de oportunismo, e os agentes têm racionalidade limitada, há complexidade e incerteza no ambiente e os recursos frequentemente têm destinação específica, o que dificulta a substituição de contrapartes; e com a discussão de arranjos híbridos e dos custos de transação, é possível dar destaque nos estudos governamentais a incentivos e, consequentemente, ao controle político, à transparência e à participação social, em uma visão associada a eficiência, em um sistema de intensa regulação, como é o governamental.

Após estabelecer as bases teóricas da pesquisa, o próximo capítulo vai, por essa ótica, trazer o ambiente e o arranjo da política educacional descentralizada para os municípios, de forma a buscar a contextualização necessária no escopo deste trabalho.

CAPÍTULO 2

O AMBIENTE E O ARRANJO INSTITUCIONAL DA POLÍTICA EDUCACIONAL DESCENTRALIZADA

Após uma visão geral dos conceitos de TCT que subsidiarão o presente estudo, o capítulo que se segue vai considerar diretamente o objeto de pesquisa – a política educacional descentralizada para os municípios – e tem como objetivo analisar o ambiente e o arranjo institucional dessa política, relacionando esse desenho aos conceitos da TCT, identificando atores e relações.

O capítulo compõe-se de uma primeira seção, que trata do federalismo e do processo de descentralização da política educacional, seguindo-se uma seção que trata especificamente do arranjo institucional dessa política; por fim, o capítulo traz a questão da autonomia e da implementação da política no âmbito dos municípios.

2.1 Federalismo, descentralização e educação

2.1.1 Uma breve discussão sobre o federalismo no Brasil

O processo de descentralização da política educacional para implementação pelos municípios está imerso em um contexto maior da organização do Estado brasileiro, que é a organização federativa, de um federalismo voltado para a colaboração entre os entes e a redução das desigualdades regionais, ambiente institucional da presente pesquisa e que consta na Carta Magna vigente no país.

No federalismo, segundo Bonavides (2011), existe uma associação de estados com vistas a uma integração harmônica de seus destinos, observadas a autonomia dos entes e a sua possibilidade de participação na vontade política da federação, existindo uma tendência de mitigação dessa autonomia, em função principalmente das necessidades para a redução da desigualdade regional e pela própria concentração de poder nos governos centrais.

Conforme Abrúcio (2010), o objetivo da federação é compatibilizar o princípio da autonomia com a interdependência entre as partes para dar conta da heterogeneidade regional e para construir uma ideologia nacional, alicerçada por instituições, na ideia de unidade na diversidade.

No Brasil, ao invés de uma agregação de entes, o federalismo se fez na descentralização a partir de um poder central (MARTINS, 2011), combinando-se características do patrimonialismo herdado do coronelismo (FAORO, 2001), que se reflete na gestão subnacional, oriundo de um processo colonial centralizador nas decisões, mas com autonomia na execução, uma autonomia fruto de concessões aos poderes locais, gerando uma curiosa estratificação na nossa estrutura federalista, na qual a política local se comunica intrinsecamente com o poder central.

O ente mais próximo do cidadão, o município, elevado a essa categoria somente na última Constituição Federal (1988), teve na história do país sempre um caráter executivo e autônomo, como as estruturas herdadas das capitanias hereditárias, sucedidas pelos engenhos e seus senhores (AZEVEDO; 1958), desenvolvidos na carência de normas gerais estruturadas do poder central (PRADO JR., 1942), longe dos poderes das capitais e com seus proeminentes poderes locais, estampados nos coronéis, latifundiários e em administrações locais que atraem no imaginário popular a fonte de toda a corrupção para essas localidades.

A municipalização, pós-Constituição Federal de 1988, gerou um paradoxo, de dependência do governo central, de forma que as cidades que recebem auxílios terminam por não desenvolver as suas capacidades político-administrativas (ABRÚCIO, 2010), o que aponta uma dependência da trajetória desse centralismo pouco emancipatório do caso brasileiro, em que pesem os ganhos de coordenação, redução de desigualdade e de indução à qualidade por conta de programas nacionais descentralizados.

Segundo Schwartzman (1988), o centralismo sempre foi uma característica do Estado brasileiro, com um centro de poder que não dependia das bases locais, desde os tempos coloniais, bases essas fundamentadas em poderes privados, da propriedade da terra e dos laços familiares, sem uma relação de outorga e autonomia de fato em relação ao poder central, o que se reflete na desconfiança da capacidade dos entes municipais de subsistir.

Faoro (2001) aponta que o município surge na administração colonial como braço administrativo da centralização, tendo a figura do chefe local, manifestada posteriormente pelo coronelismo,[21] como poder econômico com efeitos políticos, fazendo este o elo do poder local com outras instâncias do poder colonial.

De forma resumida, tem-se que esse processo histórico de formação do Estado brasileiro, nesse típico desenho federalista, trouxe aos entes municipais uma autonomia de caráter executivo, presa a interesses paroquiais,[22] em que pese existisse sempre a pressão das decisões centrais, com seus mecanismos de interação, realidade que se vê ainda hoje, com o deslocamento para os municípios da execução das políticas nacionais, com a manutenção da dependência dos recursos do governo central, o que se reflete nas relações da União com o Parlamento, na ideia do chamado presidencialismo de coalizão.[23]

No caso brasileiro, a Constituição Federal de 1988 prezou em seu texto por um modelo de federalismo de cooperação (SILVA,

---

[21] Coronelismo é o nome dado às ações de senhores de terra, chamados de coronéis, no domínio econômico e social para o direcionamento eleitoral em causa de particulares. Tem-se que: "O característico coronel foi por muito tempo um fazendeiro, possuidor de várias propriedades em diversos distritos. O coronel fazendeiro era aquele que mais se aproximava do histórico senhor de engenho da antiga sociedade patriarcal. Constituía-se ele, também, em um elo na evolução do poder pessoal que se situava entre a antiga sociedade escravocrata e a moderna sociedade capitalista" (JANOTTI, 1989, p. 42).

[22] Situação propícia para a ocorrência de submetas, um dos conceitos da TCT já trabalhados no capítulo 1.

[23] Carazza (2018) mostra que essa relação de centralidade dos recursos na União e a execução pelos municípios pode trazer práticas de negociações políticas por recursos e o retorno por meio de atos corruptos, em um desenho que favorece a atuação oportunista.

2010), ainda que, na prática, exista uma grande compartimentalização. No que tange às políticas da área social, a Carta Magna transferiu a execução destas para a esfera subnacional,[24] em um desenho desigual de parceria, na qual a União concentra recursos, autoridade legislativa e capacidade de coordenação (ARRETCHE, 2012), com restrições administrativas à autonomia dos entes municipais pela forte regulação da implementação dessas políticas, apesar das dificuldades de monitoramento pelo poder central afetarem de forma acentuada essa regulação.

Por outro lado, o desenho federalista, que, pela descentralização, promove a aproximação entre governantes e governados, na máxima de que o "povo vive nos municípios", favorece a democracia pela difusão do poder, apresentando-se como o arranjo que tem se mostrado adequado aos países de grande extensão territorial e de acentuada heterogeneidade cultural e de capacidades estatais, em especial pelo seu caráter de equilíbrio de forças e redução das desigualdades.

Em face do exposto, verifica-se que o caso brasileiro apresenta limitações históricas de aplicação de um federalismo que integre os entes e possibilite o crescimento mútuo e a redução das desigualdades regionais, com dificuldades estruturais que se manifestam nos arranjos adotados, fragilizando, nesse sentido, a implementação e os resultados, ainda que seja plenamente defensável que, em um país das dimensões do Brasil e com tantas peculiaridades, o federalismo seja um modelo desejável.

2.1.2 A política educacional no contexto da Educação Básica brasileira

Em linhas gerais, a política educacional cuida da construção e reprodução do conhecimento entre os cidadãos, sendo de oferta concorrente entre o setor público e o privado, constituindo um subconjunto da política social, que, por sua vez, é um tipo de política pública.

---

[24] Vide na Constituição Federal de 1988 os artigos 23, 30, 198 e 211 para fins de exemplo. As políticas sociais aqui referidas são as de saúde, educação básica e assistência social, que têm, de modo geral, a sua implementação nos municípios pela parceria da União com esses entes.

Segundo Souza (2006), política pública é o campo do conhecimento que procura "colocar o governo em ação" e/ou analisar essa ação (variável independente) e, quando necessário, propor mudanças no rumo ou curso dessas ações (variável dependente). Quando se fala de governo e de ação, esses conceitos dependem diretamente da visão que se tem desse governo e de sua forma de intervenção.

Nesse mesmo diapasão, a definição do que é política educacional não é simples nem consensual, mas, conforme discussão trazida por Martins (1993), as políticas educacionais são caracterizadas por estarem inseridas em uma época histórica, não sendo atomizadas, descontextualizadas do tempo e do espaço, e nem das outras políticas existentes, com visões diversas sobre o seu papel e que se atrelam à própria visão de Estado.

Esse caráter dinâmico, contextualizado e, ao mesmo tempo, contraditório, segundo Oliveira (2010), faz com que essas políticas se apresentem como dirigidas por um interesse universal, focalizadas a determinados públicos-alvo, mas são de fato resultantes da correlação de forças entre distintos projetos, o que resulta em contradições no seu âmago, pela luta de interesses nos diversos espaços, inclusive na legislação, como exemplificado pelo art. 205 da Constituição Federal de 1988, que traz como objetivos da política educacional o pleno desenvolvimento da pessoa, seu preparo para o exercício da cidadania e sua qualificação para o trabalho, contemplando interesses da sociedade e do capital, que, por vezes, são inconciliáveis.

Essa questão é a sede das discussões sobre os propósitos da política educacional e se reflete na sua gestão, em aspectos mais objetivos de índices e medidas, contraposto a visões de subjetividade, de fatores individuais e de difícil mensuração e que consideram um conjunto de elementos e dimensões socioeconômicos e culturais que circundam o modo de viver e as expectativas das famílias e de estudantes em relação à educação (SILVA, 2009) e que são difíceis de ser padronizadas e enquadradas em lógicas de insumo e produto.

A presente pesquisa reconhece o caráter contraditório da política educacional,[25] repleta de tensões, que não se prendem

---

[25] Segundo Cury (1989), a educação tem um caráter contraditório imanente, como instrumento de crítica e emancipação dos grupos menos favorecidos e como reprodutor dos grupos que detêm o poder.

apenas aos seus objetivos, mas a outros, que envolvem segmentos (superior *versus* básica), modalidades (presencial *versus* distância), geográficos (metrópoles *versus* interior) e forma de provimento (público *versus* privado),[26] tensões essas que espelham esse jogo de forças, reforçadas pela presente pesquisa, no estudo da descentralização dessa política para a execução pelos municípios, mediante normatizações do governo central, com a questão do patrocínio de interesses paroquiais, bem como na necessidade de autonomia de implementação em função da regulação diretiva.

Essa política educacional, descentralizada e complexa, no contexto da chamada municipalização, tem sua estrutura definida na Constituição Federal de 1988, ao estabelecer o papel do governo central, no trecho (BRASIL, 1988):

> Art. 211. A União, os Estados, o Distrito Federal e os Municípios organizarão em regime de colaboração seus sistemas de ensino.
>
> §1º A União organizará o sistema federal de ensino e o dos Territórios, financiará as instituições de ensino públicas federais e exercerá, em matéria educacional, função redistributiva e supletiva, de forma a garantir equalização de oportunidades educacionais e padrão mínimo de qualidade do ensino mediante assistência técnica e financeira aos Estados, ao Distrito Federal e aos Municípios.
>
> §2º Os Municípios atuarão prioritariamente no ensino fundamental e na educação infantil.
>
> §3º Os Estados e o Distrito Federal atuarão prioritariamente no ensino fundamental e médio.

Que consta também da lei que trata das Diretrizes e Bases da Educação Nacional (BRASIL, 1996):

> Art. 8º A União, os Estados, o Distrito Federal e os Municípios organizarão, em regime de colaboração, os respectivos sistemas de ensino.
>
> §1º Caberá à União a coordenação da política nacional de educação, articulando os diferentes níveis e sistemas e exercendo função normativa, redistributiva e supletiva em relação às demais instâncias educacionais.

---

[26] Nesse sentido, autores de um viés liberal, como Sen (2000), no estudo das capacidades básicas como fonte da liberdade, que é a chave para o desenvolvimento, trazem a importância da oferta de Educação Básica pelos governos. Friedman (1982), nessa mesma linha, no estudo da educação, aponta as externalidades desta para toda a população, na promoção de uma sociedade estável e democrática, defendendo esse autor o subsídio governamental para certos graus de instrução.

§2º Os sistemas de ensino terão liberdade de organização nos termos desta Lei.

De forma que surge positivada a ideia de colaboração e de repartição de competências entre os entes, com a redução de desigualdades regionais, na ação "redistributiva e supletiva" do governo central, no apoio técnico e financeiro, atribuindo à União um papel de coordenação da política educacional, pela linha normativa e de transferência de recursos.

Corroborando Souza (2013), a Carta Magna de 1988 foi descentralizadora, mas também robusteceu os entes subnacionais, financeiramente, mantidas as rédeas com a União, por meio de normas gerais, restando aos municípios um papel implementador das políticas decididas nacionalmente, com algum espaço para estratégias locais, gerando uma tensão entre os entes.

Segatto e Abrucio (2016) destacam o modelo dual, de um Executivo forte cuidando da Educação Superior e estados subnacionais precários cuidando da Educação Básica, um traço brasileiro desde a Lei Geral de 1827,[27] como uma das causas da fragilidade da base educacional, uma dependência de trajetória que explica muito do modelo atual, após a Constituição Federal de 1988.

Nesse sentido, destacam os autores que a Constituição Federal de 1988 foi equilibrada do ponto de vista federativo, com a valorização dos municípios na execução, a ideia de competência comum entre os entes na busca de evitar lacunas e a predominância da União nas normas gerais, associada ao seu poder suplementar técnico e financeiro, gerando com esse arranjo uma expectativa de articulação entre os entes, uma articulação que, na prática, não se materializou, com um cenário de isolamento dos municípios e a falta de coordenação do governo central, salvo por experiências esparsas de consórcios públicos ou programas articulados, bem como programas que ascenderam da base municipal, na linha *bottom up*, como o Bolsa-Escola, que se refletiu na esfera federal pelo Programa Bolsa Família.

---

[27] Lei de 15.10.1827, que *"manda crear escolas de primeiras letras em todas as cidades, villas e logares mais populosos do Império"*.

A municipalização da Educação Básica também teve seus aspectos negativos, pela dependência financeira dos municípios, sua baixa capacidade técnica,[28] excesso de poder nas mãos dos prefeitos e, ainda, a questão da *accountability*, dado que o regime de cooperação, de competências comuns, termina por diluir a responsabilização entre os entes em relação à política pública (ABRUCIO, 2010), o que abre espaço para uma atuação oportunista.

O cenário pós-eleição presidencial de 2018 apresenta uma nova proposta de pacto federativo, que se propõe a alterar o desenho da descentralização das políticas sociais, no chamado Plano Mais Brasil, uma iniciativa do Ministério da Economia apresentada no segundo semestre de 2019 como resposta a questões de ajuste fiscal e de crescimento sustentável, mas que, na prática, em 2020, um ano confuso por conta da pandemia do novo coronavírus, avançou pouco nas discussões, com desenhos adversos, como o auxílio emergencial, que teve sua gestão toda concentrada na União.

Indica como linha mestra a desvinculação da aplicação de recursos, com mais autonomia para estados e municípios, o que se materializaria pelo envio, entre outras iniciativas, de recursos hoje a cargo da União diretamente para os orçamentos municipais, bem como uma fusão dos limites constitucionais de aplicação de recursos de saúde e educação, possibilitando uma compensação deste.

Um debate ainda embrionário, de modo que autores como Mendes (2019) apontam avanços com medidas dessa natureza, como a redução da burocracia na redistribuição de recursos pela União, além de fortalecer a autonomia municipal, em que pesem os riscos de perdas derivadas da falta de contratação em escala.

Por outra linha, Graziano (2019) invoca que esse desenho de maximização da descentralização com a omissão do poder central fragiliza ainda mais a função planejamento, em nível estratégico, podendo ainda reforçar o fenômeno do coronelismo local, diminuindo o acesso a direitos sociais.

---

[28] Pissaia e Brandão (2017), no estudo dos dados do IBGE de 2014, apontam que as cidades menores têm índices baixos de aderência ao plano de carreira de docentes, bem como de indicativos ligados à gestão democrática, como eleição de diretores e conselhos ativos, apontando que essa fragilidade no reino das capacidades estatais se reflete diretamente na política educacional.

A redução do papel de coordenador da União, um dos braços da proposta de um federalismo de cooperação, em um cenário de grande desigualdade regional, pode reforçar as falhas de coordenação de uma função estratégica e transversal, como a educação, dando ao município uma autonomia sem direcionamento, o que não é novidade na história da república no Brasil, e pode, com isso, acentuar essas desigualdades, como outrora, mas essa é uma história ainda em construção.

Ainda sobre a educação como política pública, estudos de Lessard e Carpender (2016) dividem a educação no mundo em três ondas: uma nos chamados anos gloriosos (1945-1973), de ascensão do Estado do Bem-Estar no mundo, na busca de um sistema educativo e democrático de massa; uma segunda, de 1973 à década de 1990, com a crise fiscal e a crítica a esse Estado do Bem-Estar, com a centralização de currículos e a descentralização de atribuições; e uma terceira, mais atual, fundamentada em um Estado avaliador, que valoriza a governança, as competências e a inovação, em uma lógica de resultados.

O Brasil passou por essas fases de forma incompleta e um tanto descasada. Não sedimentou o Estado de Bem-Estar, atingindo a universalização da educação de forma precária e tardia, e assumiu o discurso avaliador sem ter a base técnica e administrativa dos executores da política educacional na esfera municipal.

Desse modo, a tensão,[29] por se descentralizar e regular na busca de resultados, de indução do crescimento, tem uma fragilidade em termos de capacidades estatais e municipais, cuja equalização não se constrói a curto prazo, o que impede avanços mais perceptivos, apesar do incremento no aporte de recursos da política educacional desde os anos 2000.

Invocando-se, ainda, a discussão de Arretche (2011), tem-se que a existência desse processo de descentralização pressupõe a

---

[29] Abrúcio (2018) trata dessa tensão, mais especificamente na política educacional, quando traz a necessidade de se potencializarem os aspectos positivos de um modelo chamado por este autor de rede-orientador, que deve ter um papel redistributivo e de coordenação fortalecido, aliado ao modelo escolar-orientador, no qual os gestores escolares devem ter condições de basear e nortear as suas ações de acordo com a singularidade de cada escola, mesclando autonomia e coordenação, uma tensão central na presente pesquisa.

institucionalização da capacidade técnica (financeira, administrativa e de recursos humanos) para garantir uma relativa continuidade no fluxo de oferta de determinado bem ou serviço, questão essencial para a política educacional, pelas suas próprias características: cotidiana, de longo prazo e atravessando gerações. Para isso, porém, precisa-se entender de que forma a federação age para equalizar essas capacidades.

2.1.3 Transferências, equalização e padronização

No que tange ao financiamento das políticas públicas no federalismo, a distribuição de atribuições funciona em lógica diversa da arrecadação. Assim, segundo Pinto (2009), as competências tributárias devem ser de tal forma distribuídas que aperfeiçoem a alocação de recursos e garantam o equilíbrio, evitando a guerra fiscal, a atuação do caroneiro (*free rider*) e a falência de mecanismos de arrecadação por força da pressão popular.

As competências de atribuições, de gasto e de responsabilidade pela implementação de políticas públicas, conforme Giambiagi e Além (2008), se beneficiarem a todos, devem ser providas pelo governo central e, se forem limitadas geograficamente, devem ser ofertadas pelo poder local, aproveitando-se as possibilidades de ganho em escala e a relação de participação da população com o serviço ofertado, vinculando as suas necessidades e aumentando sua *accountability* sobre os provedores.

Essa lógica da teoria das finanças públicas pode ser enriquecida por discussões relacionadas ao jogo político federativo, da negociação de recursos transferidos da União para entes em troca de apoio a projetos nacionais, bem como das dificuldades derivadas da dependência dos recursos do poder central, seja quantitativamente, seja por óbices do próprio governo central, retendo recursos por questões de caixa, o que se reflete na gestão local.

No desenho adotado, a União tem um papel supletivo, de auxiliar o ente com menor capacidade de financiamento na manutenção do pacto federativo, bem como uma função redistributiva, visando à horizontalização como corolário desse federalismo cooperativo (MARTINS, 2011). Uma visão de padrões mínimos e que, em termos financeiros, se materializou pelo Fundef e, posteriormente, pelo Fundeb,[30] tendo hoje os mecanismos financeiros da educação com o aporte basicamente em função da quantidade de alunos matriculados dos entes, reforçando o caráter redistributivo e incentivando a oferta de rede pelos entes.

No que tange ao histórico do financiamento da política educacional, também Martins (2011) indica um processo pautado em impostos locais, desde o período imperial, avançando para paradigmas de auxílio do governo central em patamares mínimos, vinculação de percentual de despesas dos entes e a utilização de receitas oriundas de fontes não tributárias (Salário-Educação),[31] modelos que se fazem presentes ainda hoje nos normativos.

As características desse modelo revelam uma arrecadação central com uma distribuição para garantir mínimos *per capita*, com a vinculação quantitativa na execução, configurando-se mecanismos de proteção da política, mas que apresentam distorções na implementação pela falta de coordenação adequada, como apontam os estudos de Caldas (2013), que indicam a fragilidade da vinculação de recursos em relação aos desvios na aplicação. Essa vinculação de recursos foi objeto de críticas públicas no período pós-eleição presidencial de 2018.[32]

Tem-se como novidade, nesse sentido, a recente discussão ocorrida no âmbito do Plano Nacional de Educação (2014-2024), de um financiamento do padrão mínimo de qualidade do ensino, e não um valor mínimo por aluno, vinculando essa nova proposta ao valor dos insumos necessários a uma educação de qualidade (PINTO, 2000), na proposição do chamado CAQi[33] (Custo Aluno-Qualidade

---

[30] O Fundo de Manutenção e Desenvolvimento da Educação Básica e de Valorização dos Profissionais da Educação (Fundeb) foi criado pela Emenda Constitucional nº 53/2006 e regulamentado pela Lei nº 11.494/2007 e pelo Decreto nº 6.253/2007, em substituição ao Fundo de Manutenção e Desenvolvimento do Ensino Fundamental e de Valorização do Magistério (Fundef), que vigorou de 1998 a 2006.

[31] Criado pela Lei nº 4.440/1964, o Salário-Educação tem como objetivo a suplementação das despesas públicas com a Educação Básica por meio da tributação da folha de pagamento das empresas, calculada atualmente à base de 2,5% do salário de contribuição das empresas.

[32] A vinculação de percentuais mínimos de aplicação de recursos nas políticas de saúde e educação, prevista na Constituição Federal de 1988, é um mecanismo de proteção dessas políticas, que tem seus efeitos sentidos ao longo das gerações, de caráter estrutural, diante das opções orçamentárias que privilegiam o retorno imediato, dentro do jogo eleitoral. Mas, como toda segregação ou fundo, cria amarras que trazem outros tipos de problemas.

[33] Conforme Parecer CNE/CEB nº 8/2010, o CAQi é um mecanismo criado pela Campanha Nacional pelo Direito à Educação que traduz em valores o quanto o Brasil precisa investir por aluno ao ano, em cada etapa e modalidade da Educação Básica pública, para garantir,

Inicial) e o CAQ (Custo Aluno-Qualidade), o que permitiria um investimento em educação vinculado ao salto necessário nessa política, sem esquecer de que apenas o aporte sem mecanismos de *accountability* adequados pode redundar em escoamento dos recursos para outras finalidades.[34]

Essa discussão de o custo da política educacional estar vinculado ao que se necessita para um padrão preestabelecido de qualidade se vê fortalecida no âmbito da construção do Plano Nacional de Educação (PNE), com movimentações para a garantia de investimento de 10% do PIB (produto interno bruto) nessa política, mas, com a promulgação do plano, o país entra em uma crise econômica associada a uma crise política, que faz com que esse assunto não tenha conseguido se materializar nos orçamentos e na gestão. Assim como outros temas previstos nesse documento e após a eleição presidencial de 2018, esse tema tem assumido rumos diferentes da trajetória que tinha sido assumida no período da democratização.

De acordo com os estudos de Arretche (2012), a regulação da União que diminui a autonomia dos entes possibilita a estes superar seus problemas de coordenação, trazendo benefícios à efetividade das políticas. A autora nos apresenta, nesse sentido, que governos subnacionais regulados e supervisionados apresentam melhor taxa de sucesso na execução das políticas sociais, dado que a regulação traria apenas limitações sobre a forma de implementação dessas políticas, combinando as benesses do federalismo e de um Estado unitário.

Segundo a autora, em relação à regulação pelo poder central:

> (...) a autonomia política dos governos subnacionais e a descentralização de competências não implicam necessariamente a autonomia dos governos subnacionais para implementar práticas. Essa pode ser

---

ao menos, um padrão mínimo de qualidade do ensino. Busca romper um padrão de financiamento da educação pelo estabelecimento de mínimos e de distribuição do disponível para uma ideia de se chegar a um custo necessário, dentro de um padrão de qualidade.

[34] De forma que nesse ponto tem-se outra grande tensão da política educacional, na qual alguns autores defendem que sobram recursos e falta gestão, e outros, de forma polarizada, que o problema é a falta de recursos. E todos têm seus dados e abordagens para defender a sua posição no jogo orçamentário por mais recursos. Essa polarização precisa ser mediada por visões complementares, nas quais falta recurso, mas falta gestão. Para isso, é preciso uma visão estratégica, produto em falta na discussão atual das políticas públicas.

severamente limitada pela regulação de níveis superiores de governo. Na presença de tais instrumentos de regulação, os estados federativos podem superar os problemas de coordenação que são próprios aos regimes que dispersam a autoridade (ARRETCHE, 2012, p. 158-159).

A autora dá a tônica do ganho com essa regulação, que é uma forma de coordenação, uma carência em nossa federação, que, na prática, precisa de arranjos cooperativos e coordenados que deem conta dessa diversidade de capacidades e demandas. Prado (2006), nesse sentido, destaca também que a transferência condicionada foi elemento de consolidação do Estado de Bem-Estar Social em diversos países, e Lindert (2004) indica que os sistemas educacionais de maior sucesso mantêm funções de monitoramento dos entes, a despeito da descentralização da execução.

Como já apresentado, as mudanças de direção após a eleição presidencial de 2018 trazem descrédito a esse papel regulador do poder central na federação, apostando que, na verdade, essa atuação gera um efeito carona (*free rider*) dos entes federativos em relação à União e que o ideal seria uma autonomia na qual cada ente cuidasse mais de seus problemas, com seus recursos, relegando a distribuição de recursos a um desenho de emendas. Uma discussão em ebulição que afeta o federalismo pode gerar patrimonialismo e reforçar as desigualdades regionais e os fluxos migratórios.

Eis uma tensão central na presente pesquisa, a autonomia como elemento de inovação, fortalecendo a eficácia na implementação da política educacional, associado a um ambiente de desconfiança e de descrédito do ente municipal, e os possíveis benefícios da regulação pelo poder central, na qual se inclui a atuação dos órgãos de controle, em uma estratégia, nesse contexto, que pode se socorrer da discussão da TCT.

Utilizando-se de normas gerais e específicas, atua a União nessas políticas, suprindo-as de transferências intergovernamentais que buscam, no entender de Prado (2006), mitigar as brechas verticais, ou seja, de equidade relativa de recursos financeiros para os entes, e a brecha horizontal, traduzida pelos desníveis regionais,[35]

---

[35] Padilha *et al.* (2012) indicam que o Índice de Desenvolvimento da Educação Básica (Ideb) se relaciona às desigualdades regionais encontradas historicamente em outros indicadores.

buscando nessa ação atingir os objetivos nacionais e promover a redução das desigualdades regionais, metas de uma associação federativa.

A discussão de redução das brechas é relacionada à própria sobrevivência da federação, posto que Prado (2006) indica que a equidade é um valor fundamental nesta, sendo uma atribuição inerente dos poderes centrais a sua manutenção, sendo instrumento destes a regulação, por ações normativas, mas também por meio das transferências financeiras.

As discussões de Arretche (2013) e Souza (2016) exploram essa tensão imanente à federação, expressa na diversidade regional de recursos, nas capacidades dos entes e na necessidade de se preservar a autonomia local, e tem-se nas políticas sociais essa dicotomia, pela pressão por padronização, diante das peculiaridades locais e a necessidade premente de inovação e adaptação, em especial em um país com as características do Brasil. Uma dicotomia clara, dado que:

> O grau em que os serviços públicos são submetidos ao formato de programas nacionais, tal como descrito, é um dos principais fatores que determinam a autonomia dos governos subnacionais. Existe um dilema muito claro nesse caso. Quanto maior a autonomia, menor pode ser a uniformidade dos padrões de serviços oferecidos pelo setor público e maior a possibilidade de iniquidade. A obtenção de um tratamento mais equitativo entre os cidadãos, através da exigência de padrões mínimos uniformes em todo o país, evidentemente, reduz a autonomia de cada governo para escolher suas prioridades orçamentárias (PRADO, 2013, p. 18).

Uma dicotomia que pode ser observada pela ótica do município e do governo central, de modo que os municípios mais abastados, que dependem menos das transferências federais e se submetem menos a essa regulação central, consequentemente, conforme Magalhães (2007), terminam por ter mais autonomia na elaboração de suas políticas, mormente as sociais, interagindo mais com sua base eleitoral local na construção de programas mais customizados, enquanto os municípios mais pobres dependem do auxílio federal e aderem mais facilmente à padronização dos grandes programas nacionais, com perdas em interação popular e nas possibilidades de diversificação, e o consequente amadurecimento na implementação de políticas[36] e até de inovação.

A própria história do país, de seu processo de colonização, ajuda a explicar o contexto atual em que vivemos no que tange aos municípios, uma realidade diversa, com grandes centros e uma massa de pequenos e médios municípios, e que, independentemente do tamanho e das capacidades, tem a mesma missão no texto constitucional, em especial no tocante às políticas sociais. É enxergar o Brasil no processo de descentralização como um grande bloco homogêneo, em termos de normas, políticas e riscos.

A visão da TCT, dos arranjos híbridos, de combinação de autonomia com a necessidade de coordenação, apresentada no capítulo 1, pode servir a uma visão dessa regulação de caráter mais finalista, de índices, de entrega de produtos, mas que possibilita também o amadurecimento da gestão local, pelo apoio técnico e normatização.

Ávila (1985), remetendo à preleção de Diogo Lordello de Mello na Escola Superior de Guerra em 1971, no trato do espaço do município brasileiro nas constituições federais de 1891 a 1967, já apontava problemas na administração municipal, como a simetria, ou seja, o tratamento de todos os municípios como se fossem iguais, e a hipercorreção, que é a adoção de um código legal complexo demais para a prática dos municípios, carentes de estrutura, apontando problemas que se repetem no período da pesquisa.

Sobre essa necessidade de coordenação e como ela se organiza ou pode se organizar, tem-se em voga a discussão de se instituir um sistema nacional de educação, e o próximo tópico permite identificar os requisitos que compõem esse assunto no que tange à política educacional, uma discussão que se tornou acalorada por ocasião dos debates para a elaboração do Plano Nacional de Educação (PNE) (2014-2024), arrefecida após a eleição presidencial de 2018 e que necessita ser incorporada à pesquisa, como se verá na próxima seção.

---

[36] Apenas para ilustrar, pesquisa nas transferências da função educação do governo federal em 2017, no Portal de Transparência do Governo Federal, indica que mesmo o município mais rico do país, que é São Paulo, não abre mão das transferências fundo a fundo do Programa Nacional de Apoio à Alimentação Escolar na Educação Básica (PNAE), do Programa Nacional de Apoio ao Transporte Escolar na Educação Básica (PNATE), do Proinfância e do Programa Dinheiro Direto na Escola da Educação Básica, e todos esses têm um regramento bem rígido, submetendo-se o município, nesse contexto, aos ditames do governo central, abrindo mão de sua autonomia em alguma medida.

2.1.4 Um sistema nacional de educação?

A discussão da instituição de um sistema nacional de educação que organize fluxos e atores nesse desenho federativo complexo, com mais de 5.500 municípios e cerca de 39,7 milhões de alunos na Educação Básica pública (BRASIL, 2017b), toma corpo na Conferência Nacional de Educação (CONAE) de 2010, culminando inclusive com a criação em 2011 da Secretaria de Articulação com os Sistemas de Ensino (SASE) do MEC, pela percepção de que avanços nesse sentido necessitariam de coordenação em outro patamar.

Saviani (2005) vincula a existência de um sistema educacional a se ter uma educação sistematizada e, ainda, a uma teoria de suporte dessa educação que tenha uma coesão interna e externa e que contemple nesse sistema a unidade e a diversidade dos atores envolvidos. Ou seja, uma visão programática e contextualizada da educação se faz necessária como um caminho a seguir, respeitadas as peculiaridades locais e a autonomia dos entes.

O mesmo autor subordina um sistema educacional a uma instrumentalização para a atuação frente ao problema diagnosticado e que, nesse sentido, a existência de leis gerais e da própria Constituição Federal não compõe por si só um sistema, mas a estrutura deste, dado que, para que ele se materialize, é necessária uma articulação formal e informal desses atores e regras em direção à resolução de questões, em uma estratégia interventiva no espaço e no tempo, em uma discussão similar à dos arranjos e do ambiente institucional.

Esse arranjo associativo, que articula realmente esse regime de colaboração, ainda é débil e enfrenta resistências, pois um sistema dessa natureza alavancaria o papel da União, estabelecendo mais planos, metas e diretrizes para tentar sanar as diferenças nos índices de escolarização nas diversas regiões do país (CURY, 2010), o que interferiria no jogo de poder federativo, com um temor de ingerência na autonomia dos entes, contraposta a uma tradição descentralizadora que remonta do Império. Mas, por outro lado, urge a articulação, em um processo que se torna a cada dia mais complexo, retornando a tensão de outrora, de autonomia e padronização no desenho federativo.

Um sistema nacional de educação, nesse sentido, se pautaria em "(...) uma rede de órgãos, instituições escolares e de estabelecimentos-fato; um ordenamento jurídico com leis de Educação-norma; uma base comum-direito" (CURY, 2010, p. 31), com o desafio de manter a unidade na diversidade, respeitando as peculiaridades locais e a autonomia dos entes, mas que clame por organicidade e articulação na proposição e na materialização das políticas educacionais, tendo como objetivo a garantia da educação de qualidade.

Essa organização, em um federalismo tão complexo como o brasileiro, não é tarefa simples. As experiências mais antigas, como o Sistema Único de Saúde (SUS), formalizado em 1988, oriundo de um forte movimento sanitarista e em uma tradição oriunda do *welfare state* europeu de universalização da saúde, trouxeram um sistema com princípios de integralidade, hierarquização e regionalização do atendimento, sofrendo precariedades por conta de várias questões, inclusive a relação com atores públicos (estados e municípios) e privados, com problemas de coordenação (CAMPOS, 2006), sendo um exemplo perfeito de que instituir um sistema formalmente não é uma solução miraculosa.

O Sistema Único de Assistência Social (SUAS), surgido em 2005, já no contexto do período abrangido pela presente pesquisa, é fruto de uma grande articulação de atores governamentais e da sociedade civil para mudar o *ethos* no trato da política de assistência social no Brasil, trazendo conceitos de redes socioassistenciais, base no território, foco na atenção às famílias – e não em públicos-alvo –, tendo caráter federativo e descentralizado (CARVALHO, 2006), pautado em controle social, transparência e na tecnologia da informação (TI). Apesar de ter aprendido com as deficiências do SUS, padece também de problemas advindos da governança da relação com os atores federativos.

Ter um sistema não é uma panaceia para os problemas de coordenação no âmbito da federação, mas é um começo, um lócus institucional que pode auxiliar, um fórum de debates e convergências, e no período de estudo da pesquisa, de 2005 a 2014, o governo federal adotou medidas na área educacional para tentar induzir essa articulação necessária, harmonizado com outros movimentos citados, dada a centralidade da questão social no período de estudo.

No escopo de grandes planos nacionais, como o Programa de Aceleração do Crescimento (PAC), surge, em 2007 o Plano de Desenvolvimento da Educação (PDE) e, com ele, simultaneamente, o Plano de Metas do Compromisso "Todos pela Educação" (Decreto nº 6.094/2007), iniciativas com o objetivo de melhorar a educação no país, em todas as suas etapas, em um prazo de quinze anos. A prioridade era a Educação Básica, e o PDE previu várias ações que visavam identificar e solucionar os problemas que afetam diretamente a educação brasileira, mas foi além, por incluir ações de combate a problemas sociais que inibem o ensino e o aprendizado com qualidade, articulando esferas e entes, em um esforço de dar um tratamento estratégico à educação, no federalismo, contemplando seu aspecto transversal.

Segundo Saviani (2009), o PDE trouxe um foco de atacar o problema qualitativo da educação, com um braço técnico de dados e instrumentos de avaliação e um braço financeiro, buscando aliar territorialidade, desenvolvimento, regime de colaboração, responsabilização e mobilização social, sendo um conjunto de ações estratégicas para a realização dos objetivos previstos no Plano Nacional de Educação,[37] resgatando a ideia de uma estratégia interventiva e de fortalecimento da coordenação no âmbito nacional.

Esse plano, o PDE, demandou um planejamento mais operacional, o Plano Articulado de Recursos (PAR), que é um planejamento sistêmico que tem como proposta o envolvimento de forma participativa, de todos os entes da federação, orientado para resultados consolidados no Índice de Desenvolvimento da Educação Básica (IDEB),[38] dando organicidade à política educacional, em uma visão sistêmica (FERREIRA, 2014), sendo o PAR a base para a transferência de recursos aos entes subnacionais, operacionalizados pelo SIMEC.[39]

---

[37] O Plano Nacional de Educação (PNE) é um plano decenal, positivado em uma lei, que determina diretrizes, metas e estratégias para a política educacional nesse período. A Emenda Constitucional nº 59/2009 trouxe outro patamar à exigência desse plano, e os planos estaduais, distrital e municipais devem ser construídos e aprovados em consonância com o PNE. Atualmente, a Lei do PNE é a de nº 13.005/2014.

[38] O IDEB é o Índice de Desenvolvimento da Educação Básica, criado em 2007 pelo Instituto Nacional de Estudos e Pesquisas Educacionais Anísio Teixeira (Inep), e foi formulado para medir a qualidade do aprendizado nacional e estabelecer metas para a melhoria do ensino.

[39] O Sistema Integrado de Monitoramento Execução e Controle do Ministério da Educação (Simec) é um portal operacional e de gestão do MEC, que trata do orçamento e

A coordenação de uma política desse porte, no ambiente federativo, é complexa e envolve a dimensão financeira, de distribuição de recursos; a dimensão normativa, do estabelecimento de regras que deem conta da diversidade e da efetividade; e, ainda, uma dimensão de prestação de contas, dos resultados da implementação, permitindo a realimentação dos processos.

A questão financeira sempre tem relevância nos debates e é mais simples, em especial com o avanço da tecnologia da informação, assim como são mais simples os normativos que dependem de espaços de interação e de discussão para o ajuste e a pactuação das ações, sob pena de se fazerem normas muito diretivas e que não considerem as peculiaridades regionais.

Entretanto, a dimensão da prestação de contas, quando a informação é extraída de uma situação concreta e incorporada em documentos e sistemas informatizados, apresenta vários complicadores, como o oportunismo dos executores e a racionalidade limitada dos concedentes, em um ambiente de incerteza e complexidade e dependência das partes. Apesar da complexidade, é essa dimensão de prestação de contas que permite os avanços efetivos nas políticas descentralizadas, pela aferição e correção no sentido da materialização destas.

Como se vê, o PDE e as iniciativas decorrentes possibilitaram uma articulação na política educacional que conecta avaliação, gestão e financiamento, articulando, inclusive, com outras políticas, como uma ação que ensaiou a construção de um sistema nacional de educação, como ambiente da política educacional descentralizada de 2005 a 2014.

Citando esforços recentes nessa tentativa de se aprimorar o arranjo da política educacional,[40] destaca-se também o Projeto de Lei Complementar nº 413/2014, que institui o Sistema Nacional de Educação, bem como a Portaria MEC nº 619, de 24.06.2015,

---

monitoramento das propostas *on-line* do governo federal na área da educação. É no Simec que os gestores verificam o andamento dos planos de ações articuladas em suas cidades.

[40] Documento produzido pelo movimento "Todos pela Educação" (2018) visando alimentar de subsídios o governo federal que iniciou seu mandato em 2019 e resgata como prioridade a necessidade de regulamentação de um sistema nacional de educação, de uma visão de cooperação federativa, de modo a garantir a maior articulação entre os entes e apoiar a melhoria da gestão das secretarias de Educação.

que institui a instância permanente de negociação federativa do Ministério da Educação e que recebeu um reforço de visibilidade nas recomendações do TCU, por meio do Acórdão Plenário nº 2.775, de 06.12.2017, que analisa o acesso à educação infantil por meio do Programa Nacional de Reestruturação e Aquisição de Equipamentos para a Rede Escolar Pública de Educação Infantil (Proinfância).

E para essa discussão, dos mecanismos de aprimoramento do arranjo institucional, é fundamental entender a relação do governo federal com os municípios na política educacional, que será mais bem detalhada no próximo tópico.

2.2 O arranjo institucional da política educacional descentralizada

2.2.1 O papel do FNDE

A descentralização é o desenho atual de execução da política educacional (Educação Básica) em parceria com entes subnacionais e, no que tange a essa política, objeto da presente pesquisa, em que pese existam movimentos que sugiram a federalização da Educação Básica,[41] o modelo de municipalização se apresenta consolidado, com experiências relevantes recentes no que tange à coordenação desse processo, como os já citados PDE e o SIMEC, bem como pela existência do Fundo Nacional de Desenvolvimento da Educação (FNDE/MEC), autarquia responsável, entre outras tarefas, pelo gerenciamento da atuação da União em relação à política educacional descentralizada para os municípios e que teve seu papel potencializado no período em estudo (2005-2014), o que se reflete no aumento de recursos geridos, como pode ser ilustrado pelo quadro a seguir, que apresenta a evolução do orçamento nominal da Unidade Orçamentária nº 26.298 (FNDE).

---

[41] Após ser aprovado por comissão em decisão terminativa no Senado Federal, seguiu em 08.07.2015 para a Câmara dos Deputados o Projeto de Lei do Senado (PLS) nº 320/2008, de autoria do senador Cristovam Buarque, que autoriza o Poder Executivo a criar o Programa Federal de Educação Integral de Qualidade para Todos e a Carreira Nacional do Magistério da Educação de Base, ou seja, uma iniciativa de ampliar a participação da União na gestão da Educação Básica, na forma de execução direta.

Quadro 1 – Evolução do orçamento do FNDE 2005-2014

Exercício	Orçamento nominal – dotação final (R$)
2005	4.560.525.509,00
2006	5.542.530.978,00
2007	7.877.985.727,00
2008	9.493.649.627,00
2009	13.678.303.302,00
2010	19.275.070.212,00
2011	23.601.667.593,00
2012	32.636.666.470,00
2013	32.886.649.245,00
2014	34.322.069.652,00

Fonte: Siop – Acesso Público do Ministério do Planejamento.

Gráfico 1 – Evolução do orçamento do FNDE

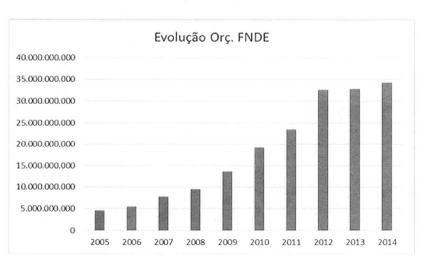

Como se vê, no período ocorreu um grande salto orçamentário, um patamar sete vezes maior do início em 2005 ao final da série, em 2014 – período abrangido pela presente pesquisa –, que se fundamenta pela assunção de tarefas pela autarquia, bem como pelo robustecimento de outras que já eram de sua carteira, indicando que a descentralização de recursos para a Educação Básica foi crescente, fato corroborado pelo gráfico 2 a seguir, que apresenta os recursos federais da função orçamentária educação transferidos a municípios, em reais, despesas liquidadas e corrigidas pelo IPCA.

Gráfico 2 – Transferências da União a municípios (2005-2014) na função educação

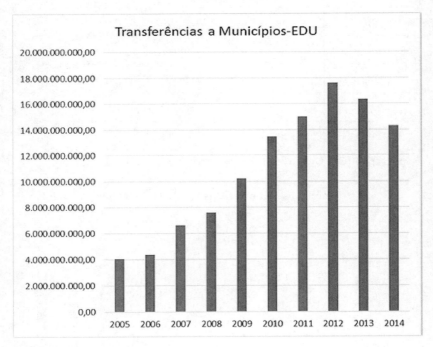

Fonte: Sistema SIGA (Senado Federal).

Remontando o contexto do surgimento do FNDE, conforme Abrúcio (2010), a educação no Regime Militar seguiu o padrão político naquele período, com forte centralização decisória, em um viés tecnocrático-autoritário, com brechas para negociações clientelistas com os demais entes, em especial os menos abastados.

Houve um aumento da normatização federal e dos recursos da política educacional e nesse contexto, surge em 1968 o FNDE, com programas nacionais focados principalmente nas regiões menos desenvolvidas, combinando nacionalização da política e execução tutelada dos municípios, inaugurando um modelo de transferência voluntária e de premiação dos entes aderentes ao governo central (ABRÚCIO, 2010).

O FNDE surge por meio da Lei nº 5.537, de 21.11.1968, com o nome de Instituto Nacional de Desenvolvimento da Educação e Pesquisa (INDEP), e posteriormente, pelo Decreto-Lei nº 872/1969, recebe a denominação de Fundo Nacional de Desenvolvimento da Educação.

A sua história recente tem três períodos, conforme Cruz (2017, p. 39):

> O primeiro, em 1997, foi a extinção da Fundação de Assistência ao Estudante (FAE), com a consequente incorporação de suas responsabilidades ao FNDE, conforme Medida Provisória nº 1.549-27,[42] de 14 de fevereiro de 1997, e Lei 9.649/98, de 27 de maio de 1998, cujos impactos no processo de gasto e aspectos políticos e institucionais da interação MEC/FNDE foram amplamente discutidos por Castro (2000).
>
> O segundo foi a extinção das Delegacias Regionais do MEC (DEMECs), em 1998, o que exigiu a reorganização da autarquia, em virtude do aumento da demanda de trabalho no processo de concessão e fiscalização dos repasses financeiros a estados e municípios.
>
> O terceiro momento, em 2004, foi a transferência da gestão do Fundo de Desenvolvimento da Escola (FUNDESCOLA) e do Programa de Melhoria e Expansão do Ensino Médio (PROMED), financiados parcialmente com recursos internacionais, para a órbita do FNDE – Portaria MEC 1.859, de 24 de junho de 2004.

A autora citada poderia também destacar o período de 2005 a 2014, de emergência de mecanismos como o PAR e o PDE, com um significativo aporte de recursos e atribuições no qual o FNDE se reafirma como grande interlocutor com os municípios no processo de descentralização da política educacional, destacando-se pela operacionalização, no período, de ações de engenharia financeira, tomada de contas e normatização por meio de resoluções de seu

---

[42] Convertida na Lei nº 9.649, de 27.05.1998.

conselho deliberativo, com ênfase nos programas de abrangência nacional – Programa Nacional de Alimentação Escolar (PNAE), Programa Nacional de Apoio ao Transporte Escolar (PNATE), Programa Nacional do Livro Didático (PNLD), Programa Dinheiro Direto na Escola (PDDE), Programa Nacional de Reestruturação e Aquisição de Equipamentos para a Rede Escolar Pública de Educação Infantil (Proinfância) e Programa Nacional de Tecnologia Educacional (PROINFO), somente para citar os mais conhecidos em termos de Educação Básica.

Parte considerável dos recursos que suportam essas descentralizações temáticas vem do Salário-Educação, arrecadado e operacionalizado atualmente pelo FNDE, considerando-se que a Lei nº 10.832/2003 define que 10% da arrecadação desse tributo fica com a autarquia, e 90% são disponibilizados a estados e municípios, sendo um terço mantido no FNDE para suportar os programas de Educação Básica já citados e dois terços repassados aos entes, na proporção do número de matrículas.

As transferências dos recursos federais aos municípios pela via dos programas citados são enquadradas, conforme Gomes (2013), como transferências legais que vinculam recursos, mais especificamente do tipo transferências automáticas,[43] que é um repasse sem a utilização de convênio ou congênere, funcionando como um contrato de adesão e que prevê uma regulação específica, no caso do FNDE, por meio de resoluções de seu conselho deliberativo, uma forma de governança *ex ante*, sendo previsto na sua gestão a prestação de contas pelo ente recebedor.

Sobre a prestação de contas, em especial, uma forma de governança *ex post* é uma tarefa onerosa, na qual o FNDE tem como problema crônico o seu estoque de contas prestadas e não analisadas, objeto de reiterados acórdãos do Tribunal de Contas da União, nos quais se destacam nesse contexto o julgamento das contas anuais de 2013 da autarquia, o Acórdão nº 7.790/2015 – TCU – 1ª Câmara, no qual o TCU volta ao assunto do passivo de contas a serem

---

[43] O Acórdão nº 3.061/2019 – TCU – Plenário definiu como "transferências voluntárias" a classificação das transferências federais no âmbito do Programa Nacional de Alimentação Escolar (PNAE), do Programa Nacional de Apoio ao Transporte do Escolar (PNATE) e do Programa Dinheiro Direto na Escola Básico (PDDE).

analisadas, ainda não equacionado, bem como é digno de nota o Acórdão nº 1.069/2011 – TCU – Plenário, que responde à consulta do próprio FNDE, indicando que a análise de prestação de contas de transferências não pode ser feita por empregado terceirizado.

No mesmo diapasão, a Corte de Contas, na Decisão nº 223/2000 – TCU – Plenário, aponta a inconstitucionalidade dos arts. 3º e 11 da Medida Provisória nº 1.979-16, de 09.03.2000,[44] que versa sobre o repasse de recursos financeiros do Programa Nacional de Alimentação Escolar e do Programa Dinheiro Direto na Escola, pelo fato dessa norma passar a atribuição da análise de prestação de contas de recursos federais para a competência aos tribunais de contas dos estados e dos municípios.

Esse assunto tão controverso foi objeto da criação, em 2012, de um sistema específico pelo FNDE, o Sistema de Gestão de Prestação de Contas (SIGPC), uma plataforma *web* na qual o ente municipal apresenta os dados que comprovem a aplicação dos recursos e, em que pese esteja em funcionamento, ainda tem restrições,[45] em especial no que tange à transparência e integração de dados, tendo o potencial de ser uma excelente ferramenta de produção de dados estratégicos sobre a gestão municipal, otimizando, inclusive, as fiscalizações *in loco* e o trabalho dos órgãos de controle.

Como se vê, no período, de forma quantitativa e qualitativa, o FNDE assumiu uma centralidade no processo de descentralização da política educacional, por figurar como artífice financeiro, com programas próprios, regulamentando operacionalmente o processo e, ainda, tomando as contas dos municípios, tarefa última que, além de onerosa, revela uma das fragilidades do fundo, não só pelo estoque a ser analisado, mas pelo fato de essa análise ser insuficiente, fato corroborado pelos problemas que surgem no período, descritos nas ações dos órgãos de controle, reforçando a visão de que há grande ênfase nos aspectos relativos à transferência de recursos, em relação às transações afetas ao monitoramento da aplicação dos recursos pelo ente municipal.

---

[44] Essa medida provisória vai sendo reeditada até a MPV nº 2.178-36, de 24.08.2001, segundo dados do sítio da presidência da República.
[45] Conforme exemplificado no Relatório da CGU de avaliação das contas anuais do FNDE do exercício de 2014.

2.2.2 Principais programas da Educação Básica do FNDE descentralizados para os municípios

Para as análises necessárias à pesquisa, que envolvem a atuação da CGU no período de 2005 a 2014, foram eleitas quatro linhas de ação do FNDE como operacionalizador dessas transferências de recursos para os municípios, chamadas aqui de programas e que serão detalhadas no presente tópico. São elas: o Fundo de Manutenção e Desenvolvimento da Educação Básica e de Valorização dos Profissionais da Educação (Fundeb), o Programa Nacional de Alimentação Escolar (PNAE), o Programa Nacional de Apoio ao Transporte do Escolar (PNATE) e o Programa Nacional do Livro Didático (PNLD).

O quadro a seguir detalha alguns aspectos desses programas:

Quadro 2 – Detalhamento dos programas analisados

	Fundeb	PNAE	PNATE	PNLD
Legislação	Lei nº 11.494, de 20.06.2007.[46]	Lei nº 11.947, de 16.06.2009.	Lei nº 10.880, de 09.06.2004.	Art. 4º, caput, inciso VIII, da Lei nº 9.394, de 20.12.1996.
Normas infralegais	Decreto nº 6.253, de 13.11.2007.	– Resolução FNDE nº 32, de 10.08.2006; – Resolução FNDE nº 38, de 16.07.2009; – Resolução FNDE nº 25, de 04.07.2012; e – Resolução FNDE nº 26, de 17.06.2013.	Resolução FNDE nº 14, de 08.04.2009.	– Decreto nº 9.099, de 18.07.2017; – Resolução FNDE nº 3, de 11.01.2008; – Resolução FNDE nº 60, de 20.11.2009; e – Resolução FNDE nº 42, de 28.08.2012.
Objetivo	Fundo que objetiva custear as ações de manutenção e de desenvolvimento da Educação Básica pública, particularmente na valorização do magistério.	Visa oferecer alimentação escolar e ações de educação alimentar e nutricional aos estudantes da Educação Básica pública.	Destina-se a custear despesas de manutenção e funcionamento de veículos utilizados para o transporte de alunos da Educação Básica pública, residentes em área rural.	Tem como objetivo prover às escolas de Educação Básica pública com obras didáticas de apoio à prática educativa.
Controle social na esfera municipal	Conselho de Acompanhamento e Controle Social do Fundeb.	Conselho de Alimentação Escolar.	Conselho de Acompanhamento e Controle Social do Fundeb.	-

---

[46] Com a promulgação da Emenda Constitucional nº 108, de 26 de agosto de 2020, surge o Novo Fundeb, que, em linhas gerais, repete o modelo anterior.

(continua)

	Fundeb	PNAE	PNATE	PNLD
Forma de implementação	Repasse de recursos proporcionais ao quantitativo de alunos matriculados, com complemento da União para estados que não atingem o mínimo estabelecido por aluno.	Repasse de recursos proporcional ao quantitativo de alunos matriculados.	Repasse de recursos calculado com base no número de alunos matriculados residentes em área rural e que utilizam o transporte escolar.	Distribuição dos livros pelo governo federal, diretamente aos municípios, com base nos alunos matriculados.
Mediante adesão?	Não.	Sim.	Sim.	Sim.
Ação orçamentária federal	Ação 0E36 (Complementação).	Ação 8744.	Ação 0969.	Até 2012: Ações 4046 e 6322. Após 2012, Ação 20RQ.
Materialidade anual estimada – R$ (exercício referência de 2011)	99 bi (sendo 8 bi complementação da União).	3 bi.	561 mi.	1,16 bi.
Impacto no processo educacional	O Fundeb suporta a remuneração de docentes, bem como despesas de custeio e investimento, o que contribui com a qualidade da educação pelo fato de impedir a evasão de docentes, bem como por permitir a infraestrutura necessária ao desenvolvimento das atividades escolares, reduzindo problemas como superlotação de turmas e evasão escolar pela ausência de rede.	A alimentação escolar colabora com a redução da evasão escolar e com a melhoria da aprendizagem, por conta do aspecto nutricional envolvido, e ainda permite a ampliação do tempo da criança na escola, elementos essenciais para a qualidade da educação.	As escolas rurais têm problemas de atendimento à diversidade das demandas em função das longas distâncias residência-escola, utilizando o modelo de escola multisseriada, ou ainda dependendo do transporte escolar para garantir a frequência e reduzir a evasão escolar dessa parcela da população.	O livro didático de qualidade é um elemento essencial para o robustecimento da atividade docente e contribui diretamente com a qualidade da educação, reduzindo desigualdades regionais.

Fonte: Sítio do FNDE (http://www.fnde.gov.br/) e construção do autor.

Como se vê, os programas possibilitam ganhos pedagógicos pela valorização profissional, por custearem recursos instrucionais e, ainda, pelo lado discente, por combaterem a evasão escolar e fornecerem instrumentos que ajudam a mediação na construção da aprendizagem, discussões essenciais para a questão do acesso à escolarização e a promoção de uma educação de qualidade.

Carnoy (2007), no estudo das razões do sucesso educacional de Cuba em comparação com o Brasil, aponta fatores de sucesso da Educação Básica cubana que são relacionados aos programas aqui analisados, como a valorização da remuneração docente, a diminuição de alunos por sala, o ambiente escolar propício à aprendizagem, a educação de regime integral, a equidade no ensino nas zonas rurais e urbanas, absenteísmo discente baixo, entre outros fatores.

Barros (2018), ao apresentar um apanhado das discussões sobre a qualidade da educação no Brasil, destaca a importância da valorização docente, do currículo e da sua vinculação ao livro didático, bem como a importância da educação integral, que tem seu financiamento relacionado ao Fundeb e ao PNAE, além de trazer questões afetas ao acesso à educação, de forma que esses tópicos mais proeminentes na discussão da política educacional estão presentes nos programas eleitos para a pesquisa.

Cabe destacar que o Fundeb difere sobremaneira dos demais programas, pois ele é um fundo de recursos interfederativo e que tem regras de aplicação de parcela mínima de 60% na remuneração dos profissionais do magistério em efetivo exercício na Educação Básica pública, e de 40% aplicado à Manutenção e Desenvolvimento do Ensino (MDE), realizadas na Educação Básica, na forma prevista no artigo 70 da Lei nº 9.394/96 (LDBEN), o que confere certa autonomia ao município.

O Fundeb é um aperfeiçoamento do Fundo de Manutenção e Desenvolvimento do Ensino Fundamental e de Valorização do Magistério (Fundef) instituído pela Emenda Constitucional nº 14/1996 e regulamentado pela Lei nº 9.424, de 24.12.1996, em um modelo de gestão financeira dos recursos da educação com vistas à equalização, em patamares mínimos, dos parcos recursos disponíveis entre as unidades da federação e que apresenta um controle social de viés técnico-fiscalizatório (BRAGA, 2015).

A CGU fiscalizou, em relação ao Fundeb, no período da pesquisa, apenas os municípios dos estados que recebiam complementação da União, geralmente localizados nas regiões Nordeste e Norte. Um assunto controverso e que causa polêmicas em relação à competência fiscalizatória concorrente entre TCU/CGU e os tribunais de contas estaduais, como disposto na Instrução Normativa –

TCU nº 60, de 04.11.2009, que reconhece a atribuição do TCU – e, consequentemente, da CGU por conta do art. 74 da Constituição Federal de 1988 – de fiscalização dos recursos objeto de complementação da União e o questionamento frustrado no Supremo Tribunal Federal sobre essa competência da CGU, como na Ação Direta de Inconstitucionalidade (ADI) nº 5.532/2016, ajuizada pelo Partido Solidariedade. O fato é que existe uma resistência dos municípios em relação a essa multiplicidade de fiscalizadores, o que, de certa forma, é compreensível.

Os demais programas seguem a lógica de suplementação pela União, com adesão praticamente automática do município e a consequente vinculação à normatização, de caráter operacional, por meio de resoluções do FNDE, com a exigência pelo concedente de processos de prestação de contas para demonstração de atingimento de objetivos e de aderência aos normativos, tendo para o PNAE e o PNATE uma estrutura formal de controle social, que, na ponta, emite pareceres e faz o acompanhamento da gestão.[47]

Por fim, cabe registrar que os programas escolhidos têm um caráter de perenidade, existindo em diversos formatos durante todo o período da pesquisa, e em 2019 continuam ainda em ação, inseridos na cultura dos municípios e sendo objeto de fiscalização constante dos órgãos de controle, com discussões consolidadas sobre suas principais fragilidades, em que pese a dimensão das soluções seja complexa, pelo desenho da descentralização no federalismo.

2.2.3 Descentralização e arranjos híbridos

Abordando especificamente de que forma se dá o apoio técnico e financeiro da União, tem-se que esses programas de suplementação da política educacional nos municípios têm grande diversidade, consistindo, via de regra, do repasse de recursos para que os municípios executem a política por meio de sua mão de obra,

---

[47] Para uma discussão mais aprofundada do controle social da Educação Básica nos municípios, vide Braga (2015).

própria ou terceirizada, existindo a presença de outros formatos, como compra centralizada pela União de insumos, por exemplo. Porém, em todos os desenhos existe, de alguma forma, um regramento da União sobre a utilização dos recursos.

Nesse cenário, tem-se, pela ação do FNDE,[48] um fluxo constante de repasses aos municípios por meio de transferências financeiras, suportando, em especial, nos municípios mais carentes, parte significativa da materialização da política educacional, que, pela sua característica, envolve uma ampla gama de funções administrativas, como gestão de pessoal, informática, alimentação, obras, bolsas, insumos diversos e com uma taxa de despesas constante, tendo como intermediário nessa relação as secretarias de educação municipais, também via de regra.

Esse arcabouço normativo descrito suporta as transações de apoio da União à política educacional nos municípios, de forma a compor uma parceria pela Educação Básica, mas faz-se necessário adentrar de que forma esses atores se organizam na implementação dessa política, o que conduz a discussão para os arranjos institucionais, em especial os arranjos híbridos.

A transferência intergovernamental de recursos ou outros tipos de ativos, como livros didáticos, por exemplo, constitui uma transação que tem custos de desenho, de organização, de celebração, de monitoramento, de capacitação de agentes e de prestação de contas, sendo acordos com grande frequência de transações, incerteza e complexidade, estas últimas devido à diversidade de realidades locais dos municípios.

Trata-se, de modo geral, de uma relação que se aproxima do contrato relacional, pois não se preocupa em debater exaustivamente todos os procedimentos a serem adotados, apenas metas e objetivos e as condições gerais do contrato, especificando critérios e circunstâncias imprevistas (FIANI, 2016), tentando capturar a adaptação *ex post*, contando com regras de entrada rígidas. Pelo menos é o que deveria ser, em um cenário tão complexo.

---

[48] Pode-se dizer que o FNDE é uma mesoinstituição, no dizer de Ménard (2018), dado que ele translada, adapta e aloca direitos, com papel essencial na implementação e monitoramento da política educacional descentralizada.

No que tange ao tipo de acordo, aquele celebrado entre o município e o FNDE na parceria para a implementação da política educacional no município, pode-se dizer então que tem características que se aproximam de um contrato relacional, com a expectativa de longa duração e a flexibilidade que permita fazer adaptações e mudanças de acordo com o ambiente, flexibilização essa que se fortalece pela retroalimentação dos arranjos institucionais (FIANI, 2011), dentro do contexto dinâmico do estudo da TCT.

Segundo Fiani (2002), no contrato de relação não existe um grande detalhamento que estipule de forma específica todos os procedimentos a serem adotados, estabelecendo metas e objetivos a serem alcançados, condições gerais para a execução do contrato e critérios para as situações imprevistas e a resolução de conflitos, paradigma que, no caso da descentralização da política educacional, esbarra na centralidade legal-formal presente na gestão pública brasileira[49] e na dificuldade de valorização dos objetivos frente aos procedimentos.

Williamson (1996a), ao tratar dos contratos relacionais, os indica para transações padronizadas e recorrentes, com uma pressão para se sustentar a relação, utilizando-se da chamada governança trilateral, que, segundo Fiani (2002), é a especificação, *ex ante*, de uma terceira parte, tanto na avaliação da execução como para a solução de eventuais litígios, que poderia ser uma visão para o papel da CGU ou do próprio FNDE (auditoria interna/análise das prestações de contas) nessas transferências, quando analisa os casos concretos em suas auditorias.

No que se refere a essa caracterização como um contrato relacional, tem-se que a análise dos programas eleitos para pesquisa, em relação às suas resoluções mais relevantes, indica um grau de detalhamento ainda elevado, fragilidades nas regras de entrada e pouco espaço para ajustes *ex post*, fatores que distanciam a prática de um modelo relacional, conforme detalhado no quadro a seguir:

---

[49] O §5º do art. 8º da Lei nº 10.836/2004, introduzido pela Lei nº 12.058/2009, preconiza que os resultados alcançados pelo ente federado na gestão do Programa Bolsa Família serão considerados como prestação de contas dos recursos transferidos para a gestão do programa, como uma tentativa de desmembrar a prestação de contas desses aspectos normativos e formais, mas que depende de mecanismos confiáveis de aferição de indicadores e de mensuração de custos para assim prevenir o risco de corrupção.

Quadro 3 – Análise das resoluções dos programas educacionais

Resolução FNDE	Detalhamento procedimental	Possibilidade de ajustes *ex post*	Regras de entrada
Resolução CD/FNDE nº 38/2009 (PNAE)	A descrição das regras para os cardápios é bem detalhada, em que pese já se exija dos municípios a presença de um nutricionista. Permite as estratégias de educação alimentar listadas na norma especificamente. Não se refere a questões de *performance* ou indicadores.	Prevê a instalação de Centros Colaboradores em Alimentação e Nutrição do Escolar, que podem ser espaços de interação e ajustes. Prevê possibilidades de dispensa da observância de percentuais de aquisição da agricultura familiar em casos definidos.	Tem exigências rígidas em tese, como a delegação formal pelos estados aos municípios, existência de estrutura necessária, inclusive de profissionais de nutrição e de conselho de alimentação escolar, em que pese a norma não indique os mecanismos de aferição das condições antes da adesão.
Resolução CD/FNDE nº 42/2012 (PNLD)	Alto grau de detalhamento dos procedimentos, inclusive com atribuições no nível dos professores e a previsão de ritos e sistemas para a gestão. Não se refere a questões de *performance* ou indicadores.	Permite ajustes quantitativos apenas e a participação dos professores *ex ante* nas consultas temáticas, bem como adaptações às peculiaridades regionais a partir do MEC. Prevê a solicitação de justificativas diante de ajustes de quantidades.	As regras de entrada são simples, na linha da adesão pelo município, sem a indicação, por exemplo, se o município utiliza sistema apostilado ou se ele tem estrutura para guarda ou redistribuição dos livros. Para exclusão do sistema, necessita de provocação formal do município.
Resolução CD/FNDE nº 12/2011 (PNATE)	Bom nível de detalhamento, em especial na questão da gestão financeira e da prestação de contas, detalhando alguns aspectos operacionais na linha de adesão a normas, e não em termos de *performance* ou indicadores.	Dá certa autonomia à gestão, estabelecendo um rol de aplicações dentro do escopo de transporte escolar, mas sem indicações específicas de ajustes, com certo grau de padronização, inclusive nos procedimentos de gestão.	Não tem regras específicas de entrada definidas nas normas, bastando ter alunos na zona rural, não definindo requisitos que indiquem a capacidade de gerir os recursos para as finalidades pactuadas.

Fonte: Sítio do FNDE (construção do autor).

Como visto, o detalhamento é na linha de aderência a normas e ritos procedimentais, com uma discussão ausente de *performance* ou indicadores, desconsiderando as peculiaridades locais. No que tange a ajustes *ex post*, são bem tímidas as possibilidades, com situações de grande padronização oscilando com autonomia restrita a finalidades definidas. Talvez uma decorrência da visão de que normas detalhadas inibem iniquidades. Em relação a regras de entrada, constata-se uma grande fragilidade, pois, quando não ausentes, são indicadas sem elementos de verificação e restrição.

O detalhamento procedimental, com poucas possibilidades de ajuste *ex post*, denota um desenho de pouca autonomia municipal, falta de confiança nas relações entre os entes e subalternidade em relação à União, em um contexto no qual os problemas da gestão municipal reforçam essa visão de desconfiança e de arranjos que não favoreçam emancipação do município, o fortalecimento de suas capacidades estatais, inclusive em relação à *accountability*, restando uma visão muito tutelada, que onera todo o processo de transferências intergovernamentais e o afasta de um arranjo híbrido e que tem um potencial questionável de evitar a corrupção.

Em princípio, de um ponto de vista formal, o FNDE teria um papel central nesse arranjo, funcionando como centro estratégico, harmonizando as autonomias dos entes municipais por concentrar em si uma parte do processo decisório das transações, facilitando o processo de coordenação (MÉNARD, 2004), em um desenho de federalismo de cooperação, mas o que se vê na prática é que o FNDE desempenha esse papel realizando uma interface contratual do tipo muscular, ou seja, atuando como um comprador poderoso, que faz acordos de forma unilateral (WILLIAMSON, 2008), à maneira de contratos de adesão, necessitando adicionar à sua prática a mitigação do centralismo legal, as possibilidades de ajustes *ex post* e a discussão reputacional, bem como a articulação de espaços de realimentação e comitês de resolução de conflitos.

Em relação ao risco de oportunismo no arranjo, pode-se dizer que os recursos transferidos para a gestão municipal são um ativo com um grau de relativa especificidade? A fonte de especificidade é clara. A União investe em treinamentos dos atores, campanhas de esclarecimento, no desenho e nas salvaguardas desses ativos transferidos, assim como o município, no decorrer do tempo, investe também em ativos com localização específica, no treinamento e no ajuste da cidade para a realidade escolar. Tal investimento mútuo gera dependência e expectativa, em especial pela perenidade da demanda educacional e sua profunda necessidade de investimento em capital humano especializado, além desses recursos não poderem ser reaplicados em uma destinação diferente, outra característica da especificidade.

Assim, caso a União resolva celebrar seus acordos de transferência de recursos com outro parceiro, como um ente privado, para a promoção da Educação Básica, situação que não é impossível, dado que o próprio Plano Diretor da Reforma do Estado (BRASIL, 1995) aventou algo similar,[50] ou a própria hipótese de federalização da Educação Básica que ocupa os debates legislativos, tal mudança traria grande dificuldade de reemprego dos recursos, tanto dos federais quanto dos municipais, com grande desperdício, sendo onerosa, gerando um "problema de refém" (FIANI, 2002) pelo fato do investimento feito por uma das partes ter como consequência esta ficar vulnerável à outra parte, caso esta queira encerrar a relação.

A relação entre a União e os municípios guarda, então, relativo grau de especificidade. Ao mesmo tempo, a possibilidade do desempenho municipal ser regulado pela escolha dos munícipes pelo voto ou, ainda, pela possibilidade de a gestão ser trocada por um afastamento (*impeachment*, demissão, prisão) permite mitigar um pouco essa especificidade, tendo como opção da União, em caso de problemas na sustentabilidade da parceria, provocar para que sejam trocados os dirigentes da gestão municipal, e não a estrutura educacional do município como um todo – ou a natureza da execução, pública ou privada –, pressionando os agentes por essa possibilidade de substituição, uma das características da adaptação autônoma.

---

[50] O citado documento que norteou mudanças na política nacional na década de 1990 indica, como uma das suas proposições, a descentralização, para o setor chamado de público não estatal, da execução de serviços que não envolvem o exercício do poder de Estado, mantido o subsídio estatal, como a política de educação, saúde, cultura e pesquisa científica, entendido ser esse arranjo mais eficiente. Na prática, seria passar a gestão da implementação das políticas para o terceiro setor, tendo como exemplo emblemático as Escolas *Charter* nos Estados Unidos, mantida com recursos públicos, mas cuja gestão é privada. Destacam-se também arranjos que surgem na literatura afeta à educação, como o uso de *vouchers*, no qual as famílias escolhem as escolas e são subsidiadas. Todos esses arranjos fundamentam-se na gestão privada como mais eficiente, independentemente da natureza das transações, ativos específicos, racionalidade limitada etc.

Caso emblemático que ilustra essa afirmativa são os estudos de Ferraz e Finan (2007), que demonstram que a liberação dos resultados de auditorias da CGU tiveram um impacto significativo sobre o desempenho dos candidatos municipais na reeleição e que esses efeitos foram mais pronunciados nos municípios onde existia rádio local presente para divulgar as informações, raciocínio que nos permite inferir que a interação com a população permite a sanção e a responsabilização dos gestores municipais de políticas sociais, independentemente da origem dos recursos, importando a "gestão percebida".

Da mesma forma, as ações dos órgãos de controle associadas a órgãos de natureza policial, as chamadas operações especiais, geram o afastamento de dirigentes de forma cautelar ou mesmo pelo encarceramento destes, mostrando que, se o insucesso da relação atinge determinados níveis, existem mecanismos disciplinadores que, pelo menos em tese, permitem romper essa relação e reduzir a interdependência, em que pese na política social descentralizada existir um dilema claro, dado que as sanções aos municípios terminam sempre por, de alguma forma, prejudicar o atendimento aos beneficiários das políticas, geralmente vulneráveis.

Nesse cenário de dependência, a discussão do oportunismo é relevante. Seja o oportunismo *ex ante*, das falsas promessas dos municípios antes da adesão a programas governamentais, sem ter condições físicas ou administrativas, ou ainda o oportunismo *ex post*, da informação seletiva, pela prestação de contas deficiente de suas ações, favorecendo a busca de submetas, posto que os mecanismos para mitigar esse oportunismo são limitados pela dependência da relação União e municípios, pelo próprio arranjo institucional da descentralização que prevê a parceria entre esses atores especificamente.

Além da especificidade dos ativos, reforça essa possibilidade de oportunismo a incerteza do ambiente, dado que a assimetria informacional, em um universo de mais de 5.500 municípios, de grande disparidade regional, com jogos de forças eleitorais e de poderes locais e que se relacionam com poderes estaduais e federais, possibilita ações oportunistas, assim como o cenário de carência de dados sobre as políticas sociais, em especial pela estrutura técnica dos municípios, inclusive para alimentação de dados, com o uso de sistemas de informações apenas recentemente (OLIVEIRA; FALEIROS; DINIZ, 2015), com a baixa interação das esferas subnacionais, o que faz com que atores privilegiados tenham informações valiosas nas relações, fortalecendo o oportunismo, reforçado pelo custoso monitoramento das gestões municipais.

Um caso típico de *information impactness*, no qual os agentes, no caso no âmbito municipal, têm profundo conhecimento da execução e é custoso para o centro estratégico obter informações, apesar dos avanços tecnológicos, ainda incipientes, mas com caminhos já pavimentados, pelo cruzamento de base de dados, fotografias, georreferenciamento, compilação de denúncias, uso de aplicativos de celulares e outras iniciativas que surgem no horizonte das políticas públicas espalhadas em diversos territórios.

Porém, dada a diversidade das realidades municipais, a frequência das transações, a complexidade da política educacional, com a presença de serviços como obras de engenharia, tem-se ainda que o processo de monitoramento dessa política é custoso, mas com um prognóstico positivo pela entrada na agenda dos mecanismos já citados.

Assim, temos um cenário de especificidade relativa, com assimetria informacional e possibilidades de atuação oportunista, com significativos custos de transação de operacionalização e monitoramento dessas parcerias, demandando um arranjo institucional que se preocupe com a manutenção da relação, pela importância da política educacional para o desenvolvimento, mas que tenha preocupação com o alinhamento no atingimento de objetivos, observados os custos de transação, como preconiza a abordagem da TCT nessas análises.

De forma conclusiva, no que tange ao ambiente institucional que rege a descentralização da política educacional, tem-se um desenho que define a atuação da União em parceria com os municípios, com regras de robustez constitucional e amplo arcabouço de estatura inferior, e que essa parceria se dá por meio de arranjos de caráter híbrido, nos quais a atuação dos atores se apresenta como objeto passível de análise à luz da TCT, por existir um grau relativo de autonomia, incerteza e especificidade – no sentido de reemprego – nas relações, possibilitando ações oportunistas que podem acarretar significativos custos de transação nas relações.

Esse desenho tem um polo no descentralizador dos recursos – no caso em tela, o FNDE –, que funciona como centro estratégico, e no outro polo os municípios, e a atuação oportunista pode se dar pela ação desses dois atores, nas seguidas transações, como se verá no próximo tópico.

2.2.4 Oportunismo e os atores da política educacional descentralizada

Além da questão apresentada anteriormente, de traços de especificidade no âmbito da política educacional descentralizada aos municípios, pode-se dizer que essas transações operam em situações de incerteza, dado que os riscos do processo são desconhecidos, seja pela postura dos agentes, que têm pouco amadurecimento na questão da visão de riscos (BRAGA, 2013), seja pelas próprias características estruturais do processo, envolvendo municípios distantes do governo central, reforçando essa tese o fato das transferências ocorrerem da mesma forma, com as mesmas salvaguardas, independentemente do município e de seu histórico de denúncias ou irregularidades detectadas.

Da mesma forma, são transações em um ambiente complexo, que envolve múltiplas decisões pela diversidade dos cenários municipais, da multiplicidade de atores envolvidos e, ainda, permeado de uma racionalidade limitada por parte dos agentes, dado que a construção do desenho e do monitoramento traz dificuldade para enxergar as alternativas e as consequências, com restrições de processamento dessa diversidade de características, optando-se por programas padronizados, que atendem a um município idealizado.

Aliado a essas questões, tem-se que os mecanismos de monitoramento, como o Sistema de Informações sobre Orçamentos Públicos em Educação (Siope), o Sistema Integrado de Monitoramento Execução e Controle do Ministério da Educação (Simec), o Educacenso e o Sistema de Gestão da Prestação de Contas (Sigpc),[51]

---

[51] Sistemas utilizados pelo Ministério da Educação para colher informações sobre a gestão da política educacional.

são de caráter declaratório, existindo a necessidade de críticas às informações recebidas, e de mecanismos de auditoria para a verificação de dados e inconsistências, o que, além de oneroso, padece de problemas culturais, de falta de uma visão sistêmica no processo de descentralização, o que gera um grande apreço pelo processo de provisionamento do recurso e pouco sobre o monitoramento de sua aplicação.[52]

Nesse sentido, existe a possibilidade de atuação oportunista dos atores envolvidos, podendo estes explorarem a assimetria informacional, com a produção de informações fragmentadas, em virtude de destinatários segmentados, pois a própria atuação do FNDE, como descentralizador, pela priorização dos aspectos financeiros, de provisionamento, em relação a ações *ex post* de monitoramento da aplicação dos recursos, produzirá informações parciais da implementação da política, uma situação confortável tanto para o FNDE quanto para os municípios, caso queiram adotar uma atuação oportunista.

O oportunismo *ex ante* pode se fazer por desenhos que não considerem a peculiaridade local, o que termina por valorizar apenas o papel transferidor; da mesma forma, o oportunismo surge de forma *ex post*, pela manipulação dos municípios em relação às ações pactuadas nos programas, na apresentação de informações inverídicas ou parciais na prestação de contas ou, ainda, assumindo compromissos sem dispor de capacidade técnica ou estrutural no município,[53] de forma que o escândalo, quando surge, é a ponta de um problema sistêmico, e até este pode ser explorado de forma oportunista, pela focalização em aspectos pontuais, em detrimento da constatação das fragilidades estruturais da própria política.

---

[52] Amsden (2009), na pesquisa da industrialização tardia, reforça que, na ação do governo visando subsidiar a indústria, é fundamental um controle *ex post* que se detenha a padrões monitoráveis, comparando o que acontece com o que deveria acontecer como condição para o sucesso dessas políticas, em uma lógica que pode ser aplicada no caso das transferências aos municípios.

[53] Fenômeno que pode se chamar de um "federalismo de inauguração", no qual o município recebe do governo federal o hospital, a creche, o laboratório, mas não tem capacidades para gerir e manter esses aparelhos.

O município, por ter um profundo conhecimento dos fatores envolvidos na implementação da Política Educacional, revela um contexto no qual a obtenção de informações demandadas pelo FNDE, no seu papel supervisor, é extremamente custosa, um típico caso de *information impactness*, o que possibilita ao ente municipal assumir compromissos locais distantes dos objetivos globais, por ser muito oneroso o incentivo desse alinhamento da política e, por vezes, até pelo descasamento da política e das realidades locais, envolvendo questões de legitimidade.[54]

A própria relação da União com os municípios é permeada de um jogo político que favorece o oportunismo, ficando claro que, no momento da inauguração, do lançamento de um programa, de uma creche, de uma escola, surgem autoridades, são apostos selos dos governos, mas, no momento que irrompe no telejornal um escândalo no município, todos tendem a se desresponsabilizar dos atos que conduziram aquela situação lamentável.

Papadopoulos (2010), discutindo a *accountability* em relação à governança multinível, aponta nesse sentido que a cooperação entre diversos níveis envolve um grande número de atores no processo decisório, o que gera problemas de delegação, e pela autonomia desigual entre os atores, permite a diluição das responsabilidades devido à negociação e ao compromisso entre esses, em especial no jogo político, no qual a reputação e a narrativa são essenciais.

A política educacional tem características de médio/longo prazo para que seus resultados aflorem, tendo um caráter geracional e, ainda, multifuncional, dado que outras políticas, como a saúde, a cultura, o esporte, a infraestrutura e até a segurança pública, têm efeitos no desenvolvimento dessa política, vinculado seu sucesso também a questões históricas, familiares e de dependência da trajetória, e o que se vê é que avaliações de impacto, apenas, como o IDEB e o Exame Nacional do Ensino Médio (ENEM), pródigas em diagnósticos territoriais, têm dificuldade na relação dos sucessos e

---

[54] Exemplo emblemático disso é o filme Saneamento Básico (Brasil – 2007), dirigido e escrito por Jorge Furtado, que mostra um povoado do Rio Grande do Sul que tem um problema com o esgoto a céu aberto e, para resolvê-lo, decide produzir um filme para fraudar o dinheiro federal que estava disponível para o filme, desviando-o para o saneamento básico da cidade.

insucessos medidos em associação às ações empreendidas e recursos alocados, podendo ocorrer a manipulação desses resultados em relação às práticas adotadas, por serem benefícios ou prejuízos na política pública associados a causas errôneas, pela temporalidade e transversalidade da educação.[55]

Essas características, inclusive, dificultam que a avaliação da relação da União com os municípios se faça apenas por índices, de avaliação de impacto, pela defasagem temporal que dificulta a relação entre as ações do gestor e os resultados, o que não significa que a centralidade legal seja um bom caminho, havendo a necessidade de mediação entre conformidade e resultados e, no contexto da presente pesquisa, ter os custos de transação como um equilibrador dessa tensão.

Um cenário farto para a atuação de forma oportunista, em uma política que, além dessas características indicadas, tem um forte apelo emocional, pelo menos no discurso, em que pese na prática os eleitores valorizarem no Brasil ações mais objetivadas, conforme estudos de Caron (2010). Esse aspecto emocional reflete-se diretamente nas informações produzidas e na forma que elas são percebidas, de forma fragmentada, com a valorização de *cases* espantosos de cozinhas de escolas perto de banheiros e obras inacabadas como diagnósticos globais da implementação, o que gera pouca ou distorcida reflexão sobre o processo de descentralização e a sua implementação.

De forma didática, para sintetizar as possibilidades de oportunismo no arranjo de descentralização da política educacional para a execução pelos municípios, tem-se o quadro 4, a seguir, que será útil nas análises da atuação da CGU.

---

[55] Causou polêmica por afetar a luta por mais recursos na Educação, em especial na construção do PNE (2014-2024), o estudo de Rocha *et al.* (2013), que relaciona o desempenho da Educação (IDEB) ao orçamento, ao avaliar se os recursos que os municípios destinam à educação são suficientes para atingir as metas fixadas para a área em 2021, concluindo pelo desperdício de recursos e que o gasto efetivamente realizado é muito maior do que o gasto mínimo necessário para atingir as metas, e que a restrição não é a escassez de recursos. O preocupante, nesse sentido, é a polarização entre mais recursos, necessários pelo *gap* nessa política e a questão da gestão, do aprimoramento das políticas, o que acaba servindo a interesses de grupos distintos. Volta-se à tensão da brecha horizontal e vertical.

Quadro 4 – Possibilidades de oportunismo na política
educacional descentralizada

Oportunismo	FNDE	Município
Ex ante	Tratamento de todos os municípios da mesma forma no momento da concessão, com regras de entrada sem verificação dos requisitos e com supervalorização do papel transferidor, o que possibilita mandar recursos, de difícil devolução, para municípios sem condições de implementar a política.	Adesão a programas sem ter condições técnicas e administrativas para tal, existindo uma dependência da União em relação ao município nesse processo de implementação.
Ex post	Ausência de mecanismos efetivos de monitoramento, de ajuste e de negociação em relação à implementação da política no município, não permitindo a detecção e a resolução de problemas nesse processo.	– Fornecimento de informações inverídicas ou parciais no processo de prestação de contas, que ocultam desvios de finalidade e prejudicam a implementação do programa no município. – Diluição da responsabilidade que diminui a *accountability* eleitoral.

Fonte: Construção do autor.

Com tantas possibilidades de oportunismo, surge a demanda por salvaguardas e, segundo Souza (2016), no estudo da obra de Bednar (2009), as salvaguardas combinadas podem minimizar as tensões e o oportunismo na relação entre os entes federados, salvaguardas essas que funcionam como ações *ex post*, dado que as regras legais e constitucionais (contrato) são insuficientes (incompletas), demandando essas ações, que podem ser de incentivo ou de sanção (BEDNAR, 2011) e até informais, mas que, para serem efetivas, segundo esse autor, devem minimizar o oportunismo, o que só é possível com uma combinação coordenada de salvaguardas.

O federalismo é o palco das diversidades, da complexidade, o que o torna poderoso para aplicação em grandes e díspares países, como o Brasil, e o oportunismo é intrínseco a esse modelo, como visto, e por isso necessita de salvaguardas (BEDNAR, 2011), que vão se construindo e se ajustando, em um sistema dinâmico, com redundâncias e lacunas, que geram cooperação e conflito, ascendendo nesse contexto a importância de uma discussão como os custos de transação, no estudo das políticas públicas.

As salvaguardas protegem o federalismo (JENSEM, 2013) e, por isso, necessitam considerar a autonomia dos entes, em especial dos parceiros na implementação das políticas, bem como a questão das diferenças de capacidades, assuntos que serão objeto do próximo tópico.

2.3 Autonomia e implementação da política educacional nos municípios

2.3.1 Implementação e a questão das capacidades do ente municipal

Como já visto, o município torna-se, na teoria e na prática, com a Constituição Federal de 1988, o baluarte da implementação da política educacional (Educação Básica). Sem entrar no mérito da tese de que a municipalização fora impulsionada pelo governo central pelo desejo de desoneração frente à crise, nos idos da década de 1990, concentrando recursos no âmbito federal e descentralizando a execução na esfera subnacional, reforçando a ideia de que o problema da educação não é a falta de recursos, e sim os desarranjos de gestão (FELIX ROSAR, 2008), tem-se que a municipalização é um fato consumado.

Desse modo, o desenho de transferência de recursos para a gestão municipal da política educacional, em parcerias entre os entes municipais e a União, não dá sinais de esgotamento e se apresenta como solução viável e consolidada em um país de extensa base territorial e de grande diversidade local, com a carência técnica de uma quantidade razoável de municípios, questão essa da capacidade municipal que merece maiores comentários. Um tema que volta à pauta com força após as eleições presidenciais de 2018.

A descentralização na execução das políticas públicas, mormente a educacional, causa ambiguidades no âmbito municipal, com orçamentos paralelos,[56] limitados uns a percentuais de aplicação

---

[56] Dizem-se aqui orçamentos paralelos, pois os recursos federais e municipais suportam as despesas da política educacional nos municípios e, na prática, esse ente atua mediante

e a normas gerais; e outros, mais vinculados ainda, com regras padronizadas, prestação de contas, fiscalização do concedente e possibilidades de sanções por outros atores, como o TCU, em uma rede de atribuições complexa, que dificulta, por vezes, a identificação de méritos e falhas, atentando contra um dos pilares que preconiza a descentralização, focada na execução próxima às populações e no fortalecimento do controle social pelo acompanhamento.

Por fim, na arena municipal decantam as questões gerenciais na execução dos recursos transferidos, cujos estudos de Batista (2015) indicam que as falhas apontadas por auditorias sistemáticas da Controladoria-Geral da União (CGU) se vinculam de forma inversamente proporcional a indicadores de profissionalização da gestão municipal, fato reforçado pelos achados de Braga (2013), bem como de Olivieri *et al.* (2018), corroborando a ideia de fragilidades na gestão municipal que afetam a qualidade da implementação das políticas descentralizadas, carecendo muitos deles de institucionalização,[57] da relação Estado-sociedade, de corpo técnico amadurecido, dos aparelhos estatais equipados e inseridos no contexto social, bem como órgãos de controle local; ou seja, o desenvolvimento das capacidades do ente.[58] Mas que capacidades são essas, afinal?

Autores como Gomides e Pires (2014) definem essas capacidades estatais por uma faceta técnico-administrativa, pela ação da burocracia weberiana na construção de políticas públicas de qualidade, e um aspecto político, de expansão dos canais de interlocução e negociação com atores sociais. Aliando eficácia

---

duas peças orçamentárias: uma na qual ele delibera sobre seus recursos, e outra, vinculada à pauta nacional, com mais restrições.

[57] Estudo de Grin e Abrúcio (2018) indica que, nos trinta anos de descentralização para os municípios pós-Constituição Federal de 1988, as capacidades estatais destes não avançaram a contento para dar conta desse modelo, o que afeta teses de se acentuar mais a descentralização, reduzindo o papel transferidor da União, em uma questão de se perceber em que medida o poder central tem o potencial de induzir as capacidades estatais do ente municipal.

[58] Cabe registrar que o Projeto de Lei do Senado nº 229, de 2009 – Complementar, remetido à Câmara dos Deputados em 21.06.2016, no seu art. 65, §2º, indica que, no caso de transferências intergovernamentais que não constituam receita própria do ente beneficiário, a verificação da legalidade, legitimidade e economicidade da gestão, bem como da eficiência, da eficácia e da efetividade da aplicação do recurso, ficará a cargo do órgão recebedor do recurso e dos sistemas de controle interno e externo que sobre ele tenham jurisdição, o que esvaziaria a atuação do controle interno e externo federal como agente de *accountability* desses recursos.

e legitimidade, sem negar a dimensão política da ação estatal, em contraposição às ideias reformistas, a ideia das capacidades estatais traz uma nova roupagem à discussão da eficiência no setor público, fugindo da visão minimalista do gerencialismo, agregando discussões de articulação institucional entre os diversos atores, no uso de mecanismos hierárquicos e de incentivo.

No estudo de mecanismos federais de coordenação do Programa Bolsa Família, Bichir (2011) aponta as capacidades locais como condicionantes do processo de implementação de políticas descentralizadas para os municípios, pois esse processo não se restringe à mera execução de normativos federais, demandando dos municípios decisão, interpretação e redefinição de quesitos em face das peculiaridades locais, e isso implica em capacidades técnico-administrativas, aliadas à articulação dos atores.

Nesse desenho, tem-se o protagonismo desejado da atuação dos agentes e instituições municipais envolvidos na implementação dessas políticas descentralizadas, contrapondo-se à realidade de cenários de baixa capacitação técnica nos municípios, o que afeta a gestão dessas políticas, remetendo às dificuldades de sinergia entre as ações sobre a brecha vertical e horizontal, na busca de equidade na federação, dado que uma tem caráter quantitativo (vertical), e a outra, de caráter mais estrutural (horizontal), sendo a última de mais complexa resolução.

A questão das capacidades é crucial para a confiança no sistema federativo. Acemoglu e Robinson (2012), ao tratarem dos auxílios humanísticos das grandes potências para mitigar a miséria dos países da África Subsaariana, da América Central e do Sul da Ásia, em uma lógica similar à brecha vertical do federalismo e às transferências intergovernamentais, mostram que esses países pobres têm problemas por conta de suas instituições extrativistas, pela ausência de direitos de propriedades, lei e ordem, sistema jurídico adequado e a sufocante presença das elites nacionais, similar às deficiências de capacidades políticas de municípios de algumas do Brasil.

Para esses autores, essa ajuda externa será ineficaz, pois será usurpada e dificilmente chegará às mãos dos reais destinatários, e mesmo os programas de ajuda humanitária que passaram a exigir condicionalidades dos países beneficiários não tiveram sucesso, pois os que se mostram incapazes de atingir a *performance* requerida são os mais necessitados e acabam recebendo ajuda, lógica similar à dependência da União com os municípios na implementação. Nesse ponto, os autores trazem luz a essa questão pela via institucionalista, em uma ideia que pode ser importada para a discussão de capacidades da presente pesquisa. Eles defendem a importância da autonomia para que o país beneficiário tenha condições de desenvolver as suas capacidades políticas. Nas palavras dos autores:

> Como vimos, a resposta não está na condicionalidade, já que esta requer que os atuais governantes façam concessões; pelo contrário, uma perspectiva mais positiva talvez consistisse na estruturação da ajuda externa de modo que seu emprego e administração insiram no processo decisório grupos e lideranças de resto excluídos do poder, empoderando assim um amplo segmento da população (ACEMOGLU; ROBINSON, 2012, p. 351).

De forma que as capacidades estatais, em especial as políticas, relacionadas ao chamado controle social, são centrais na promoção da qualidade da política educacional descentralizada e pode-se inferir que as transferências verticais, por si só, não são suficientes para resolver essa questão, o que faz com que o transferidor principal, a União, amplie a sua preocupação com aspectos emancipatórios do ente municipal.[59]

A *accountability* é um valor que precisa se espraiar nos diversos níveis da federação, de modo que o desenvolvimento da autonomia municipal implica no avanço de capacidades técnico-políticas neste sentido: conselhos operantes, órgãos de controle interno profissionalizados, transparência nas transações.[60] Autonomia sem

---

[59] Nas palavras de Menárd (2018), uma das maiores contribuições da Nova Economia Institucional (NEI) é a existência de diversos meios de se organizar a transação e, nesse sentido, a autonomia é essencial.

[60] Para que essa *accountability* se manifeste nos municípios, é necessário estruturas específicas. Pesquisa desenvolvida no segundo semestre de 2019 (CALEIRO, 2019) envolvendo 1.037 cidades brasileiras com mais de 20 mil habitantes e que tem canais de comunicação teve a resposta de apenas cerca de um terço das cidades, indicando por fim que apenas 24% dos municípios respondentes afirmam ter as quatro funções de controle (ouvidoria, auditoria, corregedoria e transparência), o modelo moderno inspirado na CGU. Uma fragilidade a olhos vistos.

accountability resulta, fatalmente, em desmandos e malfeitos, em que pese esta ser necessária no processo de implementação.

Segundo Arretche (2011), o processo de descentralização das políticas sociais no Brasil é determinado por três fatores, sendo o primeiro o legado das políticas prévias, a herança institucional de programas anteriores, que resultam em capacidades acumuladas, em uma espécie de dependência da trajetória.

No caso da educação, a estrutura docente e dos demais funcionários, bem como as partes objetivadas, tais como o prédio, os equipamentos, se perpetuam à medida que a gestão municipal se alterna pelo processo eleitoral, e ações de capacitação, de investimento, são determinantes locais do sucesso dessa política, sem esquecer da intersetorialidade, da influência de outras políticas, dado que, sem luz ou estradas adequadas, é difícil se falar de inclusão digital ou acesso à escola.

Ainda segundo a autora, as regras constitucionais que normatizam a oferta de bens e serviços, que impedem ou estimulam desenhos institucionais, também são fatores determinantes do processo de descentralização e, no caso da educação, a estrutura do Ministério da Educação e do FNDE, associada a critérios de distribuição de recursos proporcional ao número de alunos, bem como o estabelecimento de mínimos por aluno, é um regramento que facilita a implementação de forma autônoma.

De toda sorte, as normas pensadas de forma padronizada podem ser um entrave pela questão da centralidade normativa, gerando problemas de aderência, de adaptação e até de inibição diante do medo da sanção, necessitando-se rever o paradigma de se enxergarem os municípios da mesma forma, com os mesmos riscos e capacidades.

Por fim, o terceiro fator determinante da descentralização é a engenharia operacional inerente à prestação, condições particulares de condução dos serviços na esfera municipal, o que pode ser um elemento inibidor ou facilitador do processo de descentralização, o que se aproxima mais da discussão de capacidades estatais, tratada na presente pesquisa.

O caso das creches do Proinfância é emblemático nesse sentido, pois, apesar de o governo federal subsidiar de forma perceptível a construção da creche, a manutenção da mesma é onerosa, exigindo uma gama de profissionais, o que redundou no Acórdão nº 2.515/2014/TCU-Plenário, no qual a Corte de Contas concluiu que, no Proinfância, é necessário fortalecer o apoio posterior às unidades do programa em funcionamento para melhor aproveitamento da estrutura construída, identificando aquela avaliação que há falta de uso e utilização inadequada de alguns espaços disponibilizados nas unidades construídas por conta, entre outros motivos, de insuficiência da assistência técnica disponibilizada frente às necessidades dos municípios.

Como se vê, não basta transferir recursos federais ou mesmo estabelecer normas, pois esses programas, similares a contratos de adesão, ignoram as especificidades dos entes municipais – e, por vezes, do próprio programa –, inclusive em relação à capacidade autônoma de financiamento ou de sustentabilidade, o que pesa na relação entre custo e benefício dos municípios aderirem efetivamente ou ainda na atuação oportunista do município, aderindo para obter o lucro político da inauguração, mas já sabendo que não logrará a conclusão, gerando obras abandonadas, desperdícios e outras situações.

Nesse ponto, manifesta-se o oportunismo do concedente na questão de não se estabelecerem regras rígidas de entrada, mas que não deve ser analisado sem considerar o apelo emocional e, ainda, que o desenho federalista tem que atender a todos os membros da federação, buscando reduzir as desigualdades regionais, promovendo a integração. É preciso mais do que transferir recursos para os municípios, estabelecer indicadores e definir regras, o que traz a importância do papel da União na assistência técnica, e não só financeira.

E essa é uma discussão posta no Brasil do final da segunda década do século XXI: deixar os municípios gerirem diretamente os recursos outrora objeto de transferência intergovernamental como uma via plausível, considerando que os problemas residem de forma prioritária na brecha vertical, não atingindo as capacidades estatais dos entes municipais ou, ainda, na visão de que essas capacidades irão emergir de forma automática, pela competição, sem precisar de indução.

As discussões trazidas no presente tópico indicam um sentido diverso, no sentido de que essas desigualdades regionais se autoalimentam, sendo a causa da dificuldade de emancipação, mas também a consequência. A história mostra que, em períodos de crise financeira, a descentralização que repassa mais custos das políticas sociais aos munícipes é adotada no Brasil, desonerando o poder central e, consequentemente, aumentando as desigualdades em vários sentidos, o que pode sacrificar gerações.

A educação no município não é só um conjunto de prédios e equipamentos públicos, mas tem também um aspecto imaterial, de adesão à causa, de mobilização, que envolve também a capacitação dos atores e um arranjo que possibilite a articulação de esforços para que o município, pela sua atuação, "transforme metas e objetivos educacionais em ações, dando concretude às direções traçadas pela Política" (BORDIGNON; GRACINDO, 2006, p. 147) por meio de planos municipais de educação, do projeto político-pedagógico e de uma valorização docente, dos funcionários e da relação da escola com a família.

Apesar de ser uma realidade a municipalização, a sua operacionalização envolve diversas questões, em especial a da discricionariedade dos agentes envolvidos, como se verá a seguir.

2.3.2 A discussão dos burocratas no nível de rua

A política educacional nos municípios é conduzida por um extenso quadro funcional, com intensivo contato com a população, de forma cotidiana, sendo a escola um local com forte componente simbólico, abrigando competições esportivas, casamentos, cerimônias religiosas, inserida na vida da comunidade e necessitando dessa penetração para o desenvolvimento adequado de suas atividades.

Para isso, os profissionais da educação, mormente os docentes, gozam de certa autonomia na execução de suas tarefas, o que os enquadra na definição de burocratas de nível de rua (*street level bureaucracy*), uma categoria fundamental na implementação de políticas públicas no contexto federativo.

Discussões de Lipsky (1980) e servindo-se também dos estudos de Meyers e Vorsanger (2010), baseados no primeiro, apontam a relevância nesse processo dos chamados burocratas de nível de rua, profissionais que atuam na ponta da implementação das políticas, com autonomia que os faz adaptar os objetivos das políticas às suas capacidades, interpretando regras e ajustando realidades com certo grau de inovação e livres de uma supervisão mais amiúde, fortalecendo inclusive a participação e a legitimidade na gestão local.

A execução de políticas em parceria na municipalidade representa o "nó górdio", tendo como fator de sucesso as ações dos chamados burocratas de nível de rua, que interagem diretamente com a população (MEYERS; VORSANGER, 2010), de modo que a fragilidade patente na capacidade dos municípios, em especial os de menor porte, não se resolve apenas com o aumento de normas e de seu detalhamento, com uma cobrança *"top down"*, pois essa postura diretiva gera burocratismos que emperram e atravancam a política educacional, enfraquecendo o fomento ao amadurecimento político e administrativo dos municípios.

Lipsky (1980) aponta que os profissionais mais próximos à população, como médicos, assistentes sociais e professores, modificam seus objetivos para ajustar melhor a sua *performance*, reduzindo a tensão de suas lacunas técnicas para acordar níveis adequados de serviços, construídos a partir da concepção de seus trabalhos.

Segundo o mesmo autor (LIPSKY, 1976), esses agentes são constantemente procurados pela população como uma referência, e essa sua independência tem profundo impacto na vida dos cidadãos, adaptando as políticas às demandas, em especial daqueles hipossuficientes, que dependem mais da ação do Estado.

Cavalcante, Lotta e Pires (2018), no estudo da obra de Lipsky (2010), edição dos trinta anos do seu livro seminal, apresentam o conceito de *coping* como esforços comportamentais que os burocratas de rua utilizam na interação com o usuário para reduzirem os conflitos internos e externos, e podem ser ações como: apego às regras para justificar a atuação, quebra de regras para atender à clientela específica, criação de metas modestas a serem atingidas, entre outras.[61]

Uma professora, um coordenador que elabore um projeto local, envolvendo a comunidade, utiliza dessa discricionariedade para

---

[61] Como será visto no capítulo 3, até o clientelismo, uma das facetas do patrimonialismo, pode ser um elemento indutor da qualidade das políticas públicas, mostrando que essa questão é mais complexa do que parece.

construir adaptações, caminhos, mesmo que, para isso, por vezes rompa normas procedimentais, como o típico exemplo do uso de recursos da alimentação escolar para promover um congraçamento bimestral com as famílias, o que traz ganhos pedagógicos de outra natureza, por vezes de difícil mensuração. Até porque é impossível se normatizarem todas as situações por força da racionalidade limitada e da incerteza no ambiente.

Nesse sentido, uma regulação muito diretiva, hierárquica, procedimental, em especial em uma política como a educação, limita inovações na gestão, os avanços multifuncionais, encorajando a mediocridade e desrespeitando as peculiaridades locais, sem, no entanto, contribuir de igual maneira para reduzir a proliferação de desvios e, ainda, por distorcer o conceito de irregularidade.

Oliveira (2012) indica que existe uma tensão entre a autonomia necessária aos burocratas de rua para o sucesso das políticas e a questão da *accountability*, em uma balança entre o possível e o regulado, gerando para o agente, em um país cartorial como o Brasil, um apego às normas, que busca a proteção, mas também serve de patrocínio da ineficiência, esquecendo-se que uma política com características *bottom up*, como a educacional, tem uma centralidade na autonomia dos responsáveis pela sua implementação, ainda que, diante dos escândalos de corrupção na gestão municipal da educação, essa autonomia seja sempre questionada.

O fato é que essa resistência à autonomia, como defendido por Lotta (2012), tem sua raiz na burocracia virtuosa, dado que o burocrata é um fiel executor de serviços sem paixões ou julgamentos, aplicando fielmente as regras, em uma ação pautada na obediência e na renúncia de valores e vontades pessoais, como braço do poder político eleito, mas isso seria separar política e gestão, uma ilusão que a prática desmente.

O reconhecimento da racionalidade limitada na construção de uma política vacina, em alguma medida, esta do pressuposto ingênuo de que ela será implementada e os objetivos serão alcançados de forma quase mágica, sem adaptações, ignorando o contexto e as articulações necessárias, assumindo-se, assim, a necessidade de certa autonomia e de interações *ex post* como fator de eficiência, na linha da TCT. Mas como seria um tipo de autonomia que considere a questão de se garantir o alinhamento dos objetivos?

2.3.3 Uma autonomia emancipatória e multinível?

Como foi visto na discussão sobre federalismo, essa forma de organização é adequada a estados de grandes dimensões, com marcantes diferenças regionais, sendo um dos objetivos do federalismo a integração entre os entes, buscando reduzir as brechas horizontais, trazendo equalização e sustentabilidade à relação, respeitando a autonomia e as diferenças entre seus integrantes.

Quando se fala de políticas em parceria, cujos recursos são oriundos predominantemente do governo central, exatamente com o objetivo de promover essa equalização, percebe-se que essas políticas não são homogêneas e nem poderiam ser (COSTA, 2015), sob pena de acentuar essa tensão entre um padrão comum, pensado por vezes sem bases empíricas, e diversos cenários municipais, o que afeta a concretude desta no município e foge à ideia de unidade na diversidade.

Fukuyama (2018) traz que um alto grau de autonomia permite a inovação, a experimentação e que a burocracia assuma riscos, na chamada liberdade para errar. Ainda segundo o autor, a falta de autonomia é a causa do governo deficiente, dada a natureza limitadora das regras, que acabam por dar poder e autoridade aos burocratas, que as manipulam.

Defende ele ainda que o excesso de regras aumenta, em vez de diminuir, a autonomia da burocracia em uma direção pouco saudável, pois a burocracia é, em geral, tão complexa que ninguém é capaz de monitorar se as regras estão sendo obedecidas, adotando o autor um corolário relacionado à racionalidade limitada.

Winter (2010), abordando os estudos de Pressman e Wildavsky (1973), mostra que os problemas da implementação são complexos, não somente pelos muitos atores envolvidos, como pelos diversos pontos de decisão e veto durante o processo, o que se acentua em um cenário atual que demanda novos requisitos para a implementação, como a descentralização, a transversalidade, a intersetorialidade, a transparência e a participação social, o que gera a necessidade de adaptações e delegações, bem como arranjos atentos aos custos de transação, do arranjo e gerados por ele.

Empiricamente, sabe-se que os municípios conhecem melhor as características locais da política do que os formuladores da mesma e, pelas necessidades de adaptação, essa situação gera ambiguidades, com possibilidades de oportunismo e do patrocínio de metas locais por conta do *information impactness*, de normas que são específicas, mas que têm um pobre e custoso monitoramento.

De modo algum a presente discussão ignora as fragilidade locais, bem como o cenário de desvios, como mostram narrativas não quantitativas de Trevisan (2003) e Vaz (2012), na descrição de escândalos de corrupção na esfera municipal; mas o que se defende é que combater a autonomia pode resultar em inibir avanços na implementação, sem, contudo, retornos no campo da *accountability*. Uma discussão complexa, dada que a própria *accountability* traz em si uma ideia de equilíbrio dinâmico, obtido pela tensão entre a autonomia e o controle.

O'Donnell (2003) esclarece esse ponto ao trazer que existe uma contradição entre o desejo de viver sob acordos políticos que fornecem alguns bens públicos básicos e soluções coletivas e, por outro, o medo dos perigos que espreitam por trás do grande poder que deve ser constituído para que tais bens e soluções sejam fornecidos, apresentando-se uma tensão insolúvel entre dois desejos perfeitamente racionais, indicando o autor que, para essa tensão, não existe uma solução clara, estável, definitiva ou totalmente consensual e que os regimes políticos oscilam perpetuamente entre períodos em que são exigidas políticas e liderança altamente decisivas em relação a períodos em que são reivindicadas fortes barreiras contra a intromissão governamental.

Invocando-se um dos conceitos da pesquisa – a racionalidade limitada –, tem-se que o ente municipal termina por buscar, no curso da implementação, o razoável, que atenda aos seus alinhamentos oriundos de incentivos e de regras, incentivos esses representados pelo lucro eleitoral, pelas pressões populares e de demais grupos de interesse e até da valorização da educação no contexto da municipalidade,[62] tendo as regras seu valor, mas um tanto débeis diante dessas outras forças.

Desse complexo emaranhado de forças, deduz-se que, por consistência ao modelo federalista, de equalização, mas também

---

[62] Um setor produtivo local robusto, com demanda por mão de obra mais qualificada, por exemplo, seria um alavancador da demanda por educação em determinada região.

considerando-se as características sociais e regionais do Brasil e da política educacional, a autonomia faz-se necessária, mas de forma qualificada e atrelada aos objetivos da política. Trata-se de uma autonomia emancipatória, na qual as regras e ações de monitoramento percebam a necessidade de adaptação como chave de eficiência, mas que estimulem também o amadurecimento dos entes municipais, o fortalecimento de suas capacidades, utilizando-se mecanismos de incentivos e de valorização da inovação, posto que apenas afunilar as normas e proscrever as discricionariedades é conduzir a política ao fracasso, e o município, a se manter tutelado.

Essa tensão entre regras, o monitoramento, a necessidade de adaptação e de amadurecimento local precisa ser mediada para que se evite a dissociação dos objetivos globais e locais, no âmbito da discussão da TCT de oportunismo e da submeta (*subgoal*), sob o risco da supervisão do poder central sobre o local se tornar um fim em si mesmo, como ilustra a clássica peça russa *O inspetor geral* (GOGOL, 1966), na qual a tensão pelo ajuste da realidade diante da visita do inspetor geral proporciona situações risíveis, de teatralização da execução das políticas na municipalidade, na qual se fundem problemas de interpretação e regras gerais, com as necessidades locais.

Não adianta desmerecer na relação a estrutura de gestão municipal, real, fruto de um processo descentralizador e executório de caráter histórico, e sim estimular a *accountability* horizontal, nas organizações de controle locais, e a vertical, no fomento ao controle político, à transparência e à participação social, para que os municípios promovam a inovação e a qualidade dos serviços e tenham incentivos para tal.

Da mesma forma, a autonomia tem níveis, no sentido de que o perfil de capacidades do ente, estampado por dados estáticos e pelo próprio histórico na gestão da política, concede a esse um maior ou menor nível de maturidade, o que se reflete na autonomia considerada, tratando cada um segundo as suas capacidades, ainda que as normas, as políticas e os programas insistam em negar essas peculiaridades.

O concedente dispõe de dados sobre o desempenho dos atores municipais, o que o permitiria escaloná-los diante das capacidades, o que pode nortear as estratégias dos arranjos adotados, como mecanismo de redução dos custos de transação e de utilização de incentivos, resgatando mais uma vez a proposição de Braga (2016a), que propõe uma estrutura capitaneada pela União de incentivos para a melhoria das estruturas de *accountability* dos municípios.

Nesse cenário, emerge a discussão da realimentação para que se tenha uma visão do que realmente ocorre à luz do planejado e que sejam traçadas estratégias mais sistêmicas. O Acórdão TCU nº 496/2018 – Plenário, de 14.03.2018, por exemplo, avaliou a alimentação escolar em uma amostra de municípios entre os anos de 2016 e 2017 e encontrou problemas no acompanhamento por nutricionistas, no cumprimento dos cardápios, de respeito às peculiaridades alimentícias de cada região, entre outros, recomendando ao FNDE que adote medidas saneadoras e o aprimoramento da capacitação dos agentes envolvidos.

Como se verá nos capítulos 4 e 5, os problemas de alimentação escolar de 2016-2017 não diferem muito dos encontrados entre 2005-2014, e as limitações resolutivas do FNDE também são as mesmas, cabendo nessa discussão da *accountability* desses recursos o enfrentamento da autonomia dos municípios não só como causa, mas como solução para os processos nesse arranjo, valorizando a linha das proposições, e não apenas de indicação de problemas.

Conclusões parciais

Este capítulo deteve-se na discussão da descentralização da política educacional para os municípios à luz da TCT, trazendo características do ambiente institucional do federalismo, que são a colaboração entre os entes, a redução das desigualdades regionais, o respeito à autonomia e a interdependência.

A descentralização da política educacional inscreve-se no contexto da chamada municipalização, uma marca da Educação Básica desde o Império, com municípios com uma autonomia executiva, em uma base territorial fundamentada em laços com poderes privados.

Esse processo de descentralização aproxima a população da gestão e permite a execução que considere as peculiaridades locais, com a União com um papel de estabelecimento de regras gerais e uma função redistributiva e supletiva mediante assistência técnica e financeira, em transferências pautadas pelo número de matrículas, bem como por meio de normativos e ações de capacitação.

A regulação geral e vinculada às transferências de recursos visa reduzir os problemas de coordenação, em uma tensão entre a diversidade regional e as necessidades de padronização. Para a superação dessas tensões, apresenta-se como solução possível um sistema nacional de educação, como o existente para a Política de Saúde e de Assistência, e destaca-se que, no período da pesquisa, o Ministério da Educação adotou medidas para melhorar essa coordenação e houve um robustecimento do FNDE, em um desenho centrado na distribuição de recursos, mas ainda incipiente no acompanhamento.

A pesquisa apresenta o arranjo institucional de caráter híbrido como uma ferramenta de análise da descentralização da política educacional, com o FNDE desempenhando o papel de centro estratégico, com possibilidades de oportunismo nessas relações pelas dificuldades de monitoramento, diluição de responsabilidades e interdependência dos atores.

Por fim, o capítulo traz a questão da autonomia municipal como uma das chaves para o sucesso da implementação das políticas e que esta se vê debilitada pela fragilidade das capacidades estatais desses entes, sendo o desenvolvimento dessas capacidades uma saída para o aprimoramento da implementação, reduzindo os custos de monitoramento.

Uma autonomia emancipatória que estimule capacidades administrativas e políticas nos municípios e que as regras sejam alinhadas aos objetivos, e não um fim em si mesmo. Porém, uma das facetas dessas capacidades é a *accountability*, em todos os níveis do arranjo institucional, o que será tratado mais detalhadamente no próximo capítulo.

CAPÍTULO 3

O CONTROLE DA POLÍTICA EDUCACIONAL DESCENTRALIZADA – A CONTROLADORIA-GERAL DA UNIÃO

O presente capítulo, após uma análise do desenho e das tensões da política educacional descentralizada para os municípios, trazendo os conceitos da TCT, aponta agora à questão do controle dessa implementação, ou seja, de que maneira a relação entre o governo central e o município é protegida para que se atinjam as finalidades pactuadas.

O capítulo objetiva caracterizar os atores de *accountability*[63] no arranjo institucional da política educacional descentralizada, de 2005 a 2014, com destaque para a Controladoria-Geral da União, identificando seus instrumentos de atuação, de forma a concluir a discussão do referencial teórico, agregando todos os elementos necessários à análise proposta no último capítulo.

Nesse sentido, o capítulo inicia com uma discussão que ressignifica a questão da corrupção, com base nas proposições dos capítulos anteriores, detendo-se posteriormente na rede de atores que, como um segmento do arranjo institucional adotado, busca atuar na linha da *accountability* da política, terminando o estudo por

---

[63] Sobre esse conceito, afirma Pessanha (2007, p. 141): "(...) *accountability*, que implica manter indivíduos e instituições responsáveis por seu desempenho, ou seja, alguns atores têm o direito, por vezes o dever, de controlar o desempenho de outros atores segundo um conjunto de padrões preestabelecidos. Desse modo, é possível verificar se a atuação em questão está sendo operada dentro dos padrões e, caso contrário, impor sanções ou determinar responsabilidades".

privilegiar um ator específico dessa rede, a CGU, apresentando sua estrutura e linhas de atuação de 2005 a 2014, focadas nos municípios e que servirão à discussão dos dados a serem analisados.

A corrupção, como assunto de grande evidência no período de desenvolvimento da presente pesquisa (2015-2019), por conta de ações de âmbito nacional e de grande visibilidade, não poderia deixar de figurar na presente discussão, consoante aos pressupostos da pesquisa.

3.1 Corrupção, autonomia e os custos de transação

3.1.1 Corrupção: um problema complexo e estrutural

A proposta defendida aqui é que a corrupção municipal tem também uma raiz predominantemente estrutural devido às fragilidades locais, que são produto de seu processo histórico, e que essa corrupção tem consequências mais graves quando afeta os aspectos finalísticos das políticas, a entrega de serviços adequados à população, para além da conformidade normativa.

Nessa altura, a pesquisa revisita a corrupção como fenômeno a ser combatido na gestão municipal, agregando a ela mais do que um sentido moral, de caráter dos seus executores, e sim algo que tem raízes mais complexas, lastreadas nas fragilidades das estruturas de *accountability*, seja no sentido formal de estruturas de controle, seja no campo democrático, da participação e da transparência, o que resulta em uma nova interpretação das soluções da própria corrupção, que deixam de ser apenas focadas nos agentes, detendo-se também nos sistemas administrativos e políticos.

Segundo Anechiarico e Jacobs (1996), existe um ciclo governamental de práticas de corrupção que um dia eclodem e resultam em escândalos, que clamam por reformas que aumentam os mecanismos de *accountability*, entrando esta como tema nas campanhas eleitorais, na superexposição de erros, em uma visão da corrupção com forte componente moralista, que descasa ações gerenciais de discussões investigativas.

Fukuyama (2018), nesse sentido, traz que a corrupção é frequentemente utilizada como arma nas competições políticas pelo seu grande apelo emocional, de forma que, em sociedades nas quais a corrupção é generalizada, escolher um político para punição não é sinal de reforma, e sim de luta pelo poder.

A ideia de se ater, na análise questão da corrupção, a sistemas e a estruturas evita que a *accountability* se converta, de forma predominante, em uma luta de grupos políticos, de órgãos de controle utilizados como instrumentos de perseguição[64] e, ainda, busca que a ação anticorrupção contribua efetivamente para o amadurecimento das capacidades locais, de maneira emancipatória, posto que, como ilustra, de forma até cômica, a própria literatura, a mudança de atores pura e simplesmente é pouco efetiva, como na obra *O alienista* (ASSIS, 1971), na qual a revolta comandada pelo Barbeiro Porfírio contra os desmandos do Dr. Bacamarte é frustrada, pois, após a ascensão do primeiro, ele se apressa em se aliar ao antigo inimigo, na manutenção do *status quo*.

Difícil um consenso teórico sobre corrupção, o que é esperado em uma discussão com tantas áreas de conhecimento envolvidas. Pasquino (2010) indica que o fenômeno da corrupção é aquele no qual o funcionário público é levado a agir de modo diverso dos padrões normativos do sistema, favorecendo interesses particulares em troca de recompensas, em uma visão de conformidade que não é suficiente para dar conta de todas as questões envolvidas.

Rose-Ackerman (2002) vincula a corrupção ao abuso de poder de uma autoridade pública na distribuição de um custo ou benefício ao setor privado, e Noonan Jr. (1989), no seu texto clássico sobre o suborno, indica este como incentivo que influencia indevidamente o desempenho da função pública a ser exercida gratuitamente. Duas abordagens que relacionam a corrupção ao abuso de poder, ao desvio de finalidade das políticas e à quebra das relações estabelecidas.

Lambsdorff (2007) traz a discussão de que a corrupção é sempre um atentado ao interesse público, um conceito complexo

---

[64] A discussão trazida por Aranha e Filgueiras (2016) indica que a interação entre os atores de *accountability* no Brasil não ocorreu de forma cooperativa, dado que as organizações lutam racionalmente pelo reconhecimento da opinião pública e têm interesses políticos sólidos, o que favorece conflitos que se inserem no jogo político, em especial pelas informações que são custodiadas por esses atores.

e de difícil definição. Por sua vez, Guimarães (2011) defende a corrupção como privilégios ilegítimos em um regime republicano, e Klitgaard (1994), em obra basilar sobre o tema, aponta que existe corrupção quando um indivíduo coloca ilicitamente os interesses pessoais acima de pessoas e ideias que está comprometido a servir, consolidando-se assim um compêndio de visões que dá centralidade aos interesses da coletividade.

Klitgaard (1994), inclusive, destaca aspectos relevantes para a presente pesquisa por indicar que a redução da corrupção não pode ser uma preocupação hegemônica nos governos, pois desvia a atenção e a competência da organização de outros assuntos importantes. Como reforça o autor:

> Por exemplo, um comissário de impostos se preocupa com a sua cobrança efetiva. A energia e os recursos dedicados a reduzir a corrupção dentro de um órgão coletor de impostos pode levar a uma organização de recolhimento mais eficiente. Mas, os esforços anticorrupção podem também ser levados longe demais, gerando gastos e um aumento da burocracia, bem como rebaixando o moral (KLITGAARD, 1994, p. 43).

A ação anticorrupção é um processo que gera efeitos nos outros processos e precisa ser dosada, avaliada em seus custos de transação para que não vire um fim em si mesma e ofusque o objeto de atuação, no caso, as políticas públicas. O risco, em especial na política educacional, advindo do apelo emocional, do messianismo no enfrentamento de um inimigo, cria um superdimensionamento do combate à corrupção que desvincula ele da sua finalidade, sendo esse quadro também uma forma de corrupção por resultar no desvio de finalidade, com prejuízo aos serviços públicos.

A estratégia em relação à corrupção é derivada da visão desse fenômeno e, nesse conjunto de conceitos, para fins das proposições da presente pesquisa, é possível se chegar a um consenso de que a corrupção é um abuso de poder, que quebra as relações do poder público e as suas partes, alterando finalidades para interesses pessoais e prejudicando interesses coletivos, em uma visão que, apesar de contemplar aspectos legalistas e da conduta moral dos agentes, prioriza a corrupção pelo que ela causa de dano à coletividade.

Fugir dessa visão pode abrir espaço para a hipervalorização de regras, o que pode dar azo à manipulação pelo foco nos detalhes, ensimesmado, ou ainda assumir-se uma linha de um moralismo superficial, no qual condutas são avaliadas pelos conceitos do senso comum e perde-se, com isso, o vínculo com o mundo real e as suas demandas.

A corrupção pode ser, assim, vista como uma forma de oportunismo,[65] pois, quando existe a manipulação *ex ante*, da promessa impossível ou, ainda, a atuação *ex post*, omitindo informações, todas essas ações se inserem em um contexto de quebra de relações e alteração das finalidades com interesses pessoais, o que causa dano, no caso, às políticas públicas.

Uma visão mais moralista, voltada para a atuação de agentes, em classificação de grupos como confiáveis ou não, gera uma percepção messiânica da corrupção, como se ela fosse localizada, delimitada, e pudesse, assim, ser eliminada como em um passe de mágica. Essa abordagem, conforme Anechiarico e Jacobs (1996), é oriunda de uma visão pan-óptica da corrupção, predominante a partir da década de 1970 e que aproxima essa questão da justiça criminal e defende como solução prioritária a vigilância, a investigação e o foco na conduta dos agentes.

Essa visão pan-óptica aproxima a prevenção e o combate à corrupção de técnicas investigativas, campanas, testes de integridade,[66] rastreio de bens, nas quais a corrupção somente cederá se o agente público for vigiado diuturnamente e sem perceber de onde vem o nome ligado ao panoptismo (FOUCAULT, 1987), o que favorece polarizações, heróis e outras consequências.[67] Uma ideia, então, de que a corrupção é oriunda da falta de regras e controle e que ela é imbricada na gestão pública e que todos são suspeitos.

---

[65] Para Vieira (2010), as improbidades são um tipo particular de oportunismo contratual, no qual uma das partes manipula o acordo em benefício próprio ou de terceiros em detrimento do desempenho do contrato.

[66] Segundo o Projeto de Lei nº 4.850/2016, da Câmara dos Deputados, que estabelece medidas contra a corrupção e demais crimes contra o patrimônio público e combate o enriquecimento ilícito de agentes públicos, tem-se que os testes de integridade consistem na simulação de situações sem o conhecimento do agente público, com o objetivo de testar sua conduta moral e predisposição para cometer ilícitos contra a administração pública.

[67] Em um mundo imerso no fenômeno da pós-verdade, no qual discursos e convicções valem mais do que fatos e evidências, essa visão messiânica e salvadora da *accountability* pode, pelo seu apelo emocional, demonizar o gestor das políticas públicas, dificultando a visualização de soluções viáveis para os problemas, em um niilismo de terra arrasada.

Olhando a corrupção como um oportunismo, que é uma possibilidade constante, a TCT indica para mitigar esta não só o uso de incentivos associado aos controles, dependendo da natureza das transações, mas também atenção aos custos de transação para que eles não se tornem ensimesmados e desvinculados dos objetivos, bem como aos fatores que favorecem o oportunismo, como a incerteza e a dependência.

Quando se fala em incentivos, a dimensão política emerge. Em uma visão mais moderna, Rothstein (2007) indica que a corrupção não é apenas uma questão de principal-agente, mas, sim, uma armadilha social, que se instala quando os agentes adotam posturas corruptas por não confiar que os outros agentes deixarão de fazê-lo.[68] Ainda, segundo Rothstein e Uslander (2005), a corrupção afeta a confiança nas políticas públicas, dando legitimidade a tribos, afetando a implementação de políticas universais por tornarem essas *commodities* à venda.

O abuso do poder, o desvio das finalidades para interesses particulares, traz a falência das políticas públicas, o que quebra a confiança nas mesmas, nos sistemas administrativos, nos governos, na regra do jogo – não aquela regra detalhada, mas normas em linhas gerais, finalísticas. E esse cenário induz a armadilha social do sistema todo pautar-se na busca do objetivo individual como regra, perspectiva que configura a base para a corrupção sistêmica.

Da mesma forma, a natureza do fenômeno da corrupção como uma forma de oportunismo, de abuso de poder com desvio de finalidade, pela manipulação de mecanismos de detecção não guarda harmonia com uma visão de que a causa da corrupção advém majoritariamente de uma cultura de atos cotidianos, como "furar a fila", e sim com a fragilidade de mecanismos como a transparência, a auditoria governamental e um sistema sancionatório efetivo. Estruturas formais e concretas que atacam a causa desse fenômeno, que não se restringe a uma carência de educação ética desde os tempos escolares. Melhor um bom portal da transparência do que uma campanha para evitar delitos éticos cotidianos.

---

[68] Se a corrupção é endêmica, a própria ideia de punição perde o sentido, pois os agentes que a promovem também estão contaminados, fortalecendo-se a ideia de que os incentivos são necessários, bem como uma trabalho com a cultura das organizações, na linha da *advocacy*.

Warde (2018), em uma obra com certo caráter panfletário, apresenta o conceito de *bancorrupt*, fruto da contração do verbo *to ban* (banir) e do adjetivo *corrupt* (corrupto), como um modo peculiar de se exterminarem a corrupção e os corruptos, destruindo as relações com as empresas, demonizando a política e levando as instituições à ruptura, e que tem como consequência uma visão autonomizada do controle da corrupção, dissociada das políticas públicas e do contexto econômico.

Cabe esclarecer que, quando se fala de dano ao interesse da coletividade, as tipologias habituais de corrupção que surgem nos periódicos, como favorecimento, superfaturamento e "obras fantasmas", para além de serem questões éticas e ilícitas, desviam recursos que deveriam atender ao interesse público, imbricado nas políticas sociais, para atender interesses privados, pela inobservância da competição, pelo preço excessivo que reduz a eficiência e pela obra inexistente que impede a execução da política de forma integral. Uma discussão de custo de oportunidade.

No caso da política educacional descentralizada, intensiva em mão de obra, envolvendo bolsas de estudos, obras de engenharia, tecnologia da informação e aquisição de diversos insumos, têm-se processos sujeitos à manifestação de diversas tipologias de corrupção, acarretando o desvio das finalidades educacionais. Tal fato é agravado pelo fato de essa política ter efeitos de médio e longo prazo, percebidos intempestivamente, cenário que posiciona a pressão popular de forma diretamente vinculada ao valor atribuído à educação por aquele grupo social.

A corrupção, conforme estudos de Ferraz, Finam e Moreira (2012), utilizando os dados de auditorias da CGU no programa de sorteios, afeta significativamente a *performance* educacional dos alunos, mensurada nos testes nacionais padronizados da Educação Básica, apresentando também efeitos de incidência de corrupção na área de infraestrutura nas escolas, necessária à manutenção e ao desenvolvimento do ensino, reforçando aspectos intuitivos do efeito da corrupção sobre a efetividade da política educacional.

Faz-se necessário, nessa visão, estruturas que impeçam esses abusos de poder e que preservem a consecução dos objetivos da política educacional, e que a corrupção tenha a sua magnitude medida pelos seus prejuízos às políticas públicas envolvidas, rompendo com a discussão mais moralista dessa questão, da valorização do desvio pelo seu aspecto notável, vinculando a relevância desta aos valores envolvidos e à sua relação com o impedimento do alcance dos objetivos.

O fato é que a corrupção, o seu combate, não pode se dissociar da gestão, do finalístico, sob o risco de se tornar um fim em si mesmo e, com isso, aumentar os custos de transação dos sistemas. Nesse sentido, tem-se que:

> Dos mecanismos de controle que consideramos, a auditoria e a contabilidade têm o maior potencial para promover, simultaneamente, as metas de prevenir a corrupção e melhorar a eficiência e a eficácia da administração pública. Fortes programas de contabilidade e auditoria são essenciais para uma boa gestão e para identificar e avaliar os custos das operações e serviços. Além disso, o processamento eletrônico de dados oferece a possibilidade de rastrear o fluxo de dinheiro através de uma agência com um mínimo de interferência para a administração. Os impactos negativos do projeto anticorrupção ocorrem quando as entidades de auditoria proliferam e realizam várias auditorias da mesma agência. Da mesma forma, a auditoria pode revelar-se disfuncional para uma administração eficaz quando os auditores pressionam pela reorganização do governo centrada no controle da corrupção. Atualmente, os auditores se sentem compelidos a desafiar a prática administrativa, percebendo que seu desempenho será visto negativamente, a menos que emitam relatórios críticos e recomendações abrangentes para a reorganização administrativa[69] (ANECHIARICO; JACOBS, 1996, p. 213). (Tradução nossa)

Segundo esses autores, as ações de controle levam a uma proliferação de novas regras, e os gerentes estratégicos se sentem

---

[69] Do original: "*Of the control mechanisms we have considered, auditing and accounting have the greatest potential to further, simultaneously, the goals of preventing corruption and of improving the efficiency and effectiveness of public administration. Strong accounting and auditing programs are essential to good management and for identifying and evaluating the costs of operations and services. Further, electronic data processing offers the possibility of tracking the flow of money through an agency with a minimum of interference to management. The negative impacts of the anticorruption project occur when auditing entities proliferate and carry out multiple audits of the same agency. Similarly, auditing may prove dysfunctional for effective administration when auditors press for government reorganization centered on corruption control. Presently, auditors feel compelled to challenge administrative practice, perceiving that their performance will be viewed negatively unless they issue critical reports and sweeping recommendations for administrative reorganization*".

mais responsáveis pela integridade do que pela eficácia, de forma que é mais importante parecer honesto do que primar pelo alcance das metas.

Esse cenário resulta em medo, que gera a falta de confiança nas instituições e pode induzir a ideia de falta de controle, quando o que ocorre, por vezes, é que esse controle não é alinhado estrategicamente, não agrega valor e termina por entravar as políticas, sem a redução desejada da corrupção.

E para que ocorra esse alinhamento, a *accountability* não pode ser apenas vinculada a regras, a aspectos legais, sob o risco de se ter uma *accountability overload*, ou seja, quando seu arranjo se torna disfuncional, quando boas intenções minam a inovação, a flexibilidade e, consequentemente, a efetividades das políticas públicas.

Halachmi (2014), ao se debruçar sobre o tema, indica o paradoxo de que a *accountability* deveria garantir a *performance*, mas pode acabar minando o desempenho, causando atrasos, impedimentos, desperdícios de recursos, desencorajamento à inovação, consequências indesejáveis e que não são consideradas na idealização das estratégias anticorrupção.

Segundo o autor, tem-se uma *accountability* muito focada em acompanhar se as coisas estão sendo feitas certas, e não se certas coisas estão sendo feitas, o que se refere à discussão de autonomia e de centralidade legal, que tem destaque na presente pesquisa. Busca-se a cura, sem pensar nos efeitos colaterais.

Servindo-se ainda da discussão de Anechiarico e Jacobs (1996), estes autores apontam como externalidades negativas do controle: i) atrasos nos processos decisórios; ii) supercentralização (oposto da autonomia); iii) gestão defensiva (alarmismo, controles dissociados da gestão); iv) hipervalorização de regras; e v) barreiras à cooperação.

O controle restringe, mas também protege os objetivos. Essa é uma tensão da salvaguarda que reduz o oportunismo, mas que aumenta os custos de transação, de modo que a corrupção não é uma discussão puramente de aderência às normas, e sim de como certas condutas afetam as políticas, pelos recursos subtraídos e pelos desvios de finalidade, podendo, no caso da gestão municipal, vincular a corrupção à ideia de submeta (*subgoal*), já discutida no âmbito da TCT, pelo desvio de recursos para o atingimento de objetivos paroquiais, o que difere da adaptação de normas com vistas a possibilitar na ponta a concretização de objetivos globais, com certo grau de adequação, nas discussões já tratadas sobre autonomia.

Da mesma maneira, a discussão do oportunismo, como exploração maliciosa de informações com o objetivo de obter vantagens na transação, é relevante nessa ressignificação da corrupção, dado que essas vantagens, via de regra, não convergem com os interesses globais, trazendo o aspecto negativo da discricionariedade quando esta não contribui para a concretude da política, apresentando-se, assim, uma medida da discricionariedade dos burocratas de ponta.

Resgatando-se a discussão de Azevedo (1996) no capítulo 1, na qual os indivíduos são racionais de forma limitada e oportunistas, sendo a ética mais um mecanismo de mitigação desse oportunismo, que tem sua relevância na medida em que desvia a finalidade dos arranjos para interesses individuais, tem-se que somente o foco na discussão moralista dos agentes públicos seria limitar a mitigação do oportunismo a uma via, o que pode não ser eficiente, como será discutido no próximo tópico.

3.1.2 Fenômeno complexo, de causas e remédios da mesma natureza

A entrada da corrupção na agenda governamental brasileira contou com marcos significativos no início do milênio, como em 2003, com a criação da CGU, bem como a aderência do Brasil a acordos internacionais, como a Convenção da ONU contra a Corrupção, aprovada pelo Congresso Nacional por meio do Decreto Legislativo nº 348, de 18 de maio de 2005, e promulgada pelo Decreto Presidencial nº 5.687, de 31 de janeiro de 2006, e a Convenção Interamericana contra a Corrupção da OEA, aprovada pelo Decreto Legislativo nº 152, de 25 de junho de 2002, e promulgada pelo Decreto Presidencial nº 4.410, de 7 de outubro de 2002, ações gestadas na década 2001-2010 e que influenciaram a discussão de controle das políticas públicas, bem como a agenda dos órgãos de controle interno e externo.

As movimentações políticas desde 2014, por conta da chamada Operação Lava Jato,[70] agregadas a um sem número de pautas que surgiram na década anterior por conta da criação da Controladoria-Geral da União e do robustecimento de outros órgãos de *accountability*,[71] trouxeram a discussão da corrupção, causas e soluções, definitivamente para a pauta nacional, surgindo desse contexto propostas diversas de soluções, sendo a mais emblemática as chamadas "Dez Medidas contra a Corrupção",[72] propostas pelo Ministério Público Federal, o que motivou discussões na imprensa e nas casas legislativas.

A prática dos órgãos de controle foi influenciada em um processo que se inicia em 2003 e, de forma acentuada, a partir de 2014 pelos temas afetos à corrupção, fraudes, investigação, adjetivando a função administrativa controle, originalmente voltada para a garantia razoável de efetivação do planejado, para um foco de identificação do agente que deu causa aos desvios, na busca de sua punição, em uma discussão que alterou sobremaneira o *ethos* dos órgãos de controle, elevando a importância da investigação e da punição como estratégias hegemônicas em relação à corrupção.

Em um sentido similar, com a ascensão da temática do *compliance* pós-Operação Lava Jato e com o advento da Lei Anticorrupção (Lei nº 12.846, de 01.08.2013), robusteceu-se o discurso baseado no controle da corrupção pela punição de empresas, com o estímulo à aderência a programas de *compliance*[73] como uma atitude

---

[70] Operação Lava Jato é o nome de uma investigação realizada pela Polícia Federal em conjunto com o Ministério Público, cuja deflagração da fase ostensiva foi iniciada em 17 de março de 2014, com o cumprimento de mais de uma centena de mandados de busca e apreensão, prisões temporárias, preventivas e conduções coercitivas, tendo como objetivo apurar um esquema de lavagem de dinheiro e corrupção e que atingiu, além de empreiteiras, contratos da Petrobras e de diversas outras estatais.

[71] Para uma visão mais ampla desse panorama, recomenda-se a leitura de Braga (2016), Oliveira Junior e Mendes (2016) e Power e Taylor (2011), que trazem as discussões recentes sobre as políticas anticorrupção no Brasil e o seu reflexo nas estruturas governamentais, com mutações de foco de atuação e dos arranjos adotados.

[72] Iniciativa adotada pelo Ministério Público Federal e que mobilizou a população com proposições legislativas que culminaram no Projeto de Lei nº 4.850/2016, além de acalorados debates em âmbito nacional. Em 2018, a Transparência Internacional, em conjunto com a Faculdade de Direito da Fundação Getúlio Vargas (FGV), iniciou um movimento para a ampliação dessas proposições, com novas medidas, para além das vias jurídicas.

[73] Sousa e Braga (2017) discorrem sobre os riscos de programas dessa natureza se dissociarem dos objetivos da gestão.

das empresas para dar conta do risco regulatório e de imagem, nesse caso, advindo das sanções estatais da Lei Anticorrupção. A agenda pan-óptica se fortalece.

Ocorre que, no equilíbrio da equação da corrupção, que surge de uma interação público-privada para que os governos tenham essa autonomia e esse poder indutor, faz-se necessário que eles tenham uma estrutura de *accountability* robusta e eficiente, sob o risco de se jogar a centralidade do combate à corrupção apenas no setor privado, transformando essa atuação em uma fonte de custos de transação sem o devido efeito, ou mais, até de corrupção pela aplicação dessa legislação, dada a autonomia punitiva que ela concede aos agentes públicos.

Existe, desse modo, uma tensão da visão do fenômeno da corrupção e dos remédios necessários,[74] sendo por vezes ignorados aspectos políticos, econômicos, sociais e culturais que determinam a corrupção (OLIVEIRA JÚNIOR; MENDES, 2016), com uma nítida valorização crescente dos aspectos punitivos em debates que surgem não somente nas páginas da imprensa, mas também em decisões das cortes de contas, como no item 9.6 do Acórdão Plenário do TCU nº 2.339/2016 (BRASIL, 2016c), que assinala textualmente que a desorganização administrativa, a deficiência nos controles ou a inadequação do planejamento são causas secundárias das irregularidades da gestão, sendo a má gestão ou o desvio de recursos as possíveis causas primárias, em dicotomias que necessitam de uma transcendência contingencial, que abarque e coordene essas visões.

No plano internacional, essa diversidade de visões dos remédios para a corrupção se materializa também nos discursos e estruturas. Têm-se em países como a Suécia uma valorização da transparência e a consolidação de um código de conduta moral e de atividades investigativas (WALLIN, 2014); nos Estados Unidos, pode-se falar de estruturas do chamado controle interno que aliam auditorias, aspectos disciplinares e mecanismos preventivos

---

[74] Esse, realmente, é um ponto que precisa ser amadurecido e que se reflete, inclusive, na forma pela qual se tenta medir a corrupção. O uso de indicadores específicos – indicador de percepção por um grupo específico, indicador de recursos devolvidos, indicador de servidores demitidos – é uma forma de mensuração que tem sua raiz em uma visão da corrupção específica e que influencia a forma de mitigá-la, com uma grande dificuldade de relacionar a corrupção a questões estruturais.

(SPINELLI, 2009), apresentando ambos os países formas amplas de se lidar com a corrupção.

Apesar da escassez de literatura, no que tange à Europa tem-se também que os órgãos de controle privilegiam essas várias dimensões, pois, conforme apontam a *European Commission* (2012), Lochagin (2016) e Pollitt *et al.* (2008), os órgãos de controle interno e externo mesclam ações sobre aspectos finalísticos, de conformidade, financeiro-contábeis e de transparência, fugindo de visões monolíticas desse tema.

Depoimentos de titulares de órgãos de controle externo (JANSSEN, 2015) de vários países indicam a transparência, o controle social, a autonomia/especialização dos órgãos de auditoria governamental, além de um arcabouço legal adequado e uma política de integridade, como partes da solução para a questão da corrupção, restando nítido na presente análise que essa construção de soluções para a corrupção passa pelas características políticas e sociais de cada país, demonstrando a necessidade de combinação desses elementos, com vistas à customização, com permanente realimentação e aperfeiçoamento.

Essa multiplicidade de abordagens no combate e na prevenção da corrupção, que também se faz por meio da existência de diversos órgãos trabalhando em rede, como se verá mais adiante, amplia a visão de se buscarem a fraude e a aderência normativa, necessitando ser combinada a busca de caminhos que se vinculem aos objetivos da política, ao desenvolvimento das capacidades dos entes, ao fortalecimento dos mecanismos democráticos e, ainda, à integração de salvaguardas que possibilitem o melhor resultado em termos de controle, combinando transparência, participação social, auditoria governamental, bem como outras experiências nesse sentido, considerados os custos de transação, como propõe a presente pesquisa.

Para isso, é preciso ver a *accountability* de uma forma mais ampliada. Segundo Posner e Shahan (2014), a *accountability* se enquadra em três dimensões: a de conformidade, a de resultados e a financeira. Essa categorização se reflete no seu braço operacional: as auditorias (avaliações).

Essas dimensões não surgem com a mesma força e ao mesmo tempo. Conforme disposto pelos autores citados, houve uma predominância, em uma primeira geração (tradicional), na discussão de legalidade, e uma segunda geração prestigiou a auditoria financeira, e uma terceira, a ênfase na auditoria de *performance* ou operacional (POLLIT, 2008), que se detém na avaliação da eficiência e da efetividade.

Power (1999) estuda com mais ênfase a eclosão da auditoria de *performance*, que teve destaque no âmbito das reformas do *New Public Management*, em uma busca pela aproximação da gestão pública da privada, de forma acrítica, com uma visão na qual os pagadores de impostos tinham direito de saber como eram utilizados os recursos de seus tributos, direcionando a escolha dos clientes-cidadãos, nos quase mercados gerados.

Esse contexto gerou uma grande demanda por auditorias, uma "explosão de auditorias", na expressão cunhada pelo próprio Power (1999), criando um mercado de avaliadores, dado que essa descentralização e terceirização exigem um controle central, especializado, por meio de uma terceira parte, que permita atestar a confiabilidade,[75] em uma lógica, curiosamente herdada da auditoria financeira, do mercado de ações (MALTBY, 2008) e da já discutida questão da assimetria informacional.

No Brasil, segundo Olivieri (2010), tivemos também ampliado esse leque de atuação da auditoria para além da legalidade, um dos efeitos do período reformista da década de 1990, que atingiu o controle, mas de forma tímida e pouco integrada com as outras reformas, mas que, pela adoção dessa atuação mais operacional, voltada à avaliação das políticas públicas, aumentou a inserção do controle na discussão sobre o desempenho do governo, em um patamar mais estratégico.

Assim, vive-se no tempo da pesquisa um momento da gestão pública no qual essas três dimensões de *accountability* (conformidade, financeira e resultados) coexistem e se combinam, em especial no desenho de descentralização das políticas para execução pelos

---

[75] Paradoxalmente, o movimento de descentralização no contexto do *New Public Management* robustece a auditoria como função, mas traz também a ideia de autorregulação, na qual a auditoria tem seu papel redefinido e até reduzido. Nesse sentido, Costa (2010) aponta que a participação não pode ser vista como solução para todos os problemas, podendo gerar dificuldades de coordenação.

municípios, no qual existe uma delegação de tarefas e de poder decisório ao ente municipal, o que gera uma necessidade de padronização e monitoramento *ex post* e do avanço da discussão de *performance*.

Essa ação de monitoramento e avaliação *ex post* envolve entregas (resultados), mas também aspectos relativos às regras e à sustentabilidade das relações (dimensões financeira e de conformidade), dado que o oportunismo surge não apenas na submeta, mas também na manipulação de informações.

E para se obter aderência a essas três dimensões, a estratégia de combinação de controles e incentivos, proposta para os arranjos híbridos, para a mitigação do oportunismo, pode contemplar esses aspectos, com controles com uma visão mais próxima da conformidade e incentivos da *performance*.

Utilizando-se dos conceitos da TCT, tem-se que a ampliação da transparência possibilita a maior circulação de informações, o que afeta a racionalidade limitada dos agentes e a incerteza do ambiente, reduzindo espaços para a atuação oportunista, pela possibilidade de detecção de ações divergentes dos objetivos globais.

Da mesma forma, a auditoria governamental, como uma avaliação qualificada, em relação a determinados parâmetros, produz informações sobre questões centrais da política, o que reduz a possibilidade de manipulação de informações e, consequentemente, do oportunismo, demonstrando que as estratégias usuais de combate e prevenção à corrupção têm seu lugar no paradigma da TCT.

Apenas soluções focadas na aderência a normativos, pela conduta dos agentes, dissociam a corrupção dos seus aspectos relacionados ao desvio da finalidade, não incluindo-se a discussão do prejuízo às políticas, o que pode redundar em soluções que entravem os processos e gerem mais prejuízos aos objetivos da organização.

A combinação de soluções, mais preventivas e corretivas, mais técnicas e mais democráticas, mais voltadas à conduta de agentes ou a sistemas administrativos, considerando-se os custos de transação, tem o potencial de dar conta dos aspectos multifuncionais das políticas públicas, convergindo para a sustentabilidade do arranjo.

Isso se deve ao caráter complexo da corrupção, como fenômeno que coexiste com a gestão das políticas públicas e que necessita ser reduzido, colocado sob controle, mas que não pode ter seu combate e prevenção convertidos em um fim em si mesmo, com custos exorbitantes e gerando efeitos que atrasam as políticas, de modo que a combinação de controles e incentivos busca reduzir esses custos de transação e alinhamento com a estratégia das políticas.

Trazendo essa discussão para o final da segunda década do século XXI no Brasil, para contextualizar a temática da presente pesquisa em relação às possíveis soluções para mitigar o fenômeno da corrupção, tem-se que esse desiderato tem adotado uma lógica curiosa, que merece uma discussão breve para assim enriquecer o debate neste capítulo.

A Operação Lava Jato, já citada, é o símbolo no Brasil da ruptura da legitimidade da classe política trazida por Castells (2018), que apresenta a corrupção como um traço marcante do sistema político vigente e que afeta a confiança neste na delegação da população de recursos e de autonomia para esses agentes, que constroem relações espúrias entre os poderes Legislativo e Executivo, com a associação a empresas fornecedoras, dado que a referida operação não teve ações preponderantes fora desses poderes citados.

Com isso, os atores árbitros, como a polícia, os chamados órgãos de controle, o Judiciário – não o STF, por ser oriundo de um processo de escolha político – e o Ministério Público, são alçados a uma posição de grande destaque no contexto social, de heróis de origem burocrática e que têm o poder de combater a corrupção, vista como um fenômeno autônomo e localizado:

> A corrupção é como um câncer. A extração desse tumor vai gerar um período de convalescença que pode ser doloroso, mas só a cirurgia pode nos devolver a saúde. Não podemos deixar que ele se espalhe e coloque nossa sobrevivência em risco. Combatê-lo é a única saída (DALLAGNOL, 2017, p. 47).

Uma visão de desastre... de metástase... de fim das estruturas da sociedade. A prevenção cede lugar ao combate messiânico, e as armas na qual esse suposto combate se daria, nessa visão, e os seus efeitos para a sociedade é uma discussão que, ao ascender, é confrontada com a emergência dessa luta contra a corrupção.

Uma luta que se pauta em um modelo investigativo-punitivo, de amplo apoio popular revertido em uma ampliação dos poderes de determinados atores da *accountability* horizontal, com mecanismos anticorrupção voltados para o incentivo da integridade nas empresas, em um curioso fenômeno de terceirização da probidade, e uma visão de que a crise ética é a grande causa dos males, colocando a integridade como tema central da Administração Pública. Uma visão que teve grande adesão do senso comum.

Ainda Dallagnol (2017), na proposição de ações necessárias à mitigação do fenômeno da corrupção, elenca, baseado em estudos internacionais, que:

> A professora Rose-Ackerman, em um de seus textos, apresenta oito fatores que impactam as taxas de corrupção: transparência; controle social; licitações competitivas e transparentes; punição; existência de órgãos aptos a receber e tratar rapidamente as denúncias; abertura para a corrupção em regulações administrativas; seleção, salários e condições de trabalho de servidores públicos; e sistema político-eleitoral (DALLAGNOL, 2017, p. 168).

Em uma visão plural que se apresenta também no presente estudo e no modelo adotado pela Controladoria-Geral da União. Mas apenas dois parágrafos adiante na mesma obra, a questão da corrupção, segundo o autor, já se reduz a dois fatores: falhas no sistema político e a carência de um poder punitivo rigoroso e implacável. O normal propagado pelos discursos nesse tempo histórico pós-Lava Jato, uma visão dual e restrita do fenômeno, que, por se tornar hegemônica no debate, será objeto de uma breve análise a seguir.

O sistema político, o presidencialismo de coalização, como bem apresentado por Carazza (2018), ao mesmo tempo que permite a governabilidade em um sistema pluripartidário, abre brechas para que as relações entre os atores sejam objeto de corrupção, no toma lá dá cá de contratos inflados e benefícios específicos a setores que sustentam o financiamento de campanha, tirando nesse desenho o foco da corrupção apenas do gestor na ponta, trazendo esta para um sistema maior e mais complexo, que também passa pelos meandros do federalismo.

A conclusão de Carazza (2018) não difere de Castells (2018) ou das discussões lavajatianas sobre a corrupção que solapa a democracia liberal, com traços sistêmicos. O avanço – e Carazza (2018) traz uma discussão interessante nesse sentido – é de que a corrupção precisa deixar de ser um tabu, ignorado, para ser posta na mesa de discussões como uma possibilidade que se materializa e que precisa ser colocada sob controle.

Essa visão faz com que Carazza (2018) apresente medidas mais realistas para a mitigação da corrupção, vista em um prisma sistêmico, como: i) limitação do uso de medidas provisórias e a inserção de assuntos estranhos nestas; ii) reformular o processo orçamentário; iii) reduzir o número de cargos de confiança no governo; iv) aprimorar a transparência e o controle social; v) regulação do *lobby*; vi) medidas de proteção ao denunciante; vii) abertura de sigilo fiscal de ocupantes de cargos públicos; viii) regras formais e claras de conflitos de interesse; e ix) uso mais intensivo de audiências e consultas públicas, entre outros.

Um cardápio interessante e que fortalece o viés democrático e o equilíbrio entre os poderes, de caráter preventivo, de modo a reduzir os impactos advindos da solução do segundo diagnóstico, de aumentar o grau e os mecanismos de punição, uma falência dos mecanismos representativos que fortalece a atuação autônoma de instâncias burocráticas e insuladas, rompendo o equilíbrio entre forças que é uma das bases da democracia (LEVISTSKY; ZIBLATT, 2018).

A visão monocular do combate à corrupção como um fenômeno autonomizado e que, por ser a causa de todos os males, deve ser combatido a todo custo pela investigação, punição e banimento dos corruptos e corruptores precisa ser sopesada por um modelo mais contingencial, que disponha de outros instrumentos relevantes e de caráter preventivo, voltados para a gestão e para os arranjos das políticas, como a transparência, o controle social, a auditoria governamental e a governança.

A questão é se, após a crise institucional oriunda da corrupção e das ações decorrentes da Operação Lava Jato, as medidas adotadas, como uma mudança na concepção da corrupção e das suas causas – e, consequentemente, dos seus remédios –, vão gerar um ciclo virtuoso (ACEMOGLU; ROBINSON, 2012), de instituições inclusivas, ou vão acentuar mais ainda o ciclo vicioso que se apresentou.

O presente trabalho procura alinhavar algumas ponderações sobre essa visão monocular para que se tenha uma *accountability* que seja fonte de credibilidade dos governos, que seja contributiva com a eficiência e que mantenha os agentes responsáveis pela sua promoção também sob controle para manter o dinâmico equilíbrio da democracia liberal.

3.1.3 Discricionariedade e corrupção – um debate sobre essa tensão

No contexto desse debate, existe uma tendência a se demonizar a discricionariedade pela ilusão, já apontada por Pressman e Wildavsky (1975)[76] na sua obra sobre a implementação das políticas públicas, de que basta o planejamento e tudo ocorrerá automaticamente segundo as regras pensadas e que a discricionariedade seria a subversão dessa visão estática e determinista, o que não se coaduna com os conceitos da TCT, em especial a racionalidade limitada, e da necessidade de uma estrutura de governança *ex post*.

Estudos recentes sobre casos brasileiros conduzidos por Spinelli (2016a), por exemplo, indicam que a autonomia da burocracia de ponta contraria o modelo do ideal weberiano, marcado por regras, hierarquia e impessoalidade, e que a discricionariedade, tratada na literatura específica como benéfica às políticas públicas, se usada indevidamente, pode se transformar em corrupção pela falta de clareza e objetividade nos normativos e pelo fato dos agentes não estarem submetidos à estrita regulação.

Essa questão é muito mais complexa que uma falta de normas e sanções em políticas de caráter social, capilarizadas, em um país tão desigual. De forma provocativa, Mignozzetti (2017) associa o clientelismo, uma das facetas da corrupção, como promotor de melhoria de determinadas políticas, o que se explica, segundo o

---

[76] Curiosamente, essa obra contrasta a grande expectativa de resultados na capital federal estadunidense no planejamento de um programa e os fracassos na implementação dessa política federal de combate ao desemprego entre minorias em Oakland e, passado quase meio século, tem-se que esses problemas continuam atuais.

autor, por esses arranjos serem mais articuladores, suprindo as carências de implementação, casando com a discussão já apresentada nesta obra sobre os burocratas no nível de rua, mostrando que visões mais simples da questão não dão conta da realidade, que suplanta a falta de aderência às normas.

Em que pese o clientelismo seja visto de forma negativa, ele é uma das gramáticas políticas que serve de chave de entendimento das relações no país (NUNES, 2003) e, com base na desigualdade, em sociedades mais interioranas, ele gera laços pessoais, nos quais os mundos econômico e social se confundem e o sistema se sustenta por critérios pessoais, e não universalistas.

O entendimento do fenômeno do clientelismo, como uma forma de altruísmo recíproco que convive com a democracia em amadurecimento, acaba colocando este como uma forma de comunicação com os interesses dos eleitores, ainda que tenha como efeitos impactar a qualidade do governo por aumentar os custos e intensificar a tensão entre a dimensão política da participação popular e a dimensão normativa da impessoalidade (FUKUYAMA, 2018).

É sedutora a visão que atribui à discricionariedade o papel de fonte de todos os problemas, mas, como se viu, ela é essencial em políticas mais *bottom up*, como a educação. Quanto à efetividade das regras, Hill (1997) indica que existem dificuldades do uso pelo cidadão da lei para se proteger dos abusos da burocracia e, ainda, que não é simples estabelecer a relação das regras com a conduta dos agentes no cotidiano e que a busca de resoluções judiciais onera sobremaneira os processos, em uma visão bem harmonizada das discussões da TCT.

Conforme Marques Neto e Palma (2017), no que se refere ao direito administrativo brasileiro, a presunção de corrupção no exercício da discricionariedade administrativa é um truísmo doutrinário, ou seja, uma verdade declarada e óbvia, que pode ser facilmente verificada e validada, ainda que careça de um embasamento empírico.

Esse truísmo é acompanhado de outros, segundo esses autores, como, por exemplo: quanto mais controle, maior certeza de aderência à legalidade; ter instituições de controle fortes e autônomas inibe a corrupção; e, ainda, que a corrupção só é contida por punições exemplares.

O presente estudo, ao trazer a lógica institucionalista da teoria dos custos de transação, discutindo a importância dos impactos das ações de controle e, ainda, ao apresentar a autonomia como essencial no processo de implementação, valorizando o incentivo como mecanismo de *enforcement*, busca contrapor esses truísmos para acrescentar outras visões, que resultam em outras formas de proceder em relação à discricionariedade.

No caso brasileiro, está se tratando de um país de dimensões continentais, com mais de 5.500 municípios, no qual a política educacional tem a sua implementação vinculada a aspectos geográficos, temporais e das limitações da parceria, o que aumenta a complexidade e a incerteza, cujo o público é culturalmente diverso, perspectiva que interfere diretamente na questão educacional.

A discricionariedade, ainda segundo Hill (1997), termina por ser vista como uma manifestação indesejável, e não com um fenômeno importante no processo de implementação, e que não pode e não deve ser eliminada, sendo uma faceta da vida organizacional, em uma relação complexa e que necessita ser analisada sempre de forma contextualizada, cabendo sempre a pergunta: a discricionariedade é problema para quem? E de que forma o balanço entre ela e as regras distribui vantagens para as partes envolvidas, em especial ao cidadão beneficiário da política?

Surge então uma nova tensão entre o controle dos resultados ou dos meios. Essa tensão surge com força com a ascensão do chamado *New Public Management* e da obra de Osborne e Gaebler (1994), que, de forma panfletária, demoniza as regras e a burocracia como fonte de engessamento e de inibição das iniciativas no setor público e que o ideal weberiano de dominação racional (WEBER, 1999) precisa ser substituído por uma organização pública focada na missão, na qual seus integrantes tenham autonomia para buscar seus resultados, em mecanismos similares ao mercado, esquecendo essa abordagem que a burocracia surge como forma de se sobrepor a uma visão patrimonialista, de confusão do público com o privado.

Costa (2010) indica que essa abordagem reformista atribui a solução pelos controles apenas *ex post*, ignorando os processos para se chegar aos objetivos, e a TCT, ao trazer a ideia de racionalidade limitada, contratos incompletos e a relação entre as salvaguardas *ex post* e *ex ante*, possibilita a mediação dessa tensão.

Essa tensão não é mais do que um reflexo da que permeia também a TCT, desde as discussões de Ronald Coase, do mercado como única forma de organização, quando esse autor coloca a hierarquia também como forma possível e desejável, seguido por outros estudiosos e as discussões de arranjos, combinações de incentivos e regras, e os custos de transação como prumo desse processo, o que motiva a aplicação da TCT no presente estudo.

Apenas regras weberianas não serão efetivas em todo tipo de transação, e estas geram custos de transação consideráveis. Mas, por outro lado, apenas o foco na missão,[77] sem se importar com os caminhos e incentivos para atingi-los, dependendo das transações, pode gerar ações oportunistas, que terminam por aumentar esses custos, necessitando-se pensar que arranjo adotar e considerar que elementos, como a discricionariedade, estão inseridos no contexto desse arranjo e que a sua ausência não implica, necessariamente, a ausência de corrupção.

Essa polarização, inclusive, é central na discussão da função controle, dado que:

> Os dois blocos que se contrapõem quanto ao tema da função estatal de controle, no fundo, defendem ou uma visão mais diretiva do mesmo, mais hierárquica, mais burocrática (weberiana), na qual a conformidade tem uma centralidade no cumprimento eficiente desta função estatal. Para este primeiro enfoque, a aderência às normas, o cumprimento dos ritos (não só formais da lei, mas os convencionados pela moralidade pública), é relevante. O que interessa é fazer o certo, e a integridade se sobrepõe à entrega.
>
> Outra linha, mais liberal, vê o mercado como arranjo hegemônico para a governança das transações. Interessa mais do que fazer o que é certo, fazer certas coisas, uma dimensão de resultados predominantemente, na linha do consequencialismo, que se materializa no chamado controle por resultados, na qual a pressão pela possível substituição dos agentes que não atingem as metas é o suficiente para garantir a governança do sistema, de

---

[77] A pesquisa não defende que os resultados não são importantes. Pelo contrário. Ela resgata estes na discussão do alinhamento dos arranjos institucionais. Ocorre é que a discussão de Osborne e Gable (1994), reproduzida pelo Plano Diretor da Reforma do Estado (BRASIL, 1995), é de um controle por resultados, que é, na verdade, a monopolização do arranjo institucional de mercado, e o que não atende aos resultados é descredenciado, em uma visão consoante ao uso de Organizações Sociais nas Políticas Públicas. A TCT traz a essa discussão a existência de ativos específicos e da racionalidade limitada, de forma que existe a necessidade de outras estruturas de governança, como a hierarquia, e que podem ser combinadas em arranjos híbridos.

forma que para os adeptos mais extremados dessa abordagem, o que torna a administração pública suscetível à corrupção é a existência da norma. A auto regulação é a palavra de ordem (BLIACHERIENE; BRAGA, 2018, p. 1).

Essa polarização é o pano de fundo que domina o mundo no final da segunda década do século XXI, de uma aguda crise de legitimidade das instituições – em especial dos políticos (CASTELLS, 2018) – e de um aumento de legitimidade da justiça por parte da população, ascendendo esse poder como a mais alta instância moral da sociedade (MAUS, 2000), com um aparato jurídico-policial que surge em socorro da sociedade, cabendo a sanção exemplar como solução para os problemas que se apresentam.

Uma visão que demoniza a gestão e as políticas públicas, de controle a todo custo, sem análise prévia da real efetividade das medidas adotadas e dos custos envolvidos, e dos impactos sobre a governabilidade e a segurança jurídica (MARQUES NETO; PALMA, 2017), mas que surge da percepção da corrupção como um problema hegemônico na sociedade, assustada com a falta de respostas do modelo de democracia liberal para os problemas que a assolam.

Esse movimento de hipertrofia dos órgãos de controle, que maximiza a sua competência e os faz assumir, avocar funções do gestor público (MARQUES NETO; PALMA, 2017), traz como reação um movimento anticontrole de setores que devem se autorregular e de que todo controle é ruim e atrapalha. Reflexos de uma era de extremos.

Para um arranjo institucional híbrido eficiente, existe a necessidade de se combinarem controles (*enforcement*) com incentivos, sendo que estes, no setor público, estarão mais ligados à ideia de transparência (*disclousure*), dado que o conceito de sistema de preços necessita ser adaptado nesse contexto para as ideias de controle político.

Tratando do controle como mecanismo do arranjo institucional que se liga ao acompanhamento da aderência a um padrão e à sanção pelo não cumprimento, tem-se uma ideia próxima à *accountability* horizontal de O'Donnell (1998), de órgãos que têm poder de supervisão e sanção, similar à discussão hierárquica, atuando de forma diretiva na coordenação do arranjo pela determinação de execução de ações específicas.

Como se vê, existe uma relação dos órgãos de controle (*accountability* horizontal), da conformidade e do conceito da TCT de adaptação coordenada, o que também se relaciona à ideia de interdependência no âmbito desse arranjo, dado que a coordenação, nesse sentido, precisa definir titulares de esforços e corrigir desviantes.

No que tange aos incentivos, para que esse conceito seja trazido para um arranjo em um ambiente público, aproveitando-se das características de mercados ou quase mercados, este precisa ser traduzido pelo aspecto da transparência, de inserção em um mercado político, com órgãos públicos acompanhados pela imprensa, pelo controle social e pelo processo eleitoral, no qual o chamado controle político se alimenta de informações disponibilizadas para regular as relações, a similitude de um sistema de preços, mas que padece de dificuldades de assimetria informacional, mas também de questões interpretativas dos fatos ocorridos e dos resultados das políticas.

Assim, o incentivo relaciona-se também com a dimensão vertical da *accountability* de O'Donnell (1998), do controle político, e com um viés mais finalístico, dado que os objetivos, de modo geral, pressionam os políticos, por vezes, em grau maior do que a aderência normativa, relacionando-se também com a visão da TCT de adaptação autônoma, essencial no contexto da autonomia presente no desenho federalista.

Pode-se, então, relacionar as questões de controle e incentivo da seguinte forma:

Quadro 5 – Relação de controles e incentivos na política descentralizada

	Controles (adaptação coordenada)	Incentivos (adaptação autônoma)
Estrutura de *accountability*	Horizontal	Vertical
Foco	Conformidade	*Performance*
Instrumentos	Auditoria	Transparência
Condicionantes	Interdependência	Autonomia
Motivação	Se não cumprir as regras, será sancionado por agentes técnicos.	Se as políticas não atingirem seus objetivos, será sancionado pelo controle político.

Fonte: Construção do autor.

Cabe destacar que o quadro 5 retrata um tipo ideal, dado que as auditorias também se preocupam com o finalístico, que o controle político é deficiente, em especial por conta da assimetria informacional e, ainda, que a transparência também cuida da aderência às normas pelos agentes.

A construção busca tão somente identificar os potenciais de combinação de controles e incentivos à luz dos custos de transação, dialogando essa discussão com a questão da *accountability* para que se tenha uma adaptação autônoma que fortaleça ao atingimento de objetivos e uma adaptação coordenada que sirva como limitador para se aplicar ao desenho de descentralização das políticas públicas.

E esse arranjo, de alguma forma, molda a gestão pública. Tem-se um desenho de *accountability* horizontal (órgãos de controle) de atuação legalista e focada na responsabilização de agentes, e uma *accountability* vertical, por meio da discussão via pleito eleitoral, viés da cobertura da imprensa e temas das manifestações, mimetizando esse sentido mais legalista, o que induz a gestão a se pautar pelo foco no *compliance*, em questões éticas, com burocratismos e limites à inovação, como um exemplo de que os controles e incentivos, ao serem combinados, favorecem a um equilíbrio também em dimensões de conformidade e resultados.

Como defendido por O'Donnell (1998) e também por Halachmi (2014), existe uma dependência da dimensão horizontal e vertical da *accountability*, com uma combinação, como se dá nos arranjos híbridos, entre controles e incentivos. Isso porque apenas uma ação coordenada não é suficiente, sendo necessária a dimensão do incentivo por conta da autonomia, assim como apenas a ação fiscalizatória e sancionadora dos órgãos de controle não é o suficiente, necessitando de interações na esfera político-participativa, que tem características complementares.[78]

---

[78] Nas discussões de *accountability*, de necessidade de fiscalização e de punição, por vezes a participação popular, elemento essencial em um regime democrático, se faz esquecida, como se fosse possível uma *accountability* sem povo – uma visão tecnocrática que leva ao insulamento dos agentes de controle e ao possível desvirtuamento de sua forma de atuação. O controle precisa ser fonte de aprimoramento do processo de coordenação, e não o contrário.

A relevância dos incentivos nos arranjos híbridos é grande, e Menárd (2004) aponta que a informação é essencial para a sobrevivência dos híbridos e que a funcionalidade dessa combinação de incentivos e controles depende do equilíbrio entre autonomia e interdependência, como grandezas que devem ser trabalhadas com estratégias distintas, mas harmonizadas.

Nesse ponto, a pesquisa faz a relação de *accountability* com a TCT, posto que contratos incompletos, racionalidade limitada e salvaguardas *ex post* são conceitos da TCT que se relacionam diretamente ao arranjo institucional federalista, de descentralização, pelas possibilidades de preservação da autonomia, pois é essa autonomia que permite lidar com essa racionalidade limitada, com as desigualdades regionais e os meios de conter os abusos, ponto no qual entra o controle – que corresponde ao conceito de hierarquia da TCT – na discussão, pois aí se deve pesar seus benefícios aos objetivos e aos custos de transação gerados e que apenas o mercado, com a adaptação autônoma, não dá conta de todas as transações nesse contexto.

Pode-se dizer que o finalístico, a *performance*, é o que remunera os sistemas políticos, pois o prefeito quer resultados para alçar novos voos. E esse é o foco dos incentivos. A conformidade tem um caráter limitador, de interdependência nos pactos avençados no federalismo e de sustentabilidade das relações, e a sua não observância no setor público traz sanções dos órgãos de *accountability* horizontal. Mas esses fatores se mesclam, se combinam.

Por isso, nos arranjos híbridos, dentro do contexto de descentralização de políticas para a execução pelos municípios, a combinação de controles e incentivos permite o atendimento das dimensões de conformidade e de resultados, em um equilíbrio entre entregas e integridade, em que se combinam verificações (auditorias) e a transparência, contemplando a interdependência e a autonomia do federalismo.

Definidos os parâmetros que regem a discussão de controle da política educacional descentralizada, no âmbito da TCT, importa analisar a rede de atores, nos diversos níveis, com suas interações e papéis, como segmento do arranjo institucional do processo de descentralização.

3.2 A rede de *accountability* da política educacional descentralizada – atores e interações

3.2.1 Discussões sobre o conceito de rede de *accountability*

O tópico anterior ressignificou a questão da corrupção, vinculando esta a uma discussão de objetivos e dos prejuízos a estes, de sustentabilidade das relações, questionando a priorização de aspectos legais e por vezes morais, indicando também que a corrupção é um fenômeno complexo, que demanda soluções de igual natureza, envolvendo dimensões preventivas e corretivas, bem como a interação de diversos atores para evitar a captura e o abuso de poder, e que os arranjos que dela dão conta devem considerar os custos de transação, apresentando também a questão da combinação de controles e incentivos.

Para discutir essa rede de *accountability*, deve-se abordar, de fato, como ela se organiza, sendo necessário um arranjo. E O'Donnell (1998), já citado anteriormente, propõe um esquema simples, de uma dimensão vertical, que implica na interação com a população pelo voto, mas também pelas ações do chamado controle social, nas linhas da democracia participativa, com denúncias, manifestações e a participação em conselhos.

Entretanto, esse autor, no estudo da América Latina, aponta a fragilidade da *accountability* em outra dimensão,[79] por ele chamada de horizontal, posto que, para essa dimensão ser efetiva, devem existir agências autorizadas e dispostas a supervisionar, controlar, retificar e/ou punir outras agências e que:

> Um ponto importante mas pouco acentuado é o de que, se espera que essas agências sejam efetivas, salvo exceções, elas não funcionam isoladamente. Elas podem até mobilizar a opinião pública com seus

---
[79] O'Donnell pauta-se no estudo das poliarquias e, por isso, entende que, na América Latina, a *accountability* horizontal é fraca, posto que a vertical é entendida como requisitos democráticos que, pelo menos formalmente, têm sido minimamente observados na maioria dos países, no período da pesquisa daquele autor.

procedimentos, mas normalmente sua efetividade depende das decisões tomadas pelos tribunais (ou, eventualmente, legisladores dispostos a considerar o *impeachment*), especialmente nos casos que envolvem autoridades de posição elevada. A *accountability* horizontal efetiva não é o produto de agências isoladas, mas de redes de agências que têm em seu cume, porque é ali que o sistema constitucional "se fecha" mediante decisões últimas, tribunais (incluindo os mais elevados) comprometidos com essa *accountability*. Devemos retornar a esse tema, porque ele nos permite vislumbrar algumas das dificuldades e possibilidades na busca de *accountability* horizontal (O'DONNELL, 1998, p. 43).

Destaca o autor a importância de uma organização integrada e coesa desses atores para que eles tenham efetividade, trazendo assim a discussão da necessidade de uma rede de *accountability*, com instituições independentes, mas interdependentes, dado que cada uma depende da outra para completar o processo maior, em um arranjo que requer cooperação por meio das diversas camadas (POWER; TAYLOR, 2011), entre os diversos poderes e entes.

A complexidade dessa rede traz questões como a forma de interação entre as instituições, sendo essa, frequentemente, a chave dos problemas e das soluções, pois enquanto algumas instituições são mais fracas que as outras, essa interação pode suprir lacunas (TAYLOR; BURANELLI, 2007), mas estas também podem ser levadas a competir, e a fricção entre elas pode enfraquecer a estrutura das redes, com atores fortes individualmente, em redes fracas, o que pode dar suporte a comportamentos oportunistas (POWER; TAYLOR, 2011).

Aranha e Filgueiras (2016), no estudo da fiscalização do Programa de Sorteios da CGU, de 2003 a 2010, aponta a debilidade da integração dos demais atores diante das irregularidades detectadas, com baixa efetividade de punição, e um aspecto de competição predatória entre os controladores, na busca de atenção da imprensa, com visíveis problemas de coordenação.

Está se falando de um arranjo com atores distintos, com objetivos que nem sempre convergem e que se remuneram também de formas diferentes, o que gera superposição, lacunas, conflitos e a necessidade de cooperação, demandando coordenação que iniba os conflitos, ainda que exista a necessidade de autonomia. Mas, apesar disso tudo, a existência de um só ator traria o monopólio, o que poderia ser danoso ao processo de *accountability*.

Algumas iniciativas como a Rede de Controle,[80] provocada pelo Tribunal de Contas da União (TCU) em 2009; a Estratégia Nacional de Combate à Corrupção e à Lavagem de Dinheiro (ENCCLA),[81] criada em 2003; e o Conselho de Controle de Atividades Financeiras (COAF),[82] do Ministério da Economia, tentam mitigar, de forma tímida e setorizada, a questão da coordenação desses atores, mas ainda que exista uma carência cultural de ações em rede, a perspectiva da autonomia é muito presente nas redes de *accountability* no Brasil. Como afirma Schedler (1999), se os elementos dessa rede forem autônomos e fragmentados, sem a obrigação de prestar contas, tem-se cada um cuidando de sua parcela de poder, com ilhas de integridade, e não com sistemas, de modo que a dificuldade sistêmica do federalismo também se reflete nessa rede.[83]

Santiso (2007), no estudo das entidades de fiscalização superior – no caso, o controle externo de países emergentes da América Latina –, aponta os paradoxos da independência, no sentido de que, apesar dessas agências precisarem ser autônomas para serem efetivas e terem credibilidade, elas necessitam também desenvolver relações com os outros componentes da rede de *accountability*, em especial os poderes legislativos.

A competição entre esses atores tem aspectos benéficos, de indução ao aprimoramento e à inovação, mas traz também problemas de concentração de escopo, desvio de finalidade,

---

[80] A Rede de Controle é um mecanismo criado pelo TCU que busca mais efetividade nas ações do Estado a partir de parcerias estratégicas no combate à corrupção, por meio de uma atuação coordenada de diversas instituições para definir diretrizes comuns, estabelecer compromissos e desenvolver ações conjuntas voltadas à fiscalização e ao controle da gestão pública.

[81] Rede de articulação para o arranjo e discussões em conjunto com uma diversidade de órgãos dos Poderes Executivo, Legislativo e Judiciário das esferas federal e estadual e, em alguns casos, municipal, bem como do Ministério Público de diferentes esferas, e para a formulação de políticas públicas voltadas ao combate à corrupção e à lavagem de dinheiro. Capitaneada pelo Ministério da Justiça e Segurança Pública.

[82] O Conselho de Controle de Atividades Financeiras (COAF) atua eminentemente na produção de inteligência financeira para prevenção e combate à lavagem de dinheiro e ao financiamento do terrorismo, tendo sido criado pela Lei nº 9.613, de 3 de março de 1998, agregando de forma articulada vários órgãos e entidades. A Lei nº 13.974, de 07.01.2020, transformou o COAF na Unidade de Inteligência Financeira (UIF), vinculada administrativamente ao Banco Central do Brasil.

[83] Formam esses atores uma ecologia processual, um interdependente sistema de instituições fixados por regras formais e informais, como um *cluster* organizacional (FILGUEIRAS, 2018).

escolha de pauta por questões afetas à visibilidade, bem como o desequilíbrio entre as capacidades desses órgãos, que gera lacunas que rompem os elos dessa corrente. Nesse quesito, a visão da TCT de redução do oportunismo por meio de arranjos que combinem incentivos e controles cabe bem, dado que essas redes têm poucos incentivos à cooperação, e as tentativas de regramento formal esbarram no problema da autonomia necessária, ainda que por vezes superdimensionada.

Os atores que compõem a rede de *accountability* são centrais no contexto das políticas públicas e, segundo Filgueiras (2018), no nível federal tem a remuneração em patamar superior em relação aos órgãos responsáveis pela implementação das políticas, além de um perceptível crescimento orçamentário no período da pesquisa, autonomizando estes em relação à ideia de ciclo de políticas públicas, dando centralidade a certa forma de *accountability*, com traços de foco no combate à corrupção.

Pode-se dizer que, além de fatores exógenos, como acordos internacionais sobre corrupção, a ascensão do terrorismo, tem-se que a mudança de *ethos* do controle interno no Poder Executivo federal, com a criação da CGU em 2003, traz o foco da avaliação das políticas públicas para o combate à corrupção, pela integração intrainstitucional (correição e auditoria) e interinstitucional (CGU, MP e PF), nas palavras de Olivieri (2010), o que serviu de base para a formação dessa rede de *accountability* no Brasil, explicando, de alguma forma, os traços de dissociação da gestão das políticas da questão da probidade.

As políticas descentralizadas, como a educacional, têm seus subsistemas que cuidam dos seus fluxos financeiros e normativos, mais simples, e subsistemas que tratam da questão da *accountability*, mais complexos, e os detalhes dessa rede e de seus atores, na Educação Básica, serão abordados no próximo tópico.

3.2.2 A rede de *accountability* da política educacional

A política educacional, complexa em sua organização, também possui uma rede de *accountability* como um segmento de seu arranjo institucional, como se vê na figura 1.

Figura 1 – Visão da rede de *accountability* da política educacional

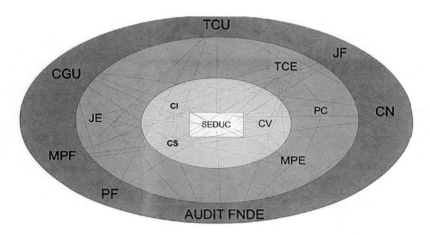

Como se observa, é uma rede densa de atores e de relações, com grande saturação de interações sobre o município, executor da política. Esse emaranhado de relações, entre diversas esferas e poderes, fica mais bem detalhado no quadro a seguir, que identifica cada um dos atores dessa rede.

Quadro 6 – Rede de *accountability* da política educacional

(continua)

Sigla	Ator	Esfera	Poder	Atuação	Norma
SEDUC	Sec. de Educação	Munic.	Exec.	Implementação da Política Controles no nível do gestor*	Art. 211 da CF/88
CI	Órgão de Controle Interno	Munic.	Exec.	Auditoria Promoção da Transparência	Art. 74 da CF/88
CV	Câmara dos Vereadores	Munic.	Leg.	Fiscalização Aprovação de contas	Art. 31 da CF/88
CS	Controle Social (conselhos)	Munic.	Exec.**	Acompanhamento Parecer sobre contas	Lei nº 11.494/2007 Lei nº 11.947/2009

(conclusão)

Sigla	Ator	Esfera	Poder	Atuação	Norma
TCE ***	Tribunal de Contas	Est.	Leg.	Auditoria Julgamento de contas	Art. 70/71 da CF/88
MPE	Ministério Público	Est.	Jud.****	Defesa de interesses coletivos	Art. 127 da CF/88
PC	Polícia Civil	Est.	Exec.	Polícia Judiciária	Art. 144 da CF/88
JE	Justiça	Est.	Jud.	Julgamento de casos concretos	Art. 125 da CF/88
TCU	Tribunal de Contas	Fed.	Leg.	Auditoria Julgamento de contas	Art. 70/71 da CF/88
CGU	Órgão de Controle Interno	Fed.	Exec.	Auditoria Promoção da Transparência	Art. 74 da CF/88
MPF	Ministério Público	Fed.	Jud.****	Defesa de interesses coletivos	Art. 127 da CF/88
CN	Congresso Nacional	Fed.	Leg.	Fiscalização	Art. 70/71 da CF/88
AUDIT FNDE	Auditoria Interna do FNDE	Fed.	Exec.	Auditoria Promoção da Transparência	Dec. nº 3.591/2000
PF	Polícia Federal	Fed.	Exec.	Polícia Judiciária	Art. 144 da CF/88
JF	Justiça	Fed.	Jud.	Julgamento de casos concretos	Art. 106 da CF/88

* Controle primário, controles internos ou controles de linha do Gestor. Vide Braga (2011).
** O entendimento dominante é que os conselhos são órgãos do Poder Executivo. Vide Braga (2015).
*** Os tribunais de contas, via de regra, são estaduais e, conforme o art. 30 da Constituição Federal de 1988, os municípios do Rio de Janeiro e São Paulo têm seus próprios tribunais de contas, vedada a criação de novos.
**** A questão do posicionamento do Ministério Público no desenho dos três poderes é controversa e optou-se por alocá-lo no Judiciário, por uma questão de afinidade.

Fonte: Construção do autor.

Fica a indagação de se as defensorias públicas da União e da esfera estadual, com a crescente autonomização desses órgãos, pela Emenda Constitucional nº 74/2013, reconhecida pelo Supremo Tribunal Federal (ADI nº 5.296), e pelo avanço desses na tutela de direitos e interesses comuns a grupos integrados potencialmente por indivíduos vulneráveis, ocupando um espaço anteriormente hegemônico do Ministério Público, não deveriam figurar nessa rede, somando ao conjunto de atores no processo de *accountability* municipal, sendo mais um ator a agir sem mecanismos de coordenação formais com os outros elementos da rede.

Da mesma forma, apesar de não lançado no quadro 6, com a possibilidade de transferências voluntárias dos estados para os municípios na política educacional, o que não é comum pelo perfil financeiro desses entes, tal transferência atribui poderes para que o órgão de controle interno audite a aplicação desses recursos no âmbito municipal. Uma visão de degraus que terminam no piso do município, que pode ser por todos fiscalizado.

A interação desses atores ocorre em fluxos formais, de encaminhamento do resultado de auditorias da CGU para o Tribunal de Contas da União e para o Ministério Público para o posterior julgamento, entre outros ritos, assim como ações integradas, como aquelas envolvendo a Polícia Federal, o Ministério Público e a CGU, entre outros exemplos. E no que tange às políticas sociais, mormente a educacional, raros são os mecanismos formais e informais de interação entre esses atores.

Cabe registrar também que o desenho da rede de *accountability* é centrado em uma lógica de responsabilização de agentes, em uma linha judicante, mas com diversas esferas, com o Ministério Público na linha da improbidade administrativa, a existência de um tribunal administrativo no modelo dos tribunais de contas, com poucos agentes voltados aos aspectos finalísticos da gestão, e a melhoria das salvaguardas na chamada dimensão gerencial, tendo como foco a entrega ao cidadão.

Dessa forma, tem-se a rede de implementação da política, que envolve aspectos da transferência financeira e da normatização, com o FNDE desempenhando um papel de centro estratégico, e uma rede paralela – mas não isolada – de órgãos de *accountability*, conforme já apresentado na figura 1, que atua como elemento indutor e avaliador dessa implementação, e a relação entres essas redes, no âmbito da implementação das políticas, é objeto de problemas de coordenação, que afetam os custos de transação.

Essa rede de *accountability* opera sobre os atores da implementação, monitorando, avaliando e induzindo a prestação de contas por meio de controles e incentivos, o que pode apresentar problemas de coordenação entre as duas redes, dado que as mesmas possuem lógicas diversas (transferir *versus* controlar), em especial se os incentivos não estiverem alinhados.

Se a rede de *accountability* age predominantemente em uma linha de busca de lucro político pela visibilidade na imprensa, ou se não consegue coadunar com o espírito do programa objeto de atuação, ou ainda se concentra seus esforços em aspectos emblemáticos, mas pouco relevantes no processo de implementação, isso termina por afetar o processo de gestão dos municípios e gera atritos.[84]

Nesse sentido, as ações da rede de *accountability* não podem ser somente coordenadas entre si, mas carecem de ser harmonizadas em relação ao processo de implementação da política, o que demanda espaços de diálogo e de consolidação de informações, de realimentação e de meta-avaliação da atuação desses órgãos. Autonomia não é isolamento em relação à política pública, e o gestor não pode ser visto como um inimigo.

Em relação às políticas descentralizadas para execução pelos municípios, é importante destacar que, por força dos normativos, a ação dos chamados órgãos federais de controle (CGU, TCU) se limita à gestão dos recursos transferidos, não constituindo esses órgãos federais como tutores da probidade dos municípios, agindo no contexto de uma parceria. Na prática, a mistura de recursos federais e municipais na gestão concede a esses órgãos um amplo espectro de atuação, em especial por serem órgãos com robustas capacidades estatais.

Destaca-se na política educacional, no período da pesquisa, conforme Nardes *et al.* (2014), a auditoria coordenada, iniciada em 2013, envolvendo os tribunais de contas estaduais e municipais coordenados pelo TCU, focando no Ensino Médio e nos principais problemas que afetam a qualidade e a cobertura nesse segmento, que culminou com o Acórdão TCU nº 618/2014-Plenário, que apontou problemas de riscos de não atingimento da meta do Plano Nacional de Educação (PNE), carência de professores, inclusive de

---

[84] Marques Neto e Palma (2017) trazem essa questão da competição institucional entre os órgãos de controle, o que pode ser uma fonte de incentivo e eficiência, mas também de competição destrutiva e de ausência de iniciativas de cooperação, apontando os autores um exemplo dessa descoordenação pelos acordos de leniência previstos na Lei Anticorrupção, o que gera insegurança jurídica, em um cenário de órgãos com competências ambíguas.

formação específica, falta de indicadores de desempenho por escola e investimento inferior à média da OCDE.

Segundo Melo e Passos (2018), esse tipo de ação sob coordenação do TCU é uma decorrência da forma de organização da política educacional em regime de colaboração (*marble cake*), na qual as funções das esferas de governo não são facilmente distinguidas, mostrando a relação mútua entre a rede de *accountability* e a rede de implementação, e desde 2018, no âmbito do TCU, essa iniciativa de colaboração entre os atores de controle externo na fiscalização dos recursos descentralizados está no escopo do Programa Integrar, que formaliza essas iniciativas.

Apesar desses exemplos de interação, o que se tem de forma predominante é que o desenho interfederativo, com uma rede de tantos atores, em tantos níveis, traz conflitos, desde situações cotidianas a outras mais formais, como a diversidade de interpretação pelos tribunais de contas estaduais se os recursos do Fundo de Manutenção e Desenvolvimento da Educação Básica e de Valorização dos Profissionais da Educação (Fundeb) podem suportar despesas de aposentadoria, até o caso, em 2010, do julgamento do RMS nº 25.943 pelo Supremo Tribunal Federal, ajuizado pelo ex-prefeito de São Francisco do Conde (BA), que apontava que a CGU, na sua fiscalização dos municípios, usurpava a autonomia municipal e as competências da Câmara dos Vereadores e do Tribunal de Contas do Estado, só para exemplificar alguns mais emblemáticos.

Aranha (2014), no estudo do sorteio dos municípios da CGU, encontrou gargalos temporais nos encaminhamentos dados pela CGU em relação a outras instâncias, como o Ministério Público Federal e o Tribunal de Contas da União, indicando que a falta de transparência nos fluxos e ritos dessa rede não possibilita o controle da população e gera morosidade na finalização dos processos de controle.

Da mesma forma, Bliacheriene *et al.* (2017), no estudo da rede de *accountability* do Fundeb, apontam múltiplos atores com capacidade punitiva e interventiva, com competências concorrentes e com desigualdade de capacidades e de competências, em um cenário no qual a lógica de acompanhamento da política é muito mais complexa que a de distribuição de recursos financeiros, alimentando o foco no fluxo de repasses em relação às ações de prestação de contas, o que pode gerar ações oportunistas, como já comentado.

O fato é que uma rede de múltiplos atores tem vantagens na divisão de poder, no fomento à competição, mas tem como fragilidades problemas de coordenação e, ainda, uma dificuldade de atribuição de responsabilidades frente às distorções e uma baixa cultura de meta-avaliação da atuação dos órgãos de controle.

Se essa rede não trouxer efetividade, ela tem o risco de trazer descrédito pela multiplicidade de onerosos atores e como sua ação é percebida, pois:

> (...) Para que a *Accountability* Horizontal funcione efetivamente, não é apenas necessário que, para um determinado problema, uma determinada agência estatal esteja legalmente habilitada e disposta a agir. Também é necessário que exista toda uma rede de agências estatais, culminando em tribunais superiores, comprometidas em preservar e, eventualmente, fazer cumprir a *Accountability* Horizontal, se necessário contra os mais altos poderes do Estado. Caso contrário, as investigações de *auditorias, fiscalias* e similares podem alimentar uma opinião pública irada, mas não alcançam uma resolução legalmente apropriada. Como observado, em uma democracia, um sistema jurídico deveria ser um sistema assim, que "fecha", no sentido de que ninguém está isento dele. Este sistema consiste não apenas em regras legais, mas também em instituições comprometidas em manter essas regras. Certamente, o teste ácido da existência desse tipo de sistema é se ele se aplica ou não em termos da *Accountability* Horizontal dos mais altos poderes do Estado (O'DONNELL, 2003, p. 47).[85] (Tradução nossa)

Dentre as soluções aventadas no período da pesquisa para o problema da Coordenação da Política Educacional, além da ideia de um sistema nacional de educação, já discutida na presente pesquisa, surge no Plano Nacional de Educação 2014-2024 (Lei nº 13.005/2014),

---

[85] Do original: *"For Horizontal Accountability to effectively function it is not only necessary that for a given issue a given state agency is legally empowered and willing to act. Its also necessary that there exists a whole network of state agencies, culminating in high courts, commited to preserving and eventually enforcing horizontal accountability, if necessary against the highest powers of state. Otherwise, the investigations of auditorias, fiscalias and the like may feed na angry public opinion but do not reach legally appropriate resolution. As noted, in a democracy a legal system is supposed to be such a system, on that "closes", in the sense that nobody is exempt from it. This system consists not only of legal rules but also of institutions commited to upholding these rules. Surely the acid test of the existence of this kind of system is if it applies or not in terms of the horizontal accountability of the highest powers of state".*

no item 20.11, a meta de aprovação, no prazo de 1 (um) ano, o que não se deu até o ano de 2020 (ano de conclusão do presente livro), de uma lei de responsabilidade educacional, assegurando o padrão de qualidade na Educação Básica em cada sistema e rede de ensino, aferida pelo processo de metas de qualidade mensuradas por institutos oficiais de avaliação educacionais (avaliação de impacto), o que permitiria a punição de prefeitos pelo não atingimento de índices essas avaliações. Uma questão polêmica, pois, além de pressionar o processo de avaliação por relacioná-lo à punição de gestores, vincula esse diretamente à questão de impactos, dependentes de múltiplos fatores e de uma temporalidade própria, desprestigiando essa avaliação os insumos e a gestão, o que se complica em um cenário diverso de capacidades municipais e pelas próprias características da política educacional, além de ser mais uma forma de imputar ao município a responsabilidade integral pelo sucesso da política, de forma atomizada e descontextualizada.

A rede de *accountability* da política educacional é complexa e sofre problemas de coordenação, como o sistema federalista que a alberga. Conforme estudos de Alves (2009), uma rede com muitos atores, pouco harmonizados, tende a ser ineficiente e gerar mais custos de transação, com a falta de incentivos de cooperação e de competição interinstitucional, o que afeta diretamente a efetividade da proteção à política educacional. Olhar os efeitos de escândalos revelados é pouco para entender os sucessos e oportunidades desses atores.

Essa ideia de uma rede de *accountability* tão vasta parece se alimentar de uma perspectiva de quanto mais controle, melhor.[86] A abordagem aqui discutida busca mostrar que essa não é uma realidade, fazendo-se necessário qualificar esse controle com a inclusão de medidas que inibam o oportunismo, considerados os custos de transação, e que a autonomia, como princípio, se harmonize com a coordenação para que as ações se alinhem na convergência pela eficácia e pela eficiência.

---

[86] Um dos efeitos que se relaciona à Operação Lava Jato e à ascensão da pauta da corrupção é a polarização entre o controle e a gestão, que se apresentam pelas chamadas "dez medidas", de visão claramente punitivista, e respostas institucionais, como a Lei Ordinária nº 13.655/2018, que busca impor limites aos chamados órgãos de controle. Fica a tensão entre o controle que cresce mais que a gestão, quando essas duas funções, na verdade, são complementares.

Por fim, o município figura no centro dessa rede, sendo objeto dessas ações – por vezes descoordenadas – e recebendo determinações descasadas temporalmente, sobrepostas, o que pode alimentar a atuação oportunista desses municípios por perceberem que o seu desempenho será objeto de um monitoramento fragmentado e com responsabilização distante temporalmente, o que valoriza certas práticas, como a da CGU, que publica os resultados de seus trabalhos nos municípios na internet de forma tempestiva.

O ambiente institucional condiciona o arranjo institucional da política educacional descentralizada para os municípios, em especial a parte do arranjo afeta à *accountability*, como um instrumento de inibição do abuso de poder, mas que ainda carece de coordenação, o que incide nos custos de transação pela forma pela qual amplia as suas salvaguardas, em ações que visam reduzir os conflitos, mas que podem gerá-los também, com a lentidão e inibição da gestão da política educacional, sendo necessário repensar papéis e relações nessa rede, em especial do controle interno, objeto do próximo tópico.

3.2.3 O controle interno – um ator privilegiado na pesquisa

O tópico anterior não se deteve em uma descrição detalhada de cada ator da rede de *accountability* da política educacional, preocupando-se em mostrar a relação entre eles, dado que essa questão é que interessa, por influenciar o problema de coordenação, em especial pela atuação de determinado ator, a Controladoria-Geral da União, escolhido como objeto da pesquisa.

Porém, o ator CGU está dentro de uma classe, uma função, o controle interno, que necessita de alguma discussão para que seja possível seguir em frente na pesquisa em face das múltiplas questões que envolvem esse conceito e a sua relação intrínseca com o papel dessa controladoria.

Desse modo, tradicionalmente, o controle governamental no Brasil se desenha em dois grandes blocos: externo e interno. O controle externo é realizado por estrutura alheia à organização fiscalizada e tem um caráter mais pontual por conta do ato de julgar, enquanto o controle interno localiza-se no interior da organização e tem um caráter mais contínuo, globalizante e preventivo. O primeiro, ancorado no sistema de pesos e contrapesos herdado das ideias de Montesquieu (2006), e o segundo, em um modelo de Estado cada vez mais complexo (BRAGA, 2011), que demanda de cada poder mecanismos gerenciais próprios, de atingimento de seus objetivos, de governança da máquina administrativa, até para evitar a pressão dos órgãos de *accountability* horizontal e vertical.

Sobre o papel percebido do controle interno, pesquisa publicada pela Fundação Getúlio Vargas (FGV) (OLIVIERI et al., 2011) avaliando a atuação da CGU aponta que o gestor se queixa do controle interno por ser este pouco orientativo. A visão de orientativo está vinculada à ideia de punitivo, na qual o primeiro entende que o gestor erra porque é mal orientado, desconhece, e o segundo atribui a causa das irregularidades a traços de caráter.

Esse fantasma punitivista-moralista acompanha a função controle interno, desprezando o aspecto sistêmico dessa atuação, que difere do binômio orientativo-punitivo para uma visão preventiva-reativa, na qual importam os mecanismos que garantem o atingimento dos objetivos e a prevenção das ameaças, a construção e a efetividade dessas salvaguardas.

A presente pesquisa prioriza a visão do controle interno como uma função preventiva e gerencial, dado que esta significa a qualificação de uma função administrativa, o controle, bem definido por Fayol (1964), mais especificamente da unidade sobre ela mesma, de forma que se utilizam expressões como controles internos, controle interno administrativo e até controle primário (BRAGA, 2011) para se referir a esse controle no nível do executor, de medidas que o gestor adota para dar conta dos riscos da gestão, no qual os modelos do COSO (*Committee of Sponsoring Organizations of the Treadway Commission*) são uma referência internacional nessa discussão.

O senso comum indica que o controle preventivo em um momento prévio é sempre melhor que o controle *a posteriori*, mas a racionalidade limitada, o ambiente de complexidade e incerteza e, portanto, os contratos incompletos, que abrem espaço para atuações oportunistas quando há ativos específicos, apontam para a necessidade de relacionar essa dimensão *ex ante* com a *ex post* e que só aprimorar controles prévios pode onerar desnecessariamente os custos de transação, sem inibir desvios, fazendo uma ressignificação do aspecto preventivo da função controle interno, fortalecendo a necessidade de ações de avaliação *ex post*, como a auditoria governamental.

Quando se fala em sistema de controle interno ou órgão de controle interno, tem-se o conjunto de estruturas administrativas no interior da organização, que, por uma questão de arranjo, de especialização, assumem para si atribuições no que tange à função controle interno, de supervisão e promoção da melhoria desses controles, tendo atualmente o paradigma das três linhas de defesa (IIA BRASIL, 2020) como o mais aceito pelos auditores internos como representante desse arranjo, considerando-se a primeira linha a área do negócio, a segunda as funções de gerenciamento de riscos e a conformidade, e a terceira linha a auditoria interna.

São as camadas da rede de *accountability*, em uma visão programática, pois, no setor público, em especial, para se evitar a concentração de poder, na lógica dos pesos e contrapesos, existe a superposição de competências, cabendo à coordenação mitigar as eventuais lacunas e sobreposições, mas, por uma questão de não ser submetido a um mecanismo de mercado, faz-se necessária essa ação duplicada, como que forçando uma concorrência, um controle mútuo. A coordenação mitiga, mas não reduz essa problemática.

Segundo Olivieri (2010), o controle interno, entendido aqui como estrutura, não é apenas um conjunto de atividades de auditoria e fiscalização, e sim um instrumento de prestação de contas perante os governados, que pode servir como resposta aos escândalos, bem como de escudo burocrático dos políticos para efetuar o controle da máquina pública.

Dentre as diversas tensões do controle interno, localizado entre o gestor e os órgãos de controle externo, como os tribunais de contas e o Ministério Público, tem-se que essa estrutura limite, segundo Garcia (2011), sobrevive entre essas duas lógicas, de ser integrado à gestão como elemento de coordenação e de ser um controle sobre a gestão, auxiliar dos órgãos mais externos. Essa dicotomia manifesta-se em normas e práticas, demonstrando o caráter contraditório dessa função, independentemente do arranjo que ela assuma, centralizado ou pulverizado.

De toda sorte, pela sua proximidade ao gestor, é uma função eminentemente preventiva, dado que as suas restrições de autonomia são compensadas pelo maior conhecimento dos processos e pela maior capacidade de interação, podendo figurar como instrumento de realimentação do processo de planejamento, provocando sinergia e aprendizagem organizacional (BRAGA; MACHADO; 2015), mediando atores internos e externos.

Assim, conforme Braga (2017), o controle interno, como função organizada em uma estrutura, justifica-se por ser um promotor da credibilidade da gestão pública; como mecanismo de fortalecimento da autonomia, por diminuir a dependência de outros poderes em ações corretivas; como um mediador qualificado em relação aos demais integrantes da rede de *accountability*; e ainda por fortalecer a efetividade da gestão, nas complexas organizações.

Como se observa, o controle interno possui uma função estratégica, que se detém sobre sistemas complexos, localizando-se próximo aos centros decisórios, e limítrofe em relação às estruturas externas de controle, com o potencial de mediação entre a gestão, a primeira linha de defesa e os demais elementos da rede de *accountability*, permitindo assim a coordenação no seu nível e favorecendo a efetividade das políticas.

E o seu caráter limítrofe, entre os órgãos externos da rede de *accountability* e o gestor, fortalece a necessidade de este utilizar a combinação de controles e incentivos para respeitar a autonomia dos executores, mas também para fazer funcionar a interdependência da rede de *accountability*.

Uma estrutura com essa matriz, com contradições intrínsecas, tem a sua relação tensionada quando busca uma ação mais diretiva no combate à corrupção, cunhada na responsabilização de agentes, por romper com isso o diálogo e a capacidade de integração com a gestão, aproximando-se mais do seu papel em relação aos órgãos mais externos da rede, sem ser um deles.

Da mesma forma, a integração total com a gestão, perdendo a capacidade de interlocução com atores externos, esvazia a função controle interno e fere a sua autonomia, fazendo dela um espelho da gestão, de modo que o seu lócus, limítrofe e necessário, serve como ponte entre a gestão e o controle mais externo, com poderes de supervisão e avaliação, que permitam romper a dependência da rede de *accountability*.

A experiência federal brasileira, no sentido de construir um modelo de controle interno, passou por diversas etapas até chegar à CGU, nos moldes do período de estudo, de 2005 a 2014, como se verá no tópico a seguir, que vai caracterizar o arranjo adotado para o controle interno no Poder Executivo Federal.

3.3 Controladoria-Geral da União

3.3.1 Origem e trajetória

A CGU, enquanto modelo de controle interno, como arranjo para essa função, surge por meio de um gradual processo de amadurecimento, de mudança institucional, da ação de atores e de influências externas, como será visto na trajetória apresentada neste tópico, baseada nas pesquisas contidas em Braga (2016).

Conforme Olivieri (2010), até 1964 não existia um sistema de controle interno, e sim um conjunto de estruturas responsáveis pela fiscalização, espalhadas pelos órgãos e a Contadoria-Geral da República, órgão de natureza contábil criado em 1921 e vinculado ao Ministério da Fazenda que atuava na governança apenas nos aspectos contábeis (CASTRO, 2009).

Encaminhava-se para o esgotamento o modelo de controle prévio[87] adotado pelo Tribunal de Contas da União (TCU) desde a Constituição Federal de 1946, que burocratizava a gestão e nem por isso afastava o fantasma da ineficiência e da corrupção, de modo que surge então a comissão Amaral Peixoto de reforma da Administração (CASTRO, 2009), cujos estudos subsidiaram, no apagar das luzes do governo civil de João Goulart, a promulgação da Lei nº 4.320/64, vigente até os dias atuais, que, entre outras modificações, apresenta

---

[87] A Constituição Federal de 1946 indica no seu art. 77, §2º: "Sujeito a registro no Tribunal de Contas, prévio ou posterior, conforme a lei o estabelecer, qualquer ato de Administração Pública de que resulte obrigação de pagamento pelo Tesouro nacional ou por conta deste", situação de extremo engessamento da gestão, que necessita de dinamismo, segundo Balbe (2013).

formalmente o conceito de controle interno no âmbito do Poder Executivo Federal.

O governo militar, na esteira desse movimento de reformas administrativas, integra sistemicamente o controle interno ao externo na promulgação da chamada, por alguns, de Constituição Federal de 1967 – na verdade, uma emenda à Constituição vigente –, em um desenho de reconfiguração do papel do TCU (GARCIA, 2011) na descentralização de responsabilidades e pela valorização de resultados na gestão, fortalecendo o Poder Executivo, como se espera pelas características de um regime de exceção, mais concentrador.[88]

Em aspectos gerais, as normas ali estatuídas aproximam-se do desenho vigente atualmente, da Constituição Federal de 1988, com destaque especial à fiscalização concorrente por parte do controle interno e externo no *caput*. Mas, em termos legislativos, destaca-se o reconhecimento formal do sistema de controle interno, tratado anteriormente na Lei nº 4.320/64.

Nesse mesmo movimento, o Decreto-Lei nº 200/67 converte a Contadoria-Geral da República em Inspetoria-Geral de Finanças, estrutura vinculada ao Ministério da Fazenda, com suas seccionais nos ministérios (Decreto-Lei nº 61-386/67), com funções contábeis e fiscalizatórias, institucionalizando assim o *novel* controle interno.

No período de 1979 a 1994, que coincide com o declínio do regime militar, com os avanços na chamada "distensão" e nos movimentos para superação das crises que se instalam sucessivamente, surge o Decreto nº 84.362/79, que translada para o Ministério do Planejamento a função controle (CASTRO, 2009), com a criação da SECIN (Secretaria Central de Controle Interno), que centraliza a atividade de auditoria e que tem como seccionais as chamadas Cisets (Controle Interno Setorial), um modelo que subsistiu de forma predominante até a chamada Nova República, em 1985,[89] quando a SECIN retorna ao Ministério da Fazenda,

---

[88] Como se vê, a pauta dos resultados, do desempenho, surge em diversos momentos da história do controle interno, disputando espaço com abordagens financeiras e de conformidade, com uma dificuldade latente de integração dessas dimensões.

[89] Na verdade, as Cisets subsistem até os dias atuais no plano federal, na presidência da República, Ministério da Defesa e Ministério das Relações Exteriores, outro exemplo de dependência de trajetória.

e a Secretaria do Tesouro Nacional se torna o órgão central do controle interno.

Essa migração para a batuta do Planejamento em 1979 sinalizou, de fato, um fortalecimento do viés do controle no aspecto gerencial, e as discussões e práticas que culminaram com a nova Constituição Federal em 1988 trouxeram o controle interno como um colaborador da gestão, de caráter programático (GARCIA, 2011), o que se materializou no artigo 74 da nova Carta Magna, mantido o apoio ao controle externo por ações do tribunal na construção da Carta Magna (GARCIA, 2011), em uma dependência da trajetória dos anos do controle prévio.

A criação do SIAFI (Sistema Integrado de Administração Financeira), em 1987, simplifica as funções contábeis (OLIVIERI, 2010), dando espaço para o foco na avaliação de desempenho e legalidade pelo controle interno, livre agora do cartorial e cotidiano trabalho de avaliação da conformidade de balanços e lançamentos, papel relevante sobre a ótica do controle do patrimônio, mas insuficiente para outras demandas avaliativas da gestão pública, como influência dos movimentos reformistas dessa época.

Segundo Olivieri (2010), esse novo olhar programático, focado no desempenho, fortaleceu-se pelo reformismo do governo Fernando Henrique Cardoso e pela auditoria do TCU realizada no controle interno em 1992, motivada pela CPI dos "anões do orçamento",[90] escândalo de grande repercussão, o que trouxe avanços ao controle interno no início da década de 1990, fortalecendo o papel de monitoramento das políticas públicas, com um caráter mais estratégico, sintonizado com o discurso gerencial vigente no mundo ocidental, marcas que até hoje se fazem presentes.

Esse movimento culminou com a Medida Provisória nº 480/94, que criou a Secretaria Federal de Controle (SFC), hoje Secretaria Federal de Controle Interno, que, por sucessivas reedições, se torna lei apenas em 2001 (Lei nº 10.180), mas que marca a consolidação

---

[90] "Anões do orçamento" é a alcunha de um escândalo ocorrido no Congresso Nacional no início dos anos 1990 e que envolvia fraudes com recursos do orçamento da União, investigados em 1993 em uma CPI de grande repercussão. A denominação de "anões" deveu-se ao fato de que os principais envolvidos no caso eram deputados sem grande repercussão nacional, ou seja, "anões de poder" no Congresso Nacional.

de um papel do controle interno na avaliação da execução dos programas e de um diálogo com os gestores governamentais, envolvido com o aprimoramento da gestão pública.

A nova SFC, fortalecida pelo Plano Plurianual (PPA) 1996-1999, que prestigia o orçamento-programa[91] (OLIVIERI, 2010), manteve o modelo de seccionais nos ministérios (Cisets) e vai aos poucos retirando atribuições dessas estruturas setoriais até a extinção desse paradigma pela Medida Provisória nº 1893-70/99,[92] motivada também por crises financeiras (CASTRO, 2009), com a concentração dos servidores dessa recém-empoderada SFC no prédio no Setor de Autarquias, que é ocupado hoje pela CGU, em uma visão de cortes orçamentários na função controle em momentos de crise.

Com a saída das Cisets dos ministérios, segundo Balbe (2013), mantiveram-se os chamados assessores especiais de controle interno, nos termos do Decreto nº 3.591/2000, como mecanismo para manter acesa a chama do controle interno nos ministérios, mantido o modelo Ciset para alguns ministérios, que, pela sua peculiaridade e força política, não se adequaram à nova disposição.

O sistema de controle interno, dentro do contexto do chamado "ciclo de gestão"[93] das políticas públicas, finalmente se vê formalizado pela Lei nº 10.180/2001, tendo a SFC como órgão central do sistema. O TCU realiza nova auditoria no controle interno e, pela Decisão nº 507/2001, avalia positivamente os avanços ocorridos no controle interno, mas aponta a necessidade de se fortalecerem a autonomia e a independência funcional, sendo sugerido por aquela corte de contas a vinculação da SFC à presidência da República, como disposto a seguir:

> 8.3 recomendar à Casa Civil da Presidência da República que promova estudos técnicos no sentido de avaliar a conveniência e oportunidade

---

[91] Tipo de orçamento que valoriza as metas e programas, ou seja, os impactos na realização da despesa pública.
[92] Convertida na Lei nº 10.180/2001.
[93] O conceito de ciclo de gestão não é definido em normativos. Conforme o sítio http://www.ciclodegestao.org.br/, tem-se que as carreiras do ciclo de gestão do Poder Executivo Federal são aquelas responsáveis por atividades necessárias à gestão e avaliação de políticas públicas direcionadas à promoção do desenvolvimento nacional e à melhoria do acesso aos serviços públicos. Esse ciclo é composto por etapas, sendo que cada uma possui uma carreira com qualificação específica para realizar as atividades pertinentes. Trata-se de um conceito de destaque da ação dos governos nas políticas públicas, e o controle interno participaria deste no que tange a aspectos de monitoramento e avaliação.

do reposicionamento hierárquico da Secretaria Federal de Controle Interno – SFC junto ao órgão máximo do Poder Executivo, retirando-a do Ministério da Fazenda, de modo a prestigiar-se o aumento no grau de independência funcional da entidade, em face da busca de maior eficiência no desempenho das competências definidas no art. 74 da Constituição Federal (BRASIL, 2001).

Ao final do governo FHC, pelo Decreto nº 4.410, de 07.10.2002, o Brasil adere a Convenção Interamericana contra a Corrupção de 1996 – passados 6 anos da mesma –, cujo mote desse acordo internacional são ações no sentido de prevenir, detectar, punir e erradicar a corrupção, com estímulos à atuação de caráter legal e, ainda, da participação da sociedade civil, caracterizando uma mudança no *ethos* mundial em relação à questão.

A inserção de novos conceitos, como o conflito de interesses, a integridade, a prevenção à corrupção, que se materializarão em normas e práticas quando da estruturação da Controladoria-Geral da União, é mais um exemplo de dependência da trajetória na história do controle interno, caracterizando um processo de construção lento e gradual.

Nesse mesmo ano de 2002 (CASTRO, 2009), pelo Decreto nº 4.113/2002, a SFC migra para a presidência e, um mês depois, acompanhada da Ouvidoria, que vem do Ministério da Justiça, segue para a subordinação à Corregedoria-Geral da União, órgão criado pela Medida Provisória nº 2143-31/2001,[94] enquanto uma resposta institucional para combater os escândalos e desvios. Pela Medida Provisória nº 37/2002,[95] a Corregedoria-Geral da União se transforma em Controladoria-Geral da União em maio, situação revertida em setembro do mesmo ano pela Lei nº 10.539/2002. Um período confuso, de muitas mudanças com fins de acomodação de órgãos e forças, em um fim de ciclo governamental.

Esse "balé" legislativo, em um contexto político de um governo que se encaminhava ao ocaso, à sucedânea de escândalos e à insatisfação popular, fez com que a estrutura de sucesso até então se visse alçada a uma condição estratégica na estrutura

---

[94] Conforme sítio da presidência da República, vai sendo reeditada até a MPv nº 2.216-37, de 31.08.2001.
[95] Convertida na Lei nº 10.539/2002.

governamental e imersa em uma disputa de papéis, figurando de um lado a responsabilização dos agentes e, de outro, a avaliação de sistemas administrativos, com a gigante SFC lutando com a pequena corregedoria, em conflitos manifestos.

Em 1º de janeiro de 2003, como uma das medidas primeiras do novo governo que assumia, o governo Luiz Inácio Lula da Silva, pela Medida Provisória nº 103/2003,[96] converte a Corregedoria em Controladoria-Geral da União, demarcando mais do que uma mudança nominal, mas a gênese da implementação de um modelo que dependia da trajetória até ali e que trazia também um leque de novas atribuições a se construírem, em práticas e conceitos, tirando o controle interno do ostracismo e colocando ele na agenda política nacional.

A entrada de um governo com grande lastro nos movimentos sociais, valorizando ideias como a participação social, traz influências à pauta do controle interno, na qual temas como o chamado controle social e a transparência se incorporam às práticas e discussões, tendo o controle interno assumido um crescente papel de *advocacy* de questões afetas à *accountability*.

Além disso, são claras as influências do acordo da Convenção Interamericana contra a Corrupção da Organização dos Estados Americanos (OEA) e também de outro acordo assinado em 9 de dezembro de 2003 e promulgado apenas pelo Decreto nº 5.687/2006, a Convenção das Nações Unidas contra a Corrupção, documento que influencia fortemente esse novo modelo, pois traz em seu escopo a criação de órgãos de prevenção à corrupção e aborda as medidas necessárias para aumentar a transparência na administração pública, gérmen das grandes mudanças que virão.

Santos (2013), no seu estudo da trajetória da CGU como uma agência anticorrupção, aponta que, a partir dos meados dos anos de 1990, o mundo pós-bipolar foi envolvido em uma onda anticorrupção, que influenciou governos, instituições e pesquisadores, com a proliferação de normas e acordos internacionais, apontando o referido pesquisador que esse movimento claramente influenciou o controle interno brasileiro, na estruturação da CGU.

---

[96] Convertida na Lei nº 10.683/2003.

Novo governo, novos atores, novo arco de alianças, expectativa positiva da população, mas, no controle interno, a ruptura não ocorre nesse nível de totalidade, com grande grau de aproveitamento e reinvenção de práticas, como a criativa fiscalização de municípios a partir dos sorteios públicos, sem o abandono de ações e discussões no sentido da avaliação de programas, que se iniciou em 1995. O que não surpreende, pois um órgão com um corpo técnico capacitado e concursado, vinculado a ações do Tribunal de Contas em seus fluxos, tem naturais dificuldades de promover mudanças abruptas.

No campo da transformação institucional, as temáticas da corrupção, combate e prevenção surgem como um assunto indissociável do controle interno, e as discussões de integridade e de transparência se agregam à pauta, materializada pelo Decreto nº 5.683/2006, que estrutura a correição na CGU e cria uma secretaria exclusivamente voltada à transparência e à prevenção da corrupção e que cuida também das chamadas informações estratégicas, adotando-se o uso de bases de dados e tecnologia da informação para auxiliar o controle interno.

Assim, a partir de 2006 estrutura-se o modelo de controladoria adotado pela CGU e que perdurou durante o período abrangido pela presente pesquisa, como uma marca registrada desse órgão e que mimetizou, inclusive, outros órgãos subnacionais.

3.3.2 Estrutura e forma de organização

Segundo Hage (2010), incorporam-se a esse então chamado modelo CGU a lógica de melhoria de processos disciplinares; parcerias com o Ministério Público, Polícia Federal e com o Conselho de Controle de Atividades Financeiras (COAF); a estruturação de um arcabouço jurídico no combate à corrupção; a transparência e o acesso à informação; o conflito de interesses e discussões de ética e integridade; a indução ao controle social; o uso de inteligência; e a responsabilização de pessoas jurídicas, em uma discussão que culminou com a chamada Lei da Empresa Limpa (ou Lei Anticorrupção), a Lei nº 12.846/2013. Uma pauta moderna e sintonizada com avanços em outros países, ainda que entre si essas práticas tivessem algum potencial de conflito.

O posicionamento da CGU na Lei Anticorrupção revela um encaminhamento crescente para o pretenso papel de Agência Anticorrupção,[97] o que cresce na interação com a rede de *accountability*, mas abre brechas para disputas de espaço, como no caso da competência em relação aos acordos de leniência, e de alguma forma afeta os aspectos dialógicos do modelo consolidado em 2006 de quatro funções, um traço identitário do órgão, que é de controle interno. Se a função controle interno, como pensada nesses cinquenta anos e insculpida na Constituição Federal, não está atingindo seus objetivos, essa é outra discussão.

Esse modelo de controladoria amadureceu no decorrer do tempo e se tornou uma marca do órgão, sendo inclusive objeto da Proposta de Emenda à Constituição (PEC) nº 45/2009, do ex-senador Renato Casagrande (PSB-ES), que detalha as estruturas de controle interno na administração pública, de modo que as atividades do sistema de controle interno de todas as esferas venham a contar com as macrofunções de corregedoria, auditoria governamental, correição e ouvidoria, em uma similitude às funções desempenhadas pela CGU.

Cada modelo, centralizado ou não, tem as suas peculiaridades e vantagens e o que se tem em termos empíricos é que, no caso brasileiro, esse modelo centralizado, com essas quatros funções, alçou o órgão de controle interno do Poder Executivo Federal a um

---

[97] Em uma visão bem pessoal deste autor, uma Agência Anticorrupção, com amplos poderes investigativos, focada em desbaratar grandes esquemas para ter seu lócus similar aos atuais órgãos de controle interno, ou seja, ligado ao dirigente do Poder Executivo, teria algumas dificuldades, não somente pela autonomia requerida, mas pela motivação de atuar nesse desiderato no contexto de pesos e contrapesos. Poderia se argumentar até que um órgão com um corpo funcional qualificado, concursado e efetivo, com um dirigente com mandato, seria o suficiente, mas esse desenho criaria um novo órgão insulado para compor a rede de *accountability* e disputar mais espaço.

Para o surgimento de um órgão dessa natureza no seio do Poder Executivo, seria necessário que a pressão da *accountability* vertical para a redução da corrupção fosse tamanha para que se induzisse a criação desse mecanismo, percebida a corrupção como um problema de grandes proporções. Mas uma pressão dessa natureza poderia reforçar a criação de um órgão com poderes mais cosméticos para atender ao clamor imediatista. As discussões aqui trazidas mostram que o problema da probidade passa por redes de *accountability* coordenadas e por uma sinergia entre as dimensões horizontal e vertical da *accountability*. Preocupa esse desejo de substituir o órgão de controle interno por um organismo dessa natureza, pois fica a pergunta: "Quem desempenhará as relevantes funções de controle interno?".

patamar de grande popularização, sendo conhecido e reconhecido dentro e fora da administração pública, com ações de impacto em auditorias e inovações na interação com a população, trazendo o tema do controle e as suas pautas derivadas, como a promoção da transparência e a prevenção da corrupção, para os debates das políticas públicas.

A ascensão da CGU é contemporânea, inclusive, a outros movimentos de articulação de atores da rede de *accountability*, como a criação do CONACI (Conselho Nacional de Controle Interno) em 2007 e a realização em 2004 do I Fórum Nacional de Órgãos de Controle Interno dos Estados Brasileiros e do Distrito Federal, demonstrando que a questão da centralização do controle interno, mais do que uma questão de otimização, cria mimetismo e concorrência no âmbito da rede, induzindo mudanças e avanços.

A pesquisa de Olivieri *et al.* (2011) apontou aspectos da atuação da CGU que merecem destaque, como a necessidade de romper o foco nos problemas detectados para se buscar a disseminação de boas práticas; relatórios mais voltados ao cidadão; redução do ímpeto da auditoria de interferir demais na gestão; valorização de falhas realmente relevantes, fugindo das questões formais; entre outras.

Apesar desses apontamentos, oriundos da visão dos gestores, por conta da metodologia adotada, a novidade do advento da CGU constatada nessa mesma pesquisa foi o aumento da interação com as partes pelo modelo adotado de controle interno, em especial no diálogo com segmentos da população, com um grau de autonomia técnica e institucional que granjeou o respeito dos demais atores da rede de *accountability*, ressignificando o papel do controle interno.

Esse modelo agregador e otimizador, chamado de Modelo Controladoria, tem funções complementares que guardam relações entre si, e a sua integração é relevante para o sucesso das políticas de prevenção e combate da corrupção, trazendo agilidade e sinergia às ações (SPINELLI, 2016). Para tal sinergia, o Quadro 7 apresenta de que forma essas funções podem interagir e de como isso concorre para o sucesso das atividades de controle interno, agregando visões em um novo contexto de valorização da participação popular e de emergência da discussão da corrupção.

Quadro 7 – Interações das quatro funções básicas
da Controladoria do Setor Público

Função origem	Função destino			
	Ouvidoria	Auditoria	Correição	Prevenção
Ouvidoria		Recebe insumos da população para balizar ações de controle.	Recebe insumos da população para balizar ações correcionais.	Retroalimenta a transparência com as impressões da interação com a população.
Auditoria	Retorna à população demandante o resultado da ação de controle.		Alimenta de indícios de falhas disciplinares dos agentes públicos.	Retroalimenta a transparência com os resultados das ações de controle.
Correição	Retorna à população demandante o resultado da apuração correcional	Empodera-se pela responsabilização dos agentes apontados pela auditoria.		Retroalimenta a transparência com os resultados das ações correcionais.
Prevenção	Promove a transparência, o que melhora e instrumentaliza a interação com a população.	Empodera-se pela publicidade das ações de controle.	Empodera-se pela publicidade das ações correcionais.	

Fonte: BRAGA; SANTOS, 2016.

Essa integração entre as funções de auditoria, ouvidoria, correição e prevenção à corrupção[98] agrega pontos de vista sobre a questão do controle interno, dependências da trajetória e mimetismos internos e externos, sendo um arranjo complexo, mas necessário, por conta dessa mesma diversidade de propostas no combate à

---

[98] Em 30.01.2019 a CGU incorporou uma nova função pela criação da Secretaria de Combate à Corrupção (SCC), instituída pelo Decreto nº 9.681/2019, para dar conta das novas demandas pós-Operação Lava Jato.

corrupção e pela vinculação a um desenho democrático, um sucesso que se baseia em quatro pilares:

> (1) a interação contínua e coordenada entre os atores (internos a controladoria); (2) a interação do sistema de controle com gestores, população e órgãos judicantes; (3) a visão de que a transparência associada à ouvidoria pode dinamizar os processos de participação popular, no fortalecimento das ações de controle; e ainda, (4) uma vinculação de ações gerenciais e preventivas a atuação correcional, permeada por uma ação no campo do discurso na promoção da integridade (BRAGA; SANTOS, 2016, p. 383).

Um modelo de controle interno inovador, que não surge de uma tese ou de uma mente brilhante, mas, sim, do conjunto de esforços e forças, absorve as funções anteriores de auditoria, correição e ouvidoria, oriundas de outras matrizes, e traz como diferencial o remodelamento dessas funções antigas à luz da questão da transparência e do controle social.[99] Uma transparência que se torna vulgarizada por conta de fatores complementares e concomitantes, na medida em que os cidadãos demandam, em um contexto democrático, acesso à informação, conhecimento da atuação do Estado e do destino eficiente de seus tributos.

Assim como o fim do regime de exceção do governo militar, inaugurou uma nova etapa de aprendizado democrático para a sociedade brasileira, com o fortalecimento das instâncias de participação popular e das atuações sistemáticas e pontuais dos cidadãos e da imprensa no acompanhamento da coisa pública. Nessa mesma conjuntura, o avanço tecnológico permitiu que as distâncias se encurtassem e que fosse possível, apenas com o manuseio de teclado, acessar das residências informações diversas sobre pessoas e organizações de todo o mundo, inclusive sobre a atuação do Estado na prestação de serviços públicos, ocasionando a ascensão da ideia de transparência, em um processo considerado sem volta.[100]

---

[99] O chamado Modelo Controladoria agrega funções das três linhas de defesa no modelo já citado (IIA, 2020), com uma função auditoria como terceira linha, avaliativa, e com funções de supervisão e indução, de segunda linha, como a promoção da transparência, e ainda outras com traços de primeira linha mesclados à segunda linha, pelo instituto da avocação, como a correição, demonstrando as dificuldades de adaptação de modelos e classificações, em especial no setor público.

[100] Destaca-se, nesse sentido, a Parceria para Governo Aberto ou OGP (*Open Government Partnership*), uma iniciativa internacional para difundir e incentivar globalmente práticas governamentais relacionadas à transparência dos governos, ao acesso à informação pública e à participação social. Lançada em 20 de setembro de 2011, quando os oito países

A marca desse período da pesquisa, de 2005 a 2014, foi a agregação das propostas anteriores, potencializadas, e a promoção da transparência, com iniciativas na União capitaneadas pela CGU e que afetaram diretamente a gestão municipal no que tange a recursos transferidos ou não, conforme quadro a seguir, com as principais legislações sobre o tema:

Quadro 8 – Legislações no período da pesquisa que afetam a transparência municipal

(continua)

Norma	Tema	Como afeta a municipalidade
Decreto nº 6.170/2007	Dispõe sobre as normas relativas às transferências de recursos da União mediante convênios e contratos de repasse, e dá outras providências.	Estabelece normas de convênios, com a implementação de sistema gestor e com transparência e regras na concessão de recursos.
Lei Complementar nº 131/2009	Acrescenta dispositivos à Lei Complementar nº 101, de 4 de maio de 2000, que estabelece normas de finanças públicas voltadas para a responsabilidade na gestão fiscal e dá outras providências, a fim de determinar a disponibilização, em tempo real, de informações pormenorizadas sobre a execução orçamentária e financeira da União, dos Estados, do Distrito Federal e dos Municípios.	Prevê a disponibilização de informações sobre a gestão pelos municípios.
Lei nº 12.527/2011	Regula o acesso a informações previsto no inciso XXXIII do art. 5º, no inciso II do §3º do art. 37 e no §2º do art. 216 da Constituição Federal; altera a Lei nº 8.112, de 11 de dezembro de 1990; revoga a Lei nº 11.111, de 5 de maio de 2005, e dispositivos da Lei nº 8.159, de 8 de janeiro de 1991; e dá outras providências.	Prevê a disponibilização de informações sobre a gestão pelos municípios.

fundadores da parceria (África do Sul, Brasil, Estados Unidos, Filipinas, Indonésia, México, Noruega e Reino Unido) assinaram a Declaração de Governo Aberto e apresentaram seus Planos de Ação. Atualmente, 75 países integram a parceria.

(conclusão)

Norma	Tema	Como afeta a municipalidade
Decreto nº 7.507/2011	Dispõe sobre a movimentação de recursos federais transferidos a Estados, Distrito Federal e Municípios, em decorrência das leis citadas.	Em relação a diversos recursos federais geridos no âmbito municipal, determina a movimentação eletrônica de recursos, impede o saque e prevê a publicação da movimentação financeira da conta bancária na internet.

Fonte: Sítio da presidência da República – construção do autor.

E a transparência influencia todas as funções pelo uso intensivo da internet na divulgação de relatórios de auditoria, listas de servidores expulsos e outras formas de interação com o público que empoderaram e deram visibilidade ao órgão em pouco tempo, destacando-se a criação do Portal da Transparência do Governo Federal em 2004 (HAGE, 2010), como uma linha não onerosa e democrática de prevenção à corrupção. A força da CGU veio da sua interação com a população.

Assim, o modelo CGU combina ações de *enforcement*, de *accountability* horizontal, de adaptação coordenada, mas também contempla ações de incentivo, de *accountability* vertical, de adaptação autônoma, controles e incentivos na mesma estrutura.

Praça (2017), tratando do conceito de McCubbins e Schwartz (1984), mostra que as irregularidades podem ser detectadas na visão "patrulha policial", pautada por ações sistemáticas e baseadas em risco ou por "alarmes de incêndio", pela força de denúncias, geralmente pela interação com o controle social.

Esse agir da CGU na linha das auditorias governamentais, permeado pela valorização da transparência e do controle social, fortalece a sinergia dessas visões, de forma complementar, por trazer o agir sistemático, que fortalece os sistemas de controle e permite a realimentação, mas que trabalha também com o aspecto mais reativo, pela ação em fatos momentosos.

Esse controle interno que interage, que se comunica com outros atores da rede de *accountability*, que fala com a população, com o gestor público, é um modelo dialógico que traz formas de interação para além da adaptação coordenada (hierarquia), incluindo elementos de adaptação autônoma (mercado), com o uso de mecanismos de incentivo à aderência pelo uso da transparência, reforçando a ideia de que é um órgão que combina controles e incentivos.

De forma a fazer um contraponto, Filgueiras (2011) aponta que a transparência no caso brasileiro não resultou em maior responsabilização dos agentes e que esta não representou ganhos de eficiência na gestão pública, mas alimentou uma política de escândalo que vitimiza as instituições democráticas, em especial os partidos e o Congresso. Tal cenário, segundo o autor, foi construído pela lentidão do judiciário, mas pode-se acrescentar aí também uma falta de alinhamento e de coordenação entre os atores.

Sem a maturidade política, das instituições de *accountability* horizontal e vertical, engendra-se um contexto no qual as informações produzidas geram uma expectativa de ação na qual faltam instrumentos legais e operacionais para o controle. Essa carência indicada por O'Donnell (1998) promove um dissociamento do discurso com as possibilidades de atuação, sendo esta, inclusive, uma fragilidade da própria CGU, que, ao levantar a bandeira do combate à corrupção em diversos níveis da federação, se viu com limitações legais e operacionais para o cumprimento dessa promessa, mesmo com a promulgação da Lei Anticorrupção.[101]

Essa multiplicidade de papéis traz dilemas e conflitos de visão, naturais no processo de amadurecimento de qualquer instituição, acarretando desequilíbrios entre as percepções mais diretivas, de combate à corrupção e a ação sobre agentes, que se confrontam com perspectivas mais sistêmicas, de atuação sobre os controles e a estrutura.

Tem-se, desse modo, a duplicidade de visões da mesma questão e que convergem para os mesmos atores, gerando expectativas e efeitos diversos, como bem apresentam os trabalhos de Rico (2014) e de Marx (2015), e que necessitam ser equacionadas

---

[101] A Lei Anticorrupção (Lei nº 12.846/2013) dá à CGU competências inéditas no âmbito do controle interno, em especial na condução de acordos de leniência para a mediação de processos de responsabilização, com vistas a propiciar o ressarcimento de forma mais expedita, dentro de uma trajetória de se tornar uma Agência Anticorrupção. Entretanto, dentro do complexo arcabouço legal brasileiro, de competências ambíguas, esse poder gerou conflitos com outros atores relevantes na rede de *accountability*.

nas construções institucionais que vierem a se fazer, na percepção do papel do controle interno demandado pela burocracia e pela sociedade, e contextualizado com as políticas públicas, mormente as descentralizadas.

3.3.3 Ações da CGU voltadas para as políticas descentralizadas

Um dos papéis da Controladoria-Geral da União, no período da pesquisa, era fiscalizar e avaliar a execução dos programas de governo quanto ao nível de execução das metas e objetivos estabelecidos e à qualidade do gerenciamento, o que demanda também avaliar os controles dos ministérios concedentes (art. 24 da Lei nº 10.180/2001), tendo como externalidade a ação junto aos municípios, o que reforça a conformidade nos programas, funcionando como uma supervisão *in loco* das ações de monitoramento no âmbito dos ministérios concedentes.

A ação de fiscalização e avaliação se dá basicamente por meio de auditorias, como formas de operacionalização da *accountability* horizontal, em uma ação *top down* que possibilita complementar a ação *bottom up* de prestação de contas (POWER, 1999) e que busca, pela verificação das realidades locais, os aprimoramentos das salvaguardas no processo de descentralização.

Essas ações amadureceram e resultaram em três produtos bem definidos,[102] que coexistiram na atuação da CGU durante o período da pesquisa (2005-2014) como forma de interação na linha da auditoria governamental na gestão municipal, e sobre essas três linhas serão apresentados mais detalhes a seguir.

Programa de fiscalização a partir do sorteio público de municípios: criado em 2003, faziam parte do sorteio municípios com até 500 mil habitantes, exceto as capitais estaduais, e utilizava o sistema

---

[102] A CGU, como mecanismo de governança *ex post*, com reflexos *ex ante*, utiliza, em relação à descentralização para os municípios, essas três linhas de atuação, existindo um campo vasto e ainda pouco explorado nesse sentido, dada a multiplicidade de formas de fiscalização adotadas por agências reguladoras, órgãos de controle, bem como a atividade de polícia administrativa, na qual a discussão dos custos de transação é relevante.

das loterias da Caixa Econômica Federal para definir os municípios a serem fiscalizados. Nas auditorias, eram examinados contas e documentos, além de inspeção física das obras e serviços em realização, bem como a interação com o controle social.

Para além de um mecanismo de fiscalização, o sorteio de municípios buscava estimular a gestão municipal, em especial aquela mais invisível, pela presença federal, pois, no dizer de Pires (2005, p. 26-27):

> [...] se o município é maior, você põe doze, quinze auditores para ir lá, ou vinte. Se for menor, põe cinco, seis e até sete. E é uma surpresa para a sociedade local. Chega num municipiozinho, quanto mais recuado, mais eles se sentem honrados e valorizados.

Em 2015, essa linha de ação foi incorporada ao Programa de Fiscalização em Entes Federativos, incluindo agora a lógica de ações pautadas também por uma matriz de vulnerabilidade, relacionando indicadores com a escolha de municípios a serem fiscalizados, e o uso dessa matriz possibilita a identificação mais precisa das oportunidades de melhoria na utilização dos recursos federais executados pelos municípios, ocorrendo que, a partir de 2018, esse instrumento assume um tom mais investigativo, de combate à corrupção.

Sobre o chamado sorteio de municípios, Olivieri *et al.* (2016) traz que com o surgimento da CGU existe uma quebra de paradigma, pois, de 1995 até 2003, o foco principal das fiscalizações era produzir informações sobre o desempenho dos programas federais nos municípios, visando construir diagnósticos para o aprimoramento da atuação dos ministérios concedentes, o que não foi abandonado.

Durante o período da pesquisa, a CGU classificou as suas ações de avaliação em auditoria ou fiscalização, sendo o sorteio de municípios enquadrado no segundo grupo, por se traduzir em uma ação com caráter de inspeção, como definido por Power (1999), uma forma de verificação da aderência a determinadas normas, o que difere da chamada auditoria, pois esta última depende da negociação mútua e é focada na avaliação da capacidade do sistema se autoinspecionar.

Pelo advento do Programa de Fiscalização a partir de Sorteios Públicos, que trouxe evidência e aprovação pública à controladoria, o foco de aperfeiçoamento da gestão dos programas é substituído pelo combate à corrupção nos municípios, com a agregação de novos parceiros, tais como o Ministério Público e a Polícia Federal, deslocando o foco do problema para a gestão municipal, o que faz emergir diversas questões sobre o aspecto estrutural da corrupção, como já discutido neste capítulo.

O desenho do chamado sorteio de municípios trouxe à tona os meandros da gestão municipal, capacitou a CGU e seu corpo técnico em novas realidades, com a articulação de parcerias, mas também trouxe o controle da implementação pelos municípios para o centro do debate das políticas públicas. Outras formas de interação surgiram também e com certo grau de complementaridade.

Ações investigativas: envolvem as chamadas operações especiais, realizadas em conjunto com o então denominado Departamento de Polícia Federal (DPF/MJ) e/ou com o Ministério Público Federal; bem como as denominadas demandas externas, que são denúncias, requisições de ações de controle e pedidos de informação acerca da aplicação de recursos públicos federais encaminhados à CGU por administradores públicos, representantes de entidades, cidadãos e outros.

Nessa linha de atuação, a CGU aparece nas manchetes de jornais, com coletes com sua sigla estampada, em ações que envolvem a prisão e a condução coercitiva de autoridades municipais acusadas de desvio de recursos públicos, em operações batizadas pelos parceiros da Polícia Federal com nomes folclóricos e que ganham notoriedade, e que revelam tipologias de ação no desvio de recursos na implementação municipal das mais diversas ordens.

A crítica a esse tipo de atuação baseia-se no fato de que o controle interno pode se converter em um paladino da justiça, em uma visão salvacionista, o que pode ser mitigado, segundo Loureiro *et al.* (2016), pela postura do órgão de se aproximar dos atores sociais e de controle social, de forma porosa e imbricada, o que traz a legitimidade de sua atuação para um outro nível, por reforçar seu papel de interlocução qualificada na promoção da qualidade das políticas públicas.

Essas ações ofereceram espaço de interação, inovação e aprendizagem no âmbito da rede de *accountability*, influenciando também o *ethos* dos atores a elas ligados, e da própria discussão do ferramental de combate à corrupção, podendo se perceber a marca dessa articulação, que existia de forma débil antes de 2003 (HAGE, 2010), nas ações da Operação Lava Jato e até do desenho das chamadas "dez medidas" de combate à corrupção.

Duarte Júnior (2017), no estudo das operações especiais da CGU em parceria com outros órgãos, de 2003 a 2016, indicou que nesse período foram realizadas 247 ações desse tipo, concentradas na Região Nordeste do país e que a iniciativa se deu a partir de trabalhos da própria CGU em 39% dos casos e de trabalhos originários da Polícia Federal, em 48%, e do Ministério Público, em 13% das operações. Tais dados reforçam a importância do trabalho sistemático e regular de auditoria como fonte de detecção de situações a serem aprofundadas.

O mesmo estudo indica que 67% das operações especiais são nas políticas de Saúde e Educação e que, na política educacional, o Fundeb responde por 38% dos casos, seguido pelo PNAE (24%) e PNATE (19%), o que justifica as escolhas do objeto de análise da presente pesquisa.

Em relação às discussões sobre a necessidade de coordenação da rede de *accountability*, essas operações surgem como *case* de sucesso, com a ocorrência, ainda esporádica, de situações que comunicam seu aspecto pontual com questões estruturantes, como a edição do Decreto nº 7.507/2011, que surge dos achados da Operação *Orthoptera*, que desmontou um esquema de desvio de dinheiro do Fundo de Manutenção e Desenvolvimento da Educação Básica (Fundeb) destinado ao município de Alcântara/MA, no final de 2009.

Avaliação da execução dos programas de governo: para cumprir a tarefa descrita no art. 74 da Constituição Federal de 1988, a CGU desenvolveu uma metodologia que permite o mapeamento das políticas públicas, a hierarquização dos programas de governo, com a consequente priorização de ações de governo para avaliação, definindo as ações prioritárias a serem avaliadas por um processo com traços próximos a uma auditoria operacional, customizada para a realidade da descentralização do federalismo, desenvolvendo um estudo sobre as formas de execução da ação governamental, definindo-se, a partir daí, questões estratégicas que serão respondidas ao longo da avaliação, contando, para isso, com avaliações *in loco* a serem consignadas em relatório próprio.

O manual de metodologia para Avaliação da Execução dos Programas de Governo (AEPG) (BRASIL, 2015, p. 28) entende que essa linha de atuação é uma "avaliação formal, normalmente focada em processo, formativa e executada por equipe mista" e que transcende a valoração científica, ampliando-a para que seja útil ao gestor e às demais partes interessadas, possibilitando fazer recomendações com o objetivo de melhorar o programa.

Alguns autores, como Barzelay (2002), não entendem esse tipo ação como uma auditoria, e sim como uma atividade de revisão governamental *ex post*, uma avaliação disfarçada de auditoria, dado que esta não enxerga o governo como uma máquina burocrática de trabalhos padronizados, e sim como um transformador de insumos em resultados, de fornecimento de serviços de qualidade voltados ao cidadão.

Esse instrumento de avaliação utilizado pela CGU, pelas suas características, valoriza a dimensão finalística, do resultado, e permite discussões profundas e a realimentação de programas, abastecendo o gestor, mas também o controle social, e ainda robustecendo as estruturas de controles internos da gestão em relação às interações com os demais órgãos da rede de *accountability* pela forma que trata os problemas e encaminha as soluções.

Essa visão avaliativa, transcendendo a conformidade, tem sido também a tônica do controle externo no Brasil e no mundo, em uma agenda crescente.

> O controle de performance, assim, preocupa-se com as consequências da ação governamental, em especial com o atendimento satisfatório das expectativas dos cidadãos. Busca verificar, em síntese, se as políticas e os programas de governo vêm efetivamente produzindo os resultados para os quais foram criados (WILLEMAN, 2020, p. 71).

A atuação no sentido de avaliação de programas descentralizados não é só uma fonte de diagnóstico, mas de supervisão a partir de mensurações na ponta, pela verificação da implementação nos municípios, e essa ação sobre os burocratas de nível de rua, em um papel de supervisão estratégica do sistema, produz informações que realimentam a política, possibilitando melhorar a sua efetividade.

Olivieri (2010) indica que os governos devem garantir que a máquina administrativa atenda aos interesses dos eleitores e mantenha-se responsiva aos cidadãos e, dado o cenário amplo de políticas implementadas em parcerias com municípios, o:

> (...) governo federal precisa de órgãos que monitorem como os governadores e prefeitos executam as políticas públicas nacionais, especialmente nos casos em que há repasse de recursos federais para estados e municípios (OLIVIERI, 2010, p. 13).

A atuação sobre o finalístico dos programas, sobre a sua implementação, ao contrário do Programa de Fiscalização a partir dos sorteios públicos, joga luz sobre o ministério na condição de concedente e nas suas fragilidades em programas idealizados sem elementos de gestão de riscos (BRAGA, 2013), trazendo discussões complementares na governança das políticas descentralizadas e, por envolver o centro de poder, termina por ser alvo de outros tipos de pressões o trabalho do controle, por discutir as políticas e a sua efetividade, assunto ainda a ser amadurecido no contexto nacional.

Dessas ações listadas, o que permanece para o futuro, para interação e modificação da gestão, são as recomendações da CGU, que permitem abarcar o universo pontual e transcender para aspectos sistêmicos (BRAGA, 2016), saindo da visão corretiva-punitiva, focada no passado, para um aspecto preventivo-estruturador, voltado para o futuro.

A dimensão estruturante das recomendações da CGU é que permite a realimentação do arranjo institucional e, apesar de ter grande potencial preventivo, também tem a possibilidade de aumentar os custos de transação pela combinação de controles e incentivos que agregam aos sistemas de controle.

No caso da descentralização para os municípios, tem-se um cenário de ações permanentes previstas em lei, o que gera a repetição de transações, o que, segundo Azevedo (1996), possibilita que as partes adquiram conhecimento umas das outras, o que reduz a incerteza e constrói uma reputação e até compromissos confiáveis.

Isso, porém, só é possível se o arranjo contribuir com o conhecimento das partes, registrando e mensurando informações relevantes, de caráter reputacional, para assim existir a realimentação,[103] já trazida por Williamson (1975), no âmbito instrumental e estratégico.

A atuação mais sistêmica em relação à política permite que se realimente o sistema, atuando na estrutura de *accountability*, de forma estratégica, fortalecendo os controles e os aspectos preventivos, dado que:

> (...) seria alvissareiro uma maior interação da função controle com a função planejamento e os executores, com vistas ao acompanhamento da implementação adequada do plano, mediante criação de instâncias de coordenação devidamente empoderadas, a fim de assegurar a efetivação de fato da retroalimentação ao longo do ciclo completo do PPA. O fundamental para que a retroalimentação aconteça é a conscientização dos atores sobre a sua importância para o sucesso das políticas públicas (BRAGA; MACHADO, 2015, p. 353).

Existe assim um efeito pedagógico, com forte potencial de inibição e dissuasão de práticas ilícitas (HAGE, 2010), em um viés mais pontual, no qual o município parceiro perceba que também será objeto de fiscalização, ajustando-se à conformidade. Entretanto, esse efeito pedagógico pode se dar também no âmbito das capacidades dos municípios, em especial na construção de estruturas de governança de quem concede e de quem recebe, que permitam uma maior coordenação da burocracia envolvida, diminuindo relações predatórias.

Como se vê, a CGU desenvolveu atuações específicas frente à realidade das transferências governamentais da União, herança das ações iniciadas na década de 1990 e que possuem o potencial de produzir não apenas informações pontuais e sistêmicas sobre a gestão municipal, mas que podem induzir a transformação da governança desses entes, deixando um legado ao longo do tempo, em uma visão emancipatória.

Essas ações descritas no âmbito da adoção de um novo modelo de controle interno, bem como a partir da adoção de uma

---

[103] Mas essa preocupação com a efetividade e o aprimoramento das políticas públicas só faz sentido se a *accountability* vertical for amadurecida de tal forma que cobre dos governos resultados, e eles se sintam pressionados, investindo no controle interno nesse viés correspondente. Se o processo eleitoral for fundamentado em crenças e discursos, dissociado dos resultados das políticas públicas, do que se fez ou do que pode ser feito à luz dos problemas sociais percebidos, a visão avaliativa perde a sua força, fortalecendo uma lógica de escândalos, no ciclo já descrito por Anechiarico e Jacobs (1996).

pauta de promoção da transparência e, ainda, de organização de estratégias de avaliação pontuais e sistêmicas em relação às políticas descentralizadas para execução pelos municípios, foram centrais na discussão da *accountability* da política educacional, e a forma como isso se dá, à luz da discussão da TCT, é o ponto a ser desenvolvido na presente pesquisa, nas análises propostas.

Em especial, interessa a presente pesquisa saber da atuação da CGU na política educacional descentralizada para os municípios e se ela é harmonizada com a política avaliada, se traz proposições que terminam por onerar a gestão sem retorno adequado, como ocorre a combinação entre controles e incentivos, e ainda se indica salvaguardas que ignorem os aspectos dos sistemas da gestão municipal e dos programas.

A presente obra visa também analisar como essa atuação se relaciona com a inovação, a adaptação às diversas realidades, o trato com a dependência em relação à gestão municipal e se explora de forma adequada os controles e incentivos possíveis, dentro da ideia de um arranjo de caráter híbrido.

Nesse sentido, a análise dos dados coletados nos capítulos 4 e 5 se dará por meio de categorias e que procuram contemplar os aspectos citados na busca de produzir apontamentos que permitam a análise da atuação de um órgão de *accountability* sobre políticas sociais descentralizadas para municípios.

Conclusões parciais

A pesquisa traz a corrupção como um problema estrutural, que tem relevância pela sua vinculação aos aspectos finalísticos das políticas públicas, e a visão desse fenômeno pautada em um caráter mais moralista, mais investigativa, pode fazer a ação anticorrupção servir a lutas políticas desvinculadas da gestão e engessar os processos administrativos, aumentando os custos de transação.

As ações anticorrupção carregam em si uma tensão, pois, ao mesmo tempo em que protegem os objetivos, sobrecarregam as salvaguardas, afetando assim esses mesmos objetivos, de forma que, no translado da discussão de corrupção para a TCT, a pesquisa apresenta esta como uma forma de oportunismo e que pode ser mitigada por meio de instituições, observados os custos de transação.

As soluções para a corrupção passam a ser vistas, dessa forma, como uma combinação de controles e incentivos, fazendo a *accountability* sair do reino estrito da legalidade para a incorporação de outras abordagens mais finalísticas e à discussão do controle político e seu potencial de *enforcement*.

Nesse sentido, a discricionariedade e a autonomia dos agentes assumem outro sentido, dado que estas podem suprir lacunas e colaborar com o sucesso das políticas, em especial frente à incerteza do ambiente e à racionalidade limitada, tirando da aderência às normas o ônus de resolução das questões, mas entendendo que o voluntarismo do foco nos objetivos é insuficiente, necessitando de mecanismos que, de acordo com as transações, combinem controles e incentivos, de forma alinhada.

A função *accountability*, um segmento do arranjo institucional que se materializa por uma rede de atores, que competem e cooperam, no caso da política educacional, trata-se de uma robusta rede interdependente, na qual o município, como executor, figura no centro desta, com possibilidades de cooperação e de conflito entre os integrantes.

O capítulo traz também o controle interno como um ator focal na pesquisa, com uma função fronteiriça entre o gestor e os atores mais externos da rede de *accountability*, com destaque à CGU, cuja atuação é objeto da presente obra e que trouxe como diferencial a incorporação de pautas anteriores de avaliação, associado a uma ideia de combate à corrupção e também uma visão dialógica em relação à população, de promoção da transparência e de indução do controle social.

Em relação à CGU, traz a trajetória do controle interno no período republicano até chegar ao modelo adotado no período de pesquisa, trazendo seus dilemas funcionais, entre ser uma agência anticorrupção ou um órgão de controle interno, bem como as potencialidades de seu modelo multifuncional, que prioriza formas de interação com diversos atores, o que trouxe visibilidade e capilaridade para a controladoria.

Destaca, por fim, as formas de atuação que serão objeto de análise na presente obra e a importância das recomendações nos relatórios como forma de aprimorar a gestão pública, fechando o referencial teórico que vai servir de base e que vai comparecer nas discussões tratadas no próximo capítulo.

CAPÍTULO 4

ANÁLISE DA ATUAÇÃO DA CONTROLADORIA-GERAL DA UNIÃO NA POLÍTICA EDUCACIONAL DESCENTRALIZADA, DE 2005 A 2014, SOB A ÓTICA DA TEORIA DOS CUSTOS DE TRANSAÇÃO – ANÁLISE DOS PROBLEMAS ENCONTRADOS

4.1 Descrição do modelo de análise

Esta obra, na análise dos dados coletados, propõe uma nova forma de avaliação da atuação dos órgãos de *accountability* no contexto de um sistema federativo, de políticas descentralizadas, em especial por incorporar a discussão dos custos de transação.

As pesquisas que tratam do processo de descentralização das políticas para os municípios e que tratam da questão do controle, como Batista (2015), Caldas (2013), Olivieri *et al.* (2018) e Vieira (2010), utilizam os dados dos trabalhos da CGU para relacionar a incidência de irregularidades com fatores locais, sem pretensões de realizar uma meta-avaliação da atuação de órgãos de controle, sendo a meta-avaliação dos órgãos de controle um campo fronteiriço na discussão da políticas públicas, com exemplos recentes e isolados, como as pesquisas de Gussi *et al.* (2016), Hedler e Torres (2009) e Rosilho (2016).

Destacam-se, nesse sentido, os estudos de Ferraz e Finam (2007), que relacionam de forma quantitativa a divulgação de resultados da CGU com os seus efeitos políticos, mormente a reeleição dos prefeitos, ou Aranha (2015), que acompanha a efetividade das ações da CGU nos demais agentes da rede de *accountability*, em especial no Poder Judiciário.

Merece destaque também o trabalho de Zamboni Filho (2012), que avalia a atividade de auditoria da CGU no âmbito do Programa de Fiscalização a partir de Sorteios Públicos e se utiliza de grupos de controle que são objeto desta auditoria, concluindo que os gestores locais são sensíveis ao tratamento da CGU quando o foco são as licitações, mas não quando a questão é a gestão de programas.

Como se vê, são trabalhos que relacionam os efeitos dos achados no controle político, na rede de *accountability*, nos aspectos estratégicos da política e, ainda, a indução destes nas mudanças na gestão municipal, mas não se debruçam de modo mais específico sobre a meta-avaliação do arranjo de *accountability* na implementação de políticas, no sentido dos procedimentos adotados pelos órgãos de controle e dos seus efeitos, à exceção de Zamboni Filho (2012).

O modelo de análise aqui proposto traz um viés diferente dessa questão: uma meta-avaliação da atuação da CGU na política educacional descentralizada, mas com a inserção da discussão da teoria dos custos de transação. O que isso traz de tão diferente?

A utilização da TCT vê essa relação entre a União e os municípios e a estrutura de *accountability* a ela associada como componentes de um arranjo institucional, pautado por um ambiente institucional, no qual esses agentes têm racionalidade limitada, com transações permeadas pela possibilidade do oportunismo, que pode ser mitigado pelo desenho adotado, um arranjo de caráter híbrido, e que neste deve se considerar a necessidade de se reduzirem os custos de transação.

Além de focar no arranjo de *accountability* e a sua interação com a implementação, a pesquisa ressignifica a ideia de custo do controle. Não se trata dos custos de operação do órgão de controle, como trazido por Knihs (2017), que compara os custos alusivos ao funcionamento da CGU em relação aos benefícios financeiros auferidos pela atividade de controle, ou seja, recursos efetivamente devolvidos ou não utilizados por conta dessa ação, o que resgata o modelo influenciado pela lógica de investimentos já abordada, de medir a eficiência do controle pelo que ele devolve do orçamento. Um controle para resgatar o que deveria ter sido bem aplicado.

No caso em tela, trata-se de que forma essa atuação da CGU afeta os custos de transação do arranjo institucional, ou seja, de que forma a atuação desse ator de *accountability*, pelas suas interações, que demandam providências e modificações nas salvaguardas, afeta os custos de organização da política no processo de implementação. Não é o custo do controle, e sim o custo decorrente do controle, muito mais complexo de ser estimado quantitativamente e que tem certo grau de invisibilidade, especialmente por ser distribuído ao longo do tempo.

Complexo de ser estimado quantitativamente, mas como apresentado no capítulo 1, é possível uma relação dessa atuação com fatores que afetam os custos de transação, o que permite estabelecer de que forma essa atuação do órgão de controle afeta o arranjo institucional, tornando-o mais oneroso, fazendo com que o foco saia da rede de *accountability*, levando este para a relação desta com a rede de implementação, mitigando os aspectos ensimesmados do controle.

Essa discussão assemelha-se um pouco às ideias trazidas pelo conceito de Análise do Impacto Regulatório (AIR), presente no Capítulo IV da Lei Federal nº 13.874, de 20.09.2019, e que já figurava no Decreto nº 6.062/2007, entre outros normativos. Uma visão de que existem várias opções para se fazer a regulação, e estas podem ser escolhidas em função de serem mais ou menos onerosas.

Os órgãos de controle federais, notadamente pelo disposto na recente Instrução Normativa CGU nº 4, de 11.06.2018, e na Portaria TCU nº 82, de 29.03.2012, trazem o paradigma de que a atuação dos órgãos de controle gera benefícios à sociedade, que necessitam ser mensurados, e estes podem ser classificados como: financeiros, relacionados a despesas ilegítimas evitadas e à devolução de recursos mal aplicados; e não financeiros, relativos a melhorias dos controles internos na promoção da eficácia e da eficiência. Uma visão calcada na centralidade da função controle em relação à gestão e, ainda, de que o investimento no órgão de controle deve se justificar pelo seu retorno financeiro, em um imediatismo que tem externalidades negativas, e faz-se necessário complementar essa visão focada apenas nos benefícios das ações de controle.

A proposta deste estudo é que a atuação dos órgãos de controle não gera apenas benefícios, e sim impactos que podem reduzir a efetividade das políticas, alguns destes, inclusive, classificados como benefícios em uma lógica reducionista. Essa atuação impacta a gestão e gera também externalidades negativas, podendo torná-la mais custosa pela adoção de salvaguardas, e esse efeito precisa ser acompanhado e considerado no processo de adoção das soluções necessárias.

Desse modo, importa nesta meta-avaliação indicar de que forma essa atuação do órgão de *accountability* interage com a gestão da política pública, com a rede de implementação, o que envolve o concedente e o munícipio e se consideram as formas de se garantir a sustentabilidade dessa relação, o atingimento dos objetivos, com salvaguardas que tenham o potencial de ser menos onerosas. É como aprimorar a política, onerando-a em menor medida.

E para isso, tomando como base os documentos listados no Anexo I, as irregularidades encontradas e as soluções propostas pelos órgãos de controle importam pelos seus efeitos na implementação da política pública, seu alinhamento aos objetivos e a sua relação com os fatores que impactam os custos de transação para que se perceba o que pode ser aprimorado na condução da política, reforçando as necessidades de ajustes, consoante a visão dinâmica da TCT.

Nesse modelo de análise, a CGU atua nesse arranjo combinando controles e incentivos e, com isso, emergem irregularidades, situações a serem trabalhadas, e essas práticas do órgão de *accountability* têm consequências para o arranjo em relação aos seus custos de transação. O estudo se propõe discutir essa atuação frente aos fatores que afetam esses custos de transação, de forma a perceber como essa atuação pode ter o potencial de ser menos onerosa no que tange às políticas geridas no munícipio.

A descentralização pode aproveitar, na sua discussão de *accountability*, o melhor da adaptação autônoma (mercado) e da adaptação coordenada (hierarquia), com vistas a reduzir os custos de transação decorrentes da atuação dos órgãos de controle nas políticas descentralizadas, integrando e ressignificando o papel da rede de *accountability* à luz desse novo paradigma.

É olhar para a atuação do controle de forma contextualizada, alinhada, como um elemento ajustador da política ao ambiente diante da racionalidade limitada e da possibilidade da atuação oportunista, e essa atividade necessita reduzir os conflitos e aumentar a cooperação nos arranjos, como um catalisador, trazendo sustentabilidade e eficácia, em uma visão global e integrada.

Para isso, a análise se deterá nos programas PNAE, PNATE, PNLD e Fundeb, já descritos anteriormente, e incidentalmente no Programa Nacional de Tecnologia Educacional (PROINFO), detendo-se nos problemas encontrados nesses pela atuação da CGU, que dizem muito da visão e da construção do desempenho institucional, e também analisará as proposições de salvaguardas, as chamadas recomendações, das tentativas localizadas e estratégicas de aprimoramento da *accountability* no arranjo da política educacional descentralizada para os municípios, que foram promovidas pela CGU no período da pesquisa para assim sintetizar que pontos merecem destaque na discussão dessa atuação.

4.2 Análise dos problemas encontrados à luz das categorias

Classificar os problemas, entender a lógica da CGU ao identificá-los, em um processo oriundo do planejamento das ações de controle, diz muito sobre a abordagem adotada pelo órgão e, ainda, permite entender como esses problemas se relacionam com a TCT, em especial no que tange à priorização de aspectos que afetem o alinhamento dos arranjos com os objetivos.

Curiosamente, a análise dos documentos indicou que, na avaliação do tipo AEPG, praticamente apenas a metade dos problemas encontrados era estritamente finalística, o que, de alguma forma, é dissonante com a ideia de avaliação da execução dos programas de governo, ou seja, na qual se espera que a dimensão dos resultados, mais sistêmica, seja predominante.

A origem dessa avaliação, de 1995,[104] coincide com um período reformista (OLIVIERI, 2010), posto que a ação finalística seria a tônica desse tipo de ação, de maneira a fornecer um diagnóstico

---

[104] Rezende (2002), no estudo da avaliação do Plano Nacional de Qualificação do Trabalhador, de 1999 a 2000, identificou avaliações externas por universidades, pelo Ministério do Planejamento e pelo Ministério da Fazenda, este último por meio da Secretaria Federal de Controle Interno (SFC), mostrando a valorização da função avaliadora das políticas na época.

contextualizado da execução descentralizada do programa, rompendo o modelo anterior, de caráter legal-contábil.

Os problemas no âmbito da AEPG são predominantes em algumas categorias, como o desvio de finalidade, o descumprimento de regras do programa, deficiências no controle social, problemas com licitações e contratos, bem como com funções administrativas ligadas ao programa. Tais problemas são detectados a partir de uma avaliação planejada com base no fluxo do programa e nas suas fragilidades (BRASIL, 2015) para que o processo permita identificar aquelas que impedem a eficácia e a eficiência do programa, assim como os pontos de controle que norteiam e otimizam as falhas a serem sanadas.

No que tange ao Programa de Fiscalização a partir dos Sorteios Públicos, que será chamado, para facilitar a análise, de Sorteio de Municípios, cerca de 70% dos problemas encontrados são relacionados à chamada área meio, ou seja, não se vinculam diretamente à entrega dos produtos previstos nos programas, utilizando-se a presente pesquisa da amostra do Anexo I como objeto de análise.

Esse cenário é compreensível pelo fato do instrumento Sorteio de Municípios ser focado no combate à corrupção municipal, um tipo de instrumento pedagógico, no qual a verificação da implementação local do programa disputa com o foco de interação com os gestores municipais, e essa discussão da corrupção acaba sendo, de forma predominante, muito ligada ao debate de conformidade, em especial das licitações.

Nos aspectos finalísticos, considerando-se os programas eleitos para a pesquisa, os problemas no Sorteio de Municípios são na esfera da não concretização da política, pela falta do livro didático/merenda, desvio de finalidade na aplicação de recursos, descumprimento de requisitos mínimos que afetam a entrega, em uma ideia de que a visita da equipe de auditoria seria um caminho adequado para aferir essa eficácia.

Na dimensão gerencial, na área meio dos problemas detectados no Sorteio, a CGU se detém mais nas funções administrativas clássicas, na atuação do controle social sobre os aspectos de conformidade e, principalmente, nas questões de licitações e contratos, com seu extenso e complexo cabedal normativo, sendo a questão das aquisições e contratações uma tônica predominante nas ações da área meio do Sorteio de Municípios, bem como nas chamadas operações especiais.

A atuação da CGU no período em relação ao concedente de recursos, o FNDE, nos problemas ligados a questões de transferências para os municípios, focou em especial na análise do processo de prestação de contas e mecanismos decorrentes, bem como no quesito da transparência e no *modus operandi* do acompanhamento dos programas, buscando, de modo geral, relacionar aos problemas encontrados na ponta, na gestão municipal, com as fragilidades do concedente.

Por fim, as questões levantadas pelas chamadas operações especiais na área de educação se concentram predominantemente nos estados das regiões Norte e Nordeste e, prioritariamente, no Fundeb,[105] que concentra o maior volume de recursos, com tipologias habituais de fraudes, como notas frias, empresas fantasmas, desfalques, simulação de licitações e superfaturamento de despesas, problemas que fogem à normalidade da gestão administrativa e se ligam à questão criminal, ainda que seja difícil separar essas dimensões.

O panorama dos problemas no contexto das ações de controle analisadas (AEPG, sorteio, auditoria de contas do FNDE e operações especiais) indica que eles não somente se vinculam ao planejamento, mas também ao propósito da ação em si, tendo em vista que a AEPG adota uma visão mais global, voltada ao programa; o sorteio foca no microcosmo do município; a ação no FNDE é centrada na atuação finalística deste nas transferências; e as operações especiais atuam de forma localizada, em pontos geográficos e específicos da gestão.

A questão percebida é que a visão dos problemas globais não se comunica necessariamente com a ação focada nos municípios, causando certa dissociação que contamina a avaliação global, na qual o centro dos problemas – e não das soluções – fica muito no âmbito do município e pouco na relação com o concedente. A falta

---

[105] O Quadro A.2.2.1.5.4.1 – Quantidade de denúncias/pedidos de fiscalização por programa – 2014, constante do Relatório de Gestão do FNDE alusivo ao exercício de 2014, indica que o PNAE, Fundeb e PNATE concentram 57,15% das denúncias daquele ano, consoante com a escolha da presente pesquisa de programas a serem avaliados.

de articulação entre os problemas com as soluções no escopo das responsabilidades do concedente (FNDE) revela fragilidades da atuação deste frente à grande quantidade de municípios e à lógica voltada para a distribuição dos recursos e pouco para o monitoramento, situação já comentada.

Esse resgate dos problemas na ponta com a atuação do concedente ocorre mais na auditoria anual de contas do FNDE, na qual a CGU buscou ao longo do período atuar no processo de acompanhamento dos programas, interagindo com problemas como a deficiência de transparência e a necessidade de aprimoramento do sistema de gestão de livros, que surgem na base e migram para a discussão do concedente, procurando assim promover uma visão mais sistêmica sobre a descentralização, o que permite a configuração de soluções menos onerosas e mais efetivas.

Todavia, essa relação dos problemas detectados na ponta e o concedente não pode desconsiderar os mecanismos desse último, as salvaguardas, *ex post* e *ex ante*, com o destaque que o conceito de salvaguarda suplanta a norma, considerando também outros mecanismos, inclusive na esfera de incentivos.

O foco legalista dos problemas é uma marca também nas ações focadas nos municípios, em especial as questões afetas a licitações e contratos e a aderência às normas das resoluções do FNDE em situações que serão mais bem explicitadas nas análises à luz das categorias. Ficam, nesse sentido, as questões: se o trabalho da CGU na ponta não se comunicar com as fragilidades do processo em uma visão ampla, essa inspeção não seria apenas suprir as lacunas do trabalho do gestor? Sem realimentar para o arranjo de descentralização, a CGU poderia estar tão somente substituindo a gestão?

Desse modo, os próximos tópicos relacionarão os problemas detectados pela CGU em suas auditorias nos programas escolhidos com as categorias de análise, buscando vincular esses problemas e as opções dos trabalhos de avaliação da CGU como os fatores que afetam os custos de transação.

Se o problema é fruto de uma opção de planejamento e de abordagem diante da análise de uma realidade à luz de normas ou de boas práticas, essa opção diz muito da atuação da CGU e de como ela pretende contribuir com o arranjo institucional e que possíveis efeitos têm sobre esse, seja por problemas que não se alinham às políticas, seja por problemas que não se relacionam ao oportunismo dos agentes ou que não dialogam com as salvaguardas do arranjo, ou ainda problemas de baixa significância no contexto do programa.

4.2.1 Categoria racionalidade limitada, incerteza e complexidade

Essa categoria pretende associar os problemas detectados e a sua relação com a racionalidade limitada dos agentes, bem como o seu potencial de reduzir/aumentar o fator incerteza e a complexidade no arranjo institucional, dado que a escolha dos problemas, a sua abordagem, tem relação com esses fatores.

Apenas para exemplificar, se a equipe de auditoria no seu planejamento escolher avaliar pontos de controle relacionados à assimetria informacional e, nessa análise, focar nos aspectos do que ocorre no município em relação ao que se pensa na construção de salvaguardas no concedente, a identificação do problema contribui com a redução dessas lacunas, o que permite fortalecer o alinhamento do arranjo e, teoricamente, de forma menos onerosa.

O problema é reflexo do planejamento da execução da avaliação e tem relação direta com a solução proposta, e se a incerteza e a complexidade estão no escopo dos problemas, estas serão tratadas de alguma forma no reino das soluções.

Para sistematizar essas análises, cada categoria será segmentada em tópicos pela pesquisa, tratando de aspectos mais relevantes no âmbito da descentralização para os municípios da política educacional.

4.2.1.1 Racionalidade limitada

Na percepção dos problemas, é levada em conta a racionalidade limitada do agente concedente? Ou seja, a dificuldade dos formuladores do FNDE em considerar e processar as múltiplas possibilidades do processo de implementação é inserida no contexto? Essa visão possibilita que, no trato dos problemas, essa racionalidade seja considerada e mitigada, pois a forma de se apresentar um problema levaria em conta também que este não foi previsto e, ainda, que precisa ser processado em conjunto.

A análise indica que o AEPG, que deveria ser uma avaliação mais sistêmica, foca em uma categorização quantitativa de problemas pontuais, que têm suas causas e contextos diversos. Na forma como essa linha de atuação apresenta seus resultados, dificulta o concedente de processar os problemas detectados e prever, frente à diversa realidade dos municípios, como implementar salvaguardas para enfrentar os problemas apontados.

Somente para exemplificar, como já mencionado anteriormente, a falta de merenda é a materialização de um problema complexo da gestão municipal, com raízes, inclusive, no monitoramento deficiente, e apenas o trato dessa questão como um índice, atingido ou não, pouco contribui para a resolução da questão, de forma que se tem um problema imerso na incerteza e complexidade do ambiente e potencializado pela racionalidade limitada do concedente, que necessita implementar salvaguardas para mitigá-lo e, com isso, considerar a realidade do município.

Se a CGU apresenta problemas que se relacionam pouco à incerteza, as proposições de solução vão reforçar a padronização e a regulação centralizada, o que pode orbitar apenas na superficialidade das questões, onerando as salvaguardas sem se comunicar com as ações *ex post*. Mairal (2018), no estudo das raízes da corrupção, indica que o excesso de normas (medidas *ex-ante*) coexiste com a desobediência destas e, após o descumprimento, se recomenda a criação de mais normas, em um ciclo burocrático infindável.

Da mesma forma, apenas comparar a realidade com normas, de forma pontual, como tem sido o planejamento, indica uma boa prática de aferição de mecanismos *ex ante* de controle pela realidade encontrada no município por conta dos contratos incompletos, mas não deixa espaço para maiores detalhamentos da implementação, fruto da incerteza. A CGU, quando traz mais do que a aderência pontual, permite a realimentação e fortalece as discussões *ex ante*.

Por exemplo, quando trata da questão da armazenagem no relatório de AEPG do PNAE, por exemplo, páginas 35 e 36, a CGU lista os principais problemas encontrados como uma qualificação do descumprimento do ponto de controle, mas é tímida essa discussão, que poderia servir para facilitar o processamento pelo concedente e, ainda, realimentar as regras e os controles *ex ante* como a proposta de um sistema informatizado a ser disponibilizado para o conjunto de municípios, reduzindo a racionalidade limitada na implementação. O extrato do relatório indica isso:

> Com relação à armazenagem de gêneros alimentícios em depósitos centrais para posterior distribuição às escolas pela Entidade Executora, verificou-se que dos 371 municípios fiscalizados, 259 utilizavam de armazém centralizado. As fiscalizações apontaram que em 173 desses municípios as instalações do armazém central estão adequadas para garantir o bom acondicionamento dos produtos alimentícios, ao passo que em 81 unidades essas instalações estão inadequadas.
>
> As principais falhas no armazenamento referem-se à ausência de forro sob o telhado, de telas nas janelas para impedir a entrada de insetos, de vedação de borracha nas portas, de ventilação adequada; a existência de cobogós nas instalações, paredes e teto com mofo e infiltrações, revestimentos inadequados e sujos, fiação exposta, gêneros alimentícios armazenados juntamente com materiais de limpeza, livros didáticos e outros materiais em desuso, entre outras. (...)
>
> Quanto aos equipamentos utilizados nos armazéns centralizados, as ações de controle apontaram que em 195 entes dos 259 municípios fiscalizados que possuíam armazém central, os equipamentos estavam adequados para garantir o bom acondicionamento dos produtos alimentícios e um adequado controle de estoques, situação que não foi evidenciada em 58 unidades fiscalizadas.
>
> As principais falhas nos equipamentos referem-se à ausência de estantes ou armários (com a consequente estocagem de alimentos no chão); uso de equipamentos inadequados para estocar alimentos (mesas, cadeiras, bombonas, baldes, caixas de papelão); ausência de refrigeradores e geladeiras ou, quando existentes, deteriorados (por motivos como ferrugem, furos e problemas de vedação).

A mesma lógica individualizada se apresenta, mais amiúde, no Sorteio de Municípios, e que se replica nas Operações Especiais, em uma visão do impacto pontual, o que dificulta a construção de soluções amplas pelo concedente, por conta das limitações do processamento, de forma que as avaliações contribuem pouco para saber mais detalhadamente como ocorre a implementação, seus potenciais e tropeços.

Cabe registrar que está se tratando de um universo de cerca de 5.500 municípios, com suas diversidades locais, e pensar salvaguardas *ex ante* e aprimorá-las, pelo processamento dos problemas, são situações que demandam informações mais qualitativas e contextualizadas do que a produzida pela CGU no período para que seja mitigada a racionalidade limitada, mas o foco na entrega ou não, simplesmente, pouco diz sobre o que está falhando dessa governança *ex post*, tendo por trás uma ideia de gestor desidioso e que a sua exposição forçará uma adaptação autônoma.

O conceito de retroalimentação instrumental e estratégica de Williamson (1975) corrobora essa discussão, por tratar das mutações no nível do ambiente ou do arranjo institucional, indicando que as estruturas se modificam, influenciam os ambientes e são influenciadas por este, e os arranjos se modificam e se adaptam, e para isso a qualificação da informação que circula precisa considerar esses aspectos e a possibilidade de mudanças no nível estratégico.

A questão de se a realidade local amplifica a incerteza na implementação e que isso tem efeitos na governança *ex post* do concedente não é considerada em uma visão predominante de que os municípios são iguais e de que existe um parâmetro padronizado. A equipe vai até o local e verifica esse atendimento, e a realidade local, por vezes, influencia aspectos negativos do problema, como cozinhas em condições deploráveis e automóveis que não se enquadram na norma, mas essa peculiaridade local não é vista como fonte de incerteza que dificulta o monitoramento e o aprimoramento de salvaguardas.

Como uma norma pode ser realimentada, ou até uma lei, de uma estatura mais estratégica sem uma informação gerada que possibilite entender o que desta regulamentação pensada está apresentando como efeitos *ex post*? Apenas informar que não há merenda é um instrumento de pressão e pouco diz das soluções, podendo gerar, pela dissociação dos meios, mais custos de transação, em especial no caso de correção de uma situação específica naquele município, por indução da CGU.

A CGU, como instância técnica e independente, poderia contribuir, dessa forma, com uma informação que tivesse maior potencial de mitigar a racionalidade limitada do concedente e influenciar de forma mais qualificada o desenho do programa, em um viés diferente de informações recebidas do gestor municipal, em seus informes ao concedente, que pode agir de forma oportunista, manipulando os dados na prestação de contas.

Ações como o Sorteio de Municípios, no qual se utiliza cerca de duas semanas para as verificações no município para análise de vários programas, para se adensar nas questões da implementação, geram como recomendações questões pontuais e de conformidade. Apenas apontar a desconformidade sem confrontar com a realidade local, suas peculiaridades, termina por aumentar a incerteza do ambiente, por padronizar os problemas, o que pode gerar uma tensão entre a padronização e as peculiaridades locais que estão relacionadas aos problemas de implementação detectados.

Na atuação junto ao FNDE, nas contas anuais, a CGU foca no passivo de análise de prestação de contas do concedente, ou seja, na capacidade de processamento deste, mas em aspectos quantitativos. Traz também uma discussão de uma matriz de riscos, do programa de prestação de contas (SIGPC), tentando mitigar a racionalidade limitada no âmbito dos agentes do FNDE, em especial otimizando essa capacidade de processamento, detendo-se a pontos basilares.

No que tange à capacidade de processamento do FNDE, a adoção de um posicionamento de fornecer um índice, ou seja, em relação a determinados quesitos, a amostra estatística que permite aferir se determinado percentual foi atingido na execução é um retrato que aponta os pontos mais críticos do programa, é essencial como fotografia da execução do programa, mas que precisa avançar em outras dimensões.

Avançar, pois apenas mostrar que o quesito tem um desempenho deficitário, de forma homogênea, dá ao concedente um problema sem elementos razoáveis para a construção de soluções, levando-o, pela racionalidade limitada, a construir soluções incompletas e onerosas, pois esse diagnóstico pretende ser um indutor dessa melhoria, sem por vezes apontar caminhos, parecendo, por vezes, que os problemas se resumem à desídia do gestor municipal.

Sobre esse tópico, pode-se dizer que, apesar dos esforços junto ao FNDE na ampliação de sua capacidade de processamento das informações, o desenho de atuação da CGU junto aos municípios, de forma padronizada e por quesitos, tem o potencial de sobrecarregar o concedente, indicando as deficiências na ponta sem adentrar nas suas peculiaridades, contribuindo pouco para reduzir a sua racionalidade limitada, tornando mais onerosa a sua atuação.

4.2.1.2 Implementação no município

No presente tópico, interessa saber se os problemas se concentram nas especificidades da implementação no município, no ambiente que é a fonte da incerteza, e se esses problemas têm relação com a redução da assimetria informacional no processo de implementação.

Na ação de controle AEPG, os problemas trazem um retrato da atuação do controle social nos municípios, bem como da execução de pontos centrais de alguns programas, indicando o grau fornecimento de informações, o que acaba substituindo o frágil sistema de informações da gestão dos programas nos municípios e os mecanismos de monitoramento, que são, inclusive, objeto de recomendação no AEPG.

O fato do monitoramento ser deficiente faz com que o controle interno, ao invés de certificar dados prestados pelos municípios para aferir a credibilidade do sistema de controles internos do concedente ou, ainda, avaliar a suficiência das salvaguardas, termine por ser um fornecedor de informações primárias, sem derivar para o contexto dos problemas, o que conduziria a uma solução menos onerosa.

Quando o órgão de controle vai ao município avaliar a execução de um programa, um mandamento constitucional, para verificar, por exemplo, a instalação de laboratórios de informática, ele se utiliza da amostragem e de testes específicos para verificar se aquela entrega à população se dá nos seus requisitos mínimos e, no caso de desconformidades, ele vai propor medidas corretivas para aquele caso pontual, mas também vai entender as deficiências daquelas salvaguardas e vai propor medidas de caráter sistêmico, de aprimoramento daquele arranjo.

Apenas dizer se o laboratório existe ou não, em uma visão reducionista e quantitativa, sem contextualizar o processo de implementação e as peculiaridades locais, opinando sobre toda a engrenagem e a suficiência das salvaguardas, é uma visão que termina por apenas trazer informação primária da gestão, sem relacionar esta com a realimentação do arranjo e com proposições que terminariam por ser menos onerosas.

E ainda, se as auditorias se repetem sempre nos mesmos programas e encontram os mesmos problemas, o órgão de controle perde a oportunidade de avaliar outros programas, concentrando seu papel avaliativo de forma onerosa, mas retornando pouco para a maturidade do processo, que envolve fragilidades das prefeituras, mas também do órgão federal concedente.

No relatório do AEPG do PNAE, página 48, por exemplo, quando trata da falta de merenda, aponta-se:

> Considerando, portanto, as evidências apresentadas e as informações recebidas, conclui-se que em 79% das escolas fiscalizadas não houve falta de merenda. Ressalta-se que na maioria dos casos em que houve falta de merenda, os principais motivos foram a falta de alimentos, a falta de condições de preparo e a falta de merendeira.

Como se vê, para uma avaliação que se pretende mais sistêmica, mais focada na execução da política, a informação fica muito na esfera do grau de atingimento dos objetivos globalmente e, quando analisa as causas, estas são tratadas de forma genérica e, às vezes, nem são tratadas as causas das ocorrências, como no Relatório de AEPG do PNLD, página 33:

> Para que o objetivo da Ação seja alcançado, é essencial que todos os alunos recebam os livros didáticos a serem utilizados no ano letivo. Falhas nessa etapa comprometem a prática pedagógica do professor e geram prejuízos ao aluno.
>
> De acordo com as entrevistas realizadas com 5.304 alunos nas escolas avaliadas, foi verificado que 81% (4.312 alunos) afirmaram que receberam os livros didáticos de todas as matérias previstas no programa.

Dessa forma, apesar de um significativo esforço na obtenção de informações com muitas entrevistas, pouco se discute a especificidade da implementação, seus microfundamentos, a relação com o concedente, a efetividade das salvaguardas deste, o que reduziria os efeitos da incerteza no ambiente municipal e a racionalidade limitada na gestão estratégica do programa, de maneira que os mecanismos de monitoramento e planejamento do Ministério da Educação ligados ao PDE e mesmo os do Ministério do Planejamento raramente surgem nas discussões da CGU dos problemas detectados, como indício de uma baixa integração entre planejamento e controle.

O Sorteio de Municípios também, pela sua lógica de indutor da eficiência pela inspeção local, termina por ser um fornecedor de informação primária da execução da política no município, e tanto o Sorteio de Municípios como o AEPG, quando se detêm nos aspectos finalísticos, como o fato de não haver merenda ou de o aluno não receber livros, pouco se vê nos relatórios sobre as possíveis causas sistêmicas da ocorrência dessas deficiências, pontuais e cotidianas, apesar de entrevistas e contatos com a população para a produção dessas evidências.

Para ilustrar essa questão, estudo que relaciona a corrupção à descentralização para entes subnacionais em Bangladesh e na Nigéria (ODI, 2018) aponta que é importante na implementação da descentralização não apenas se deter nos aspectos formais, mas também que se tenha foco na mecânica da implementação na ponta e nas suas fragilidades, o que não se viu mais amiúde na atuação da CGU no período da pesquisa.

Na atuação da CGU junto ao FNDE, nas contas anuais, destaca-se a detecção de problemas relacionados à transparência, pelas dificuldades de atendimento ao Decreto nº 7.507, de 27 de junho de 2011, o que reforçaria a capacidade da autarquia de gerar informações sobre a gestão descentralizada, de forma menos onerosa, diminuindo a incerteza. Nas operações especiais, a CGU termina por mapear as principais tipologias de corrupção no trato dos recursos descentralizados, também servindo de produtor de dados primários, mas que, para terem um aproveitamento estratégico, precisariam se relacionar de forma diferente com a atuação do concedente.

Na questão da prestação de contas, a CGU se detém predominantemente sobre o passivo pendente de análise, um problema crônico. Destaca-se a atuação da CGU fora do período da pesquisa ao avaliar a atuação do FNDE e que verificou que anualmente a autarquia recebe 35 mil prestações de contas e só tem capacidade de analisar 4 mil. Recomenda a CGU, naquela ocasião, que se adote um modelo de riscos para priorizar as análises[106] (PARREIRA; FOREQUE, 2018), reiterando ações das contas anuais de 2014 do FNDE.

---

[106] Esse mesmo trabalho da CGU de 2018 estabeleceu relações com métodos quantitativos que indicaram que a presença de salvaguardas como cardápios aderentes e nutricionistas se relacionava inversamente com a ocorrência de preços elevados de gêneros, em um bom exemplo de uso das ações da CGU para reduzir a incerteza.

Sobre esse tópico, pode-se concluir que a atuação da CGU termina por produzir de forma primária informações sobre os problemas, o que reduz a assimetria informacional no processo de implementação, mas que não se detém de forma predominante no desdobramento das salvaguardas do concedente, sua suficiência e efetividade. Destaca-se também que a ação na promoção da transparência e nas operações especiais faz emergir pela linha do controle social e da investigação policial, respectivamente, informações sobre a implementação dos programas, que apenas pelos mecanismos usuais de monitoramento do FNDE não seriam obtidas facilmente, o que possibilita acesso à informação qualificada para subsidiar a atuação do concedente.

4.2.1.3 Denúncias

A atuação do controle social, por meio de denúncias, é uma forma pouco onerosa de reduzir a incerteza da gestão do município no processo de implementação dos programas, e a utilização destas pelos órgãos de controle pode tornar seus diagnósticos mais diretivos e menos onerosos por incorporar essa fonte de informação, mapeando-as de forma estratégica, relacionando ao monitoramento realizado pelo concedente.

O concedente também precisa ser estimulado a utilizar as informações que recebe pelas denúncias de forma mais estratégica, como forma pouco onerosa de reduzir a incerteza no ambiente de implementação, com a utilização, inclusive, de mecanismos como aplicativos para telefone celular que permitam colher e sistematizar as informações dos cidadãos municipais, subsidiando instâncias de controle social.

Nesse sentido, como trazido por Braga (2015), o controle social estabelecido pelos conselhos é visto como um modelo predominante na linha técnico-contábil, de emissão de pareceres, e é pouco explorada a dimensão sociopolítica desses conselhos, seu fator de força, por estarem próximos à gestão e pela possibilidade de serem pontes de relação entre os usuários na produção de informação qualificada, em especial em uma política tão dinâmica como é a educação.

No AEPG, no Fundeb, PNAE e PNATE as denúncias são citadas genericamente como justificativa para se fazer a avaliação, como, por exemplo, o Relatório AEPG do Fundeb, página 19: "O programa foi escolhido para avaliação em razão da sua grande relevância social, da quantidade de denúncias recebidas (...)". Porém, não existe um mapeamento ou consolidação de denúncias que interaja com o planejamento dessas ações sistemáticas, não só pela questão da escolha dos municípios, mas também dos tipos de problemas reiteradamente apontados nas denúncias, o que traria um aprimoramento qualitativo no planejamento das ações, reduzindo a racionalidade limitada dos controladores da CGU nessa tarefa.

Por exemplo, a CGU como receptor independente e processador de denúncias, muitas estimuladas pela transparência ativa propiciada por ela mesmo, pode com esses dados não só indicar a região com mais incidência de problemas, mas também mapear, de forma menos onerosa, a natureza dos problemas, o que, combinado com ações de auditoria mais avaliativas, traria diagnósticos mais contextualizados.

Nas operações especiais, as matérias jornalísticas e notas oficiais da CGU sugerem que algumas são oriundas de denúncias, como a operação Iceberg I, para atuar sobre o desvio de recursos repassados pelos Ministérios da Saúde e da Educação ao município de Pavussu, no Piauí, cuja investigação teve início a partir de denúncia do presidente da Câmara de Vereadores do município, que relatou diversas irregularidades na gestão de recursos repassados ao município. Mas, no que se refere a operações especiais, por questões da natureza desta e da proteção dos denunciantes, é difícil saber mais informações sobre essas correlações.

No Sorteio dos Municípios, no seu ato de convocação já é estabelecido que, além da ação sistemática, as eventuais denúncias e representações enviadas à CGU relativas às cidades sorteadas serão apuradas. Para além da dimensão apuratória, reforça-se que não existe um trato estratégico das denúncias, mapeando locais, falhas mais comuns, o que surge de alguma forma apenas em 2015, com a substituição do sorteio pela matriz de fiscalização, que tem as denúncias como um ponderador na seleção de municípios.

Estudos de Damasceno e Bessa (2015) em relação à atuação da CGU no Ministério das Cidades mostram que a CGU tem suas ações subsidiadas por denúncias, mas que existem problemas de tempestividade na atuação, o que reforça a tese de uma deficiência no trato estratégico das denúncias e do estabelecimento da relação destas com as ações sistemáticas.

Ações posteriores ao período de análise da pesquisa trouxeram avanços nessa questão da denúncia, como a implementação do E-Ouv pela Portaria CGU nº 50.252/2015, um canal integrado para encaminhamento de manifestações (denúncias, reclamações, solicitações, sugestões e elogios) a órgãos e entidades do Poder Executivo Federal, bem como a criação, por meio da Portaria CGU nº 50.253/2015, da Rede de Ouvidorias e, ainda, a Lei nº 13.460/2017, que dispõe sobre a participação, a proteção e a defesa dos direitos do usuário dos serviços públicos da administração pública.

A denúncia, como fato imputado e que precisa ser apurado e processado, com vistas à punição e correção, no desenho de um sistema federativo de descentralização de políticas para execução pelos municípios, traz ônus significativo para o órgão de controle pelo aspecto individualizado das situações apontadas, pela perda de ganho em escala, afetando, inclusive, a sua capacidade operacional, além dos problemas de tempestividade.

Segundo Przeworski (1998), se a burocracia estatal presta serviços aos cidadãos, estes têm a melhor informação sobre esse desempenho, uma informação de baixo custo de obtenção e de qualidade em relação às violações graves e que tem, assim, um valor estratégico, em especial se considerar a racionalidade limitada dos agentes envolvidos.

O oportunismo tem uma de suas causas na incerteza do ambiente municipal, o que dificulta e onera o monitoramento, e uma ação da CGU que aproveite e estimule a produção de informações na interação com a população reduziria essa incerteza, perspectiva que precisa trazer para os problemas detectados uma visão mais estratégica das denúncias e a implementação de outras formas de interação com os cidadãos, como o uso de aplicativos.

Quando a CGU aponta problemas finalísticos e publica relatórios na internet, ela estimula o controle social pela vigilância de pontos que são possíveis de serem verificados pela população, incentivando a qualificação dessas informações geradas, subsidiando uma melhor e menos onerosa interação, reduzindo a incerteza.

O trato estratégico das denúncias, seja pela localização geográfica e tipo de programas e, ainda, pela natureza dos problemas encontrados, reduz a incerteza no ambiente, na percepção dos problemas na ponta, aproximando o planejamento da realidade, possibilitando interações menos custosas, uma dimensão pouco percebida pela CGU no período de análise.

4.2.1.4 Complexidade

A complexidade, nos termos da TCT, é um fator que afeta a implementação das políticas no município, pois a ampliação da árvore de decisões neste dificulta a antecipação de eventos e, consequentemente, a previsão de salvaguardas, e esse fator pode ser considerado na análise dos problemas encontrados, ou seja, se esses problemas são considerados pela ótica das dificuldades dessas salvaguardas frente aos múltiplos eventos, imersos também na incerteza do ambiente.

Na análise da AEPG, verifica-se que os problemas são restritos à verificação do que acontece no município frente ao que está previsto nos normativos e, de forma geral, não se relacionam à fragilidade das salvaguardas na antecipação de eventos aos problemas. E nesse sentido, dado que a própria norma é uma salvaguarda, não se vê a discussão desta como insuficiente para se antever aos problemas encontrados.

Analisando-se as questões estratégicas dos quatro relatórios de AEPG escolhidos para a pesquisa, verifica-se que, para considerar a complexidade, as ações da CGU deveriam focar na efetividade e na existência da salvaguarda do concedente no âmbito municipal, quando, na verdade, o foco predominante é na aderência por parte do município frente à norma, limitando a questão das salvaguardas, com algumas exceções, como o sistema utilizado pelo PNLD.

Por exemplo, o PNLD é analisado a partir do fato de se o aluno recebeu ou não o livro, mas o programa poderia ter um canal de comunicação para receber a informação do município se o livro foi recebido dos Correios, uma salvaguarda do concedente vinculada ao fluxo decisório, que pode até existir, mas que não é discutida ou analisada a sua suficiência no âmbito da avaliação.

Quando a discussão se prende apenas no recebimento ou não dos livros, sem comunicar o problema com as salvaguardas existentes ou possíveis, foca na gestão do município sem uma visão integral do ocorrido e, se tratando de problemas que se repetem, é possível esse aprofundamento no decorrer das avaliações.

Em termos de salvaguardas tratadas nos AEPG, destaca-se o Conselho de Controle Social nas avaliações do PNAE, Fundeb e PNATE, que é, na verdade, uma salvaguarda na esfera municipal, com interações e normatizações na esfera da União, sendo um modelo de descentralização vinculado à existência de um conselho, mesmo que ainda somente formalmente constituído (BRAGA, 2015), e que figura como grande depositário desse processo de *accountability* pelo concedente, sendo tratado nos relatórios de forma dissociada dos problemas.

Ainda nos Relatórios de AEPG, o do PNAE trata as salvaguardas do concedente quando discute se o gestor federal está atuando de maneira a garantir o alcance dos objetivos da ação, nas páginas 15 e 16:

> Quanto ao ambiente de controle interno administrativo para a detecção de inconsistências, o FNDE dispõe em sua estrutura organizacional de uma Auditoria Interna, que executa atividades de fiscalização; de uma Ouvidoria, que recebe denúncias, sugestões e críticas; e de uma Coordenação-Geral finalística, que é incumbida de realizar o monitoramento do Programa.
>
> Outro mecanismo de controle interno administrativo do qual o FNDE dispõe é o Sistema de Gestão de Prestação de Contas (SiGPC-Online), porém, conforme Relatório de Auditoria Anual de Contas desta CGU, referente ao exercício de 2014 do FNDE, o módulo de análise dos processos de prestações de contas do Pnae ainda não está liberado, o que torna frágil a tempestividade na detecção de inconsistências nas prestações de contas dos recursos já liberados.
>
> Sobre a divulgação no portal do FNDE dos gastos realizados pelos estados/municípios no âmbito do Pnae, com a identificação do beneficiário final dos pagamentos efetuados, verificou-se, por intermédio do citado Relatório, que permanecem as inconsistências nos dados apresentados, com a ausência de algumas informações.

Como se observa, limita-se a uma enumeração, com pouca interação dessas salvaguardas e os achados na gestão municipal, o que impossibilita a avaliação destas à luz da discussão da complexidade, da antecipação de eventos, dentro de uma lógica da TCT de contratos incompletos.

As salvaguardas centrais do concedente identificadas na pesquisa são a normatização por resoluções, de caráter *ex ante*, e o processo formal de prestação de contas acompanhados dos pareceres dos conselhos de acompanhamento e controle, de natureza *ex post*. Apesar dos problemas apontados que sugerem mudanças nos normativos, aprimoramento nos processos de prestação de contas e dos conselhos, ainda existe espaço para se explorarem outras salvaguardas e a capacidade de previsão e efetividades dessas salvaguardas frente aos problemas encontrados.

Não se pode desconsiderar que programas como o PNAE tem uma extensa árvore de decisões na esfera municipal, desde o provisionamento de recursos, aquisição de alimentos, armazenagem, confecção e distribuição das refeições aos alunos, processos esses desenvolvidos no âmbito municipal e que não conseguem ser totalmente abarcados pelas normas na linha da racionalidade limitada, e as ações de controle no âmbito da CGU foram, no período, tímidas no trato dessas salvaguardas, como no caso de teste de aceitabilidade,[107] que é tratado nas páginas 58 e 59 do referido Relatório de AEPG:

> 4.4.4 A Entidade Executora, com o auxílio de profissional de nutrição, está aplicando o teste de aceitabilidade, nas situações previstas na legislação?
>
> Sobre a aplicação do teste de aceitabilidade pela Entidade Executora, com o auxílio de profissional de nutrição, nas situações previstas nas Resoluções nº 38/2009 e nº 26/2013 do FNDE, conclui-se que em 175 dos 371 municípios fiscalizados não houve aplicação do teste de aceitabilidade no período examinado quando da introdução de novos alimentos, alteração da forma de preparo ou avaliação dos cardápios praticados frequentemente. Isso demonstra fragilidade no uso desse instrumento técnico para aferir a satisfação dos alunos com a qualidade da refeição servida pela entidade executora.

---

[107] Conforme Brasil (2017a), o teste de aceitabilidade é uma salvaguarda do programa, sendo o conjunto de procedimentos metodológicos, cientificamente reconhecidos, destinados a medir o índice de aceitabilidade da alimentação oferecida aos escolares. O teste de aceitabilidade faz parte da análise sensorial de alimentos, que evoca, mede, analisa e interpreta reações das características de alimentos e materiais como são percebidas pelos órgãos da visão, olfato, paladar, tato e audição.

Em 138 municípios o teste foi aplicado e obteve índice igual ou superior ao mínimo exigido pelas citadas normas do Pnae; em 15 municípios, a entidade executora, no período examinado, aplicou o teste de aceitabilidade e obteve índice inferior ao exigido. (...)
Cumpre destacar a importância do teste de aceitabilidade, pois é o instrumento técnico usado para aferir a satisfação dos alunos com a refeição servida.

Uma análise que prioriza o uso desse teste, de forma quantitativa, e pouco a sua suficiência como salvaguarda frente aos objetivos e problemas. Outra salvaguarda, os Centros Colaboradores de Alimentação e Nutrição Escolar (CECANE),[108] uma estrutura técnica de apoio à alimentação escolar, não figura em uma avaliação mais sistêmica por parte do AEPG, reforçando a tese esposada. Da mesma forma, o Relatório de AEPG do PNATE, na página 13, aponta:

Durante os trabalhos de acompanhamento junto ao FNDE, foi possível verificar a existência de mecanismos de controle do gestor para auxiliar na tomada de decisões, como a disponibilização do Sistema de Gestão de Prestação de Contas (SIGPC-Online), com a implementação do módulo de recebimento das prestações de contas do Pnate. Outra ferramenta importante é o Sistema de Gestão de Conselhos (Sigecon), por meio do qual os presidentes dos Conselhos de Acompanhamento e Controle Social do Fundeb (CACS) poderão realizar todos os procedimentos necessários para efetuar o parecer conclusivo sobre a prestação de contas de suas entidades executoras. Nesse sentido, destaca-se para um adequado acompanhamento do programa, há uma dependência do gestor federal em relação à atuação do CACS/Fundeb, ou seja, é necessário que este atue de forma mais contundente sobre a execução do Pnate, a partir da análise da prestação de contas enviada pelo Ente Executor.

Relacionando, ainda que timidamente, a avaliação nas contas do FNDE com os achados nos municípios, mas a discussão da insuficiência das salvaguardas não se faz presente, em especial em

---

[108] Segundo a Portaria Interministerial nº 1.010, de 08.05.2006, dos Ministérios da Saúde e da Educação, art. 8º, os Centros Colaboradores em Alimentação e Nutrição, Instituições e Entidades de Ensino e Pesquisa são unidades que prestam apoio técnico e operacional aos estados e municípios na implementação da alimentação saudável nas escolas, incluindo a capacitação de profissionais de saúde e de educação, merendeiras, cantineiros, conselheiros de alimentação escolar e outros profissionais interessados.

relação aos problemas encontrados e à fragilidade destas. Por fim, o Relatório do AEPG do PNLD, páginas 26 e 27, indica que:

> O sistema de controle mantido pelo FNDE é efetivo no remanejamento e distribuição dos livros pelas escolas?
>
> Em síntese, o sistema permitia amplo controle gerencial do PNLD no FNDE, nas secretarias de educação e nas escolas, permitindo o gerenciamento eficiente dos livros.
>
> Nas fiscalizações, foi verificado que o sistema encontrava-se indisponível para utilização. Durante os trabalhos da Auditoria Anual de Contas referente ao exercício 2012, o FNDE foi questionado a respeito da situação do referido sistema. O FNDE informou que "Todos os requisitos do Novo Sistema de Controle de Remanejamento e Reserva Técnica (Siscort) foram levantados e atualmente o sistema encontra-se em fase de desenvolvimento, procedimento de responsabilidade da equipe de tecnologia da informação do FNDE".

As potencialidades e fragilidades do sistema são pouco exploradas, o que também frustra a visão de discussões mais profundas sobre as salvaguardas e a sua capacidade de atuar nesse binômio *"ante-post"* de contratos incompletos trazido pela TCT. O que se vê é que a discussão sobre as salvaguardas ainda é muito embrionária, mesmo em instrumentos mais sistêmicos, como o AEPG, presa à existência dessas, seu financiamento, sem relacionar ao problema, ao desenho e aos custos impostos à política.

O sorteio repete a mesma lógica de verificação do que ocorre à luz dos normativos, e não entra na questão da qualidade da salvaguarda como um instrumento *ex ante* de antecipação de eventos *ex post*. Os aspectos preventivos do programa pouco se comunicam com as desconformidades, como uma decorrência da influência da salvaguarda, e quando no sorteio, por exemplo, se fala das fragilidades dos controles, entende-se como controles contábeis, como livros, registros e documentos, no âmbito municipal.

Se a atuação da CGU não se relaciona com essa lógica de salvaguardas do concedente, como mecanismos preventivos, *ex ante* e *ex post* na gestão municipal, sem relacionar o problema com as deficiências e a eficiência dessa salvaguarda, esta, como instrumento de controle, sai da centralidade, e o órgão de controle fica impossibilitado de aprimorar esses mecanismos por meio de suas recomendações e, mais ainda, de se preocupar com a redução dos custos de transação no processo.

4.2.1.5 Oportunismo *ex ante*

Ao considerar a possível manipulação pelo município antes de aderir ao programa, com falsas promessas, como um problema, passa-se a interpretar os casos encontrados de descumprimentos das normas nas auditorias em uma visão mais sistêmica, de que se espera do município algo que ele não tem condições de oferecer na parceria, destacando-se não só as capacidades municipais insuficientes, mas também a própria padronização no processo de transferências intergovernamentais, no contexto dos problemas encontrados.

À exceção do PNLD, os demais programas analisados não possuem uma adesão formal por parte dos municípios e têm seus recursos vinculados ao quantitativo de alunos, sem instâncias interfederativas de discussão de regras, a sua implementação e as peculiaridades regionais, sendo uma transferência de recursos condicionada, na qual se exige a prestação de contas e se submete à fiscalização da rede de *accountability*, mas a discussão das capacidades para cumprir o pactuado é de baixa relevância nesse contexto.[109]

Alguns problemas limitantes de adesão, como o funcionamento efetivo do Conselho de Controle Social, condições de armazenagem e confecção de alimentos, logística de distribuição e remanejamento de livros, veículos de transporte escolar, são comuns nos relatórios de AEPG e no Sorteio de Municípios, mas não são vistos como promessas de adesão não cumpridas, e sim como descumprimento de normas do programa, de forma atomizada. Não se enxergam nos relatórios esses fatos como um problema de adesão sem ter condições, de oportunismo e de falhas de aferição da regra de entrada.

Apesar de não estar diretamente no escopo de relatórios analisados na presente obra, destaca-se nessa discussão o AEPG detalhado no Relatório CGU nº 16, que avaliou a Ação nº 6.372 – Infraestrutura de Tecnologia da Informação para a Educação Pública, que teve como objetivo promover o uso pedagógico da informática

---

[109] As contrapartidas no processo de transferências intergovernamentais são, via de regra, de caráter financeiro, e não pré-requisitos facilmente verificáveis de estrutura para a implementação.

na rede pública de educação básica, conhecida também como Programa Nacional de Tecnologia Educacional (PROINFO), no qual cabia ao MEC, através da extinta Secretaria de Educação a Distância (SEED), posteriormente por meio da SEB/MEC e do FNDE, levar às escolas computadores, recursos digitais e conteúdos educacionais. Em contrapartida, estados, Distrito Federal e municípios deveriam garantir a estrutura adequada para receber os laboratórios e também capacitar os educadores para uso das máquinas e tecnologias através de Núcleos de Tecnologia Educacional (NTE).

Esse relatório, que se refere ao período da pesquisa, apresenta de forma acentuada a discussão da regra de entrada (uma salvaguarda) como causa dos problemas, na discussão se os laboratórios foram instalados adequadamente, como apontado na página 21:

> Observa-se que apesar das escolas no momento do cadastro para o recebimento de laboratórios declararem a existência de infraestrutura adequada para instalação dos equipamentos, a falta de tal requisito motivou 66,07% das ocorrências de laboratórios entregues e não instalados, o que demonstra fragilidade nos controles da gestão por parte dos estados e dos municípios que receberem o laboratório do Proinfo.

O relatório termina por relacionar o problema a uma deficiência de uma salvaguarda do município, e não ao estabelecimento da regra de entrada por parte do concedente. A questão da regra de entrada tem sua importância reduzida para garantir a efetividade em uma lógica do lucro político do concedente na distribuição, do município na recepção, na conceituação do "federalismo de inauguração" já tratado neste livro.

Nesse mesmo relatório de auditoria, é importante destacar, havia uma exigência de estrutura prévia que poderia ser verificada de forma pouco onerosa por meio de bases disponíveis, no caso o Censo Escolar da Educação Básica, o que não se deu, reforçando a visão de que a transferência de recursos é prioritária em relação à garantia da efetiva implementação.

Não enxergar essa forma de oportunismo *ex ante* faz com que o problema seja visto de forma descontextualizada, o que exclui discussões como a regra de entrada, o que onera o arranjo não só por soluções paliativas, como por permitir que se continuem transferindo recursos para quem não tem condições de gestão, gerando custos de monitoramento e de ressarcimento de recursos sem o efetivo resultado.

Não se pode desconsiderar que, se a regra de entrada for muito rígida, o acesso ao programa será limitado, reforçando-se a importância de se pensar em um programa viável para a realidade nacional para que o seu desenho não seja excludente ou fomentador da fraude, pois o esforço de se implementar um programa sem condições mínimas na esfera municipal gera um desperdício de recursos, sem o retorno das entregas.

Na auditoria anual de contas do FNDE, a CGU atua na necessidade de inscrição no CADIN[110] e de instauração de TCE,[111] mecanismos de exclusão de atores com problemas de gestão e de ressarcimento de recursos, e pode-se dizer que cadastros como o CADIN são mecanismos de regulação da regra de entrada, por conta de irregularidades *ex post*, na busca de impedir a continuidade do envio de recursos para quem tem problemas de implementação, em que pese interfira na questão da interdependência no federalismo, que será tratada mais amiúde na próxima categoria.

De forma conclusiva, a avaliação da CGU que ignora esses aspectos do oportunismo *ex ante* alimenta a sucessão de erros sem solução, o que resulta na quantidade de problemas que se repetem no decorrer dos anos do período analisado, o que onera o sistema de salvaguardas que atuam pontualmente, como a punição, a recuperação de recursos, que são onerosos e demorados, e pouco se aprimoram as salvaguardas mais sistêmicas do arranjo institucional.

---

[110] Conforme disposto na Lei nº 10.522, de 19.07.2002, o cadastro informativo de créditos não quitados do setor público federal (CADIN) contém a relação das pessoas físicas e jurídicas que sejam responsáveis por obrigações pecuniárias vencidas e não pagas para com órgãos e entidades da administração pública federal, direta e indireta. É obrigatória a consulta prévia ao CADIN pelos órgãos e entidades da administração pública federal, direta e indireta, para a celebração de convênios, acordos, ajustes ou contratos que envolvam desembolso, a qualquer título, de recursos públicos, e respectivos aditamentos.

[111] Segundo o art. 8º da Lei nº 8.443, de 16.07.1992 (Lei Orgânica do TCU), diante da omissão no dever de prestar contas, da não comprovação da aplicação dos recursos repassados pela União, da ocorrência de desfalque ou desvio de dinheiros, bens ou valores públicos, ou, ainda, da prática de qualquer ato ilegal, ilegítimo ou antieconômico de que resulte dano ao erário, a autoridade administrativa competente, sob pena de responsabilidade solidária, deverá imediatamente adotar providências com vistas à instauração da Tomada de Contas Especial para apuração dos fatos, identificação dos responsáveis e quantificação do dano.

4.2.1.6 Oportunismo *ex post*

A dificuldade de monitoramento possibilita ao município manipular as informações sobre a implementação, alterando a execução, e enxergar esse oportunismo como um problema é uma forma de se aprimorarem as salvaguardas específicas, entendendo os contratos como incompletos e que o monitoramento – ou a deficiência deste – deve ser considerado no escopo dos problemas como forma de mitigar esse oportunismo.

Na análise dos relatórios de AEPG, verifica-se que os principais problemas – livros não distribuídos, falta de merenda, problemas de licitação e veículos em desconformidade – são situações pontuais e que revelam uma deficiência no monitoramento do concedente, que podia ser melhorado com mecanismos mais estratégicos nas prestações de contas, como painéis de controle, informações georreferenciadas, redes de mapeamento de denúncia, utilização de *big data*, estruturas de transparência mais detalhadas, verificações presenciais cuja seleção seja combinada com critérios de risco e materialidade e até com o uso de *blockchain*,[112] medidas pouco onerosas, que exigem uma mudança na centralidade do concedente em relação à questão de distribuir recursos financeiros para deslocar esta para o monitoramento da indução da qualidade na parceria.

Uma descentralização para cerca de 5.500 atores municipais de funções complexas, com muitos desdobramentos, é um caso de *information impactness* (WILLIAMSON ,1975), dado que é muito custoso para o FNDE, como centro estratégico, obter informações sobre a execução e, nesse contexto, existe a possibilidade de se materializarem as submetas (*subgoal*), conceito de Williamson (1984; 1996), que representa a propensão estratégica das partes em usar os recursos da organização para atingir metas próprias por conta da ausência de incentivos ao alinhamento, e esse incentivo se dá com

---

[112] De forma alvissareira, conforme Brasil (2018), o TCU tem discutido com a ANCINE – Agência Nacional de Cinema o uso *blockchain* em prestações de contas. *Blockchain* é uma cadeia de blocos, na qual cada novo bloco inserido deve ser registrado por múltiplos pontos de validação. Caso não seja confirmado pela maioria dos computadores validadores, o novo bloco não será aceito e não poderá integrar a cadeia. Essa validação múltipla e simultânea acaba por conferir muito mais segurança às transações realizadas.

a melhoria do monitoramento e que este se dê com informações qualificadas, mais finalísticas, e que sejam de obtenção menos onerosa. Para isso, é relevante no âmbito da atuação da CGU a discussão da qualidade desse processo de monitoramento pelo concedente, se ele cuida de obter informação relevante e a baixo custo e se ele apoia o alinhamento do arranjo. No âmbito da Avaliação AEPG, a CGU relaciona os problemas com essa deficiência de monitoramento de forma incidental, com destaque positivo ao PNAE e ao PNATE, que relacionam os problemas a essas fragilidades, como demonstrado no quadro a seguir:

Quadro 9 – Deficiências de monitoramento nos Relatórios de AEPG

(continua)

Relatório	Análise
Fundeb	Dado as peculiaridades do Fundeb, um fundo interfederativo cuja estrutura de *accountability* é objeto de controvérsias, inclusive jurídicas, o FNDE resiste a esse papel de monitoramento, restringindo este à verificação dos limites mínimos de aplicação de recursos (p. 17), e a CGU termina por ter dificuldades no seu relatório de relacionar os problemas a deficiências no monitoramento, detendo-se a, de modo geral, apontar deficiências na transparência das despesas no nível municipal como um problema.
PNAE	No PNAE, as deficiências de monitoramento do FNDE aparecem de forma mais acentuada, recomendando (p. 13) a CGU que a autarquia institua rotinas de monitoramento a partir do Sinutri mediante elaboração de trilhas para identificar casos em que não são atendidos os parâmetros numéricos de nutricionistas estabelecidos na Resolução CD/FNDE nº 26, de 17 de junho de 2013, bem como na página 15 aponta a necessidade de se estruturarem o monitoramento e a fiscalização do programa com ferramentas de gestão de riscos e a definição de metas, priorizando o monitoramento e fiscalização do PNAE nas entidades executoras nas quais o CAE não enviou acompanhamento da gestão e parecer sobre a prestação de contas, bem como sobre as entidades executoras nas quais os dados enviados pelo CAE no acompanhamento da gestão e parecer sobre a prestação de contas apresentem inconsistências, relacionando aos achados das contas anuais da autarquia. Na página 70, trata do monitoramento do programa realizado pelo gestor federal, destacando a necessidade de conhecimento sobre quais são as estratégias adotadas pelo FNDE para que de fato as entidades executoras garantam a oferta da alimentação escolar quando tem os repasses concedidos pelo PNAE suspensos (nos termos do parágrafo único do art. 41 da Resolução nº 26/2013). Por fim, na página 72, indica que o FNDE ainda não estruturou completamente um mecanismo de controle interno administrativo que permita a detecção tempestiva de inconsistências da gestão do PNAE, o que fragiliza o controle e o monitoramento da política, além da detecção de irregularidades nas prestações de contas dos recursos já liberados. Assim, considerando-se as evidências apresentadas sobre a atuação do gestor federal de maneira a garantir o alcance dos objetivos da ação, conclui-se sobre a importância do funcionamento do módulo de análise da prestação de contas do SiGPC para o ambiente de controle interno administrativo, além da identificação de todos os fornecedores finais dos pagamentos efetuados com recursos do PNAE no sítio do FNDE.

(conclusão)

Relatório	Análise
PNLD	Na página 33, a CGU recomenda ao FNDE aprimorar os mecanismos de acompanhamento da distribuição dos livros até a sua chegada ao aluno beneficiário, realizando visitas técnicas de monitoramento por amostragem nas escolas beneficiadas para verificar a efetiva entrega dos livros aos alunos. Aponta também que o FNDE encaminhou o projeto referente ao monitoramento integrado dos programas da autarquia, que prevê a realização de monitoramento também em municípios do interior.
PNATE	Na página 12, indica a CGU, como solução estruturante para que houvesse uma adequação no valor da contratação dos serviços de transporte escolar, que o FNDE publicasse o estudo realizado para levantamento de custos por aluno para o transporte escolar rural nas várias regiões do país, levando seus resultados ao Sistema de Prestação de Contas (SIGPC) para servir de parâmetro aos entes executores nas contratações de veículos e para subsidiar o monitoramento dos conselhos de acompanhamento e controle social.
	Da mesma forma, nas páginas 39 e 40, trata das fiscalizações realizadas pela Auditoria Interna do FNDE nos exercícios de 2011 e 2012, apontando que a área finalística do FNDE responsável pelo monitoramento do programa não apresentou registros de monitoramento do PNATE nos exercícios de 2011 e 2012 e que nos relatórios observa-se que os técnicos da autarquia entrevistam os alunos, entretanto, em quantidade não representativa: em média, quatro alunos são questionados sobre a qualidade do transporte oferecido e a sua regularidade. Para aferição de efetividade, seriam necessárias a ampliação da amostra de alunos e a verificação dos controles existentes, cotejando-os com os números informados nas prestações de contas.
	A CGU ressalta, ainda, que o planejamento do monitoramento deve ser orientado por uma matriz de risco da realização de avaliações *in loco* antes da fase de prestação de contas do programa e, na página 42, observou-se a necessidade de a autarquia aprimorar sua sistemática de monitoramentos *in loco*, diminuindo a sua dependência quanto ao adequado funcionamento dos Conselhos do Fundeb.

Fonte: Construção do autor.

Como se vê, as ações, em especial do PNATE e do PNAE, buscam relacionar os problemas encontrados com as deficiências de monitoramento do FNDE, entrando, inclusive, em discussões do uso de uma matriz de riscos, dentro de uma ideia de custo-benefício, e de discussão das metodologias e de sua efetividade, comunicando-se com os achados das auditorias anuais de contas, em ações que reduzem de forma sistemática a incerteza da execução municipal com o concedente, reduzindo o oportunismo *ex post*.

Na atuação da CGU em relação ao FNDE, na Auditoria Anual de Contas, verifica-se que os problemas apontados de falta de matriz de riscos para selecionar os municípios a serem fiscalizados, bem como as deficiências por parte do fundo na análise de prestação de contas e de acompanhamento dos programas, revelam uma preocupação com inibir o oportunismo *ex post* dos municípios e de aprimoramento do monitoramento por parte do concedente.

No Sorteio de Municípios, destacam-se problemas como o pagamento de taxas bancárias pelo Fundeb ou a utilização do sistema SISCORT no PNLD, situações que poderiam ser verificadas de forma remota, deixando para as inspeções *in loco* apenas a obtenção de informações que fossem muito custosas. A visão de custo-benefício das apurações, combinando o que pode ser obtido no concedente e o que precisa ser verificado presencialmente para o robustecimento de salvaguardas que reduzam a incerteza, não se faz presente nas discussões de escopo das ações da CGU nessa modalidade de atuação.

Não se observa essa discussão de complementar a informação do concedente para avaliar seu monitoramento. Por exemplo, no Relatório do Sorteio do município de Boa Nova/BA (Fundeb/30º), constatação 1.1.12:

> No período de janeiro de 2008 a setembro de 2009 foram descontados da conta do FUNDEB (c/c 11.413-5), aproximadamente, R$ 18.000,00 para cobrir tarifas bancárias (...) Tais despesas não são consideradas de manutenção e desenvolvimento da educação básica, logo são indevidas conforme determinado no art. 23 da Lei Nº 11.494, de 20 de junho de 2007 (lei que regulamenta o FUNDEB).

Ou ainda a situação descrita no Relatório do Sorteio do município de Divina Pastora/SE (PNLD/27º), constatação 1.2.16:

> Foi constatado que as escolas e a própria SEMED não utilizam o Sistema de Controle de Remanejamento e Reserva Técnica – SISCORT para inserirem os dados relativos aos alunados das escolas, para efetuarem os remanejamentos de livros e para gerenciarem o Programa, não atendendo ao art. 6º, IV (SEMED) e V (escolas) da Resolução FNDE nº 03, de 14.01.08.

Trata-se de informações vinculadas a sistemas que poderiam ser objeto de verificação de forma remota, com recursos da tecnologia da informação, sendo possível, inclusive, verificações censitárias desse quesito. Essa constatação relacionada à despesa de taxas bancárias comparece em vários programas e em vários sorteios. Ao final, essas ações terminam por ocupar o tempo escasso das fiscalizações, que poderiam ser utilizadas em situações mais específicas dos programas, que exigissem verificações *in loco*, para apontar o oportunismo *ex ante* e a sua relação com as salvaguardas.

Destaca-se positivamente também a preocupação das ações da CGU com a qualidade do controle social, que tem grande potencial de monitoramento *in loco* nesse arranjo, em que pese haver restrições de efetividade, como tratado por Braga (2015), com conselhos de caráter formal e que tem dificuldades de agregar e viabilizar a participação social com vistas a acompanhar as políticas na ponta, dentro das suas limitações técnicas.

Os conselhos de acompanhamento e controle social, segundo Braga (2015) no estudo do Fundeb, tem problemas de paridade na relação entre conselheiros da sociedade civil e da gestão municipal, seja em assentos, seja em capacidades. Além disso, o autor aponta que a demanda por capacitação destes é na linha técnico-contábil e que existem situações como estas citadas que dificultam o monitoramento efetuado por estes e a produção de informações qualificadas, como disposto no AEPG do Fundeb, quando enumera os problemas dos conselhos, na página 28:

> As fiscalizações apontaram adequação na composição em 97 dos 124 Conselhos de Acompanhamento e Controle Social fiscalizados, e em apenas 8 houve a escolha de membros em desacordo com a legislação. Apontaram, também que 105 Conselhos tiveram acesso à documentação do Fundo e 95 contam com infraestrutura para o exercício de suas atribuições.
>
> Ficou evidenciado também que 62 dos conselhos visitados, os conselheiros não receberam capacitação no período examinado. Tais dados demonstram que a maioria dos conselhos apresenta composição adequada, com infraestrutura para o exercício de suas atribuições e contam com a colaboração dos entes federados na disponibilização da documentação do Fundo. Ressalta-se a necessidade de ampliar a capacitação para alcançar a todos os membros do conselho

A grande questão é o papel da CGU e em que medida ela avalia o processo de prestação de contas dos municípios, suas salvaguardas, ou se ela supre uma deficiência de monitoramento do concedente, inspecionando e induzindo os municípios, de forma, por vezes, descontextualizada do processo de descentralização. O segundo aspecto aparece de forma mais proeminente no instrumento do sorteio, e nos AEPG se vê uma relação maior com os instrumentos de monitoramento e a sua eficiência, mas ainda de forma tímida, bem como a fragilidade de relação dos problemas com as salvaguardas, que ainda é bem incidental no período analisado.

Nesse tópico, conclui-se que a ação da CGU atua sobre a incerteza e a possibilidade de manipulação de informações na ponta em ações mais sistêmicas, mas ainda com a necessidade de se construírem conexões entre os problemas mais recorrentes e as salvaguardas do concedente e, ainda, que necessita integrar informações obtidas pelos sistemas de informação do concedente até para apontar as suas lacunas e aquelas que necessitam de verificação *in loco*.

4.2.1.7 Diluição de responsabilização

O processo de parceria é fonte de dubiedade na atribuição de responsabilidades, em especial por parte da opinião pública no exercício do controle social, como já trazido na discussão do referencial teórico. E isso pode, de alguma forma, aumentar a incerteza e demandar mais salvaguardas na interação com os responsáveis por tarefas nessa parceria, dado que os mecanismos de responsabilização podem não permitir a vinculação da atuação dos gestores aos problemas. A questão nesse tópico é se a atuação da CGU possibilita reduzir essa dubiedade de atribuição de responsabilidades, o que reduziria a incerteza e facilitaria as salvaguardas, como o controle social, por exemplo.

No AEPG, por exemplo, a atuação dos conselhos de controle social depende do município fornecer infraestrutura, da União fornecer capacitação e do próprio conselho se mobilizar e agir, e a ação da CGU, ao mostrar os problemas do controle social, condensa aspectos desses três atores, que deveriam ser coordenados, mas que agem de forma conflituosa. O Relatório de AEPG do Fundeb atua bem nesse ponto, dado que na questão estratégica "*Os entes estruturam adequadamente os Conselhos de Acompanhamento e Controle Social, fornecendo os meios necessários e estes atuam conforme desejado?*", ele distribui as responsabilidades dos atores nas falhas encontradas.

As irregularidades de licitações são mais presentes na esfera municipal, bem como a falta de merenda, armazenagem de gêneros, despesas inelegíveis. Nesse ponto, o AEPG e, em especial, o Sorteio de Municípios são pródigos em indicar essa atribuição, mais ainda nas operações especiais. Mas destaca-se, como já colocado, que a avaliação do tipo AEPG procura vincular esses problemas ao concedente, bem como a ação nas contas anuais, em uma visão global do arranjo.

O PNLD tem uma relação mais integrada, com a logística a cargo predominantemente da União, com ações suplementares do município, e o AEPG desse programa soube separar bem esses aspectos, tendo uma visão global do processo e vinculando bem as responsabilidades, até porque esse programa tem realmente um peso grande da atuação do gestor federal e houve essa coerência no planejamento das ações.

Por sua vez, o apoio técnico, previsto no inciso III do art. 9º da LDB (Lei nº 9.394, de 20.12.1996), que atua sobre a brecha horizontal e que poderia suprir algumas deficiências estruturais dos municípios, não aparece como pauta dos relatórios, inclusive nos mais sistêmicos, e seria uma forma de relacionar a atuação da União em relação a certos problemas estruturais.

Para exemplificar, o Quadro A.1.4.1 – Macroprocessos Finalísticos do Relatório de Gestão 2014 do FNDE, por exemplo, apresenta como um dos macroprocessos finalísticos da Autarquia "Gerir Articulação e Projetos Educacionais", com estruturas associadas, mas pouco surge nos relatórios da CGU essa visão mais sistêmica da política educacional, de ações do PAR, do SIMEC e até do PNE e do PDE, mecanismos de integração desses atores.

A ação sobre o FNDE busca vincular a atuação da autarquia com os problemas na gestão municipal, em especial o caso do sistema SISCORT não disponibilizado, e cujo problema aparece nos sorteios, buscando segregar bem a participação nos problemas e evitando dubiedades, dado que os problemas municipais têm relação com a atuação do concedente.

Przeworski (1998) destaca, nesse sentido, que os eleitores devem poder saber a quem atribuir de fato a responsabilidade pelo desempenho dos governos e devem poder votar para destituir governos responsáveis pelo mau desempenho, a base do conceito de *accountability*.

De forma conclusiva, tem-se que, como o foco de divulgação dos resultados é mais nas questões municipais, em especial no

Sorteio de Municípios e nas operações especiais, e nesses a percepção das responsabilidades na ponta é mais acentuada, ainda que a CGU, pelo AEPG e pelas contas anuais do FNDE, não perca de vista a relação entre o concedente e o executor municipal, delimitando bem as responsabilidades dos atores no processo de descentralização.

4.2.2 Especificidade

A categoria especificidade refere-se à interdependência, à criação de vínculos que dificultam a substituição e, consequentemente, reduzem a pressão sobre os agentes que resulta da ameaça de serem substituídos, o que é um componente da adaptação autônoma, ou seja, aquela baseada nos incentivos, que sem regras específicas ou especialização, são aplicados indistintamente a qualquer transação, sem a necessidade de uma terceira parte que faça a verificação.

Apesar de não ser um programa eleito para a análise na presente pesquisa, o Programa Dinheiro Direto na Escola (PDDE), criado em 1995, como uma herança da antiga "caixa escolar"[113] e dentro de um ideário reformista de arrecadação de recursos pela escola, tem por finalidade prestar assistência financeira para as escolas, em caráter suplementar, para despesas de pequeno vulto, por meio de um fundo rotativo de baixo valor operacionalizado pela própria escola – é criada uma entidade de direito privado, sem fins lucrativos, vinculada à escola a título de associação de pais ou similar –, que, em meio aos seus desafios pedagógicos, tem que encarar o desafio da gestão e prestação de contas de recursos públicos.

Esse fundo foi utilizado no período da pesquisa em outras finalidades, como a transferência de recursos para cidades vítimas de desastres climáticos, reforma e cobertura de quadras esportivas, e apesar de ser uma engenharia eficaz dentro do enfoque de se provisionarem recursos aos municípios, tem fragilidades para a gestão de recursos de maior monta, com riscos de fragmentação de despesas, na fuga à licitação, redução da transparência, descentralização para

---

[113] Dado que a escola possui, no seu cotidiano, despesas pequenas de manutenção e de material de consumo, cuja falta de resolução impacta no desenvolvimento contínuo de atividades, no Brasil desenvolveu-se um hábito na escola pública de se arrecadarem recursos para uma caixa escolar, estrutura informal e que supriria essas despesas.

atingimento de índices constitucionais de forma fraudulenta ou até do desvio do *ethos* da unidade escolar pela centralidade administrativa imposta pela gestão de recursos.[114]

O PDDE pode ser considerado uma forma de se criar uma rede de gestores de recursos na qual é possível mitigar a dependência no âmbito municipal, dado que os atores podem ser substituídos, e os recursos realocados dentro da mesma base territorial, criando uma espécie de concorrência, sendo uma experiência nesse sentido na política descentralizada aos municípios, mas, excetuando esse exemplo, os programas eleitos terminam por ter uma centralidade administrativa na relação dos municípios com a União, sem possibilidade de substituição.

O desenho atual não permite a inserção, em pouco tempo, de uma organização do terceiro setor ou mesmo da associação de pais para gerir os complexos processos da alimentação escolar, livro didático ou transporte escolar no âmbito municipal ou, ainda, o volume de recursos do Fundeb, que envolvem obras, equipamentos e folha de pessoal, por conta de ativos específicos humanos. Da mesma forma, não é possível uma gestão remota, diretamente pela União, por conta de ativos específicos de localização, o que gera uma forte dependência da União em relação ao município como implementador da política educacional, em que pese possam surgir mecanismos que mitiguem essa dependência.

É possível, porém, efetuar substituições dentro da estrutura do município quando, por conta de resultados da gestão, expostos pelos órgãos de controle, o processo eleitoral substitui um prefeito ou por força de operações especiais, que resultam na prisão ou no afastamento e servidores em funções estratégicas, não sendo a substituição do município na implementação, e sim de atores na sua estrutura, o que não deixa de ser um mecanismo de caráter análogo ao do mercado, dado que envolve um tipo de adaptação autônoma.

---

[114] Conforme Sátiro (2010), no estudo do Programa de Gestão Compartilhada, executado de 2008 a 2010 na Rede de Ensino Público do Distrito Federal, este tem vinculado o PDAF – Programa de Descentralização Administrativa e Financeira, que tem por objetivo ampliar a autonomia gerencial, administrativa e financeira das Diretorias Regionais de Ensino e respectivas instituições educacionais visando à efetiva realização do seu projeto pedagógico, mediante a descentralização de recursos financeiros do Governo do Distrito Federal e diretamente arrecadados, nas categorias econômicas de Custeio e de Capital, para execução local. Uma visão ampliada desse modelo descentralizado do PDDE, o que pode reforçar esses problemas apontados.

4.2.2.1 Dependência e capacidades municipais

Segundo a TCT, uma das fontes de oportunismo é a dependência, e esta pode se dar pelas limitações regionais dos municípios na implementação das políticas, dado que a União necessita dos municípios nesse processo, sem substitutos naturais, o que demanda, em tese, mais salvaguardas. E ainda, trata-se de programas padronizados, que têm um grau de exigência que é razoável para uns e que se tornam custosos para outros, dada a diversidade de capacidades.

Nas análises dos relatórios de AEPG, a limitação local e a dependência da União em relação aos municípios não são relacionadas aos problemas, em termos de causalidade. Não existe, de forma explícita, referência que o problema é o município, suas limitações, mas também que a parceria depende dele e ele pode se utilizar disso com oportunismo. Não surge essa temática na discussão do porquê a armazenagem é deficiente ou do porquê o transporte não é adequado, por exemplo, o que leva a uma situação de focar no problema, apontando, de forma desveladora, estes, mas enfraquece-se a discussão no campo das soluções.

O oportunismo seria no sentido de, sim, o município não tem condições de atender esse padrão do programa, mas sabe que a União depende dele para implementar este e ter lucro político. E como ela não pode fazer nada, a não ser em situações extremas, como as operações especiais e as inscrições no CADIN ou Tomada de Contas Especial, o município não adota escolhas no sentido de adquirir capacidades para aprimorar a implementação do programa.

Segundo os relatórios de AEPG, os índices de não atendimento dos requisitos do Código de Trânsito Brasileiro no PNATE são elevados – um percentual de 64% – e, no caso do PNAE, tem-se que 32% das escolas apresentam instalações inadequadas para garantir o bom acondicionamento de gêneros e que 27% das escolas têm equipamentos inadequados, situações que requerem aprimoramento das capacidades municipais, que demandam investimentos, capacitação e governança, por parte de ambos os parceiros, na redução da brecha horizontal.

Esses problemas exemplificam as limitações da gestão municipal, além dos problemas estruturais de funcionamento dos conselhos de controle social também apontados nos AEPG, situações que afetam diretamente a gestão dos programas no âmbito do município e que não podem ser objeto de substituição na busca de soluções por conta da União, gerando ônus, em especial na assistência técnica fornecida pelo concedente.

Essa dependência não é vista como um problema na análise em sede dos AEPG. No caso do Relatório do AEPG do PNAE, por exemplo, tem-se na página 43:

> Assim, considerando as evidências apresentadas e as informações recebidas, conclui-se que existem fragilidades nas condições de armazenamento dos produtos, tendo em vista que tanto as instalações quanto os equipamentos dos depósitos/armazéns utilizados pelas prefeituras e escolas para o acondicionamento dos gêneros alimentícios apresentaram índices de inadequação, com ausência de controle dos estoques/distribuição.
>
> Na última consolidação dos resultados dos trabalhos de fiscalização do Pnae, que contemplou a 23º, 24º e 25º edições do Sorteio de Municípios, a CGU recomendou ao FNDE avaliar a possibilidade de desenvolver um programa de controle de estoque/armazenamento a ser distribuído às prefeituras mais carentes que apresentem dificuldades financeiras em adquirir ferramenta dessa natureza. Em 14 de junho de 2011, o FNDE informou que, juntamente com o Centro Colaborador de Alimentação e Nutrição Escolar da Universidade Federal de São Paulo (Cecane Unifesp), tem estudado e avaliado a possibilidade de inserir no módulo de nutrição do Sistema de Monitoramento do Pnae (SIM-Pnae) uma ferramenta de controle de entrada e saída de estoque dos gêneros alimentícios.

Identifica-se a necessidade de se desenvolver um programa de controle de estoque pela União como uma fragilidade municipal que poderia ser resolvida na linha do apoio técnico, mas a discussão das causas como uma dependência da fragilidade estrutural do município para neste ponto. No Relatório do AEPG do PNATE, outro exemplo, na página 10, tem-se o seguinte trecho:

> Assim, sobre a oferta de transporte escolar adequada aos alunos do ensino público, residentes em área rural, foi recomendado ao gestor federal que propusesse ao Grupo de Trabalho Interministerial (GTI), coordenado conjuntamente pelos representantes do FNDE e do Instituto Nacional de Metrologia, Qualidade e Tecnologia (Inmetro), instituído pela Portaria nº 1.299, de 25 de outubro de 2012, a discussão de iniciativas que possam minimizar os aspectos evidenciados pela fiscalização sobre a segurança dos veículos utilizados no transporte escolar.

O FNDE informou que está em fase de conclusão, mediante cooperação FNDE/Inmetro, a contratação da Associação Brasileira de Normas Técnicas (ABNT) para elaborar e publicar normas para padronizar os requisitos de especificações de veículos padronizados no Brasil com a finalidade de transportar estudantes. Diante do exposto, verifica-se que o FNDE adotou a providência recomendada, entretanto, cabe à autarquia o monitoramento da elaboração e implementação das normas propostas no âmbito do Grupo de Trabalho.

Ao acessar o texto da referida portaria, verifica-se que a mesma só tem representantes do FNDE, das secretarias do MEC, do INMETRO/MDIC e do DENATRAN/MCID, em uma solução de ampliação normativa, com pouca possibilidade de discussão da qualidade da estrutura municipal, inclusive de adaptação às referidas normas, pela falta de representatividade do ator municipal.[115]

A atuação pelo AEPG reconhece algumas fragilidades locais, relacionando-as aos problemas, mas não vê nessas o risco de oportunismo, oriundo da dependência. O sorteio repete a lógica predominante de não adentrar na falta de estrutura como um problema, em uma visão de que as coisas não funcionam por falta de vontade, na linha de se fornecerem ao município o recurso e as regras, e esse tem que encontrar alguma maneira de implementar a política e se submeter a um controle majoritário de regras e com aspectos finalísticos, e esse cenário é encaminhado ao FNDE para a solução, como concedente de recursos, que tem que gerenciar essas inconformidades frente à dependência dos municípios, como executores naturais.

No sorteio, existem várias constatações que tratam das fragilidades locais na gestão de processos afetos aos programas, como se verá no quadro a seguir:

---

[115] Não se pode deixar de citar uma experiência federativa relevante e de sucesso na tentativa de resolver a adequação das peculiaridades locais e as fragilidades administrativas, bem como a necessidade de se ter um transporte escolar adequado e seguro, que é o Programa Caminhos da Escola, que, por meio de atas de registro de preços de âmbito nacional, possibilita ao município adquirir com seus recursos (ou com linha de financiamento) veículos específicos para o transporte escolar, fruto de estudos desenvolvidos nesse sentido e que ainda tem custos reduzidos pelo ganho em escala. O Relatório de AEPG cita a existência desse programa, mas não o relaciona a essas questões.

Quadro 10 – Extrato de constatações do sorteio de municípios afetas à estrutura

(continua)

Sorteio	Município	Programa	Extrato
30	Venturosa/PE	PNAE	1.1.36 Constatação: fragilidades no controle de qualidade dos produtos adquiridos para a clientela do PNAE. (...) Análise do controle interno: as fragilidades apontadas no controle de qualidade dos produtos adquiridos para a clientela do PNAE correspondem a descumprimento, por parte da Prefeitura Municipal, de exigências definidas no art. 15 da Resolução FNDE nº 32, de 10.08.06. Sendo assim, a despeito dos esclarecimentos apresentados pelo gestor municipal, entendemos que não restam dúvidas sobre a necessidade do cumprimento do normativo expedido pelo FDNE, o que deve ser providenciado nos próximos anos letivos.
37	Roteiro/AL	Fundeb	2.1.2.11. Constatação: deficiências na infraestrutura de apoio ao Conselho de Acompanhamento e Controle Social do Fundeb. Em reunião com os membros do Conselho de Acompanhamento e Controle Social do Fundeb, realizada no dia 24.10.2012, no Centro de Assistência Social do Município, quanto ao questionamento se dispõe de infraestrutura adequada para exercer suas atribuições os integrantes do colegiado foram unânimes em afirmar que não há um local específico para reuniões do Conselho, o qual realiza suas reuniões na escola Francisco Sebastião Soares Palmeira ou em uma sala de reuniões da Secretaria Municipal de Educação, bem como que há um *notebook* colocado à disposição do Conselho que pertence à Escola Francisco Sebastião Soares Palmeira; a secretaria de educação disponibiliza veículo (uno) para visitas às escolas mas não há uma periodicidade das visitas, não havendo registro das visitas efetuadas nem dos resultados das fiscalizações *in loco*.
27	Jacobina do Piauí/PI	Fundeb	1.2.17 CONSTATAÇÃO: deficiências estruturais e sanitárias nas Escolas do Fundeb, no município de Jacobina do Piauí. No município de Jacobina do Piauí, existem 31 escolas do Fundeb. Com base na amostragem probabilística, selecionaram-se 13 unidades escolares para visita. Dentre as que receberam reformas no período em exame com recursos do Fundeb, em oito constataram-se falhas estruturais e péssimas condições sanitárias, conforme está demonstrado abaixo (...) O fato de que a Prefeitura adquiriu com recursos do Fundeb, entre outros itens de material de construção, 608 sacos de cimento, está em desacordo com a real situação estrutural das escolas visitadas. Vale destacar que, no decorrer do período em exame, nenhuma escola foi edificada.

(conclusão)

Sorteio	Município	Programa	Extrato
25	Amontada/CE	Fundeb	1.2.14 CONSTATAÇÃO: estrutura deficiente nas creches do município (...) constatamos que o espaço físico é constituído apenas de um salão onde abriga todas as crianças, insuficiente para o funcionamento das turmas do infantil, tendo em vista que não há separação das crianças por faixa etária e nível escolar, considerando, ainda, que a merenda é servida no mesmo espaço onde ocorrerem a ministração das aulas. Ademais, conforme relatado em item precedente, as creches não possuem condições adequadas para o armazenamento dos alimentos (...) MANIFESTAÇÃO DA UNIDADE EXAMINADA: por meio do Ofício nº 003/2008/GP, de 14.01.2008, a Prefeitura Municipal de Amontada apresentou a seguinte justificativa: "A constatação é procedente. Vale ressaltar, que a precariedade de recursos para construção de escolas e creches é notório em nosso País, principalmente no Estado do Ceará. É grande a preocupação do gestor municipal em sanar problemas desta natureza, razão pela qual vem pleiteando recursos junto aos Governo Federal e Estadual para construção/adequação de escolas e creches municipais." ANÁLISE DO CONTROLE INTERNO: apesar de considerarmos as dificuldades enfrentadas pelos gestores principalmente para obtenção de recursos, ressaltamos que sejam adotadas as devidas providências visando à adequação dos espaços existentes para que sejam atingidos os objetivos do programa fiscalizado. Desta forma fica mantido o registro de impropriedade constatada pela equipe de fiscalização.

Fonte: Construção do autor.

Verifica-se que a atuação da CGU, ainda que acolha e registre as limitações, mantém o cumprimento da norma como imperativo e, ainda, não relaciona as dificuldades identificadas com as limitações locais de capacidades estatais, em uma visão focada na aderência à norma – que é padronizada – de forma descontextualizada, sem adentrar na questão de que o sucesso do programa depende das capacidades do ente, como visto nos exemplos citados nesse ponto, e que manter apenas o problema na linha da não aderência reforça a dependência, apenas expondo as suas mazelas.

Sugere esse viés que a ação coercitiva do relatório, pela atuação horizontal dos órgãos de controle ou pela linha vertical de incentivo ao controle social, induziria a prefeitura a se adequar às regras do programa, mas a incidência de problemas similares ao longo dos anos indica que esse foco centrado no município, do qual a União é dependente, é oneroso e sugere uma discussão maior das salvaguardas, sua suficiência e efetividade.

Nesse sentido, o Relatório de AEPG do PNAE indica, por exemplo, que os problemas de falta de merenda, preparo de forma inadequada e refeições em desacordo com o cardápio estão relacionados diretamente a problemas de supervisão da nutricionista, uma simplificação da questão, e tem como solução a criação de um teste na prestação de contas que informe sobre o quantitativo de nutricionistas no município, o que revela um conhecimento insuficiente das salvaguardas relacionadas a essa supervisão.

Essa dissociação dos problemas das salvaguardas do programa, que envolvem também limitação das capacidades estatais, repete-se no AEPG do PNATE, no qual os problemas de uso das viaturas não apropriadas e de motoristas não qualificados formalmente se relacionam à interação com o INMETRO, como se o problema da deficiência na capacidade de implementação não fosse considerado ou, ainda, como uma peculiaridade do próprio trabalho da CGU junto aos municípios, que detecta problemas, mas tem restrições na construção de soluções, pelo desenho federativo.

Mas o fato é que, por trás dos problemas, existem fragilidades nas capacidades estatais dos municípios, inclusive de gestão e *accountability*, e não enxergar a dependência das limitações municipais e o risco do oportunismo como um problema dificulta a adoção de salvaguardas que pensem a substituição de atores, a adaptação autônoma ou a utilização de mecanismos de caráter mais semelhante ao mercado nesse processo de governança e que, somado ao braço do apoio técnico, incentive uma autonomia emancipatória dos entes municipais, ou seja, que eles tenham incentivos para desenvolver as suas capacidades estatais.

4.2.2.2 Preservação da parceria

A abordagem em relação aos problemas enfraquece ou fortalece a parceria? De que forma as avaliações tratam a questão reputacional, que se refere diretamente à questão da confiança? Esse tópico se prende a avaliar se as ações da CGU têm uma visão sistêmica dos problemas, da relação entre as partes, ou se estes são colocados apenas no polo municipal, o que dificulta as relações no aprimoramento e na construção de salvaguardas.

Interessa saber se existe uma hipervalorização das desconformidades, o que abala a confiança não somente entre as partes, mas na relação com a população, e ainda de que forma essa questão reputacional está sendo trabalhada, como mecanismo de aumento da confiança e de redução dos custos de transação ou se como uma fonte de geração de salvaguardas, dada a interdependência.

Em uma relação de interdependência, com relevante especificidade dos ativos, a linha da hierarquia se fortalece, e a confiança, como um mecanismo de incentivo à redução do oportunismo, surge como um elemento central e menos oneroso na utilização de estratégias reputacionais que valorizem e exaltem os bons parceiros, com possibilidades de reflexos em suas esferas eleitorais locais, em especial por se tratar de um arranjo híbrido.

A política educacional tem um forte apelo emocional na visão da educação salvadora, e os aspectos mais emblemáticos dos problemas podem servir para ocultar questões centrais dos programas avaliados, questões sistêmicas, o que abre espaço para a atuação oportunista, por favorecer aspectos acessórios em relação a questões centrais no programa e, ainda, por dificultar a identificação dos responsáveis no âmbito da parceria.

De modo geral, os relatórios de AEPG apresentam a relação das questões municipais com a atuação do concedente, o que está presente na avaliação do FNDE nas contas anuais, mas persiste ainda no AEPG uma predominância nas falhas municipais e na hipervalorização do erro, e têm-se casos isolados no AEPG, como, por exemplo, o caso do PNLD, nos quais 8% da amostra não teve a participação do professor na seleção do livro e foi considerado grave, como descrito no extrato da página 10:

> 1. O processo de seleção dos livros é realizado de forma transparente?
> (...) No entanto, em termos percentuais, embora não pareça relevante que em 8% (49) das 611 escolas visitadas as escolhas dos livros não tenham tido a participação dos professores ou equipes pedagógicas, essa situação pode se agravar caso esse percentual se mantenha para o total de 153.218 escolas públicas que são beneficiadas pelo PNLD.
> Desse modo, recomendou-se ao gestor federal aprimorar mecanismos junto às escolas para que o procedimento de escolha dos livros seja

realizado pelos professores e equipe pedagógica, fazendo uso de sua autonomia para realizar a sua escolha.

No AEPG do PNAE e do PNATE, percentuais baixos de preços majorados em relação aos preços praticados também foram enquadrados como problemas relevantes, e em casos específicos, o Fundeb, no qual o Plano de Carreira se faz presente em 110 de 124 municípios avaliados, não foi considerado um problema, o que se repete no PNATE em relação à coerência com os quantitativos do Censo Escolar, dois contrapontos identificados.

Entretanto, no AEPG e no Sorteio de Municípios é comum o uso de fotografias, pensando na divulgação desses relatórios na internet, com fotos de veículos de transporte escolar inadequados, sede de empresas reputadas como fantasmas, livros estocados em escolas e sem uso, locais de confecção e armazenagem de alimentos, em uma linguagem visual que busca chocar com as agruras da gestão municipal e que ganha a atenção diante dos problemas, em especial na replicação por *blogs* e *sites* locais.

O contraponto é que o AEPG se utiliza de gráficos, em uma linguagem mais sistemática em relação aos problemas identificados, o que permite uma visão mais ampla e racional da situação de atendimento de cada ponto de controle para que as partes interessadas tenham uma dimensão mais racional do problema.

As operações especiais utilizam as expressões "organização criminosa", bem como quadrilha "liderada pelo prefeito", nas peças de comunicação e têm o ponto focal estritamente no município, o que também tem como mote essa ideia de desvelar as fragilidades da gestão municipal, com coletivas de imprensa e nomes de operações de caráter sensacionalista, em uma forma de proceder que se espraia pelas ações dessa natureza, inclusive fora da esfera municipal.

Jiang (2018) assevera que o foco em escândalos como narrativas pessoais pode ser contraproducente, pois ameaça banalizar a corrupção, transformando um problema social profundamente enraizado numa fonte de entretenimento, com o público talvez sentindo repugnância e indignação justa, mas não provocado ou convidado a pensar sobre questões de corrupção de forma sistemática ou como reformar as instituições para lidar com esses problemas subjacentes. Valoriza o fato, e não as consequências e soluções, pelo próprio ritmo do ciclo de notícias, ofuscando as melhorias em relação à corrupção já alcançadas.

A questão é que a visão da avaliação que de certa forma desmereça a gestão municipal não considera que, no processo de descentralização, no ambiente federativo, a União depende do ator municipal, e o fato de trazer de forma tão incisiva os seus problemas termina por desqualificar o acordo e dificulta a modificação nas microrrelações, pois afeta a questão da confiança entre as partes e das partes em relação a outros atores externos, o que, no final, sobrecarrega as salvaguardas e aumenta os custos de transação, em especial por causas instabilidade nessa relação.

Outro aspecto relacionado à forma de se comunicarem os resultados das ações de controle na esfera municipal é o aspecto político mais amplo, dado que o início do século XXI trouxe uma crise de legitimidade para a democracia liberal como um fenômeno global, o que coincide com a profusão da comunicação por meio de dispositivos móveis e a internet, bem como o fenômeno da pós-verdade.[116]

Essa crise, segundo Castells (2018), tem entre as suas causas problemas de representatividade, de confiança nos políticos e nos seus partidos, em uma visão de que todos os governos são corruptos, injustos, burocráticos e opressivos, e que os campeões de confiança são as instituições de caráter policial, na demonização da política e na exaltação de uma burocracia supostamente neutra e que deve ordenar o Estado.

Uma comunicação de resultados, com apelo emocional,[117] que tenha princípios que afetem a legitimidade do sistema político, termina por afetar a própria lógica do sistema democrático, pois, segundo Levistsky e Ziblatt (2018), um dos pilares da democracia é que os oponentes políticos não são inimigos, apenas rivais, e quando a tolerância cede ao extremismo, justificam-se medidas autoritárias.

---

[116] Sobre a relação das atividades de auditoria e a pós-verdade, sugere-se a leitura de Guerra e Braga (2019).

[117] Em que pesem os estudos de Thaler e Sunstein (2019) sobre as heurísticas de ancoragem, disponibilidade e representatividade demonstrem que a objetividade não é a regra de assimilação da população em relação aos acontecimentos.

A auditoria é um instrumento que se pretende confiável e que deve produzir confiança, só fazendo sentido em uma relação entre as partes de *accountability* na qual uma destas tem a legitimidade para monitorar a outra (POWER,1999), tratando-se de agentes autônomos, como é o federalismo. A atividade de auditoria deve ser promotora da coordenação entre os atores, no arcabouço democrático, e suas pactuações. O problema é se o órgão de controle vê a exposição do erro como seu objetivo primordial, se autoalimentando nesse processo.[118]

O mesmo autor indica que as auditorias que visam produzir a certificação, conforto entre as partes, pela aderência verificada a determinados quesitos, podem ter a sua certificação complementada por auditorias adversárias, que trazem críticas aos sistemas, na busca de adicionar valor à gestão, linhas de avaliação que necessitam considerar a autonomia das partes para fazerem sentido.

Essa ampliação da importância do erro, quando se trata das análises individualizadas do Sorteio de Municípios, no qual erros formais, como taxas bancárias cobradas pelo FUNDEB, a ausência de atesto de documentos, a falta de identificação do programa em notas fiscais, surgem como problemas, termina por mascarar um adensamento necessário em problemas mais centrais na gestão de programas, desviando o foco do que é realmente problema ou solução.

A adoção do erro como matriz predominante no diagnóstico, em especial no Sorteio de Municípios e nas operações especiais, termina por desequilibrar o processo de avaliação, pendendo sobremaneira para a gestão municipal como fonte de problemas, em uma visão monolítica que pode ocultar problemas de desenho no programa e, ainda, que fortalece uma visão de erro zero, que não necessariamente indica a efetividade do programa em face das limitações locais, das peculiaridades diante das normas e do oportunismo de manipulação pelos municípios de informações diante da CGU.

---

[118] Com a promulgação da Lei Federal nº 13.869, de 05.09.2019, que dispõe sobre os crimes de abuso de autoridade, existe uma expectativa que essas relações venham a se modificar, em especial por conta do artigo 28, que veda a divulgação de gravação ou trecho de gravação sem relação com a prova que se pretenda produzir, expondo a intimidade ou a vida privada ou ferindo a honra ou a imagem do investigado ou acusado, entre outros trechos.

Essa visão tem suas raízes no suplício de Foucault (1987), como um ritual, uma liturgia punitiva, e que se destina a tornar infame aquele que é a vítima. E pelo lado da justiça que o impõe, o suplício deve ser ostentoso, deve ser constatado por todos, um pouco como seu triunfo, uma abordagem que termina por estimular um trato pouco racional dos problemas da descentralização para os municípios, terminando por valorizar aspectos plásticos, como as condições de um refeitório que ainda que não pareçam adequadas, tem uma dimensão pontual e isolada frente a outras questões, de caráter global, como o atingimento dos objetivos do programa no âmbito do município, a adequação de salvaguardas, alimentando esse aspecto um viés mais punitivista, de foco nos agentes e na sua punição, e menos no arranjo e na necessidade de mitigar o oportunismo.

Neste tópico, verificou-se que a ação do AEPG, em que pese tenha um foco maior nas questões da gestão municipal, com influências nítidas da linguagem do Sorteio de Municípios, dá um tratamento racional à questão dos problemas na gestão, o que se dá nas contas anuais, mas, em relação ao sorteio e as operações especiais, existe um foco nos problemas municipais, com aspectos de valorização de erros formais e de apelo emocional diante das situações encontradas.

Essa abordagem pode até sensibilizar, pelo controle político, mudanças estruturais, como apresentado por Ferraz e Finam (2007), e acaba sendo benéfica para o órgão de controle por permitir a sua projeção, mas, dependendo da descontextualização da centralidade dos problemas, pode trazer óbices para a relação entre a União e os municípios, pois quebra a confiança no processo como um todo, distorcendo o trato da questão reputacional, o que aumenta os custos de transação por afetar a construção de salvaguardas, por minimizar as possibilidades do controle político em relação a questões concretas e centrais.

4.2.2.3 Dependência da trajetória

Quando a CGU enxerga os problemas como decorrentes da dependência da trajetória da política educacional no município, é uma forma de desvelar as questões por trás de cada problema indicado, o que possibilita a construção de salvaguardas mais precisas no nível estratégico, por adentrarem mais as raízes desses problemas, fortalecendo também a aprendizagem organizacional sobre os problemas.

Mas quando se consideram os problemas, como se o município e a sua gestão da política educacional, incluído aí seu pessoal, equipamentos, organização, ou seja, seus ativos específicos, como se eles não existissem anteriormente, como se fosse um município padrão, médio, criado naquele momento, essa é uma forma de ocultar a raiz desses problemas.

Isso se relaciona à interdependência e à possibilidade de oportunismo, pois entender a trajetória do município, suas limitações, e contextualizar esta em relação aos problemas permitem entender a raiz destes e a necessidade de ajustes *ex ante*, que possibilitem a efetividade do programa sem soluções abruptas, de substituição de atores, de melhoria *ex post*.

Como já era esperado pelas análises de outros tópicos, no AEPG existe uma visão mais ampliada das questões apontadas e, no Sorteio de Municípios, existe uma visão pontual e atomizada do problema, mas em ambos os aspectos históricos na base territorial não são centrais nas discussões, desconsiderando peculiaridades locais e regionais.

Cabe ressaltar que os programas escolhidos são programas tradicionais. O Decreto nº 37.106, de 31 de março de 1955, criou a Campanha da Merenda Escolar (CME). O Fundo de Manutenção e Desenvolvimento do Ensino Fundamental e de Valorização do Magistério (Fundef), antecessor do Fundeb, foi instituído pela Emenda Constitucional nº 14, de setembro de 1996. A Lei nº 10.709, de 31 de julho de 2003, estabelece que os estados e municípios se incumbirão de assumir o transporte escolar dos alunos. Pelo Decreto nº 77.107, de 04.02.1976, o governo federal assume a compra de boa parcela dos livros para distribuir à parte das escolas e das unidades federadas.

São programas antigos, de fato uns mais que os outros, que buscam atender a demandas clássicas da educação nos municípios. A trajetória de implementação desses programas, seja nacional, seja no âmbito de cada município, traz um repositório de conhecimento que pode ser considerado na avaliação, como fatores que facilitam o aprimoramento das salvaguardas. Não se vê uma discussão de temporalidade e maturidade dos programas nas análises efetuadas pela CGU nos relatórios estudados e ainda não se vê uma discussão das mudanças das salvaguardas adotadas nos programas ao longo do tempo, bem como digressões sobre a sua suficiência e a relação destas com problemas que ocorrem ou não, em uma visão atomizada, focada no erro, para tentar assim forçar o município a se enquadrar pela sua exposição ou punição, visto esse como um ente padronizado e fora do espaço e do tempo.

No Sorteio de Municípios, de modo geral, os municípios não se repetem, restando a análise da dependência da trajetória de peculiaridades da região ou, ainda, dos problemas recorrentes, o que não se faz presente nos relatórios, em especial pela análise do sorteio se dar em duas semanas de trabalho de campo, e se detém nos dois últimos anos da gestão, em uma visão de posição da gestão, pouco evolutiva.

O fato mais emblemático nesse sentido é que determinadas regiões concentram as operações especiais e as denúncias e que essa questão é tratada pela CGU quando propõe uma matriz de riscos nas contas de 2014 do FNDE para a análise das contas, mas ainda é incipiente na percepção desse problema, que trate essa questão de forma mais estratégica para evitar de se transferirem recursos da mesma maneira para todos os municípios, reforçando a dependência.

Essa falta de uma visão mais aprofundada dos problemas desses programas tradicionais, inclusive no âmbito do AEPG, que deveria ser o espaço para uma discussão mais sistêmica, revela diagnósticos pontuais e relativamente rasos dos programas, um retrato quantitativo de fragilidades em pontos predeterminados, mas que tem limitações para entender a dinâmica dos problemas principais do programa, insumo essencial para salvaguardas mais efetivas e menos onerosas, e dificulta a ideia de ajustes *ex post*.

4.2.2.4 Regra de entrada e o efeito refém

A falta de regras rígidas de entrada já foi um problema discutido na categoria anterior, e a questão de isso ser relacionado com a causa dos problemas dá margem a um oportunismo *ex ante*, mas também tem como consequência um efeito refém, que aprisiona a União com um município que não tem capacidades mínimas de gerir o programa, mas continua recebendo recursos, com resultados sofríveis, o que demanda inspeções, ações corretivas na linha de inscrição em cadastros negativos, negociações para ajustes e, ainda, o ressarcimento pela via da Tomada de Contas Especial, o que no final onera o arranjo como um todo, com baixo reflexo na qualidade da implementação da política.

Apesar disso, a questão da regra de entrada não é vista de forma relevante como um problema, ou relacionada a este, pela ação da CGU, tendo-se nos relatórios as deficiências estruturais como um problema *ex post*, oriundo da conduta dos gestores municipais, e os problemas se avolumam sem solução, tornando a União refém de uma estrutura de implementação ineficaz em muitos casos, não contribuindo os achados para mudanças estruturais.

Um caso que merece destaque nesse sentido é o PNLD, no qual os municípios recebiam os livros independentemente de solicitação, e como muitos municípios eram vinculados a programas privados de assessoria educacional, que forneciam apostilas, as auditorias da CGU encontravam livros fechados e sem uso, e isso era um problema.

Com o Decreto nº 7.084, de 27 de janeiro de 2010, que dispõe sobre os programas de material didático, e posteriormente com a Resolução FNDE nº 42/2012, relacionada ao PNLD, foi estabelecida a necessidade de adesão prévia ao programa para receber os livros didáticos mediante documento específico disponibilizado pelo FNDE no prazo estabelecido. A medida visava evitar a compra e o envio de livros didáticos para municípios e estados que optem por utilizar outros tipos de material didático, como os sistemas apostilados, e isso demandou grande divulgação por parte do FNDE, aumentando os custos de transação *ex ante*, mas tratou sistemicamente o problema do desperdício de enviar livros para quem não precisava e, depois, o município ainda se sujeitava ao poder de fiscalização do FNDE e da própria CGU.

Um bom exemplo da importância da regra de entrada, o Relatório de Gestão da CGU de 2010 (BRASIL, 2010, p. 31), que indica a atuação da controladoria em ações que possibilitaram a inclusão de tópicos específicos relacionados ao controle da gestão no Decreto nº 7.084/2010, que dispõe sobre os programas de material didático, realimentando o arranjo de forma estratégica.

Mas, como já discutido, essa questão da regra de entrada é tímida na discussão dos problemas e, ao se manter encaminhando recursos ao município que não tem capacidade para gerir aqueles recursos, acaba sendo uma regra, e essa dependência se rompe com ações como as operações especiais, que compulsoriamente afastam dirigentes que figuram como causas dos problemas, o que pode se dar também pela ação eleitoral, com a publicação dos relatórios, como trazido na pesquisa de Ferraz e Finan (2007).

Algumas operações da amostra escolhida para a pesquisa, como a Operação Usura (MA), que cumpriu ordens de prisão temporária; a Operação Uragano (MS), que afastou o prefeito de Dourados; a Operação Fonte Seca (PA), que teve decretada pela Justiça Federal o afastamento do exercício das funções de vários servidores envolvidos, tais como os secretários de obras, finanças e cultura (esposa do prefeito); e ainda a Operação Tabanga (AL), que teve prisões de políticos, e a Operação Cabipe (AL), que teve o afastamento de servidores, são exemplos de que esse mecanismo de afastamento forçado em situações extremas ocorre por meio das operações especiais.

Curiosamente, em matéria jornalística (OLIVEIRA, 2011), é publicada uma declaração de um dirigente da CGU – "(...) o município nunca é punido nesses casos com paralisação de repasses federais para a merenda. O mau gestor é que deve ser responsabilizado pelos desvios" –, ratificando essa ideia de que se busca punir o gestor, mas se mantém o fluxo de recursos para a estrutura municipal, dentro de uma visão de que o problema é da conduta, mas que a substituição é um caminho para romper a dependência.

Mas o universo das capacidades estatais não se restringe a questões de conduta moral dos dirigentes, envolvendo também questões das deficiências gerenciais dos próprios municípios, inclusive no reino da *accountability*, e essa dependência, se vista como um problema, dado as dificuldades de substituição, poderia ser levantada, na análise das desconformidades, junto com as ações de apoio técnico necessárias, que mitigassem a já tratada, e de difícil superação, brecha horizontal.

O trato do problema em relação à dependência da fragilidade gerencial sugere a adoção de medidas descentralizadoras, com o repasse de execução por empresas ou, ainda, por entidades privadas, sem fins lucrativos, na chamada publicização (BRASIL, 1995), mas as experiências brasileiras nesse sentido são desastrosas, com escândalos que motivaram recentemente a edição da Lei nº 13.019, de 31.07.2014, que estabelece o regime jurídico das parcerias entre a administração pública e as organizações da sociedade civil e que surge com a finalidade de aperfeiçoar o ambiente regulatório das entidades do terceiro setor, uma resposta institucional aos escândalos de corrupção e de duas Comissões Parlamentares de Inquérito, de 2001 e de 2007 (BRAGA; VISCARDI, 2016).

Interessante trazer para a discussão também as experiências de terceirização da alimentação escolar, que seria uma forma de ter ganhos em escala e de trazer algum tipo de mecanismo de mercado na governança desse programa. Ela foi contestada pelo FNDE, dado que o artigo 18 da Resolução FNDE nº 26, de 17.06.2013, indica que "os recursos financeiros repassados pelo FNDE no âmbito do PNAE serão utilizados exclusivamente na aquisição de gêneros alimentícios" e, no parágrafo único desse mesmo artigo, está disposto que "a aquisição de qualquer item ou serviço, com exceção dos gêneros alimentícios, deverá estar desvinculada do processo de compra do PNAE", assim como foi objeto de constatação de irregularidades pela CGU em relatórios isolados no decorrer do período da pesquisa.

Destaca-se fora do período da pesquisa, em 2018, a Operação Prato Feito,[119] em 30 municípios de São Paulo, oriunda de um inquérito principal instaurado em 2015, com o objetivo de aprofundar investigações sobre a continuidade de esquema ilegal na merenda escolar em diversos municípios paulistas, que agiam por meio da prestação de serviço terceirizado no fornecimento de produtos alimentícios ou de refeições prontas.

A terceirização, a publicização ou outras formas de se criarem quase mercados têm o seu *enforcement* lastreado pela possibilidade

---

[119] Com desvios na casa de R$1,6 bilhão, em janeiro de 2020 foram indiciadas 154 pessoas envolvidas.

de substituir o parceiro privado que não atinja o padrão de desempenho, de modo a não tornar a administração pública refém de um desenho que ofereça serviços sofríveis ou onerosos, o que traz a importância da discussão de ativos específicos da TCT no contexto da *accountability* e demonstra que apenas crer que a eficiência se dará pela natureza privada do parceiro é um desconhecimento do processo de gestão de políticas públicas.

Tem-se, dessa maneira, que o efeito refém dos municípios em relação às suas deficiências de capacidade política tem sua mitigação pela ação em situações extremas das operações especiais e da divulgação dos resultados das ações, o que resulta em afastamento de dirigentes por conta da ação policial ou pela via eleitoral, mas, em relação às capacidades gerenciais, a falta dessa e o consequente efeito refém não figuram no universo dos problemas e suas causas.

4.2.3 Autonomia

Nesta categoria, importa observar se as auditorias da CGU, ao identificarem os problemas, relacionam estes à autonomia necessária aos municípios no processo de implementação dos programas, derivada de se tratar de um arranjo híbrido, com um grau de especificidade nas relações, e que precisa, para sua eficácia, trabalhar com incentivos como forma de reduzir os custos de transação e, ainda, autonomia por decorrência do próprio sistema federativo, que necessita contemplar as diversidades.

Assim, a forma de se considerar a autonomia na avaliação dos problemas pode fazer desta uma aliada na construção de salvaguardas, na negociação de ajustes, ou um entrave, uma liberdade excessiva e que não se justifica, podendo virar uma submeta, um desvio de finalidade. Se o problema for o excesso de autonomia, então esta passa a ser negativa e deve ser limitada. Mas se o problema é o alinhamento da autonomia, essa capacidade do município muda de figura na análise dos problemas, sendo um fator positivo a ser aproveitado.

Filgueiras (2018), tratando da desigualdade de capacidades entre a burocracia do controle e a burocracia da implementação, indica que, se as primeiras forem muito diretivas com a gestão, no seu processo decisório, ocorre uma ampliação dos custos de transação, com incentivos para o recuo dos implementadores, reforçando que a autonomia, quando figura nas discussões dos problemas, influencia a atuação dos órgãos de controle na construção da solução, a depender de como ela é vista.

A descentralização da política educacional é um processo que envolve cerca de 5.500 atores municipais, e a questão da padronização, da agregação de dados, é essencial no papel de centro estratégico do FNDE para o estímulo da qualidade e da redução de desigualdades, mas as atuações mais individualizadas desta autarquia e também da CGU precisam contemplar essa autonomia que se vincula às peculiaridades e capacidades locais, como uma questão programática, de objetivo de emancipação das capacidades estatais dos municípios para que a regulação centralizada não seja uma tutela, e sim um promotor de qualidade.

E como essa questão se relaciona com os custos de transação? Um controle legalista, que não considere as possibilidades locais na implementação, vai redundar em custos de transação pela tentativa de adaptação da realidade local às normas, dissociando os objetivos da discussão, e ainda de forma que as adaptações promovidas pelos agentes locais contribuem com esses objetivos.

Da mesma maneira, os incentivos, pelo seu caráter de adaptação autônoma, são menos onerosos e, quando os problemas são percebidos de forma relacionada à autonomia, a discussão de incentivos aos comportamentos se faz presente, como elemento de inovação e de solução dos problemas. Mas, para isso, é preciso enxergar o município com potencial de gestão, a ser aprimorado.

Como nas outras categorias, a análise será dividida em tópicos, e ao final será consolidada uma opinião geral sobre a categoria.

4.2.3.1 Regras como limitadoras

As regras, no trato dos problemas da gestão, são vistas como centrais ou como limitadoras da autonomia da ação do gestor? Os problemas são oriundos de falta de regras que limitem a ação do gestor ou do descumprimento de regras? É necessário, nessa análise, entender a relação das normas com a autonomia do gestor, na interpretação dos problemas nos relatórios de auditoria, posto que, se o problema é oriundo de pouco detalhamento das regras, de discricionariedade, a autonomia é vista como um problema, mas se são normas apenas limitadoras, a autonomia pode ser um fator de força.

Nessa relação das regras com a autonomia, Mairal (2018) traz a peculiaridade da América Latina, na qual a lei é vista como um objetivo de desenvolvimento social, e não como exigência mínima de conduta, e que a norma tem uma dimensão simbólica, um ideal puro e coletivo, e mais das vezes as normas são estabelecidas e sabe-se que elas não serão cumpridas, mas espera-se que, com o advento destas, os indivíduos gradualmente se adaptem a elas.

De modo geral, os Relatórios de AEPG têm questões vinculadas a pontos de controle prescritos nas normas, como o percentual mínimo de aplicação de recursos na remuneração dos professores, no caso do Fundeb (art. 22 da Lei nº 11.494/2007), ou o quantitativo mínimo de nutricionistas na alimentação escolar (Resolução CD/FNDE nº 26, de 17 de junho de 2013), somente para exemplificar, o que limita a avaliação à aderência estrita à norma, o que se reforça também pela avaliação dos processos de aquisição, dado que as normas de licitação, como a Lei nº 8.666/1993, são extremamente prescritivas, com um grau de detalhamento em normas infralegais e jurisprudências.

Entretanto, discussões nos relatórios de AEPG, como o funcionamento dos conselhos, preços praticados, instalações de armazenagem e confecção de alimentos, logística de distribuição de livros, permitem a análise da atuação do município, dotado de certa autonomia, fugindo da legalidade estrita, mas, nessa análise dos relatórios, não se vê muito a discussão das opções do município na construção de soluções como pontos positivos e como fator de implementação.

Por exemplo, no Relatório do AEPG do PNLD, por exemplo, tem-se nas páginas 32 e 33 que:

> No caso das escolas rurais, os livros são entregues na prefeitura, que é responsável pela entrega dos livros às suas escolas rurais.
>
> Das 389 escolas rurais avaliadas, o resultado das fiscalizações mostrou que cerca de 41% (159 unidades) receberam os livros didáticos antes do início do ano letivo. Em aproximadamente 21% das escolas (81 unidades), os livros foram entregues, mas apenas após o início do ano letivo. As escolas avaliadas que até a data da fiscalização receberam apenas

parte dos livros didáticos correspondem a 12% do total (47). Em 10% das escolas avaliadas, verificou-se que até a data da fiscalização nenhum livro havia sido recebido. Por fim, em 2% das escolas avaliadas não havia previsão de entrega de livros e em 14% não foi possível quantificar os livros recebidos ou não foram disponibilizadas informações.

(...) De acordo com as entrevistas realizadas com 5.304 alunos nas escolas avaliadas, foi verificado que 81% (4.312 alunos) afirmaram que receberam os livros didáticos de todas as matérias previstas no programa.

No desenho do programa, a distribuição dos livros é feita diretamente das editoras às escolas por meio de um contrato entre o FNDE e os Correios e, para as escolas da zona rural, as obras são entregues na sede das prefeituras ou das secretarias municipais de educação, que devem entregar os livros às escolas localizadas nessas áreas.

Não existe uma discussão das ações no âmbito municipal que possibilitaram as taxas de sucesso, o que seria possível, dado que o município, na ponta, tem informações privilegiadas do recebimento de sua rede e pode, com a escassez de recursos, engendrar soluções para o envio tempestivamente para a escola rural, exercendo controles e ações necessárias para equilibrar esses fluxos e as informações do concedente.

Porém, essa atuação do município é silente no relatório, não existindo discussões relevantes de boas práticas ou de aprendizagem organizacional, o que diminui o poder indutor na construção de soluções junto ao FNDE. O mesmo ocorre no Relatório do AEPG do PNATE, na questão "4.1.2 Os veículos utilizados para o transporte escolar e seus condutores atendem aos requisitos estabelecidos no Código de Trânsito Brasileiro?", e no AEPG do PNAE, na questão "2. O armazenamento e a distribuição dos gêneros alimentícios estão ocorrendo de maneira a garantir refeições de qualidade aos alunos?", nas quais existe espaço para um rol de boas práticas dos municípios, mas que não são elencadas, em uma visão de foco no erro já discutida, de um grande esforço para se obterem informações pontuais, uma postura que termina por tutelar os municípios, o que é oneroso para todo o arranjo.

Apenas olhar as falhas à luz das normas e listar as principais é um foco na correção, na aderência, e despreza a autonomia possível, na dimensão do que é entendido como erro ou como acerto, em especial pelo auditor, de forma que a autonomia é vista ou como algo negativo, ou como irrelevante, sem importância no contexto da implementação, o que vai no sentido contrário das discussões de um arranjo híbrido, do federalismo, e das possibilidades de incentivos e intercâmbios.

A pesquisa não desconsidera a necessidade de se padronizarem achados para se obter um panorama agregado dos problemas, e sim o que se pretende com tanto esforço para se obter essa informação consolidada. É preciso considerar as questões da unidade e da diversidade para que se tenha um perfil mais completo da gestão municipal implementando esses programas, que é o objeto da atuação da CGU, considerando a sua relação com o concedente.

Mais do que o aspecto quantitativo do problema, avaliações como o AEPG poderiam ter mais espaço para aspectos qualitativos dos problemas centrais, o que permitiria uma aproximação qualificada junto ao concedente, na promoção de salvaguardas adequadas, de forma que o órgão de controle seja reconhecido como um promotor de soluções.

A polarização punitivista se divide no controle que ou existe para caçar erros e seus autores, ou surge como um paternalismo na proposta de aliviar o pobre gestor desorientado. São ambas posições extremas e de caráter autoritário. Todas colocam o controle como um tutor autoritário, que pune o mau gestor ou ensina o bom gestor que erra por desconhecimento. Uma visão distante de um controle que avalia de forma independente, emite opiniões de melhoria da estrutura de governança, independentemente do rótulo dos pendores morais desse gestor.

No caso do Sorteio de Municípios, existem situações que apontam como problema o transporte escolar de professores pelos veículos (Eugênio de Castro – 20º – PNTE)[120] e, ainda, a contratação de professores por tempo determinado sem concurso público ou

---

[120] O Programa Nacional de Transporte Escolar (PNTE) foi criado por meio da Portaria Ministerial MEC nº 955, de 21 de junho de 1994, com o objetivo de contribuir financeiramente com os municípios e organizações não governamentais para a aquisição de veículos automotores zero quilômetro, e foi substituído *a posteriori* pelo Programa Caminhos da Escola, mas, dado que ele foi objeto de avaliação no início do Programa de Sorteio de Municípios e segue uma lógica similar ao PNATE, as abordagens desta ação no sorteio são válidas na presente análise.

processo seletivo (Jacobina do Piauí – 27º – Fundeb), uma visão de legalidade estrita, bem como constatações pela utilização dos livros de forma parcial pelos professores, conforme entrevistas com alunos (Três Barras – 39º – PNLD), e espaço físico em estado precário causando risco à integridade física de professores e alunos (Campestre – 30º – Fundeb). Para ilustrar, segue extrato da constatação 3.1.1 do Relatório do PNTE do município de Eugênio de Castro:

> 3.1.1 CONSTATAÇÃO: Utilização dos veículos escolares em atividades diversas do transporte de alunos.
>
> FATO: Verificamos, por meio dos diários de bordo dos veículos de placa ILU9143 e ILU-9217, que os mesmos foram utilizados em atividades diversas como transporte de professores e terceiros. O manual de orientações para assistência financeira a programas assistenciais – 2004, assim estabelece: "O Programa Nacional de Transporte Escolar – PNTE, consiste na assistência financeira para aquisição de veículos automotores de transporte coletivo, zero quilômetro, destinados, exclusivamente, ao transporte diário dos alunos (...)".
>
> (...)
>
> MANIFESTAÇÃO DO AGENTE EXECUTOR: Por meio do Ofício nº 085/2006, de 29/05/2006, o Gestor se manifestou da seguinte forma: "Com relação a utilização dos veículos de placa ILU-9143 e ILU-9217, em atividades diversas como transporte de professores e terceiros, informamos que tal situação foi verificada em ocasiões esporádicas, uma vez que o Município é de pequeno porte e não possui veículo exclusivo para transporte dos professores quando estes participaram de cursos de capacitação. Porém, a utilização exclusiva destes veículos para o transporte escolar (somente alunos), está sendo observada atualmente."
>
> ANÁLISE DA EQUIPE: O Gestor reconhece a ocorrência da impropriedade apontada e menciona que o problema não mais ocorre. As justificativas são pertinentes mas não mitigam a impropriedade ocorrida, razão pela qual mantemos o apontamento.

Esse caso emblemático, bem como os outros listados, exibe situações sobre a questão não prevista pela conformidade, com alto grau de detalhamento, e que poderia ser contextualizada por meio de ajustes *ex post*, entendendo de que forma esta poderia ser um mecanismo de uso da autonomia como fator de força para resolver os problemas da gestão. As políticas precisam ser adaptadas à realidade local, como no município pequeno que não tem condições de manter um veículo somente para professores, e do professor com sua autonomia como burocrata na ponta no uso parcialmente do livro. Limitações algumas apontadas pela CGU e que não têm relação direta com o programa e seus normativos.

Essa sanha padronizadora, com um auditor empoderado pelo desejo de obter a aderência as normas, pode gerar ações com efeitos contrários ao espírito da política pública, por se despender um esforço para adesão de regras gestadas no contexto da racionalidade limitada e que se aplicam a cerca de 5.500 municípios, repletos de incerteza.

A autonomia é considerada apenas na fuga da norma detalhada, no caso, com a extensão para um público relacionado à política educacional, como o transporte de professores, o que descontextualiza o problema e, ainda, torna relevante no universo da gestão o que é acessório, direcionando a ação de verificação e correção para o que não é central no programa.

Nos relatórios, o que se vê é uma centralidade das normas, e não se atribui os erros à limitação de autonomia dos municípios, mas, sim, ao descumprimento voluntário das normas, que já são bem detalhadas e que imperam na avaliação. A avaliação de alguns relatórios do sorteio indica isso, como na Constatação 2.2.3.5 do Relatório do PNAE do município de Chiapetta/RS, Sorteio 38º:

> Cardápios elaborados por nutricionistas não preenchem os requisitos normativos.
> Fato: O artigo 15 da Resolução/FNDE/CD nº 38, de 16/07/2009, estabelece que o cardápio da alimentação escolar deve suprir, no mínimo, 15% e 20%, respectivamente, das necessidades nutricionais diárias dos alunos matriculados em creches, pré-escolas e escolas do ensino fundamental. Além disso, recomenda-se que cada refeição tenha, pelo menos, um alimento de cada grupo alimentar: construtores, energéticos e reguladores. (...) Em análise aos cardápios elaborados pela nutricionista, responsável técnica pelo programa no município para o exercício 2012, constatamos que eles não preenchem os requisitos supracitados. Exemplificativamente, no cardápio referente ao 1º semestre de 2012 (cujo nome da escola não está mencionado), banana foi o alimento exclusivo da quarta-feira, na segunda-feira cachorro-quente foi o alimento exclusivo e, por fim, na sexta-feira, pão com mel foi o único alimento do dia. (...)
> Manifestação da Unidade Examinada(...) "A profissional nutricionista é atuante desde 1994 quando ocorreu a descentralização da Merenda Escolar, hoje Alimentação Escolar. Os escolares são atendidos da melhor

forma possível, os cardápios são escolhidos "sim" conforme aceitabilidade dos alunos, não havendo necessidade de registros de aceitabilidade, pois mesmo não fazendo cardápios inovadores e alimentos atípicos, sabe muito bem avaliar a aceitação dos escolares da nossa realidade a quem ela atende. Sempre participa de atualizações citando um exemplo (anexo 06), já é uma profissional com vasta experiência na área. Atua na Secretaria da Saúde com atendimento nutricional individualizado aos escolares (obesidade infantil, hábitos errôneos). (anexo 07) Finalizando os recursos repassados pelo FNDE em 2012 foram de R$ 31.068,00 sendo que o município aplicou R$ 12.925,47 com recursos próprios. Mesmo assim a Merenda Escolar fica aquém do que entendemos por alimentação equilibrada, teríamos condições de melhorar e oferecer muito além, porém os recursos são insuficientes. Salientamos também, que a rede municipal atende os alunos mais carentes do município, os quais chegam à escola com fome e desejos, mereceriam uma merenda (muito) melhor, e o que dizer do professor que deveria ser um incentivador durante o lanche? Nem sequer está sendo paga a refeição dele. Existe proposta para o futuro, mas até a presente data nada. Palavras comovem, exemplos arrastam, acreditamos que se o professor pudesse receber refeições o incentivo a uma alimentação saudável seria mais objetiva, real... Estamos gratificados que nenhum escolar durante o ano letivo de 2012 ficou sem a Alimentação Escolar, suprindo todas as suas necessidades essenciais enquanto sua permanência na ESCOLA. (...)

Análise do Controle Interno: O gestor em sua manifestação reconhece a presente constatação, pois informa que devido aos recursos serem insuficientes, a merenda escolar no município fica aquém de uma alimentação equilibrada. Mantemos, portanto, o apontamento.

A avaliação da gestão municipal não enxerga o potencial da autonomia, e que as regras não dão conta de todos os problemas e, ainda, que as possibilidades de atendimento podem estar aquém das regras, e a necessidade de adaptação é imperiosa. Tem-se como produto salvaguardas mais afetas a questões de conformidade e isso vai gerar um ônus de adaptação no município e, ainda, de monitoramento mais estrito e detalhado por conta do concedente, com o risco de não atuar sobre a gênese dos problemas.

A questão da autonomia passa por boas práticas que podem ser replicadas, como elementos que, se percebidos e valorizados, funcionam como uma forma de incentivo, além de ser uma forma de contextualização dos problemas que enxerga o parceiro municipal, suas peculiaridades e potencialidades, o que pode realimentar o arranjo, inclusive no estímulo à autonomia emancipatória, e fortalecendo o controle político, de caráter menos oneroso. A educação é uma política *bottom up*.

4.2.3.2 Aderência e *remediableness*

Uma das abordagens da TCT é a questão do ajuste *ex post*, da necessidade de adequação em função da racionalidade limitada, dos contratos incompletos e da incerteza e complexidade no ambiente. Nesse contexto, surge o conceito de *remediableness*, ou seja, se tornar remediável, de adequar no decorrer da gestão, dado que esta é contínua e que a ausência de previsão perfeita não é um problema, pois os gestores municipais podem fazer o seu melhor, mas podem ter que mudar a sua forma de atuação para se alinharem. É outra forma de olhar a desconformidade.

Na visão dos problemas detectados pela CGU, interessa saber se eles são vistos de forma remediável ou de maneira binária, polarizada. A polarização demanda a reconstrução total, a punição, enquanto o ser remediável é uma lógica de ajuste, de adequação, o que traz salvaguardas menos onerosas por enxergar o contexto. O foco migra para a salvaguarda.

Da mesma forma, interessa saber se existe uma constância dos problemas e se o arranjo se ajusta para entender o problema e tentar mitigá-lo para que ele possa se tornar mais remediável. De modo geral, os problemas nos Sorteios de Municípios são estáveis, repetindo-se, e acabam se espelhando nos AEPG, como uma forma de tentar dar um trato *ex ante* a essas reiteradas questões *ex post*, mas, no trato dessas, por elas serem descontextualizadas, terminam por serem vistas não como objetos de ajustes, e sim como descumprimentos de normas, pura e simplesmente.

As ações do Sorteio de Municípios têm seus resultados incorporados ao AEPG e possibilitariam estudar questões de logística de implementação, realimentando a política, mas o que se vê, em alguns casos, é a simplificação, como o problema de entrega de livros na zona rural, no PNLD, que tem como solução proposta pela CGU a entrega antecipada a esse segmento, e essa desvinculação da solução de todo o mecanismo da implementação pode gerar custos de transação, estando o controle preocupado em dizer como fazer e não com o efeito desejado.

Nesse sentido, o exemplo positivo mais emblemático de um problema reiterado e que o sistema se ajustou para tentar dar conta dele é a edição do Decreto nº 7.507, de 27 de junho de 2011, e da Resolução/CD/FNDE nº 44, de 25 de agosto de 2011, que visavam dar mais transparência às despesas nas transferências intergovernamentais, limitando o saque na boca do caixa como uma fonte de desfalque detectada reiteradamente nas ações da CGU no Sorteio de Municípios e nas operações especiais, e que foi uma norma construída com a interação da CGU, que depois vem a cobrar a sua implementação por ocasião da auditoria nas contas anuais do FNDE de 2013.

Dessa forma, problemas reiterados e que gerem constatações e recomendações aumentam os custos de transação e terminam por não serem vistos como remediáveis, posto que as salvaguardas não estão sendo efetivas, com frequência repetitiva, algo que precisa ser ajustado para sair do foco puramente punitivo e desvelador das mazelas da gestão municipal para soluções que adentrem o aprimoramento das salvaguardas.

Ainda na análise dos relatórios de AEPG, as falhas são vistas de forma estática, como um retrato, na identificação da aderência às normas, com baixa contextualização dos problemas, na visão legalista estrita já comentada em outros tópicos, com algumas situações não predominantes nas quais se avança pouco sobre os problemas para além das normas.

Essa lógica se repete no Sorteio de Municípios, do dado frio, relacionado ao parâmetro, sem uma discussão mais profunda das vozes e dos vieses, como proposto por Gussi *et al.* (2016), detendo-se a um *checklist* padronizado, por meio de verificações e questionários, o que gera um diagnóstico quantitativo de índices frente a pontos da norma, em uma lógica que se repete também no próprio acompanhamento do FNDE, conforme Silva (2018), que indica que a autarquia tem um rol limitado de verificação do desempenho dos programas, com um enfoque físico-financeiro-quantitativo. O famoso índice pelo índice.

Ser remediável é olhar a desconformidade e nela perceber o que precisa para ela se adequar e, ainda, aquilo que das normas precisa ser amadurecido frente aos objetivos e à realidade local para que as soluções sejam mais efetivas e menos onerosas, fugindo da visão binária de aderência ou não, dado que a norma é um mecanismo para prevenir o oportunismo, e não um fim em si mesmo.

A visão descrita do controle termina por não prestigiar o aproveitamento e até a inovação no contexto da autonomia do município, preocupado muito mais com diagnosticar o sucesso do programa, em uma visão reducionista, do que entender os seus microfundamentos, de forma a aprimorá-los, o que termina por onerar as soluções, que, pelo seu grau de padronização, têm dificuldades de agir que não seja pela linha da punição.

4.2.3.3 Desvio de finalidade e submetas

Na análise dos problemas, como é vista a questão do desvio de finalidade, da *submeta* (*subgoal*), central na discussão da TCT? É valorizada a percepção da atuação oportunista para patrocinar objetivos paroquiais em relação aos objetivos globais se utilizando da autonomia municipal? E como ocorre a possibilidade de oportunismo dos atores municipais terem ganhos às custas do programa, explorando as ambiguidades contratuais?

Nesse mesmo sentido, a autonomia é vista, na análise dos problemas, como fonte puramente de oportunismo? Ou seja, o desvio de finalidade tem a sua causa pelo fato do município ter autonomia demais, por implementar como bem entender o programa? Se a autonomia é a causa de desvios, ela precisa ser combatida, mas isso gera uma necessidade de padronização e de dependência da União, que onera o monitoramento do programa com normas detalhadas e que geram problemas de *information impactness*, de forma que precisam-se de incentivos para o alinhamento dos objetivos com essa autonomia.

O desvio de finalidade surge tímido no AEPG, na incompatibilidade de despesas com as normas do Fundeb; nos quesitos preços de mercado do PNAE, que tem um subitem de produtos inelegíveis; e no PNATE, no serviço de transporte de professores e outros servidores, e com despesas inelegíveis de taxas bancárias. Na página 32 do Relatório de AEPG do PNATE, tem-se, por exemplo:

> Assim, foi verificado que em 104 dos 131 municípios fiscalizados, os recursos financeiros transferidos pelo Pnate foram gastos com itens

relacionados ao objetivo do programa, ou seja, serviços de transporte escolar e de manutenção de veículos. No entanto, em 21 entes foi verificado que parte dos recursos foi utilizada em itens não abrangidos pela norma do Pnate.

Dentre os exemplos de gastos efetuados para pagamento de despesas não relacionadas ao objeto do Programa, tem-se: pagamento de serviços de manutenção e abastecimento de veículos que não realizam o transporte escolar; locação de veículos utilizados em outros serviços do município; pagamento de serviços de transporte para professores e outros cidadãos; despesas com taxas bancárias, pagamento de despesas orçamentárias próprias da prefeitura, como o reajuste de salários municipais; dentre outros serviços administrativos.

Ressalta-se que, em seis unidades, os gastos realizados não foram comprovados, pois não foi disponibilizada documentação comprobatória à equipe de fiscalização, razão pela qual não foi possível concluir sobre a correta aplicação desses recursos no objetivo do Pnate.

A ausência de incentivos para o alinhamento da autonomia municipal aos objetivos globais, uma forma de salvaguarda, não surge no escopo dos problemas e, como se vê, os problemas são de desvios de finalidade para outras despesas públicas, só que estranhas à educação, o que é um oportunismo frequente, dado que saúde e educação são orçamentos vultosos na esfera municipal e, por serem funções voltadas para o futuro, não têm o retorno imediato que traz o lucro político, o que pressiona pelo uso dos recursos em outras demandas.

Os gastos não comprovados são uma forma de desvio de finalidade e que sugerem o destino privado, na via do desfalque, como corroborado por tipologias das diversas operações especiais. Mas o fato é que o patrocínio de interesses locais pelo desvio de finalidade se divide em aplicações públicas, estranhas à política educacional, que podem ser demandas por ajustes frente às lógicas locais e uma via de desvio pela ação próxima da corrupção. Já no Relatório do AEPG do PNAE, página 3, pode-se ver:

> Nos termos das Resoluções nº 38/2009 e nº 26/2013 do FNDE, os recursos financeiros repassados pela Autarquia no âmbito do Pnae são de uso exclusivo na aquisição de gêneros alimentícios.
> Em 305 municípios dos 371 fiscalizados, os recursos financeiros foram totalmente gastos no objeto do Pnae, conforme a norma legal; já em 42 municípios, parte do recurso foi gasto em itens contrários à norma

do Programa, tais como material de limpeza e produtos alimentícios proibidos ou restritos, como refrigerantes, doces e embutidos. Nas fiscalizações, foram identificados gastos de R$ 347.523,67 em itens incompatíveis com o objeto do Pnae.

Em que o desvio de finalidade surge em itens relacionados ao programa, mas não permitidos, em mais uma lógica de ajuste da realidade local frente às normas (centralismo legal), de forma que a autonomia, para se ajustar, é vista como um problema, pelo descumprimento dos mandamentos detalhados nestas, mas que pode ser objeto de ajustes.

Tem-se, assim, um cenário de alto custo de verificação do que ocorre no município pelas equipes da CGU para se avaliarem detalhes da implementação da política no contexto do município e da escola e, pelo fato de se deter em normas específicas, que variam de acordo com a fonte de recursos na mesma política, pode trazer um burocratismo sem agregar valor à gestão.

Descendo ao nível mais individualizado, no Sorteio, a tipologia do desvio de finalidade está presente em casos como a tarifa bancária, além da constatação de despesas sem comprovação, e que são basicamente: saques sem a comprovação da aplicação, despesas de capacitação sem a efetiva comprovação, desfalques e desvios, em um foco que surge também nas operações especiais.

A análise mais amiúde de alguns pontos do Sorteio de Municípios, da amostra, permite adentrar mais na questão, conforme extrato de desvios de finalidade constante do quadro 11:

Quadro 11 – Extrato de desvios de finalidade
nos Sorteios de Municípios

(continua)

Sorteio	Município	Programa	Extrato do desvio
16	Vila Rica/MT	PNAE	Desvio de finalidade na aplicação dos recursos do PNAE Creche (...) adquiridos gêneros como materiais de limpeza e cosméticos, no total de R$898,00, os quais ainda que necessários ao funcionamento da Creche.
23	Mirandiba/PE	PNAE	Desvio de finalidade na aplicação dos recursos do programa. (...) Despesas de R$1.242,08 inelegíveis, com gás e material de limpeza.

(conclusão)

Sorteio	Município	Programa	Extrato do desvio
30	Pau D'Arco/PA	Fundeb	Despesa realizada incompatível com o objetivo do Fundo, no valor de R$4.045,01. (...) Foi verificada a realização de despesa com aquisição de combustível para viatura da Secretaria Municipal de Saúde.
30	Campestre/AL	Fundeb	Despesas realizadas incompatíveis com o objetivo do programa. (...) Aquisição de merenda escolar.
31	Frei Inocêncio/MG	PNATE	Pagamento de despesas incompatíveis com a finalidade do programa de transporte escolar. (...) Pagamento de combustível, no valor de R$1.554,55, para veículo modelo Uno HMN 3299, que não é utilizado no transporte de alunos, e sim para serviços administrativos da Secretaria de Educação. Além disso, constatou-se o pagamento de inspeção técnica nos veículos que realizam o transporte escolar, no valor de R$1.410,00.
36	Ibirapitanga/BA	Fundeb	Despesas realizadas incompatíveis com o objetivo do programa. (...) São pagamentos por fornecimentos inexistentes ou destinados a outras secretarias municipais. Assim, temos supostas aquisições de merenda escolar, combustíveis e locação de veículos, num valor total de R$1.569.094,73.
36	Ibirapitanga/BA	PNAE	Despesas realizadas incompatíveis com o objetivo do programa. (...) A Prefeitura Municipal de Ibirapitanga pagou ao Banco do Brasil S/A por conta de despesas com tarifas bancárias, no período de 1º de janeiro de 2011 a 30 de junho de 2012, um total de R$649,43 (seiscentos e quarenta e nove reais e quarenta e três centavos).
36	Pacoti/CE	Fundeb	Despesas realizadas incompatíveis com o objetivo do Fundeb, no montante de R$12.403,00 (...). Despesas com assinatura de jornal, camisas para capacitação de professores e *buffet* durante a realização da semana pedagógica da Secretaria da Educação.
36	Pacoti/CE	PNATE	Despesas realizadas, com refeições e gêneros alimentícios para docentes, incompatíveis com o objetivo do Fundeb, no montante de R$8.546,25 (...). Constatou-se que foram adquiridos com recursos do Fundo refeições e gêneros alimentícios (leite, bolo, biscoito, café, pão, queijo, presunto, frutas, carne, frango, refrigerante, suco) destinados a encontros de docentes, contrariando disposições do FNDE.
37	Mirante da Serra/RO	PNATE	Desvio de finalidade: utilização indevida de parte dos recursos do Programa Nacional de Apoio ao Transporte do Escolar (PNATE) (...). Pagamento de despesas orçamentárias próprias, como, por exemplo, o reajuste de salários dos servidores municipais.

Fonte: Construção do autor.

Na qual, chamam a atenção os valores de pequeno vulto de forma predominante e, ainda, desvios para atender a despesas afetas à educação, mas que não são permitidas por aquele recurso específico, por conta de regras detalhadas, em um desvio oriundo mais de rigidez das normas e enquadramentos do que do patrocínio de interesses locais.

Essa é, inclusive, uma ilusão dos formuladores de regulamentos infralegais, de caráter procedimental, que pensam que o mero estabelecimento de uma regra de proibição de consumo de refrigerantes, por exemplo, seja o suficiente para isso se concretizar. Sem desprezar o caráter indutor das normas, mas estas também geram custos de transação de monitoramento e de incentivos para que ela não seja "letra morta", em especial em um país como o Brasil, com muitas normas e uma cultura de não aderência.

No que se relaciona a entender a relação dessa submeta com a autonomia, tem-se que, no Sorteio, as ações da CGU imputam aos problemas sempre uma ação comissiva ou omissiva do gestor, e os problemas surgem sempre como falta de aderência às normas, e não pelo fato de as ações resultarem em consequências estranhas ao programa. A regra como a régua.

Nos problemas que não são vinculados a uma subsunção estrita às normas, como condições de preparo e de armazenagem de alimentos, as observações se limitam a indicar se os locais são adequados, no que se relaciona às suas condições operacionais, não entrando na discussão do patrocínio de metas paroquiais ou do uso da autonomia municipal.

Nas operações especiais, a irregularidade não é a falta de normas mais restritivas, e sim a liberdade de fraudar e desrespeitar normas, como um problema de supervisão e de impunidade, e o grande desvio de finalidade é pelo desfalque de recursos para interesses privados, o que é o pior cenário.

O desvio de finalidade surge nos trabalhos da CGU em uma visão de não aderência a normativos, no emprego de recursos em despesas dentro da finalidade educacional, mas não previstos em normas específicas ou, ainda, em gastos em outros setores da prefeitura, sendo uma decorrência da centralidade legal, o que gera um custo de monitoramento e correção desses problemas, cuja magnitude é questionável, tendo como norte que a política educacional não tem retorno imediato e que esses normativos que limitam despesa se prendem a essa lógica para que não se troque a remuneração de professores por *shows* musicais.

Outro aspecto do desvio de finalidades tratado pela CGU é mais grave e afeta de forma significativa os programas por envolver o desvio de recursos para fins privados, sendo tratado nos Sorteios de Municípios e nas operações especiais como uma visão da corrupção que prestigia seu valor pela materialidade do desvio de recursos e o prejuízo à política.

A primeira visão demanda ajustes e a percepção do espírito do programa, no trato da submeta, para que não se gastem milhões para controlar centavos ou que se patrocinem regras para engessar a gestão municipal, o que gera custos de transação, inclusive de monitoramento e de responsabilização.

A segunda visão tem sido uma tônica na atuação mais diretiva da CGU, voltada à detecção de corrupção, e impede que recursos destinados a objetivos da política educacional sejam subtraídos por esquemas criminosos e para fins pessoais. E em termos de custos de transação, são ações relevantes, pois estancam a saída desses recursos e permitem a reconstrução de mecanismos de gestão.

No capítulo 4, a análise se deteve a como os problemas detectados pela CGU se relacionam aos custos de transação, e o próximo capítulo vai se deter na linha das soluções propostas pelo órgão de controle interno.

CAPÍTULO 5

ANÁLISE DA ATUAÇÃO DA CONTROLADORIA-GERAL DA UNIÃO NA POLÍTICA EDUCACIONAL DESCENTRALIZADA, DE 2005 A 2014, SOB A ÓTICA DA TEORIA DOS CUSTOS DE TRANSAÇÃO – ANÁLISE DAS SOLUÇÕES PROPOSTAS

5.1 Aspectos gerais das ações da CGU no contexto das soluções

A dimensão das soluções apontadas pela CGU frente aos problemas, seja no contexto de Relatórios de Auditoria, seja em ações sistêmicas de promoção da transparência, é o objeto desta segunda parte da análise. Aqui importa de que forma essa ação do controle pode influenciar o arranjo e, no caso da política educacional, esse impacto se comprova pela análise dos relatórios de gestão do FNDE (BRASIL, 2016), de 2006 a 2014, conforme quadro 12, e que indica como a atuação da Auditoria Interna da Autarquia é impactada pelas demandas da rede de *accountability*, exterior a esta:

Quadro 12 – Impacto dos órgãos de controle
na Auditoria Interna do FNDE

Ano	Extrato da atuação em relação a demandas de órgãos de controle
2014	Item 2.2 Atuação da Unidade de Auditoria Interna – A atuação nos municípios da Auditoria Interna teve seu planejamento elaborado com base em critérios específicos, selecionando as demandas existentes dos diversos órgãos competentes (Tribunal de Contas da União [TCU]; Controladoria-Geral da União [CGU]; Ministérios Públicos [Federal e Estaduais], Polícia Federal e Tribunais em geral), além das Entidades com maior quantidade de denúncias recebidas e registradas na Ouvidoria do FNDE no período de janeiro/2012 a outubro/2013.
2013	3.3 Informações sobre a atuação da unidade de auditoria interna – (...)Avaliação dos controles internos administrativos Em cumprimento ao Plano Anual de Auditoria Interna – PAINT, foi realizada auditoria de "Avaliação dos Controles Internos Administrativos", objeto do Relatório de Auditoria Interna n.º 25/2013, visando verificar a confiabilidade, integridade e oportunidade dos controles da entidade voltados ao atendimento às recomendações e determinações exaradas por meio dos relatórios da Auditoria Interna do FNDE e da CGU, especificamente no que se refere a 37ª edição do Programa de Fiscalização por Sorteios Públicos e a Relatórios de Demandas Especiais. (...)
Avaliação objetiva sobre gestão do patrimônio imobiliário. Essa ação de controle teve por objetivo atender recomendação consignada no Ofício nº 32.595/ DSEDUI/DS/SFC/CGU-PR, de 31 de outubro de 2012, que propôs a inclusão no Programa Anual de Atividade de Auditoria Interna – PAINT/2013, do tema Avaliação sobre a gestão do Patrimônio Imobiliário, objetivando a padronização dos Planos Anuais de Auditoria Interna das Instituições Federais vinculadas ao MEC. (...)
No âmbito externo – (...) Ao longo do exercício, em decorrência da análise de denúncias recebidas e de solicitações de fiscalização, notadamente por parte de órgãos de controle, houve a necessidade de inclusão de outros 48 Programas/Convênios distribuídos por 12 entidades. Essas novas demandas, do mesmo modo que as ações inicialmente planejadas foram integralmente cumpridas, evidenciando-se a execução plena das fiscalizações previstas no PAINT/2013.
2008	1.8. Auditoria Interna (...) Para o exercício de 2008, as ações de auditoria, tanto interna quanto na sede dos conveniados, foram planejadas segundo critérios de hierarquização que contemplaram fatores como: órgão demandante, materialidade, prejuízo potencial, risco iminente, complexidade e disponibilidade operacional. Tais demandas foram provenientes dos Ministérios Públicos, Tribunal de Contas da União, Controladoria-Geral da União, Câmaras Municipais, Secretaria Geral da Presidência da República, Poder Judiciário, Polícia Federal, Diretorias e Ouvidoria do FNDE, sendo acrescidas verificações da aplicação de recursos inerentes a outros convênios/repasses existentes. (...)
No gráfico 1.8.2, verifica-se a crescente demanda quanto à solicitação de informações dos órgãos de controle nos 3 últimos anos (2006-2008). Em relação ao exercício de 2007, houve um aumento de 16,1%. Se comparado ao exercício de 2006, este acréscimo é superior a 400 demandas, aproximadamente 30%.
2007	7. Auditoria Interna (...) com a finalidade de cumprir suas competências regimentais, a Auditoria Interna equilibrou o foco de sua atuação entre as ações de controle externas no âmbito do FNDE (auditorias in loco) e os atos de gestão interna. A seleção das entidades para a inclusão no PAINT, para o exercício de 2007, priorizou as demandas advindas dos Ministérios Públicos, do Tribunal de Contas da União e da Controladoria Geral da União. Foram acrescidas verificações nas execuções de outros convênios/repasses existentes no âmbito dos municípios fiscalizados, abrangendo os recursos repassados nos exercícios de 2005 e 2006. Os critérios técnicos, como materialidade, criticidade e relevância, foram adotados de forma suplementar na realização desses trabalhos.

2006	6. Auditoria Interna (...) A seleção das entidades para a inclusão no PAAAI, para o exercício de 2006, priorizou as demandas advindas dos Ministérios Públicos, do Tribunal de Contas da União e Controladoria Geral da União. Além das solicitações contidas nas demandas dos órgãos mencionados, foram acrescidas verificações na execução de outros convênios/repasses existentes no âmbito dos municípios fiscalizados, abrangendo os recursos repassados nos exercícios de 2004 a 2006. Os critérios técnicos, como materialidade, criticidade e relevância foram adotados de forma suplementar na realização dos trabalhos.
	Como resultado, foram programadas 72 entidades a serem auditadas. Desse total, foram efetivadas auditorias em 34 entidades, totalizando 41 entidades auditadas. Foram reprogramadas 22 entidades para o exercício de 2007, em face da necessidade de inclusão de demandas oriundas de órgãos de controle, a exemplo do TCU, Extra-PAAAI, bem como foram excluídas 16 entidades por motivos diversos (exemplo: instauração de TCEs). Foram efetuadas, ainda, sete auditorias extra plano.

Fonte: Construção do autor/Relatórios de Gestão do FNDE de 2006 a 2014.

Trata-se do relato da atuação da Auditoria Interna da Autarquia responsável pela descentralização de recursos para a Educação Básica gerida na esfera municipal, e os trechos mostram os impactos da ação dos demais atores diretamente nesse concedente como elemento central na rede de implementação e a sua interação com a rede de *accountability*.

A atuação da auditoria interna, como se vê, é saturada de ações complementares de apuração e monitoramento de providências em relação às demandas dos órgãos da rede de *accountability*, que utilizam o concedente como um intermediador das soluções propostas para a esfera municipal, dentro do desenho do federalismo já discutido. A forma como essas soluções são apresentadas, no caso pelo componente CGU, e os seus possíveis impactos no arranjo, envolvendo o concedente e o município, é a discussão trazida nesta segunda parte de análises.

Mas, sem dúvida, essa quantidade de demandas dos órgãos de controle, empoderados, faz com que, na ação do FNDE de acompanhamento e supervisão, sejam priorizadas essas demandas, o que tem o potencial de concentrar a atuação em determinados municípios e programas, ao sabor das opções dos órgãos de controle, afetando a visão sistêmica da lógica de implementação, sem deixar de considerar ainda que essas demandas são frutos de processos não coordenados, o que tem o potencial de gerar lacunas e superposições.

Da mesma forma, o Anexo II do Relatório de Gestão de 2008 do FNDE mostra uma quantidade significativa de ofícios expedidos alusivos a providências decorrentes das ações de fiscalização dos

Sorteios de Municípios, de forma que cada ação da CGU desencadeia processos de verificação, cobrança, acompanhamento do FNDE em relação aos municípios, e a natureza dessas ações da CGU precisa ser avaliada, à luz da discussão dos custos de transação, dado que impactam o concedente e, de forma reflexa, o município.

Quando o órgão de controle recomenda ou determina, o concedente, por receio de sanção, efetiva a emissão de expedientes a título de diligência nos municípios e até inspeções presenciais, saturando o sistema de acompanhamento com situações pontuais e locais, sem dialogar com aspectos sistêmicos desses achados, de forma que a centralidade dos problemas se vê perdida nessas demandas localizadas.

Assim, de alguma forma a análise dos problemas (capítulo 4), ao olhar a ponta, a execução apenas, repassa a desconformidade para o concedente, sem adentrar na complexa esfera de soluções viáveis e efetivas ou, ainda, estratégicas, o que resulta em documentos que circulam entre os atores desvelando os problemas, cobrando soluções, sem uma visão sistêmica e estruturante das situações encontradas.

Como apontado por Costa e Braga (2018), as ações de *accountability* devem ponderar os custos de transação decorrentes de sua ação em relação às políticas públicas, posto que muitas das medidas instituídas pelos governos para combater a corrupção aumentam esses custos, sem retorno para a efetividade da política, seja pelo aspecto corretivo, que inibe a inovação pelo medo da punição que paralisa os atores, ou ainda pelo aspecto preventivo, que cria camadas de supervisões e rotinas de controles, onerando os procedimentos.

Aqui, consoante com a discussão do arranjo híbrido e da TCT, importa no campo das soluções a combinação de controles e incentivos como forma de promover a *accountability*, com atenção aos custos de transação, realizando isso por meio de salvaguardas que equilibrem esses fatores e de forma alinhada aos objetivos das políticas, em uma visão sistêmica, e a análise dos dados fornecidos pela atuação da CGU na política educacional pode trazer exemplos que, à luz das categorias, tenham o potencial de aumentar ou não esses custos.

A análise se deterá, nesta parte da pesquisa, não somente aos relatórios de auditoria das ações de controle, mas também de iniciativas da CGU na promoção do controle social e da transparência, como mecanismos estruturantes, que permeiam várias políticas sociais, inclusive a educacional, para o incentivo ao controle político e de destaque no uso de mecanismos não apenas diretivos para contemplar melhor a dimensão do incentivo.

Por que é importante a discussão dessas iniciativas? Para se avaliar como ocorre a atuação na promoção da transparência,[121] se ela é alinhada aos objetivos, se é coerente com o arranjo, para que não seja apenas mais um gerador de ritos, uma disponibilização descontextualizada de dados que se converta em custos de transação sem corresponder à efetividade.

Iniciando-se, então, uma análise geral dos dados da pesquisa sem adentrar ainda nas categorias, tem-se que, em relação às recomendações na ação AEPG, de caráter mais sistêmico, um total de 32% das recomendações foi enquadrado pela pesquisa como de incentivo, espelhado em proposições de ações de reconhecimento de boas práticas, campanhas de sensibilização, incremento da transparência e estímulo ao controle social.

Na linha do controle, tem-se que 68% das recomendações da ação AEPG se enquadram nessa classificação e tratam basicamente da modificação de normativos, mudanças de procedimentos, aprimoramento dos controles e do monitoramento, inserção de rotinas na prestação de contas, verificações adicionais e a criação de grupo de trabalho.

A ação AEPG, mais estratégica, tem uma participação minoritária das ações de incentivo, cerca de um terço, desenvolvidas em ações que envolvem a *advocacy* e a melhoria da transparência, o que estimula e qualifica o controle político, mas com a observação de que não existe uma integração dessas ações com as ações próprias da CGU na promoção da transparência e do controle social, como se depreende da leitura dos relatórios, em um descolamento que diminui a potencialização dessas ações.

---

[121] Corrêa (2017), nesse sentido, aponta em sua pesquisa que as políticas de transparência podem ser classificadas em três lógicas: i) de controle; ii) de desempenho; e iii) de transações. Essas lógicas, segundo a autora, interferem em todo o processo de disponibilização dos dados e de governança dessas ações de transparência. Assim, a transparência não é um conceito único e se apresenta de várias formas, interagindo com a gestão segundo diversas lógicas.

No que tange a operações especiais, dado que estas se destinam a subsidiar um inquérito com vistas à responsabilização penal e em outras esferas, seus impactos não se dão pela recomendação na via gerencial, e sim por punições aplicadas aos agentes envolvidos, que se diluem ao longo dos anos, dada as dificuldades na esfera judicial no Brasil e as múltiplas possibilidades de sanção pelos diversos atores da rede. Como trazido por Aranha (2014), existe um problema de integração processual dos órgãos de controle e dos órgãos de caráter judicante nesse contexto de políticas sociais descentralizadas.

As análises das ações da CGU na auditoria das contas anuais do FNDE se restringem, na presente obra, apenas às recomendações voltadas para as transferências intergovernamentais e, nessa atuação, destaca-se o esforço da CGU em relacionar os problemas na ponta com as fragilidades na atuação da concedente, em especial na análise dos processos de contas, um processo central no arranjo, atacando o passivo de contas a serem analisadas, mas necessitando romper a visão formal dessa questão, assumindo uma visão mais estratégica e com priorizações.

Nos relatórios do Sorteio de Municípios, cabe destacar que esse instrumento fiscaliza *in loco* os municípios e recomenda a solução via concedente, no caso, o FNDE, dada a questão federativa e o papel legal da CGU. Tal cenário impede a controladoria de recomendar diretamente ações ao município, em que pese o sorteio ter um desenho focado na gestão municipal, um traço que reforça o foco nos problemas. A CGU tentou, inclusive, em alguns sorteios, segregar recomendações para o FNDE e para o município para tentar sanar essa questão, mas não logrou êxito essa experiência.

A análise se detém a 607 recomendações de Sorteio de Municípios oriundas de sistema próprio da CGU, fruto dos municípios selecionados na amostra (Anexo I) e que têm seus relatórios disponibilizados na internet. Na classificação para recomendações adotada para facilitar a presente pesquisa, conforme Quadro 13, cada uma dessas recomendações pode ter comandos com efeitos diversos, ou seja, uma mesma recomendação pode mandar orientar o gestor e comunicar o fato ao Tribunal de Contas estadual de forma concomitante e, como o objeto de discussão são os possíveis efeitos sobre o arranjo, no momento da classificação, as 607 recomendações foram desdobradas em 828.

Quadro 13 – Classes de recomendação no Sorteio de Municípios

Controle/ Incentivo	Classe de recomendação	Quantidade	%
Controle	Que se adotem medidas para o cumprimento de norma (CN)	23	2,8
Controle	Que se realizem apurações adicionais, diligências (AA)	55	6,6
Controle	Que se articule com departamento de trânsito estadual (AO)	21	2,5
Controle	Consolidação de dados para montar matriz de riscos (MR)	45	5,4
Controle	Que sejam efetuadas correções pontuais (CP)	27	3,3
Controle	Que se comunique o fato ator da rede de *accountability*, geralmente Tribunal de Contas estadual ou Ministério Público (CA)	126	15,2
Controle	Ação para o ressarcimento de valores (RV)	51	6,2
Controle	Que sejam implementados controles (IC)	43	5,2
	Subtotal		**47,2**
Incentivo	Atuação junto ao Controle Social (IS)	57	6,9
Incentivo	Adverte ou alerta o gestor (AL)	29	3,5
Incentivo	Que se capacitem ou orientem os agentes municipais (CM)	351	42,4
	Subtotal		**52,8**
	Total	828	100

Fonte: Construção do autor.

Uma análise inicial do quadro 13 indica um equilíbrio entre as recomendações no sorteio de caráter de controle (47,2%) e as de incentivo (52,8%), em especial pelo fato das recomendações de capacitação e orientação envolverem 42,4% dos casos, o que pode ser imputado a uma deficiência da CGU de atuação em relação aos problemas identificados por conta do desenho federalista, restando a solução de capacitação de forma majoritária, com certo grau de desresponsabilização com as causas dos problemas, pela assunção de que estes residem no desconhecimento do gestor pela ausência de capacidades estatais.[122]

Sobre esse ponto da capacitação, o FNDE dispõe do Programa Formação pela Escola (FPE), que é um programa de formação continuada na modalidade a distância que tem por objetivo contribuir para o fortalecimento da atuação dos agentes e parceiros envolvidos com a execução, o monitoramento, a avaliação, a prestação de contas e o controle social dos programas e ações educacionais financiados pelo FNDE, que não têm ligação formal com as ações da CGU de auditoria e nem as suas de capacitação institucional aos municípios.

Mas a centralidade da questão da capacitação não considera a necessidade de se trabalharem as salvaguardas *ex post* no nível local e estratégico, bem como incentivos que mobilizem o alinhamento do arranjo em relação aos objetivos, nas pautas trazidas pela TCT, em uma visão reducionista das soluções para os problemas e que podem redundar em mais custos de transação por induzir capacitações padronizadas e descontextualizadas ou, ainda, voltadas apenas para a norma estrita, o que dialoga pouco com os problemas apontados no capítulo 4.

Ou seja, existem aspectos de um descasamento estratégico das ações de incentivo do órgão de controle interno (CGU) pela promoção da transparência e de capacitação em relação à atuação do FNDE como concedente, no sentido de que as ações nascem em cada órgão sem instâncias de cooperação e, por vezes, ocorrem momentos de interação, o que se deve a certo insulamento da CGU no processo de construção das políticas.

Na linha do controle, existe certo equilíbrio nas categorias, com destaque para a recomendação na linha de comunicar o fato à rede de *accountability* (15,2%), o que resulta em uma geração de expedientes da CGU para o FNDE e que dali vão para os tribunais de contas e o Ministério Público, o que tem o potencial de que estes voltem com solicitação de informações sobre as providências adotadas, gerando

---

[122] Essa lógica se reforça pela instituição, pela CGU, do Programa de Fortalecimento da Gestão Municipal (Portaria CGU nº 363/2006), atrelado ao Sorteio de Municípios e que busca atuar nessa brecha horizontal, ainda que, na prática, o Sorteio de Municípios tenha como foco os problemas na gestão municipal, que, ao ser exposto, induz a melhoria, no efeito pedagógico trazido por Hage (2010) e ratificado pelas pesquisas de Ferraz e Finan (2007).

uma troca de expedientes, mas que, para a responsabilização ou melhorias gerenciais, necessitam que essas informações sejam convertidas em inquéritos ou processos de contas nesses órgãos de controle, com mais diligências e carga processual.

Destacam-se também as recomendações de ressarcimento de valores (6,2%), uma ação que imputa ao FNDE essa cobrança formal pela via administrativa e, quando esgotada, a instauração de Tomada de Contas Especial,[123] que segue para certificação pela CGU, instrução e julgamento pelo TCU e possível cobrança judicial pela Advocacia-Geral da União, em um processo moroso e oneroso que, quando recupera os recursos, ainda que corrigidos, são incorporados em um orçamento bem posterior, em outro contexto, em outra geração.

Cabe destacar que iniciativas têm sido realizadas pelo TCU, como a implantação do e-TCE em 2018, sistema no qual a Tomada de Contas Especial passa a ser realizada diretamente no sistema, e todas as instâncias (unidades instauradoras, autoridade ministerial supervisora, controle interno e controle externo) utilizarão a mesma plataforma, tornando o trâmite do processo mais célere e objetivo, mas, como visto, o volume anual de processos é grande, o que reforça o gargalo e a acumulação de estoque.[124]

As recomendações que envolvem apurações adicionais (6,6%) tratam de diligências imputadas geralmente ao FNDE para o aprofundamento de informações obtidas *in loco* pela CGU, o que resulta em custos de transação pelo envio de expedientes pelo concedente, pela realização de inspeções presenciais e até de novas auditorias – como exemplificado pelo quadro 12 – e, dependendo da natureza do problema, pode gerar uma concentração de supervisão em determinados municípios, onerando o arranjo, em especial pelo fato de ser o atendimento de uma recomendação do órgão de controle.

---

[123] Apenas para exemplificar, segundo dados no *site* da CGU, em 2014 foram certificadas 2.322 Tomadas de Contas Especial, sendo 337 (15%) da educação (FNDE), ficando em terceiro lugar, atrás de 493 do Ministério da Saúde e 575 do Ministério do Turismo. Essas TCE são motivadas pela CGU, mas também por iniciativa do FNDE no processo de análise de contas. São valores relativamente pequenos. A média em 2014 de valores devidos nessas TCE é de R$154.287,23/TCE (valor original) e R$448.704,71/TCE (valor corrigido).

[124] Os acordos de leniência previstos na Lei Anticorrupção (nº 12.846/2013) têm o potencial de agilizar a devolução dos recursos, ainda que parcialmente, fugindo, em alguns casos, do oneroso rito da TCE. Dada a pulverização dos recursos na descentralização da política educacional, existe pouca possibilidade de utilização desse artifício por uma questão de custo-benefício.

Merecem destaque também as recomendações categorizadas como Implementação de Controles (5,2%), que se referem basicamente à melhoria e implementação de sistemas informatizados, rotinas administrativas e procedimentos de controles internos, o que demanda o monitoramento e a supervisão do concedente, o que impõe custos de transação *ex post* consideráveis, e ainda no âmbito municipal, a implementação de mecanismos não detalhados e que, embora respeitem a autonomia, necessitam de tempo para avaliação e validação, com custos também nessa esfera.

O capítulo anterior (4) destaca que os problemas encontrados pela CGU são, de modo geral, descontextualizados da suficiência das salvaguardas do concedente e, nesse sentido, recomendações de implementação de controles, desalinhadas, também têm o potencial de ampliar os custos de transação por sugerir controles desalinhados.

O quadro 14 desmembra essas classes de recomendações do Sorteio de Municípios pelos programas analisados, como se vê a seguir:

Quadro 14 – Classes de recomendação por programa

(continua)

Classe de recomendação	Fundeb		PNATE		PNAE		PNLD	
Que se adotem medidas para o cumprimento de norma (CN)	1	0,7%	22	9,4%	0	0	0	0
Que se realizem apurações adicionais, diligências (AA)	3	1,9%	16	6,7%	25	7,2%	11	12,5%
Que se articule com departamento de trânsito estadual (AO)	0	0	21	9,0%	0	0	0	0
Consolidação de dados para montar matriz de riscos (MR)	0	0	21	9,0%	24	6,9%	0	0
Que sejam efetuadas correções pontuais (CP)	3	1,9%	3	1,3%	19	5,5%	2	2,3%
Que se comunique o fato ao ator da rede de *accountability*, geralmente Tribunal de Contas estadual ou Ministério Público (CA)	98	61%	11	4,7%	17	4,9%	0	0

(continua)

Classe de recomendação	Fundeb		PNATE		PNAE		PNLD	
Ação para o ressarcimento de valores (RV)	3	1,9%	18	7,7%	30	8,7%	0	0
Que sejam implementados controles (IC)	1	0,7%	13	5,6%	28	8,1%	0	0
Atuação junto ao Controle Social (IS)	4	2,5%	17	7,3%	37	10,7%	0	0
Adverte ou alerta o gestor (AL)	0	0	0	0	10	2,9%	19	21,6%
Que se capacitem ou orientem os agentes municipais (CM)	47	29,4%	92	39,3%	156	45,1%	56	63,6%
Total	160	100%	234	100%	346	100%	88	100%

Fonte: Construção do autor.

Cabe ressaltar neste quadro que o Fundeb tem índices altos de recomendações de comunicação à rede de *accountability* (61%) e também de capacitação ao gestor (29,4%), o que se explica pelas limitações legais desse fundo interfederativo, dado que é um recurso que tem a sua fiscalização e prestação de contas de forma controversa, como explicado no capítulo 2, limitando em muito a ação da CGU na esfera das recomendações, em que pese que este fundo movimente recursos consideráveis.

A recomendação de orientação e capacitação tem índices altos no PNAE (45,1%), no PNATE (39,3%) e no PNLD (63,6%), sendo que o PNLD, quando somadas as recomendações de alerta ao gestor, chega ao índice de 85,2%, indicando em todos estes uma predominância de soluções na linha de avisar e orientar o gestor, na ideia já discutida do desconhecimento como pretenso problema central, no que tange ao Sorteio de Municípios, jogando toda a responsabilidade na ausência de capacitação.

A interação com o controle social tem maior participação no PNAE (10,7%), com índice de 7,3% no PNATE e apenas 2,5% no Fundeb. Esses dois últimos programas têm a gestão com grande dependência da atuação do conselho (BRAGA, 2015), o que poderia ensejar mais ações da CGU em relação a atribuir responsabilidades a essas instâncias nas suas recomendações, reduzindo a dependência pelo envolvimento de um ator diferente e, ainda, pelo incentivo ao controle político, mas o percentual é considerado baixo pela pesquisa.

O ressarcimento é mais presente no PNAE (8,7%) e no PNATE (7,7%), tendo o Fundeb parco 1,9% de recomendações nessa classificação, apesar de concentrar esse fundo uma grande quantidade de recursos, com as questões subjacentes do Fundeb prestar contas aos tribunais de contas estaduais e ser fiscalizado concomitantemente pelo TCU e pela CGU nos estados que recebem complementação da União, o que torna mais complexa essa devolução. Esse baixo percentual se repete no Fundeb para as recomendações de diligências adicionais, com 1,9%.

Destaca-se que esse ressarcimento, presente no PNAE e no PNATE, se dá, via de regra, pelo instrumento da Tomada de Contas Especial, aberta pelo FNDE, e que visa quantificar o dano e identificar os responsáveis, seguindo para a certificação pela CGU, julgamento pelo TCU e a cobrança judicial posterior, um processo longo e, por vezes, moroso, que gera custos de transação em toda a cadeia de implementação e de *accountability*, com retorno de recursos de forma descasada da gestão, quiçá em outra geração.

Cabe registrar que a planilha extraída do sistema de monitoramento da CGU, obtida pela pesquisa, com o monitoramento *a posteriori* das recomendações dos relatórios de ações nos municípios afetas à política educacional, no período da pesquisa (2005 a 2014), indica que as ações da CGU geram cobranças sucessivas de providências no FNDE, além de terem suas consequências basicamente vinculadas à aprovação ou não das contas do município naquele exercício em processos morosos, que mais das vezes demoram uma década, gerando a instauração de Tomada de Contas Especial, e não foram verificadas por parte do concedente inspeções presenciais por conta das recomendações da CGU, e sim apenas diligências por meio de expedientes (ofícios).

Nesse sentido, é clara a dificuldade da CGU na construção de soluções na via municipal pela análise das ações do Sorteio de Municípios, pelas peculiaridades do federalismo e pela pulverização dos programas e dos problemas e, considerando-se as outras formas de ação, percebe-se que uma combinação de ações de controle e de incentivo poderia ser mais explorada, à luz das categorias e das peculiaridades de cada programa.

Essas ações de auditoria governamental se complementam por ações da CGU de promoção da transparência e do controle social, como uma inovação do modelo que se consolida em 2006 (vide capítulo 3) e que se materializa em cinco linhas de atuação para efeitos da presente pesquisa: i) transparência ativa; ii) transparência passiva; iii) capacitação para o controle social; iv) disseminação de resultados; e v) avaliação de transparência.

O quadro 15 traz uma análise sucinta dessa atuação no período da pesquisa, que será mais aprofundada à luz das categorias de pesquisa, referenciado em documentos específicos.

Quadro 15 – Linhas de atuação da CGU na promoção da transparência e do controle social

(continua)

Linha de atuação da CGU	Principal instrumento e descrição	Análise
Transparência ativa[125]	O Portal da Transparência do Governo Federal, criado em 2004 pela Controladoria-Geral da União, disponibiliza de forma clara e amigável as receitas e despesas do governo federal, espelhos das notas de empenho, dados específicos como diárias e, em relação à política educacional descentralizada, traz desde 2004 as transferências por município/programa dos recursos, sendo que a disponibilização de detalhes da execução municipal ficou a cargo de cada concedente, nos termos do Decreto nº 7.507/2011. No período, surgiram a Lei nº 12.527/2011, a Lei de Acesso à Informação (LAI) e a Lei Complementar nº 131/2009, que imputam aos municípios a necessidade de publicar na internet as suas despesas e receitas, entre outras informações.	A disponibilização de forma ampla e qualificada dos dados das transferências da União para os municípios na política educacional permite instrumentalizar o controle social, o poder legislativo local e a imprensa, demonstrando quanto e quando a municipalidade recebeu recursos da União, o que reduz a possibilidade de ação oportunista da gestão municipal em relação a esses atores. O Decreto nº 7.507/2011, por trazer um grau de detalhamento da execução dessas despesas oriundas de recursos federais, disponibilizados no sítio do concedente federal, traz a outro patamar as possibilidades do controle social e autonomiza a transparência, desvinculando-a do município e das dificuldades deste atender os mandamentos da transparência ativa, prevista nas leis citadas. Esse conjunto de normas e de ferramentas possibilita outra relação com a gestão municipal, contribuindo para reduzir a incerteza.

---

[125] Transparência ativa é a disponibilização espontânea de dados pelos órgãos públicos em seus sítios na internet, e transparência passiva é o fornecimento de uma informação pelo órgão público após demanda específica do requerente.

(continua)

Linha de atuação da CGU	Principal instrumento e descrição	Análise
Transparência passiva	A CGU teve grande participação na construção da Lei nº 12.527/2011, a Lei de Acesso à Informação (LAI), que se aplica também à esfera municipal e que imputa aos municípios responsabilidades para o atendimento de demandas dos cidadãos por informação. A CGU criou, no período da pesquisa, o Programa Brasil Transparente, uma iniciativa que capacita, produz manuais, disponibiliza sistemas e auxilia municípios na implementação da referida lei, bem como de portais de transparência, visando, pela assessoria técnica da União, suprir as brechas horizontais na implementação desse novo paradigma.	A ação da CGU de redução da brecha horizontal, pela disponibilização de cursos e sistemas, tem como efeito não só tornar aptos os municípios para estarem aderentes à Lei de Acesso à Informação, mas também traz o tema para a centralidade e estimula o cidadão a demandar a municipalidade sobre a gestão local de forma qualificada, e isso reduz a incerteza local e as possibilidades de oportunismo do gestor municipal.
Capacitação para o controle social	O Programa Olho Vivo no Dinheiro Público é um programa desenvolvido desde 2003 e que, por meio de ações de capacitação presencial e a distância, bem como de assessoria, foca a sensibilização e a qualificação dos conselheiros de políticas públicas das áreas da saúde, educação e assistência social, além da sociedade civil. Cabe destaque também o Programa de Fortalecimento da Gestão Municipal a partir de Sorteios Públicos, que tem por objetivo apoiar as prefeituras no fortalecimento da gestão municipal mediante a promoção de ações relativas ao fornecimento de orientações e informações necessárias à correta aplicação de recursos públicos.	A qualificação de conselheiros também possibilita uma interação na ponta, de quem está perto da gestão, que reduza o oportunismo do gestor municipal e ainda possibilita, pela interação, colher informações sobre a gestão dos programas. Destaca-se no período a 1ª Conferência Nacional sobre Transparência e Controle Social (1ª Consocial), coordenada pela CGU, que ocorreu em Brasília entre 18 e 20 de maio de 2012, após quase dois anos de encontros regionais, o que sensibilizou a população para a questão da participação social, permitindo a produção e circulação de informação sobre a gestão na municipalidade.
Disseminação de resultados	Os relatórios de Sorteio de Municípios, bem como as contas anuais do FNDE, foram objeto de publicação desde o ano do início da CGU, em um processo que vem amadurecendo durante o período da pesquisa, e em 2012 passaram a ser publicados na internet também os Relatórios de AEPG, por força da Lei de Acesso à Informação.	A disseminação dos relatórios dos Sorteios de Municípios na internet representa a disponibilização de uma informação qualificada, oriunda de um processo de auditoria, sobre a gestão daqueles programas no âmbito municipal, e isso faz com que a interação da gestão com o controle social, inclusive a imprensa, se dê em outro nível, reduzindo a incerteza e a possibilidade de oportunismo e, ainda, interferindo em processos eleitorais, afetando a dependência na relação União com os municípios. O formato de disponibilização, com fotografias e foco nos erros, como já discutido no tópico 4.2, traz problemas na relação de confiança na descentralização, no âmbito do federalismo, mas populariza os problemas da gestão por induzir à solução, como uma forma de incentivo.

(conclusão)

Linha de atuação da CGU	Principal instrumento e descrição	Análise
Avaliação de transparência	Dentro do já citado Programa Brasil Transparente, a CGU desenvolveu a Escala Brasil Transparente, que teve a sua primeira rodada de avaliação de janeiro a abril de 2015, sendo uma metodologia para medir a transparência pública em estados e municípios brasileiros focada na transparência passiva e cria um *ranking*, que é publicado na internet, com mapas e cores a cada ciclo de avaliação.	Apesar de ser implementada somente no mês após o final do período da pesquisa, a Escala Brasil Transparente decorre da obrigação da CGU, constante do inciso II, art. 68, do Decreto nº 7724/2012, de promover campanha de abrangência nacional de fomento à cultura da transparência na administração pública e conscientização sobre o direito fundamental de acesso à informação, sendo uma estratégia de incentivo pela avaliação e divulgação de um *ranking* nacional, o que reduz a incerteza no ambiente municipal e fomenta a aderência pela linha da busca do lucro político, sintonizada a visão de incentivo dos arranjos híbridos da TCT.

Fonte: Sítio da CGU na internet.

A atuação da CGU, de modo geral, é sistemática na promoção da transparência e do controle social, combinando mecanismos normativos e procedimentos de implementação, o que fez no período da pesquisa que a prática e a discussão sobre transparência se tornassem fortes nos governos, nos diversos níveis federativos. Não é à toa que, em 2016, o nome da CGU, por força da Lei nº 13.341, se torna "Ministério da Transparência", marca do órgão no período.

A análise das iniciativas indicadas mostra um esforço para romper a assimetria informacional, primariamente do gestor municipal com o chamado controle social e, secundariamente, desses dois com o gestor federal que transfere os recursos, em uma triangulação que possibilita reduzir a racionalidade limitada dos decisores, bem como a incerteza no ambiente municipal, o que tem o potencial de reduzir a atuação oportunista dos envolvidos.

A avocação da transparência dos dados municipais por meio de plataformas no governo federal, de forma concorrente com a necessidade de promoção pelo município de transparência ativa prevista nas normas sobre esse assunto no período, é uma forma de reduzir a dependência da esfera municipal na estruturação de sua *accountability*, induzindo a melhora dos arranjos locais.

O que pode se notar também é certa dissociação das iniciativas de promoção da transparência e do controle social pela CGU com os ministérios que transferem recursos, situação oriunda de certo insulamento do modelo CGU, mas não resta dúvidas que as ações do quadro 15 redesenharam a gestão municipal, inclusive na relação com os demais atores da rede de *accountability*, pela profusão de informações disponibilizadas sobre a gestão dos recursos descentralizados, mudando também a pauta da imprensa, que antes só dispunha de informações mais aprofundadas por meio de denúncias ou de escândalos.[126]

Em aspectos gerais, pode-se dizer que as ações da CGU, bem como dos demais membros da rede de *accountability*, visivelmente impactam o concedente, em uma cobrança pontual, que tem o potencial de enfraquecer a atuação sistemática e a visão global da descentralização.

Verifica-se um equilíbrio entre as recomendações que trabalham com incentivos e as que atuam na linha da hierarquia, destacando-se na primeira a ideia de capacitação dos agentes municipais como solução, oriunda de uma crença de que a ignorância leva ao erro, e pelas limitações da CGU no ato de recomendar, esquecida um tanto a discussão de salvaguardas, a atuação do controle social e, ainda, o alinhamento com a atuação do concedente municipal.

As recomendações na linha do controle se concentram em modificações de ritos e normativos, o que também necessita ser contextualizado com a política para que não se transforme em uma alteração descoordenada de procedimentos, o que tem potencial de acréscimo aos custos de transação.

A necessidade do órgão de controle recomendar uma solução como fim de seu ciclo, em um ambiente complexo como a descentralização para os municípios, precisa de instâncias de coordenação, de parcerias para identificação e tratamento das grandes fragilidades e na construção de salvaguardas, o que não é patente no instrumento de AEPG, que poderia assumir esse papel de forma mais preponderante.

---

[126] Adams (2009), nesse sentido, traz o conceito de *iceberg* de gravidade, no qual os eventos de menor gravidade são subnotificados e se dispõem de mais informação, a baixo custo, de eventos de maior repercussão. A disponibilização sistemática de informações sobre a gestão pela adoção de políticas de transparência mitiga esse efeito e, consequentemente, a incerteza do ambiente.

A seguir, serão realizadas análises dos dados do Anexo I à luz das categorias, que não serão detalhadas conceitualmente, dado que isso se deu no capítulo 4. As recomendações dos relatórios de Sorteio de Municípios e do AEPG serão o foco prioritário, juntamente com as ações de melhoria da transparência e do controle social no período, com interações incidentais nas operações especiais e na auditoria anual de contas do FNDE.

5.2 Análise das proposições da CGU à luz das categorias

5.2.1 Categoria racionalidade limitada, incerteza e complexidade

5.2.1.1 Recomendação e complexidade

As recomendações no trabalho mais sistêmico, o AEPG, aumentam a complexidade no âmbito do concedente, pois envolvem: i) a inclusão de processos de supervisão e monitoramento; ii) a adoção de práticas de capacitação e divulgação; iii) a implementação de sistemas informatizados; iv) alterações normativas; e v) diligências, aprofundamentos e a criação de grupos de trabalho.

Esse receituário amplia o processo de gestão do concedente, com reflexos nas ações em relação aos múltiplos municípios objetos da descentralização, tornando mais complexo o leque de decisões na esfera municipal, pois cada ação destas listada corresponde a ações específicas dos municípios para demonstrar a incorporação dessas inovações.

Pode-se tomar, por exemplo, a adoção de novas pautas de capacitação, o que implica novas ações que necessitam de alunos que sejam agentes municipais, ou ainda as alterações normativas, que mudarão o fluxo da gestão da política no âmbito municipal.

Assim, cria-se uma demanda por implementação e monitoramento desses dispositivos oriundos dessas alterações para fazer frente a um problema detectado, com a correspondente criação de salvaguardas para garantir a contento a realização dessas ações no âmbito dos municípios, posto que modificar normativos gera alterações que tornam mais complexa a antecipação frente à realidade dos municípios.

Recomendar a adoção de medidas que precisem ser monitoradas por conta da racionalidade limitada do poder central, do risco de submeta, gera um custo de transação específico para verificar se aquele problema foi sanado no decorrer do tempo lá na ponta, o que reforça a importância de recomendações sistêmicas, de caráter estrutural, discutidas e contextualizadas e que aprimorem as salvaguardas e se apliquem a todo o processo de descentralização. Por isso, não existe muito sentido no Sorteio de Municípios, como instrumento de dissuasão, se terem recomendações que podem gerar mais impactos de monitoramento do que soluções.

O Relatório do PNAE de AEPG, na sua página 11, traz como recomendação:

> Assim, foi recomendado de modo estruturante ao gestor federal alterar a resolução do FNDE que dispõe sobre o atendimento da alimentação escolar aos alunos da educação básica no âmbito do Pnae, para que os municípios façam constar em seus processos de aquisição de gêneros alimentícios com recursos do Programa pesquisas de preços junto a instituições oficiais, limitando os valores de aquisição ao teto dos valores apurados junto às Centrais de Abastecimentos (Ceasa's) nos estados e à Companhia Nacional de Abastecimento (Conab).
>
> O FNDE afirmou que a recomendação não pode ser aplicada nacionalmente no âmbito do Pnae; contudo, seria estabelecido contato com a Conab para verificar a viabilidade de definir referência de preços (mapa de preços nacional).

Tratando-se de produtos com alto grau de sazonalidade, o estabelecimento de um teto proibitivo poderia causar problemas logísticos, de atendimento, e o concedente propõe que esses preços sejam uma referência, sob pena de frustrar os objetivos do programa por não conseguir manter a curva de demanda.

De toda sorte, a inclusão de pesquisa de preços junto a órgãos oficiais depende da capacidade destes de fornecer tempestivamente informações fidedignas sobre um universo grande de itens, em todas as regiões do país, com uma rede de comunicação dessa informação, uma situação difícil de ser antecipada, o que dificulta as salvaguardas para a adesão a esse normativo.

Reforça esse caso, em especial, a importância dada pela CGU para a dimensão "problema", em detrimento da dimensão "solução", dado que uma proposição desse teor não pode ser dada sem um estudo desse processo de pesquisa de preços, do acesso ao mercado pelos diversos atores municipais, todo um contexto que, se não for explorado, deixa a proposição no reino da superficialidade e com possibilidade de impactar a gestão sem o devido retorno.

De forma resumida, a solução apontada para o problema dos preços excessivos torna a aquisição no município mais complexa, pois cria novos passos nesse processo, envolvendo outros atores que podem agir de forma oportunista, e a criação desses passos demanda do FNDE salvaguardas para acompanhar esse novo rito, e dos municípios também, por necessitar de salvaguardas para garantir o acesso aos preços tempestivamente, o que aumenta os custos de transação.

A questão não é recomendar apenas, aumentando a complexidade na ponta, e sim considerar essa questão na proposição de soluções. A salvaguarda proposta pelo controle vai se desdobrar no município e se combinar com fatores locais, em um aumento da complexidade que afetará outras salvaguardas, com um benefício duvidoso à luz do problema.

O fato é que o problema de preços praticados na alimentação escolar é central, mas de difícil resolução, e o conjunto de salvaguardas nesse sentido precisa ser estudado e considerados os custos de transação envolvidos e, no caso discutido, não se aventou, por exemplo, o uso de mecanismos de incentivos, como um portal de compras com os preços praticados, optando-se por um rígido teto de valores.

Um outro exemplo é o AEPG do PNATE, páginas 12 e 13:

> Desse modo, foi recomendado ao gestor federal, que apresentasse, no prazo de 60 dias, plano de ação com o objetivo de fomentar nos CACS/Fundeb o aumento do controle sobre a execução do Pnate, durante o exercício, utilizando os sistemas já disponibilizados e incluindo itens que discorram sobre as condições dos veículos utilizados e sobre o uso exclusivo do transporte escolar por alunos da educação básica pública, residentes em área rural.

O FNDE informou que já existe indicação para que sejam verificadas as condições dos veículos utilizados no transporte escolar antes da emissão do referido parecer, e que não há óbice quanto à melhoria dos instrumentos utilizados para controle da efetividade. Sobre isso, a CGU observou que o questionário elaborado pelo FNDE destinado aos Conselhos contém perguntas sobre o uso do transporte escolar por outras pessoas e sobre as condições de segurança e conforto dos veículos (questões sete e nove). Assim, considerou-se que a recomendação foi atendida.

No qual a CGU recomenda que, em relação à fragilidade do Conselho do Fundeb no acompanhamento desse programa, a solução seja este conselho alimentar um quantitativo maior de informações sobre a gestão local dos veículos, e o concedente responde que já existe orientação sobre a verificação das condições dos veículos antes da emissão do parecer do conselho, por meio de um questionário.

Cria-se mais uma rotina para o conselho, que tem dificuldades de acompanhar o PNATE, e essa inclusão vai gerar a necessidade de uma salvaguarda, mesmo que seja uma verificação por amostragem, da fidedignidade dessas informações, salvaguardas estas decorrentes da nova solução para prevenir o risco de oportunismo e que são medidas que não estão alinhadas ao problema central, que é de difícil resolução, pois trata-se da deficiência do monitoramento do PNATE pelo conselho. O conselho não funciona e pede-se mais dele, sem poder monitorar essa implementação.

O quadro 13 indica que, no Sorteio de Municípios, comparecem de forma representativa recomendações que aumentam os desdobramentos municipais, como apurações adicionais, correções pontuais, implementação de controles, ressarcimento de valores, atuação junto ao controle social e capacitação, totalizando 70,6% das recomendações, o que é normal em uma ação centrada na gestão municipal, como é o Sorteio.

O Sorteio de Municípios, em especial, quando recomenda para um problema pontual de um destes, em um universo de 5.500, particulariza o problema, que tem suas raízes sistêmicas no processo de implementação, em que pese às vezes ele seja padronizado sob o manto de corrupção, o que termina por focalizar – e onerar – o processo de monitoramento do FNDE e, por decorrência, de toda a rede de *accountability*.

5.2.1.2 Recomendações de caráter orientativo ou preventivo

A ação orientativa como solução diante dos problemas encontrados na descentralização para os municípios tem um tom hegemônico na atuação da CGU no Sorteio de Municípios, figurando, junto com alertas e advertências, em 45,9% das recomendações, e essa questão revela uma diluição do plano das soluções no mundo dos problemas ao invés de uma categorização dos principais problemas e o estudo de suas causas estruturais para a construção de salvaguardas eficazes e que podem ser monitoradas, em especial em relação aos custos de transação no concedente e no municípios.

Reduzir o escopo de soluções à questão da capacitação não considera a incerteza local e o contexto da implementação. Por exemplo, o problema "Falhas na celebração dos contratos para aquisição de gêneros alimentícios" no Sorteio 27º, em Divina Pastora/SE, tem como recomendação, que é um padrão que se repete em diversos outros problemas:

> (...) Contabilizar, de forma consolidada, as constatações para fins de subsidiar as ações de capacitação dos executores e de apoio técnico relacionados aos procedimentos de divulgação e de orientação sobre a operacionalização do programa, bem como, na construção de Matriz de Risco para auxiliar nas tomadas de decisões.

Na qual se considera até a questão da categorização, mas, no final, termina apenas por ser uma questão temática na capacitação, e o problema das aquisições de gêneros pode ser desdobrado em pontos que podem ter outras salvaguardas, que envolvam a alimentação de informações no processo de prestação de contas, a transparência e a verificação nos principais preços praticados, soluções que de alguma forma envolvem a atuação do concedente e que a capacitação em si é um paliativo.

No universo dos problemas localizados no Sorteio de Municípios, a necessidade de se apresentar uma solução imediata para alguns problemas que têm a sua gênese no próprio sistema de descentralização termina por utilizar a capacitação como uma proposição genérica, que, se implementada, pode gerar mais custos de transação pelas múltiplas tentativas de se adaptarem essas capacitações aos problemas e, ainda, por se tentar relacionar o público das capacitações aos problemas.

O instrumento AEPG apresenta soluções mais vinculadas à criação e modificação de salvaguardas, destacando-se na linha da capacitação/divulgação, no Relatório de AEPG do Fundeb, página 11, a recomendação de produção de material para divulgar o fundo, no estímulo do controle social, e ainda a proposição de uma estratégia de capacitação de municípios menores, dialogando a questão da capacitação com os problemas encontrados, deixando de ser uma solução polivalente e cuja efetividade tem dificuldade de ser monitorada.

Por fim, no AEPG do PNLD, diante do problema de deficiência dos mecanismos de escolha dos livros pelos alunos, apontado pela CGU, o FNDE atendeu a recomendação de aprimoramento desses mecanismos com o encaminhamento de informativos, reforçando que o concedente também, diante do desafio da descentralização, tende a adotar salvaguardas de caráter orientativo, partindo do pressuposto simplificador de que a raiz dos problemas é a falta de informação, fator que pode ter sua gênese na visão das capacidades dos municípios e da própria incerteza do que ocorre realmente na gestão municipal.

O processo de descentralização de uma política, em um país de dimensões continentais, com significativas brechas horizontais, não é simples, em termos de reconstruir um arranjo efetivo e pouco oneroso, e esse processo é permeado de racionalidade limitada dos decisores, no âmbito da União, de modo que surge a capacitação como solução ampla e genérica.

Entretanto, esse desafio precisa considerar os custos de transação, o alinhamento dos incentivos e os objetivos centrais, os problemas mais relevantes associados, para que se obtenha um nível razoável de eficácia, de combinação de controles e incentivos, considerando as peculiaridades da política em questão.

A generalização das soluções dos problemas, por uma linha orientativa, pode gerar esforços de capacitação de difícil mensuração dos seus efeitos e que pouco dialogam com as causas dos problemas, que continuam existindo em um sentido, enquanto em outro se continua a investir em soluções pouco efetivas.

Entretanto, orientar como solução é decorrente da visão do município fragilizado em suas capacidades, de um gestor que erra por desconhecimento das regras, que são muitas e essenciais para o sucesso do programa, fortalecendo assim a ideia de deficiência em capacidades de aderência e de uma centralidade nas normas, afastada a questão das salvaguardas e da autonomia como elemento de fortalecimento da implementação, dois conceitos trazidos como relevantes na presente pesquisa para além da questão da conformidade.

5.2.1.3 Superposição de competências e lacunas

Nesse ponto, interessa a interação do concedente com os outros órgãos da rede de *accountability*, no contexto das recomendações da CGU. No caso do AEPG, não existem recomendações de encaminhamento para outros órgãos de controle, apenas a composição de um grupo de trabalho interministerial em relação ao PNATE.

Na interação com outros órgãos na criação de normativos, ainda no AEPG, à exceção do Fundeb, trata-se de normativos na esfera do próprio FNDE, e as interações no âmbito do Fundeb não apresentam potencial de conflito por envolverem dispositivos de disponibilização de informações.

Já no que se refere ao Sorteio de Municípios, tem-se que os relatórios, conforme Aguiar (2009), são enviados não só para os ministérios concedentes, mas também para o Ministério Público (MP), Advocacia-Geral da União (AGU) e Tribunal de Contas da União (TCU). Essa medida inunda a rede de *accountability* de informações sem ficarem claras as responsabilidades de atuação decorrentes em relação aos achados nas diversas esferas de competência, tornando-se fonte de comunicações com o intuito de cobrar providências do concedente, que cobra do município, como descrito no quadro 12, associado a um cenário de baixa efetividade do julgamento, como apresentado por Aranha (2015).

É uma percepção que se deve informar às autoridades competentes todas as desconformidades encontradas, e o mais rápido possível, em um contexto de falta de coordenação desses fluxos e, ainda, com a possibilidade de alguns atores da rede de *accountability* efetuarem cobranças espalhadas no tempo, gerando lacunas e superposições, com um desdobrar de recomendações sobre questões pontuais que ficam tramitando pelas diversas instâncias, a busca de uma solução, o que gera pouco retorno para soluções pontuais e gerencias e afeta em muito a segurança jurídica das relações.

Além desse reporte compulsório para os atores da rede de *accountability*, o quadro 13 indica que 15,2% das recomendações do sorteio da amostra envolvem a comunicação do fato ao Tribunal de Contas relacionado àquela municipalidade, bem como ao Ministério Público, sendo que, pelo quadro 14, o Fundeb representa 61% desse tipo de recomendação, uma decorrência do aspecto interfederativo do fundo e, ainda, das controvérsias sobre a responsabilidade de controle deste, como já apresentado.

No PNAE e no PNATE, que são julgados pelo TCU e que indubitavelmente envolvem a transferência condicionada de recursos federais, tem-se que 4,7% e 4,9% das recomendações da amostra referem-se a enviar aos tribunais de contas estaduais, o que pode gerar superposições e lacunas no processo de responsabilização.

Essa profusão de informação, que gera ações que demandam mais informações, carece de alinhamento que busque mitigar a incerteza da gestão municipal na construção de soluções, pela falta, inclusive, de categorização dos problemas centrais, gerando um conjunto de informações enviesadas, que tem o potencial de ocultar os principais problemas de cada programa.

O fato é que o envio para outros atores sem que os temas já estejam de alguma forma encaminhados, em termos de solução, o que é muito difícil no sorteio, tem o potencial de gerar múltiplas cobranças dos órgãos da rede de *accountability*, saturando um problema pontual de supervisão e gerando custos de transação no concedente e que serão repassados aos municípios, e aqueles sorteados terão uma superexposição, nos seus problemas pontuais, em relação ao trato mais sistêmico dos problemas, relembrando que, no período da pesquisa, a CGU realizou da 15ª a 39ª edição do Sorteio de Municípios, em um total de 1465 municípios inspecionados em 10 anos, mas que representam menos de 30% do total de municípios do país.

5.2.1.4 Realimentação do arranjo e do ambiente

O AEPG seria o instrumento, por excelência, para a realimentação do arranjo e do ambiente institucional, e ele desempenha essa função quando recomenda alterações legislativas em diversos níveis, bem como pela alteração de rotinas e a inclusão de controles, quando em um aspecto mais amplo, sistêmico.

O exemplo emblemático dessa atuação é a recomendação do Fundeb na página 10 do Relatório de AEPG:

> Inclusão no Art. 25 da Lei nº 11.494/2007, de dispositivo que estabeleça a divulgação na Internet, pelo município, dos extratos bancários da conta específica do FUNDEB, de forma que sejam apresentados os favorecidos dos pagamentos/transferências, com o apoio da utilização da Ordem Bancária Eletrônica.

E que tem como resposta do FNDE a edição do Decreto nº 7.507/2011 e a Resolução FNDE nº 44, de 25.08.2011, que alteram a dinâmica de disponibilização de informações sobre a gestão municipal, por meio do concedente.

A criação do grupo de trabalho interministerial para a melhoria das normas de segurança no âmbito do PNATE e a inserção no PNAE e no PNATE de ações sistêmicas no processo de prestação de contas, uma atuação que figura também nas auditorias de contas anuais no FNDE, são bons exemplos de realimentação focados no arranjo.

A Auditoria Anual de Contas do FNDE atua, por meio das recomendações no período da pesquisa, para a efetiva implementação do sistema de prestação de contas informatizado e do Decreto nº 7.507/2011 como uma forma de atuar sobre soluções sistêmicas para a resolução dos problemas pontuais encontrados no Sorteio de Municípios e AEPG, também um bom exemplo de realimentação da CGU.

Mas pode se dizer que essas ações ainda são tímidas diante do potencial que se teria com a criação de instâncias de discussão e de construção de soluções sistêmicas para os grandes problemas, como trazido por Machado e Braga (2015), e isso porque, por conta da racionalidade limitada, dos contratos incompletos, esses programas se revestem de uma estrutura de salvaguardas que precisam ser realimentadas e ajustadas à luz das situações encontradas na gestão municipal, e apenas o trato pontual de cada problema não traz as questões para um nível estratégico, onerando os custos de transação por se insistir em soluções pontuais.

A prova de que esses resultados dos trabalhos da CGU avançam apenas parcialmente para um nível estratégico é que, nas instâncias que tratam das grandes discussões da política pública, esses problemas e essas ações passam quase invisíveis, como no quadro a seguir, que traz excertos dos documentos do CONAE[127] relacionados à *accountability*.

Quadro 16 – Relação de pontos da CONAE
relacionados a ações da CGU

(continua)

Evento	Extrato	Tema tratado em recomendação da CGU
CONAE[128] 2014	462 – A aplicação dos recursos financeiros em educação pública (VII, 67) exige ainda que se fiscalizem quais os gastos admitidos como de MDE e aqueles que não podem ser incluídos nesta rubrica, como determinam os art. 70 e 71 da LDB. O papel dos órgãos de fiscalização e controle – Tribunal de Contas da União, Tribunal de Contas dos estados, Controladoria-Geral da União, Tribunal de Contas dos municípios, Ministério Público, entre outros – é rigorosamente indispensável nesse processo, a fim de acompanhar e fiscalizar o uso adequado dos recursos da educação. Há, entretanto, que se definir explicitamente em legislação se os gastos com o pagamento de aposentadorias e pensões devem ou não ser computados como MDE. A não inclusão dessa despesa como MDE contribuiria para a elevação do montante de recursos da educação; no entanto, é importante que seja respeitada a paridade entre trabalhadores da ativa e aposentados. Vincular o financiamento da educação pública ao PIB, pré-sal, *royalties* do petróleo e outros recursos minerais e naturais, evitando o não cumprimento de políticas educacionais de valorização da educação e dos profissionais em educação por parte do estado, governos ou de municípios (VII, 68).	Esses tópicos, o pagamento de aposentadorias e a vinculação de *Royalties* e a sua aplicação, não são objeto de discussão dos trabalhos da CGU no período de pesquisa.

---

[127] A Conferência Nacional da Educação (CONAE) é um instrumento de gestão democrática, de periodicidade quadrienal, e que se compõe de discussões regionais que se consolidam em um evento nacional, que produz diagnósticos e proposições de nível estratégico para a política educacional.

[128] CONAE 2014 (2014).

(conclusão)

Evento	Extrato	Tema tratado em recomendação da CGU
CONAE 2014	372 – 12. Assegurar a criação, a implementação e a consolidação (V, 159), criar condições objetivas para o fortalecimento (V, 160), fomentar, implantar, participar, garantir (V, 161) e/ou consolidar com aporte financeiro e garantia de liberação dos conselheiros para a participação nos devidos (V, 162), garantindo o efetivo funcionamento (V, 163) fóruns e conselhos estaduais, distrital e municipais de educação, conselhos escolares ou equivalentes, conselhos de acompanhamento e controle do Fundeb e da alimentação escolar, garantindo autonomia financeira, administrativa e política (V, 164) com garantia (V, 165) representação paritária (V, 166) dos setores envolvidos com a educação e com as instituições educativas, com os movimentos sociais articulados com representantes da sociedade civil e entidades de classe (V, 167) e com a comunidade escolar, assegurando infraestrutura, apoio técnico e transferência direta de recursos (V, 168), assegurando a escolha democrática das presidências dos referidos conselhos (V, 169) X1 UNIÃO (N) – X2 FEDERAL (N) – DF (S) – ESTADOS (S) – MUNICÍPIOS (S).	A atuação dos conselheiros do Fundeb/PNATE, bem como do PNAE, é objeto dos trabalhos da CGU, mas em um escopo mais acanhado do que o posto pela CONAE, que traz os problemas de infraestrutura e composição dos conselhos em sua pauta.
CONAE 2014	374 – 14. Ampliar os programas de apoio e formação aos conselheiros/as dos conselhos de educação, de acompanhamento e controle social do Fundeb, conselhos de alimentação escolar, conselhos escolares, conselhos regionais e outros; e aos representantes educacionais em demais conselhos de acompanhamento de políticas públicas. X1 UNIÃO (S) – X2 FEDERAL (N) – DF (S) – ESTADOS (S) – MUNICÍPIOS (S).	A questão da capacitação dos conselheiros é frequente nos trabalhos da CGU, em especial de sorteio.
CONAE 2014	381I – Criar portal eletrônico nacional de transparência, onde os fóruns e conselhos estaduais, distrital e municipais de educação, conselhos escolares ou equivalentes, conselhos de acompanhamento e controle do Fundeb e da alimentação escolar, conselho tutelar, dos direitos da criança e adolescente, de assistência social possam socializar as suas demandas, encaminhamentos e resultados de suas ações e com isso democratizar o espaço de participação popular. Responsabilidade: incluir União, DF, estados e municípios (V, 229).	Essa proposição é objeto de recomendação da CGU no Relatório de AEPG do Fundeb.
CONAE[129] 2010	d) Fortalecer e regulamentar o papel fiscalizador dos conselhos de acompanhamento e de avaliação do Fundeb, considerando a composição e suas atribuições legais.	A questão do papel fiscalizador dos conselhos é frequente nos trabalhos da CGU, em especial de sorteio.

Fonte: Construção do autor.

[129] CONAE 2010 (2011).

O foco da CONAE é predominante na questão do controle social, e as fragilidades apontadas nessa atuação dialogam com os achados da CGU, mas o sentido inverso, ou seja, a centralidade dos problemas detectados nos programas migrarem para essas discussões estratégicas, não é usual, revelando uma dissociação desse fluxo de informações.

Como se vê, as discussões de gestão trazidas nos relatórios, mesmo nos AEPG, são ausentes ou menores do que o universo de discussões das instâncias de debate da política educacional em âmbito nacional. Pode-se destacar ainda que as audiências e consultas públicas do Conselho Nacional de Educação (CNE, 2018) não tratam de temas afetos às discussões da *accountability* na descentralização da política educacional e que, no Plano Nacional de Educação, constante da Lei nº 13.005, de 25 de junho de 2014, as temáticas relacionadas à atuação da CGU na descentralização figuram nos tópicos:

> 7.28) mobilizar as famílias e setores da sociedade civil, articulando a educação formal com experiências de educação popular e cidadã, com os propósitos de que a educação seja assumida como responsabilidade de todos e *de ampliar o controle social sobre o cumprimento das políticas públicas educacionais*; (...)
>
> 19.2) *ampliar os programas de apoio e formação aos (às) conselheiros (as) dos conselhos de acompanhamento e controle social do FUNDEB, dos conselhos de alimentação escolar, dos conselhos regionais* e de outros e aos (às) representantes educacionais em demais conselhos de acompanhamento de políticas públicas, *garantindo a esses colegiados recursos financeiros, espaço físico adequado, equipamentos e meios de transporte para visitas à rede escolar, com vistas ao bom desempenho de suas funções*; (...)
>
> 20.4) fortalecer os mecanismos e os instrumentos que assegurem, nos termos do parágrafo único do art. 48 da Lei Complementar no 101, de 4 de maio de 2000, *a transparência e o controle social na utilização dos recursos públicos aplicados em educação, especialmente a realização de audiências públicas, a criação de portais eletrônicos de transparência e a capacitação dos membros de conselhos de acompanhamento e controle social do Fundeb*, com a colaboração entre o Ministério da Educação, as Secretarias de Educação dos Estados e dos Municípios e os Tribunais de Contas da União, dos Estados e dos Municípios; (Grifo nosso).

O Plano Nacional de Educação também é central na questão do controle social, focado nas questões de capacitação dos conselheiros, transparência, estrutura e autonomia, que são pontos discutidos de forma isolada nos trabalhos da CGU, em especial no Sorteio de Municípios, conforme estudos de Braga (2015). A dimensão da *accountability* horizontal, dos mecanismos de controle e de supervisão, não figura nesse documento, retratando uma visão estratégica do incentivo como relevante, mas de tal maneira que esse dialoga pouco com a questão dos controles e com os problemas.

Esses pontos destacados de documentos oficiais oriundos de mobilizações formais em torno da política educacional no período da pesquisa indicam uma comunicação débil do universo avaliativo conduzido pela CGU e as suas soluções propostas com as discussões estratégicas no âmbito da política,[130] o que descola esses debates da base fática trazida pelos trabalhos da CGU.

Uma visão dos problemas centrais, em um arranjo tão complexo como o da descentralização de políticas sociais, é fundamental para que o tratamento destas se dê de forma mais efetiva e menos onerosa, dado que esses principais problemas terão efeitos multiplicativos ao longo de toda a rede de implementação.

A rede de implementação tem problemas de diálogo em um sentido estratégico com a rede de *accountability*, e as interações se dão por vias operacionais, em situações pontuais, com pouco movimento *bottom up*, de temas emergindo para a superestrutura, como ocorre com as questões de controle social e de transparência, que têm um lastro da própria visão dos educadores e da ideia de gestão democrática.

A falta de interação com a superestrutura da política educacional, que pode ter a sua raiz no insulamento da CGU, mas também de certa desconsideração por parte dessa superestrutura do controle institucional como produtor de informações qualificadas e que realimentam os arranjos. Esse cenário tem como consequência uma dificuldade de alinhamento de ambientes, arranjos e salvaguardas, o que tem o potencial de afetar os custos de transação por se patrocinarem salvaguardas que não se comunicam com os problemas

---

[130] Resta a impressão de que os profissionais da educação, quando organizados, julgam que a única forma de controle possível na democracia é a *accountability* vertical e que outras ações têm caráter autoritário. A presente discussão mostra que a democracia não pode abrir mão da *accountability* horizontal, preocupação, inclusive, de O'Donnell (1998) em relação à América Latina.

centrais ou, ainda, que o controle atue de forma dissociada desses problemas centrais, com uma agenda própria, autonomizada, sem sinergia.

Os problemas advindos da autonomização da rede de *accountability* em relação à implementação e de seus atores agirem de forma insulada, sem alinhamento, com uma agenda própria, afetam os custos de transação, fato corroborado pelos estudos da corrupção na África e na Ásia (ODIT, 2018), que indicam a importância desse alinhamento como mecanismo para mitigar a corrupção, como uma forma de coerência entre os rumos da política.

5.2.1.5 Transparência, incerteza e controle social

As ações da CGU de promoção da transparência, em especial o Portal da Transparência do Governo Federal e o Decreto nº 7.507/2011, que determina que os concedentes devem dar publicidade à movimentação bancária dos recursos transferidos, focam na redução da assimetria informacional do que ocorre na gestão em relação ao concedente federal e aos municípios.

No que se refere à racionalidade limitada, a transparência passiva prevista na Lei de Acesso à Informação e que tem o Programa Brasil Transparente como um dos instrumentos da CGU para o aprimoramento desta nos municípios, permite que o cidadão que dispõe de informações que o concedente não possui possa solicitar informações ao ente municipal, produzindo novas visões sobre a gestão e que, se estas chegarem ao plano federal, podem mitigar a incerteza do município e a racionalidade limitada dos agentes do FNDE.

A disponibilização na internet dos relatórios dos Sorteios de Municípios, uma prática adotada pela CGU no período da pesquisa, bem como a disponibilização dos relatórios de AEPG desde 2012, por força do art. 7º da Lei de Acesso à Informação (Lei nº 12.527/2011), também traz informação ao cidadão que, se combinada com o seu contato diuturno com a gestão municipal, permite a produção de informações novas no âmbito do controle social.

Nesse ponto, cabe destacar que, além de essa informação nova produzida pelo cidadão precisar circular e chegar a outras instâncias realimentando a gestão do programa, o que se tem é que a lógica da transparência em relação à gestão local é muito focada nos aspectos financeiros, sobre as despesas efetuadas, a receita provisionada, mas poderia se ter uma disponibilização por parte dos municípios e com apoio do concedente na linha mais finalística.

Fotografias de construções relevantes, números da gestão, detalhes sobre a aquisição de automóveis e boas práticas adotadas seriam tipos de informação que poderiam ser disponibilizados em uma plataforma digital e que seriam um incentivo aos prefeitos para sua melhor interação com a *accountability* vertical, mas também seriam fontes de informações que, na interação com a população, poderiam induzir a efetividade municipal, inclusive pelo intercâmbio de boas práticas.

Não se trata de uma visão utópica sobre o potencial da transparência, que é uma salvaguarda e, como tal, gera custos de transação. A questão é a necessidade de uma agenda que considere mais o controle político local, uma visão finalística e que use a informação disponibilizada nesse contexto para que o município seja percebido em uma visão mais emancipatória.

Da mesma forma, a visão em painéis, mapas de riscos ou outras disposições que permitam ao concedente e aos cidadãos enxergar as fragilidades podem reduzir os efeitos de um paradigma de problemas pontuais, trazendo uma visão mais sistêmica para a questão do *enforcement*. Faz-se necessária uma forma de transparência que otimize a indução do controle social.

Nesse ponto, é interessante saber de que forma esse movimento capitaneado pela CGU, de promoção da transparência, dialoga com a questão do controle social, enxergando neste uma forma local e menos onerosa de inibição do oportunismo nos programas centralizados ou apenas uma exigência da estrutura de *accountability* municipal para cumprir a lei.

Dado que o oportunismo tem a sua sede na manipulação de informações, o uso de uma transparência que induza e instrumentalize esse controle social tem o potencial de reduzir a busca da submeta e, ainda, reduz o custo de obtenção de informações, pois permite que a informação se converta em ação que modifique a gestão, reforçando o papel de salvaguarda do controle social.

A grande quebra de paradigma, na esteira do acesso à rede mundial de computadores, foi o lançamento em 2004 do Portal da Transparência do Governo Federal, detalhado alguns de seus aspectos pela Portaria Interministerial nº 140/2006/CGU/MPOG, que indica que os dados disponibilizados devem ser em linguagem simples, de navegação intuitiva, independente de senhas e conhecimentos de informática, em uma conceituação de linguagem cidadã que se repetirá por ocasião da promulgação da Lei de Acesso à Informação, cinco anos depois.

Essa portaria aponta a necessidade dos órgãos – e aí se incluem os concedentes de recursos para os municípios – de terem as suas páginas de transparência com informações sobre a gestão, inclusive de repasses, replicando muitas informações que a CGU avocou a disponibilização para si, de forma a criar um sistema duplo.

Nesse diálogo com o cidadão, o Portal da Transparência adotava avisos automáticos a usuários cadastrados que informam tempestivamente o repasse de recursos ao município, em uma abordagem que, junto com a linguagem cidadã, buscava se aproximar desse cidadão, que atuará no controle social, ainda que os campos de retorno (*feedback*) desse cidadão em relação às informações disponibilizadas ainda sejam incipientes.

Para instrumentalizar a atuação do controle social, o Portal da Transparência do Governo Federal incorpora durante o período da pesquisa, além de funcionalidades específicas em relação aos órgãos federais, informações que servem à gestão municipal, como cadastro de empresas punidas no escopo da Lei de Licitações e o cadastro de organizações do terceiro setor com restrições.

Tem destaque também no período o Decreto nº 666/2008, que traz a regulamentação dos dados abertos no governo federal, o que permite que cidadãos ou associações façam pesquisas e cruzamentos mais sofisticados nos dados disponibilizados, permitindo a construção de informações novas sobre a gestão municipal a partir de uma perspectiva local, se disponíveis cidadãos com experiência em grandes bases de dados.

Nesse sentido, falando da norma apenas, e não do que se vê, principalmente na prática dos municípios, tem-se que o art. 7º da Lei de Acesso à Informação (Lei nº 12.527/2011) indica a obrigação de divulgação pelos entes de dados sobre a implementação e acompanhamento dos programas, com metas e indicadores, uma informação que qualifica em um aspecto finalístico o controle social, em que pese a realidade municipal esteja distante desse orçamento programático.

Uma mudança de paradigma desse porte para induzir a atuação do controle social precisa de mais do que sistemas informatizados e redes de computadores e, nesse sentido, a CGU atuou mais próxima ao cidadão pelo Programa Olho Vivo no Dinheiro Público, de 2003, que, por meio de eventos presenciais, cursos a distância, cartilhas e manuais, visava no período da pesquisa estimular e capacitar o controle social do município em relação aos programas descentralizados, atuando também a controladoria com sítio voltado ao público infantil, bem como promovendo concursos de desenhos e de redação nas escolas da Educação Básica e a interação formal com organizações do terceiro setor voltadas ao acompanhamento da gestão.

O ápice dessa atuação se deu na 1ª Conferência Nacional sobre Transparência e Controle Social (Consocial), um evento que sintetizou várias conferências regionais e que, no seu Relatório Executivo Final (1ª CONSOCIAL, 2012), em relação à política educacional, trouxe como proposições:

> 32ª Capacitação em controle social
> Promover e garantir, com dotação orçamentária própria, a capacitação permanente e continuada, presencial e a distância, de conselheiros, representantes da sociedade civil, de associações sindicais e profissionais da educação, como subsídio para uma melhor atuação no controle social; (...)
> Estabelecer por lei que os órgãos de controle (TCMs, TCEs, TCU, MP, CGU, Controladorias-Gerais e outros órgãos fiscalizadores) criem programas de formação objetivando instrumentalizar agentes comunitários, sociedade civil organizada, entidades de classe, profissionais da educação, estudantes, servidores públicos e conselheiros; (...)
> 40ª Saúde e educação
> (...) Investir em mecanismos de controle social sobre as ações de saúde e educação (BRASIL, 2013, p. 44-46).

Como se vê, existe uma visão de controle social como solução preponderante para as questões de *accountability*, e as situações vinculadas à política educacional dialogam pouco com os problemas centrais levantados pelas auditorias da CGU, mantendo a linha de capacitação como a questão premente no que se refere aos conselheiros, reforçando a visão da participação como um valor em si, desvinculado da efetividade da gestão.

Nesse mesmo período de efervescência, por conta da Consocial e da Lei de Acesso à Informação, a CGU adota uma linha proativa também e lança, pela Portaria nº 277/2013, o Programa Brasil Transparente, que tem como finalidade auxiliar os estados e municípios na implementação da LAI, constando esta de fornecimento de sistemas, apoio a portais, capacitações, entre outras ações, inclusive a Escala Brasil Transparente, que estabelece *ranking* alusivo à transparência passiva, um mecanismo de incentivo por excelência.

Essa ação da CGU, aproximando-se do cidadão, organizado ou não, para a indução do controle social e ainda apoiando os municípios na implementação de uma política de transparência, demonstra uma abordagem que busca possibilitar a implementação de dispositivos que permitam esse controle social se materializar nos municípios, mas com possibilidades de melhoria no sentido de vinculação dessa atuação aos problemas e de um diálogo que inclua um maior retorno do cidadão, mas que são avanços que não podem existir sem o alicerce do controle social, que foi a linha adotada pela controladoria.

5.2.2 Categoria especificidade

5.2.2.1 Controle social e redução da dependência

Os relatórios de AEPG têm um conjunto de recomendações em relação ao controle social e, no caso do PNAE, as avaliações indicam:

> a) Estruturar, no prazo de sessenta dias, o monitoramento e a fiscalização do Programa com ferramentas de gestão de riscos e a definição de metas, priorizando o monitoramento e fiscalização do Pnae nas Entidades Executoras nas quais o CAE não enviou Acompanhamento da Gestão e Parecer sobre a prestação de contas, bem como sobre as Entidades Executoras nas quais os dados enviados pelo CAE no Acompanhamento da Gestão e Parecer sobre a prestação de contas apresentem inconsistências; e

b) Avaliar, em 180 dias, o custo/benefício de financiar atividades técnicas/operacionais para o fortalecimento do controle social envolvido com o Programa.

No caso do PNATE, as recomendações são:

Desse modo, foi recomendado ao gestor federal, que apresentasse, no prazo de 60 dias, plano de ação com o objetivo de fomentar nos CACS/ Fundeb o aumento do controle sobre a execução do Pnate, durante o exercício, utilizando os sistemas já disponibilizados e incluindo itens que discorram sobre as condições dos veículos utilizados e sobre o uso exclusivo do transporte escolar por alunos da educação básica pública, residentes em área rural.

E para o Fundeb, têm-se as seguintes recomendações:

Estudos para a concessão de premiações aos Conselhos e também aos Municípios, exaltando boas práticas e incentivando a participação de seus membros e da comunidade.

Produção, pelo FNDE/MEC de material impresso, como cartazes e folders a serem divulgados com o apoio de outros órgãos, divulgando as características do FUNDEB e a necessidade de seu Controle Social pela população.

Apoio diferenciado aos Conselhos de cidades menores, desde políticas de capacitação mais intensas até, possivelmente, um recurso para o seu gerenciamento.

Definição de estratégia para o estabelecimento de prioridades pela CGU, TCU, MPF e pelo próprio FNDE, no atendimento de denúncias de Conselhos.

Inclusão no Art. 25 da Lei nº 11.494/2007 que determine que na construção de escolas com os recursos do FUNDEB, os pagamentos das parcelas componentes da Obra devem ser precedidos de atestado de visita de no mínimo três componentes do Conselho de Acompanhamento e Controle do FUNDEB Municipal.

A discussão das soluções em relação aos conselhos está na órbita de tornar estes efetivos, estruturados, buscando reduzir a brecha horizontal dessas capacidades estatais de governança democrática no campo municipal e pouco no sentido de utilizar este como um instrumento local de monitoramento e de auxílio a governança *ex post*, à exceção do Fundeb, que apresenta uma solução na linha de um canal específico e dedicado dos conselhos com o concedente, bem como o envolvimento dos conselhos na liquidação de despesas mais relevantes.

Braga (2015), entrevistando os servidores da área de controle sobre a atuação dos conselheiros do Fundeb, detecta baixa crença na efetividade destes, bem como a predominância de uma atuação técnico-formal focada no parecer obrigatório, não sendo vistos esses conselhos como instrumentos de mediação das demandas da população na área educacional.

No Sorteio de Municípios, a atuação junto ao controle social corresponde a 6,9% das recomendações da amostra, conforme quadro 13, sendo que a construção de soluções é predominante no sentido de sensibilizar e capacitar os conselhos ou, ainda, de monitorar estes pelo envio de atas ao concedente, na mesma linha de tentar trazer essa instância para um grau de efetividade desejável.

Em sete recomendações da amostra, todas no PNAE, nos sorteios figura a recomendação "solicitar do Conselho de Acompanhamento Social o monitoramento da recomendação junto aos municípios", recomendação esta que permite a utilização do conselho como mecanismo de monitoramento autônomo e, dentro do município, reduzindo a dependência da gestão municipal; mas, como se vê, é um fato episódico.

Referem-se essas recomendações a problemas operacionais, como controle de estoque, testes de aceitabilidade, instalações e equipamentos, e o uso do conselho para essas questões cotidianas permite um monitoramento menos oneroso, que permite um canal de interlocução mais qualificado do concedente com o controle social, em situações nas quais o conselho, como estrutura de *accountability* avançada, poderia ser muito útil.

Além disso, um canal privilegiado dos conselhos com os órgãos de controle traz visibilidade e envergadura a estes, tornando esses um mecanismo de pressão na esfera municipal próximo à execução e como ponte entre os cidadãos e o poder público.

Os conselhos dessa natureza surgem para suprir as lacunas de controle e acompanhamento de políticas descentralizadas, no contexto que desponta após a Constituição Federal de 1988 (BRAGA, 2015), e podem servir para além de ser um emissor de pareceres formais, e sim como uma instância autônoma de produção de informações sobre a gestão, reduzindo a incerteza da municipalidade, mas também mitigando a dependência desta de alimentação de informações, diminuindo o oportunismo.

As recomendações de AEPG adentram pouco nesse sentido, à exceção da recomendação do Fundeb, que indica a "definição de estratégia para o estabelecimento de prioridades pela CGU, TCU, MPF e pelo próprio FNDE, no atendimento de denúncias de Conselhos", o que estruturaria esse canal dedicado de alimentação de informações locais, tornando esses mais empoderados como espaços de mediação pela qualidade da gestão da política.

Em relação ao Sorteio de Municípios, apenas de forma localizada essa visão se apresenta nas recomendações, como se esses mecanismos de controle social ainda não fossem aceitos como aptos a compor a governança local pelo órgão de controle federal, onerando o concedente no monitoramento e que, para tal, dependeria exclusivamente da gestão local, sobrecarregando as salvaguardas para verificação dessas informações, como a inspeção presencial, e de forma reflexa, afetando a gestão municipal.

5.2.2.2 Dependência na parceria e caminhos alternativos

Como discutido no capítulo 4, a dependência figura como uma fonte de oportunismo, mas se vê pouco percebida na discussão da CGU sobre os problemas, e esse contexto se repete no rumo das soluções propostas, o que dificulta o uso de incentivos, menos onerosos no que tange aos custos de transação.

As recomendações de AEPG focadas no concedente envolvem situações que, para a sua efetiva implementação, dependem do parceiro municipal, suas capacidades estatais, e tem-se que muitas recomendações se limitam à melhoria dessas capacidades pela linha da capacitação dos agentes, na busca de se reduzir essa dependência.

As ações tanto da CGU como do FNDE, de avocar para si o processo de disponibilização de dados da gestão municipal, ainda que a Lei Complementar nº 131, de 27 de maio de 2009, bem como a Lei nº 12.527, de 18 de novembro de 2011 (Lei de Acesso à Informação), atribua aos municípios responsabilidades nessa divulgação, são formas de reduzir a dependência desses entes municipais, instrumentalizando os mecanismos de governança locais, como o controle social, sem depender das capacidades estatais dos municípios.

Quando a esfera federal, de forma concorrente, disponibiliza dados sobre a gestão de recursos federais no município, ela oferece um canal secundário e independente do cidadão ter acesso a informações que permitirão um melhor controle social, pressionando assim o fortalecimento da *accountability* na esfera local.

Não foram encontradas recomendações que contemplassem soluções alternativas que pressionassem a gestão municipal à aderência que não o fortalecimento dos conselhos, que complementam a *accountability* horizontal no município. Não foram identificadas soluções com a presença de opções espelho no terceiro setor ou empresarial ou, ainda, pela intervenção, dado que, pela Constituição Federal de 1988:

> Art. 34. A União não intervirá nos Estados nem no Distrito Federal, exceto para:
> (...)
> VII – assegurar a observância dos seguintes princípios constitucionais:
> (...)
> b) direitos da pessoa humana;
> c) autonomia municipal;
> d) prestação de contas da administração pública, direta e indireta.
> e) aplicação do mínimo exigido da receita resultante de impostos estaduais, compreendida a proveniente de transferências, na manutenção e desenvolvimento do ensino e nas ações e serviços públicos de saúde. (Redação dada pela Emenda Constitucional nº 29, de 2000)
> Art. 35. O Estado não intervirá em seus Municípios, nem a União nos Municípios localizados em Território Federal, exceto quando:
> (...)
> II – não forem prestadas contas devidas, na forma da lei;
> III – não tiver sido aplicado o mínimo exigido da receita municipal na manutenção e desenvolvimento do ensino e nas ações e serviços públicos de saúde;(Redação dada pela Emenda Constitucional nº 29, de 2000).

Como se vê, a avocação pela intervenção se dá apenas em casos gravosos, com destaque para a não observância da aplicação mínima de recursos ligados à educação, em situações que, na prática, não se tem casos significativos e nem é o escopo de atuação da CGU.

Os mecanismos de redução de dependência de determinada gestão se dão também no campo das operações especiais, que pressionam os dirigentes municipais, que podem ser afastados ou substituídos por condutas gravosas, constituindo uma espécie atípica de intervenção que, na prática, pressiona os gestores municipais.

A publicação dos relatórios dos Sorteios de Municípios também é ação que considera a possibilidade de pressionar esses dirigentes diante da substituição, à luz de um quase mercado eleitoral, situação que será tratada mais à frente no presente tópico.

O fato é que o arranjo da descentralização no federalismo brasileiro não facilita a adoção de caminhos alternativos que possam pressionar o gestor municipal, reduzindo a especificidade dos ativos, e isso decorre não apenas do arcabouço legal, mas também da própria natureza da base territorial.

O ambiente institucional que suporta o processo de descentralização, que vincula o arranjo correspondente, prevê essa divisão de poderes e atribuições entre o município e a União, na parceria na qual o poder central entra com apoio técnico e financeiro e depende das capacidades estatais municipais para a implementação.

Tem-se, por exemplo, o PNLD, que é um programa que, pelas suas características, consegue reservar para a esfera municipal um conjunto menor de atribuições, mas a alimentação escolar, o transporte e a folha do Fundeb demandam ações locais, cotidianas e com certo grau de complexidade, o que aparece nos problemas encontrados pela CGU.

Nesse sentido, é difícil romper essa dependência. Como repassar para a escola toda a gestão do processo de alimentação escolar, dada a falência da secretaria de educação municipal? Mesmo a chamada gestão compartilhada necessita centralizar aquisições e contratações para não ter perda de economia de escala e para fins de otimizar processos logísticos, de modo que o desenho da descentralização dessas políticas não favorece a possibilidade de opções rivais, o que fortalece a dependência da União em relação aos municípios no processo de implementação.

A avocação pela intervenção se dá apenas para casos extremamente gravosos, e a troca de dirigentes por não atingirem índices em avaliações de impacto, na discussão de uma proposta de Lei de Responsabilidade Educacional, ainda é bem controversa, como já tratado na presente pesquisa, pela múltipla temporalidade da política educacional e a interação desta com outras políticas.

5.2.2.3 Dependência e rede de *accountability*

A ação de controle do tipo AEPG não vincula as soluções propostas aos atores da rede de *accountability*, ao contrário das ações do Sorteio de Municípios, que, conforme disposto no Quadro 13, têm recomendações cujo teor é a comunicação do fato ao Tribunal de Contas Estadual e ao Ministério Público.

O Sorteio de Municípios tem um foco na responsabilização, na exposição dos problemas da implementação municipal, como indutor da aderência, na ideia de dissuasão, sem uma preocupação explícita em relação às salvaguardas, ao aspecto sistêmico, ainda que, pelo rito habitual de uma atuação de auditoria, esta necessite recomendar, o que leva, em determinados casos, a indicar o reporte à esfera julgadora/investigadora local.

Os estudos de Ferraz e Finan (2007), citados em diversos momentos da presente obra, ilustram como o Sorteio de Municípios, ao vincular os problemas de desempenhos aos titulares da gestão, dando publicidade dos diagnósticos da CGU, influencia o processo de *accountability* vertical, mormente o eleitoral, servindo essa publicação de um mecanismo de incentivo, inclusive dos que não são inspecionados, pela possibilidade de serem sorteados.

Entretanto, essa questão tem um grau de transversalidade e, no que se refere à *accountability* horizontal, dado que essa rede é diversa, com um Tribunal de Contas e um Ministério Público autônomo em cada unidade da federação, os processos de punição decorrentes dependem das capacidades estatais de cada ente e, conforme estudos de Aranha (2014; 2015) e desta acompanhada de Filgueiras (2018), no estudo da fiscalização do Programa de Sorteios da CGU, indicam problemas de integração e coordenação dos demais atores da rede de *accountability*, com baixa efetividade no aspecto punitivo, apontado como grande fragilidade desse processo interfederativo.

Nesse aspecto de integração operacional das agências de *accountability*, destaca-se que o relatório sistêmico de fiscalização do TCU em relação à política educacional (BRASIL, 2014) não faz referências aos trabalhos da CGU no período e que foram muitos, como explorado extensivamente na presente obra, com a ressalva de que, após o período da pesquisa, o TCU adotou medidas concretas de integração com os outros tribunais de contas, em especial em relação às políticas sociais descentralizadas.

As operações especiais, de parceria com o Ministério Público e a Polícia Federal, além de outros atores esporádicos, como a Receita Federal, são bons exemplos de coordenação e integração da rede,[131] em que a dependência entre os atores é mútua e fortalece a sinergia, utilizando-se da mesma estratégia do Sorteio de Municípios de manchetes bombásticas em relação aos achados, mas também dependendo, no que tange à punição formal, da estrutura do Judiciário.

A punição efetiva, que tem o efeito pedagógico sobre os outros entes municipais e que exclui do sistema os atores que não jogam conforme a regra, é o grande nó, pois parece algo simples de ser implementado, mas esbarra em questões de percepção da impunidade e da própria coordenação da rede de *accountability*. A punição moral, pela exposição, tem efeitos eleitorais nessa exposição, como demonstrado por Ferraz e Finam (2007), e pode ser um bom instrumento de incentivo, ressalvadas as questões da confiança já tratadas aqui.

No processo de descentralização, os mecanismos eleitorais, conselhos e outros, na linha *bottom up*, e as ações enquadradas como *top down*, como as auditorias, são insuficientes para a promover a efetiva *accountability* (ODI, 2018) se não forem objeto de ações coordenadas entre esses atores, buscando o alinhamento com a política e a redução dos custos de transação.

Eis o grande desafio da *accountability* nesse processo de descentralização: coordenar atores com grande autonomia, que não são, via de regra, responsabilizados pelas suas omissões e que

---

[131] O capítulo 3 apresenta o quão bem sucedida é essa experiência de operações especiais em termos de coordenação de atores, mas ações isoladas, como o Sorteio de Municípios, podem gerar múltiplos documentos de cobrança entre os atores, onerando os sistemas, como apresentado no quadro 12.

se alimentam do lucro político oriundo do protagonismo de suas ações, o que inibe a visão sistêmica dos problemas.

Mais do que a dependência de outros atores da rede de *accountability*, a política pública depende de uma ação coordenada destes, não somente para maximizar punições e investigações, mas para ter a régua de alinhamento as políticas e seus objetivos. Essa é uma grande fonte de custos de transação para a gestão.

Desse modo, o fato da atuação do tipo AEPG focar no concedente, nos aspectos sistêmicos da gestão do programa descentralizado, de alguma forma protege a CGU da dependência de terceiros da rede de *accountability* para a efetividade de seu trabalho, o que inibe ações oportunistas no processo de *accountability* desses programas nessa via, o que não se dá no Sorteio de Municípios e nas operações especiais, que, apesar do grande destaque quando dos achados, dependem de outros atores para a efetividade na devolução de recursos e para a responsabilização, o que, em termos de custos de transação, tem o potencial de ampliar a troca de documentos, os processos relacionados, onerando a gestão, do município e do concedente.

5.2.2.4 Ações da CGU e quase mercado

As recomendações dos relatórios de AEPG têm um viés mais diretivo, e cerca de 68% destas são na linha de criar controles, implementar procedimentos, modificar normativos, tendo seus aspectos mais semelhantes ao mercado, com a sua possibilidade de substituir contrapartes nos acordos, se mostrando presentes nas recomendações de estímulo à transparência e de capacitação dos agentes.

Os incentivos no Sorteio de Municípios são predominantemente na linha de alertas e capacitações, assim enquadrados, o que se aplica também ao AEPG, por ser a transparência um estímulo ao controle social e à *accountability* vertical, que opera em um mercado político, de regras complexas, pois depende essa efetividade da percepção dos eleitores do que é problema, suas causas e, ainda, das soluções mais efetivas. Um largo espaço para a ação oportunista.

As capacitações, nesse sentido, visam fortalecer as capacidades estatais dos municípios e, assim, possibilitar o exercício dos mecanismos endógenos de regulação, permitindo o amadurecimento, respeitando a autonomia do ente, desde que essa capacitação tenha um caráter sensibilizador e emancipatório, em especial se relativo à suficiência das salvaguardas.

A grande fragilidade no uso de incentivos não é só a sua baixa utilização, mas a dificuldade de utilização destes frente aos problemas concretos. Em que pese a transparência e o controle social terem sido valores para a CGU no período da pesquisa, instrumentalizados por meio de normas, portais e programas de formação, esse conjunto de ações se comunica pouco com os relatórios, com os problemas encontrados, com textos que não sugerem a transparência como um mecanismo político de incentivo, a autocoordenação, valendo o mesmo para a capacitação.

No relatório do Fundeb de AEPG, por exemplo, na página 10, a recomendação que trata de transparência da gestão de recursos:

> Inclusão no Art. 25 da Lei nº 11.494/2007, de dispositivo que estabeleça a divulgação na Internet, pelo município, dos extratos bancários da conta específica do FUNDEB, de forma que sejam apresentados os favorecidos dos pagamentos/transferências, com o apoio da utilização da Ordem Bancária Eletrônica;
> O FNDE informou que os aperfeiçoamentos recomendados encontram-se contemplados no Decreto nº 7.507, de 27.06.2011, e na Resolução FNDE nº 44, de 25.08.2011.

Surge no contexto de problemas de incompatibilidade entre as despesas e os objetivos do programa, ou seja, desvio de finalidade, mas não fica claro como essa indução vai gerar um melhor acompanhamento finalístico pelo controle social, e isso vai pressionar o gestor municipal. A capacitação e a transparência surgem como fórmulas mágicas no mundo da implementação.

Esse entendimento do papel da transparência não explícito pode ser exemplificado também pelo AEPG do PNATE, que tem uma questão: "5. O Gestor Federal está atuando de maneira a garantir a detecção de inconsistências e a transparência dos gastos do Pnate, no âmbito dos estados/municípios?". E tal questão se desdobra em dois subitens: "5.1 O FNDE está divulgando no seu portal os gastos realizados pelos estados/municípios, no âmbito do Pnate, com a identificação do beneficiário final dos pagamentos efetuados?" e

"5.2 Os mecanismos de controle interno administrativo do FNDE estão permitindo a detecção de inconsistências da gestão do Pnate?".

O desenrolar dessa análise nas páginas 38 a 40 do Relatório do PNATE indica uma preocupação com a garantia do acesso à informação pelo cidadão, mas pouco sobre a forma com que essa informação será disponibilizada, em termos de indução do controle social, dos efeitos esperados, que informações devem ser priorizadas e, ainda, quais públicos se pretende atingir. Uma discussão que, com a recente disseminação de aplicativos, pode reformular a questão da transparência das políticas sociais descentralizadas, vinculando estas a pontos de controle específicos; mas, no período da pesquisa, não se tem notícias de soluções nesse sentido.[132]

Destaca-se, no sentido de estímulo ao controle social, a divulgação do Sorteio de Municípios na imprensa, chamando a atenção dos locais que serão visitados e, ainda, a publicação pela CGU dos relatórios, com resumos dos principais achados, destacando-se matéria jornalística, apenas como exemplo: *Iranduba, no AM, terá aplicação de recursos fiscalizados pela CGU* (PORTAL G1, 2012), que dá destaque ao município ter sido escolhido, e a matéria da Tribuna do Norte (2011), que traz um resumo dos achados da CGU, em exemplos de uma prática de comunicação que se repetiu durante o período do sorteio e que tem problemas de exaltação das falhas na quebra da confiança, como apontado no capítulo 4, mas que tem como vantagem trazer a centralidade dos problemas da gestão e fomentar a mobilização popular em torno dessas questões.

As operações especiais seguem lógica similar, trazendo informações mais qualificadas para as discussões e a formação de opinião sobre a política local, sendo diverso o aspecto de divulgação de matérias sobre ações do AEPG, como na matéria (PORTAL G1, 2013) sobre o Proinfo, que traz uma visão do programa, seus problemas e a manifestação do gestor concedente, funcionando também como um instrumento de pressão e de indução da esfera federal, mas com outras características.

A publicação dos trabalhos acompanhada de uma estratégia junto à imprensa traz os problemas para a pauta de discussão local

---

[132] Conforme exemplificado em Brasil (2017), essa ideia avançou após o período da pesquisa.

e nacional, o que eleva a importância de que tipo de problemas são levantados e de que forma eles são apresentados para que reverta essa comunicação em incentivos para o aprimoramento do processo de descentralização, e não apenas discussões vagas sobre pontos isolados.

O incentivo se faz presente também em recomendações como a do AEPG do Fundeb, de "estudos para a concessão de premiações aos Conselhos e também aos Municípios, exaltando boas práticas e incentivando a participação de seus membros e da comunidade", em uma tentativa de, no âmbito do relatório de auditoria, relacionar ações programáticas nos campos da capacitação, da transparência e do incentivo aos problemas reais encontrados, mas ficou claro nas análises que esse campo precisa ainda ser aprimorado.

Nesse sentido, por fim, destaca-se o Programa Brasil Transparente, que, por meio da Escala Brasil Transparente, trabalha com um *ranking* relacionado à implementação da transparência passiva, outra forma de disponibilização de informações que estimula a competição pela boa visibilidade e força a aderência, trabalhando bem com incentivos em larga escala frente a uma questão concreta: a implementação da Lei de Acesso à Informação.

O nó górdio dos incentivos é a imaturidade política, uma deficiência de capacidades estatais, de forma que o estudo de Arvate e Mittlaender (2017) sobre as eleições no Brasil revela que os eleitores se recusam a votar em políticos corruptos quando eles têm acesso à informação confiável sobre os atos de corrupção.

A mesma pesquisa revela também que, no que se refere ao desperdício, os eleitores são complacentes, revelando uma fragilidade da *accountability* vertical na punição de falhas quando voltadas a um aspecto mais gerencial, o que dificulta o controle de programas descentralizados, focando o agente público corrupto e pouco no sucesso da política.

Esse cenário aponta a necessidade de uma transparência que induza à reação diante do uso ineficiente dos recursos e que as recomendações superem o paradigma da despesa focadas em um aspecto mais programático[133] para que o controle social reverta em

---

[133] Balbe (2013) aponta as dificuldades da adoção do orçamento-programa no Brasil, o que, na prática, é uma conversão de despesas para uma linguagem programática, com a ausência

desempenho municipal. A questão é como fazer isso em um cenário de imaturidade democrática, na qual se tem o clamor popular por culpados e punições, e pouco se discute o desempenho.

De forma resumida, pode-se dizer que as recomendações utilizam pouco mecanismos de incentivo mais elaborados e, ainda, que têm deficiência na relação desse incentivo com as situações encontradas, com campo para expansão nesse sentido, mas que dependem de um amadurecimento do processo de participação social do Brasil e de visão da gestão pública e de seus valores.

As ações de divulgação dos relatórios e, ainda, o uso de *ranking* para o incentivo à aderência à transparência têm o potencial de aproveitar bem os incentivos, mas precisam se comunicar com a centralidade dos problemas para que não se tenha ações dissociadas e geradoras de custos de transação.

5.2.2.5 Transparência e redução da dependência

A dependência da União em relação aos municípios, no processo de implementação das políticas descentralizadas, pode ser mitigada com salvaguardas menos onerosas se o cidadão, beneficiário final, puder atuar de forma mais proativa na gestão local, interagindo com as informações disponibilizadas.

Como apresentado ao longo da pesquisa, o período de 2005 a 2014 foi de grandes avanços na promoção da transparência, pelos inúmeros mecanismos e normativos que possibilitaram a ampla disponibilização de informações e, ainda, com o conceito de transparência passiva, no qual o cidadão se torna um elemento ativo no processo de disponibilização, apresentando as suas demandas.

A ação da CGU, detalhada na Portaria CGU nº 363/2006, chamada de Programa de Fortalecimento da Gestão Municipal, atrelada ao Sorteio de Municípios, visava à orientação ao corpo técnico dos pequenos municípios como uma forma de reduzir a dependência na implementação pela capacitação no manuseio dos recursos federais, atuando sobre a brecha horizontal, em especial no quesito *accountability*.

---

de metas, indicadores e o foco nos objetivos, e esse cenário favorece uma *accountability* centrada na legalidade estrita.

A utilização de aplicativos de telefones móveis não surge nas ações de interação da política com a população, provavelmente pelo fato de que, no período da pesquisa, esses não eram tão popularizados. Mas essa é uma fronteira a ser explorada, um caminho, inclusive, já pavimentado pela CGU, dado que a Portaria CGU nº 277/2013, que versa sobre o Programa Brasil Transparente, indica que esse deve promover o uso de novas tecnologias e de soluções criativas para o incremento da transparência.

O que se busca é a instrumentalização desse cidadão como produtor de informação qualificada e que ele adote comportamentos a partir dessas informações, realimentando o sistema para além das informações habituais dos conselhos e do processo de prestação de contas. Mas, para isso, a transparência precisa ter uma lógica de provocar nesse cidadão esses comportamentos, o que foi uma atuação ainda incipiente, dada a forma de comunicação adotada pelas peças no período da pesquisa.

Nesse sentido, cabe trazer a discussão de Thaler e Sunstein (2019) sobre o conceito de Nudge para o aprimoramento das políticas públicas. Discutindo a arquitetura de escolhas, mostram os autores que a forma de disponibilizar as informações, favorecendo a comparabilidade e a valoração pelos cidadãos, promove o alinhamento e a melhoria da efetividade de determinadas políticas públicas.

Os autores, inclusive, trazem exemplos de políticas de doação de órgãos e de defesa do meio ambiente nas quais a forma de se comunicar, pautada nos pressupostos da economia comportamental, pode auxiliar a efetividade de salvaguardas ligadas a incentivos, direcionando o controle social para o que é central na política.

A introdução do sistema de prestação de contas pela internet do FNDE, o SIGPC, uma inovação na qual a CGU se debruçou nos processos de contas anuais, induzindo a sua melhoria, possibilita que a captação de informações das prestações de contas dos municípios seja agregada e forneça informações estratégicas que, acrescidas de informações do conselho e do cidadão ou, ainda, de indicadores municipais de outras fontes, permitiriam um tratamento dos municípios que identificariam as maiores fragilidades e possibilitariam uma atuação mais efetiva na assistência técnica e na redução da brecha horizontal no processo de descentralização.

As recomendações da CGU no PNAE, no Sorteio de Municípios e nas contas anuais do FNDE trazem o gérmen dessa ideia, falando de mapas de riscos que permitam uma priorização, permitindo uma ação menos onerosa para o concedente e para os municípios e, ainda, incentivando a melhoria, mas esse é um ponto que ainda necessita de avanços, em que pese já despontem as ações em 2015 do Programa de Fiscalização em Entes Federativos e a utilização de *big data* para auxílio do processo de prestação de contas em 2018, em experiências que utilizam essa lógica.

5.2.2.6 Recomendação e dependência do implementador

Os ativos específicos na relação da União com a esfera municipal são basicamente aqueles de: i) localização, dado que o ensino presencial é relevante na Educação Básica e uma substituição pela oferta a distância ou mesmo pela oferta em outro município não atenderia a demanda; ii) especificidade de ativos humanos, dado que o investimento em capacitação, bem como o cotidiano escolar, produz um grupo de profissionais aptos à implementação daquela política e que conhecem a realidade local, sendo de difícil substituição; iii) ativos dedicados, como creches e escolas criadas especificamente para esse fim, e que, se não forem utilizados na oferta da política educacional, tornam-se prédios ociosos; iv) especificidade física, como automóveis desenhados especificamente para o transporte escolar e que têm seu uso deficitário em outras aplicações.

A recomendação do órgão de controle ao gestor e que aumenta o investimento nesses fatores aumenta no processo de implementação a dependência do município, de sua força de trabalho e de seus aparelhos públicos, o que é natural nessa relação, mas que pode trazer o risco da ação oportunista, na creche que o município aceita, mas não tem recursos para manter, na capacitação de professores para o nível médio e a transferência desse alunado para a gestão estadual ou, ainda, o investimento em transporte escolar que pode se tornar sem sentido, pelo uso de escolas multisseriadas no campo, ou ainda receber livros do PNLD e fazer uso de apostilas, aqui um oportunismo não pela regra de entrada, mas que pode ser induzido pela ação do órgão de controle.

As recomendações tanto do AEPG quanto do Sorteio de Municípios têm um caráter corretivo e não têm ingerência na política local, como a proposição de criação de uma escola em determinado local, a adesão compulsória a determinado programa ou outras indicações que sejam diretivas com a gestão municipal e que rompam essa autonomia, o que poderia, sim, criar dependência pela adoção de atos que podem ser descontextualizados da gestão e ter como efeito ativos sem a continuidade de utilização.

O que se tem é que as recomendações, por serem alinhadas aos programas, buscando apontar soluções para a melhoria dessa governança *ex post*, terminam por reduzir o risco dessa dependência, que, no processo *ex ante*, não é percebida, mas no qual o controle pode ser um instrumento de alerta para impedir a continuidade da situação.

O exemplo do AEPG do Proinfo (Relatório nº 16), que ainda que não esteja diretamente na amostra, é emblemático no sentido de que a CGU acompanhou a implementação de laboratórios nos municípios, envolvendo ativos específicos de capacitação local e de instalação de equipamentos, e trouxe como recomendações:

> 2) Que o FNDE atualize os procedimentos de apresentação de necessidades de laboratórios por parte de estados e municípios, envolvendo a inclusão de providências e prazos específicos, no caso de não instalação dos equipamentos e outras situações em que, por falta de atuação do ente federado, o laboratório não venha a ser utilizado, conforme o caso.
>
> 3) Que o FNDE estabeleça uma rotina de visita prévia, por execução direta ou terceirizada, utilizando a amostragem se verificada uma opção viável, que verifique a adequação técnica das escolas destinatárias de laboratórios, de modo a evitar o encaminhamento de equipamentos a escolas sem estrutura.

Com a inclusão de mecanismos que reduzam o oportunismo pela dependência do município na implementação de laboratórios sem ter condição, ou seja, limitando o investimento da União em um ativo específico no qual não se tenha condição instalada na municipalidade, na discussão da regra de entrada, tratada no capítulo 4.

Os outros programas, como o PNLD, por exemplo, trazem a ideia de remanejamento bem presente nas recomendações, como exemplificado no quadro 17, a seguir, que mostra a preocupação com a utilização dos ativos livros e a observância dos mecanismos de devolução e de remanejamento, como instrumento de redução dessa dependência, pelo reemprego.

Quadro 17 – Excerto de recomendações do PNLD afetas a remanejamento

Sorteio	Município	Constatação	Recomendação
35	Pontes Gestal/SP	Falta de utilização do sistema de gerenciamento do Programa do Livro Didático do FNDE, ausência de remanejamento da sobra significativa de livros e adoção de outros livros didáticos como método de ensino principal, sem o cancelamento do recebimento dos livros do programa federal, apesar de sua baixa utilização.	Apurar os motivos da não utilização dos livros didáticos do programa federal e orientar o gestor municipal e as escolas sobre a necessidade de utilização do material didático fornecido pelo programa.
29	Porto Grande/AP	Ausência de acesso, por parte do município de Porto Grande/AP, ao Sistema de Controle de Remanejamento e Reserva Técnica do SISCORT.	Advertir o gestor/escolas quanto à obrigatoriedade da utilização do SISCORT, conforme a Resolução CD/FNDE nº 03, de 14.01.08, e a Resolução/CD/FNDE nº 30, de 18.06.04, e orientá-los quanto à operacionalização do sistema.
31	Frei Inocêncio/MG	Prefeitura e unidades de ensino municipais não utilizam o SISCORT para controle de remanejamento dos livros didáticos.	Advertir o gestor/escolas quanto à obrigatoriedade da utilização do SISCORT, conforme a Resolução CD/FNDE vigente, e orientá-los quanto à operacionalização do sistema.
30	Venturosa/PE	Deficiências na distribuição e no remanejamento de livros didáticos no âmbito do PNLD por parte da Prefeitura Municipal de Venturosa.	Orientar a prefeitura/unidade(s escolar(es) quanto à observância das normas relativas ao PNLD e quanto à correta operacionalização do programa.

Fonte: Construção do autor.

O investimento da União em livros provisionados aos municípios gera dependência da estrutura municipal na aplicação destes, e a preocupação da CGU com os aspectos do remanejamento permite mitigar essa dependência.

A preocupação tanto com a regra de entrada como com o risco de alocação insuficiente de livros reduz o risco de oportunismo pela dependência do implementador, por riscos relacionados a ativos investidos e que não se converterão nas entregas da política e que precisarão ser realocados, situações que impactam os custos de transação.

O presente tópico indica que a atuação do controle não é diretiva, no sentido de induzir o investimento em ativos específicos pela rede de implementação, e ainda possibilita pelas recomendações que sejam mitigadoras das fontes de dependência, por meio de regras de entrada ou pela realocação de ativos, a redução dessa especificidade.

5.2.3 Categoria autonomia

5.2.3.1 A visão da discricionariedade

Este tópico se detém a verificar se a discricionariedade é considerada no processo de recomendações, ou seja, o quanto essas são diretivas, dizendo como fazer, e o quanto são ligadas ao impacto desejado. Quanto mais diretivas as recomendações, menos espaço para os benefícios da autonomia na implementação.

As recomendações importam aqui não somente pelo efeito no concedente, e sim pelo seu efeito reflexo na esfera municipal, dado que a autonomia em discussão é desse ente na implementação, como mecanismo do federalismo que possibilita uma adaptação com mais sucesso e menos custos de transação, dada a diversidade local.

Nesse sentido, a discussão da padronização das recomendações, por vezes um reflexo de normas igualmente padronizadas, nos municípios, é relevante, pois a desconsideração das peculiaridades locais e das diversidades de capacidades pode afetar os custos de transação pelo esforço de aderência dissociado das ideias centrais do programa.

Recomendações no âmbito do AEPG do PNAE se preocupam com a melhoria da alimentação de informações no processo de prestação de contas. As do Fundeb, por sua vez, buscam limitar a autonomia municipal com o impedimento do saque na boca do caixa, mas, ao mesmo tempo, estimulam a transparência e a circulação de informações na esfera municipal.

O PNLD trabalha com campanhas de conscientização, bem como disponibiliza sistemas para auxiliar a gestão na esfera municipal, e traz a indicação de visitas técnicas para observar a efetiva entrega de livros, preservando a autonomia na implementação.

Por fim, o PNATE prestigia nas recomendações a alimentação de sistemas pelos municípios para melhorar o monitoramento, em uma atuação que respeita a autonomia por estar vinculada a índices pontuais e pouco a procedimentos específicos de implementação, reforçando uma tendência da CGU de aproveitar melhor o processo de prestação de contas via sistema.

Apesar dos problemas serem pontuais e ligados a questões de normas, como disposto no capítulo 4, as recomendações de AEPG, no que se referem ao reflexo nos municípios, não têm efeito de padronização ou diretivo que desrespeite a autonomia municipal, em que pese a atuação do município na implementação seja pouco considerada como fator de força ou, ainda, por não haver a promoção relevante da identificação de boas práticas, como se vê no PNLD, que recomenda a realização de visitas técnicas de monitoramento por amostragem nas escolas beneficiadas para verificar a efetiva entrega dos livros aos alunos, o que teve como decorrência um projeto do FNDE referente ao monitoramento integrado do programa, que, focado na efetiva entrega, deixa a cargo do município a forma de implementação, mas sem destacar soluções de êxito adotadas.

Em relação ao Sorteio de Municípios, as análises até agora ratificam que esse instrumento de avaliação centra na revelação de problemas da gestão municipal como instrumento de *enforcement* em relação à gestão municipal e que, como decorrência, tem recomendações amplas e padronizadas que dificultam a sua efetiva implementação dentro da ideia já discutida, de que existe uma pressão cultural nos auditores de que cada problema deve ter, metodologicamente, uma ou mais recomendações.

No que se refere à autonomia especificamente, as recomendações do Sorteio de Municípios têm um aspecto de tutela significativo, focadas em aspectos legalistas, procedimentais, com pouco espaço para inovação ou soluções locais, como uma decorrência do modelo de avaliação.

Esse desenho procedimental e corretivo à luz da norma gera ações pontuais do município que podem demandar esforços de adaptação para a aderência, o que pode gerar custos de transação, com a ressalva de que as recomendações na linha da capacitação, presentes no sorteio, terminam por prezar mais essa autonomia.

A autonomia do gestor e o respeito às decisões discricionárias e ao mérito administrativo, em uma visão colaborativa e dialógica, são os princípios que regem a atividade de controle governamental em um ambiente democrático, cabendo um *enforcement* mais diretivo no que se refere à execução do planejamento orçamentário (WILLEMAN, 2020, p. 349), ou seja, os aspectos finalísticos e que dependem dessa autonomia para o seu sucesso nesse processo de implementação.

De forma conclusiva, tem-se que as recomendações de AEPG se focam no concedente e são pouco diretivas em relação aos municípios e, apesar de se prenderem a aspectos finalísticos na implementação da solução, na esfera governamental, não consideram os avanços e as boas práticas, inclusive para efeitos de registro.

O Sorteio de Municípios, pela sua característica mais diretiva e legalista, possui recomendações procedimentais e pontuais que têm um caráter de tutela da gestão municipal e que afetam os custos de transação pelo esforço no seu atendimento, em especial o monitoramento.

5.2.3.2 Ajustes *ex post* e *remediableness*

O Sorteio de Municípios, conforme já explorado no item 5.2.3.1, tem um caráter legalista e diretivo nas recomendações, de aderência padronizada, à luz dos normativos do programa, em aspectos binários que não contemplam gradações, e o AEPG, por sua vez, é voltado à estrutura do concedente.

Entretanto, pode se considerar que o Sorteio de Municípios tem um papel de avaliação *ex post*, ou seja, um indicador de como as medidas da governança *ex ante* estão sendo efetivas e que medidas precisam ser ajustadas nesse processo, à luz do pactuado, considerando-se que os contratos são incompletos, realimentando as salvaguardas do concedente.

No entanto, para isso, os instrumentos de avaliação, como o Sorteio de Municípios, precisam enxergar as salvaguardas e como essas se combinam na esfera municipal, com a previsão de ajustes *ex post*, o que não se dá pelo aspecto puramente corretivo das recomendações do sorteio.

As salvaguardas mais consideradas no Sorteio de Municípios, nesse sentido, são a busca pela aderência às normas, normas estas que são mecanismos *ex ante*, e o processo de prestação de contas, que são de caráter *ex post*. Sobre as normas, já ficou claro o aspecto binário, com pouco espaço para ajustes.

Nesse ponto, a ideia é analisar as ações do Sorteio de Municípios e também do AEPG em relação ao mecanismo de prestação de contas dos entes municipais ao FNDE, de forma a verificar como se dá essa interação à luz de ajustes *ex post*, à luz do conceito de *remediableness*, ou seja, se essa interação vislumbra a possibilidade de ajustes *ex post*, preservando a autonomia, conforme quadro a seguir:

Quadro 18 – Recomendações afetas à prestação de contas

(continua)

Instrumento	Recomendação	Análise à luz do conceito de *remediableness*
Sorteio	Considerar, quando da análise da prestação de contas do programa, os fatos apontados e adotar as providências necessárias com vistas à adequação dos procedimentos à Lei nº 8.666/93 (recomendação sobre o tema que se repete ao longo da amostra).	Esse tipo de recomendação reforça o aspecto legalista e binário do sorteio, com pouco espaço para ajustes, sendo a prestação de contas apenas um instrumento de adequação do achado à norma, o que envolve, em algum aspecto, a sanção, sem a ideia de *remediableness*, de que a governança *ex ante* vai se ajustar ao que se encontra *ex post*, considerando-se a ideia de racionalidade limitada e a necessidade de reduzir os custos de transação.
AEPG do PNAE	Inserir na prestação de contas da entidade executora a necessidade de apresentar avaliação sobre as condições de armazenagem (contemplando instalações, equipamentos, obediência de normas sanitárias) e sobre o efetivo funcionamento de controle de estoques no armazém da entidade executora e das escolas, a ser realizada pelo nutricionista responsável técnico pelo programa na EEx, tendo em vista que o questionário da Unidade de Alimentação e Nutrição (UAN) e de depósitos das escolas apresentado pelo FNDE só é aplicado nas visitas *in loco* realizadas pela autarquia, não abrangendo, portanto, a totalidade das unidades que fornecem alimentação escolar com recursos do PNAE.	Nesse ponto, já existe uma ideia de se considerar a realidade municipal, a autonomia local, e a prestação de contas surge como um elemento que traz mais informações da gestão na ponta e que permite avaliações mais subjetivas dessa adequação no processo de implementação.

(conclusão)

Instrumento	Recomendação	Análise à luz do conceito de remediableness
AEPG do PNATE	Foi recomendado ao gestor federal que apresentasse, no prazo de 60 dias, plano de ação com o objetivo de fomentar nos CACS/Fundeb o aumento do controle sobre a execução do PNATE, durante o exercício, utilizando os sistemas já disponibilizados e incluindo itens que discorram sobre as condições dos veículos utilizados e sobre o uso exclusivo do transporte escolar por alunos da Educação Básica pública residentes em área rural.	Aqui também existe uma ideia de se considerar a realidade municipal, a autonomia local, e a prestação de contas surge como um elemento que traz mais informações da gestão na ponta e que permite avaliações mais subjetivas dessa adequação no processo de implementação.
AEPG do PNATE	Recomendou-se ao FNDE que, até junho de 2014, publicasse o estudo realizado para levantamento de custos por aluno para o transporte escolar rural nas várias regiões do país, levando seus resultados ao Sistema de Prestação de Contas (SIGPC) para servir de parâmetro aos entes executores nas contratações de veículos e para subsidiar o monitoramento dos conselhos de acompanhamento e controle social.	O uso de parâmetros, como o custo regionalizado, permite maior autonomia na implementação e, ainda, uma visão de ajustes mediante critérios mais amplos, o que estimula a inovação e a adaptação local.
AEPG do PNATE	Recomendou-se ao gestor federal que elaborasse, dentro de sessenta dias, plano de ação com o objetivo de evitar desvios de finalidade na utilização dos veículos do transporte escolar, por meio da implementação de mecanismos de controle no Sistema de Prestação de Contas (SIGPC) ou no Sistema de Gestão de Conselhos (SIGECON), nos quais os entes executores possam informar, quando da alimentação do sistema com as despesas de locação, se o veículo contratado é utilizado apenas para o transporte de alunos.	Aqui também existe uma ideia de se considerar a realidade municipal, a autonomia local, e a prestação de contas surge como um elemento que traz mais informações da gestão na ponta e que permite avaliações mais subjetivas dessa adequação no processo de implementação.

Fonte: Construção do autor.

Como se vê, o Sorteio de Municípios, quando se utiliza de mecanismos de prestação de contas, como a recomendação padrão apresentada e que se repete em várias constatações, não é um mecanismo de ajuste e realimentação, e sim um processo sancionatório *ex post* e de busca da aderência municipal, o que tem o potencial de ampliar os custos de transação.

O AEPG busca utilizar a prestação de contas como um processo de realimentação de informações, de forma que esse processo permita essa realimentação e contemple as ações locais à luz de parâmetros mais amplos, com a avaliação da realidade local, permitindo um ajuste *ex post* das gestões municipais.

Apesar disso, ainda é tímida a visão *bottom up* no instrumento AEPG, com a criação de Grupos de Trabalho Interministeriais (PNATE) sem a participação dos municípios, bem como a criação de manuais de armazenagem sem estar indicada a coleta de experiências exitosas, o que reforça o aspecto *top down*, que pouco considera a autonomia municipal, e não se veem esforços no mapeamento e promoção dessas iniciativas.

Uma abordagem *bottom up* incentiva, no contexto da temporalidade, o aprimoramento do arranjo alimentado pela diversidade das experiências de implementação, podendo a autonomia municipal gerar aprendizado mútuo em soluções mais simples e mais baratas.

A visão de *remediableness*, do bom suficiente, é entender que o programa se combina com a realidade, que as salvaguardas *ex ante* são fruto da racionalidade limitada, que, nos processos *ex post*, são ajustados esses detalhes da execução, em uma visão de contratos incompletos, e que apenas soluções diretivas vão forçar a padronização e não vão contemplar a autonomia e a capacidade de inovação e adaptação local, incidindo assim no aumento dos custos de transação na gestão municipal.

Isso não quer dizer que o processo de sanção na prestação de contas não tenha um efeito indutor e inibidor de desvios, mas, à medida que se prende a questões padronizadas, estritas da norma, gera custos de transação de monitoramento, sem grandes avanços na gestão da política.

O conceito de *remediableness* permite uma visão mais ampla dessa questão, em recomendações que alimentem os sistemas de informação e que reduzam a incerteza, permitindo ajustes mais precisos, em especial pelo fato das auditorias se deterem a uma amostra diminuta do universo de municípios.

5.2.3.3 Mecanismos locais de *accountability* e as recomendações

A esfera municipal, dentro da ideia de rede de *accountability*, conforme a figura 1, tem como mecanismos mais conhecidos o controle social, por meios dos conselhos de acompanhamento, e a estrutura de controle interno, como as controladorias, por exemplo.

Em relação ao controle social, conforme disposto no item 5.2.2.1, ainda existe uma débil percepção pela CGU deste como um mecanismo de auxílio na implementação, pouco considerado nas recomendações nesse sentido, com traços de baixa confiança nesse mecanismo. Mas trazendo a questão para a ótica da autonomia, essa tutela dos conselhos já indicada, essa baixa confiança, a delegação rara de tarefas, termina por ser um limitador da capacidade de *accountability* endógena ao município, sendo pouco emancipatório, o que incide diretamente nos custos de transação dessa descentralização por demandar salvaguardas remotas mais onerosas.

Em relação ao outro mecanismo de *accountability* local, o órgão de controle interno, essa estrutura já é prevista para os municípios no art. 74 da Constituição Federal de 1988, e a análise dos relatórios não encontra menção dessas estruturas como parceiras ou como parte da solução, reforçando a visão de tutela do município e sem a capacidade de autocontrole, uma fonte de autonomia.

A CGU, na verdade, teve uma preocupação sistemática na estruturação dessas instâncias por meio do Programa de Fortalecimento da Gestão Municipal, instituído pela Portaria CGU-PR nº 363/2006, voltado a todos os municípios brasileiros com população de até 50.000 habitantes e que se voluntariam a participar e se submetem a um sorteio público.

O programa tinha por objetivo apoiar as prefeituras no fortalecimento da gestão municipal mediante a promoção de ações relativas ao fornecimento de orientações e informações necessárias à correta aplicação de recursos públicos, e aí se inclui a pauta de controle interno.

Na discussão de dependência, o fortalecimento dessas instâncias é importante, mas também a consideração destas como elemento da rede de *accountability* que apoie a implementação das políticas descentralizadas. Mas essa função, o controle interno, é débil na esfera municipal, e estudos de Silva (2015) indicam que até nas capitais a estrutura dos órgãos de controle interno municipal é acanhada, inclusive na diversidade de suas funções, em uma realidade que ainda tem muito a avançar.

Estudos sobre descentralização e corrupção (ODI, 2018) indicam que as agências anticorrupção locais, para reduzirem o risco de corrupção, devem ter poder de auditoria, para além apenas de campanhas de conscientização, reforçando a importância de se identificarem e promoverem as redes locais de *accountability*, em especial na capacidade avaliativa.

A fragilidade das estruturas de *accountability* horizontal e vertical nos municípios termina por onerar as salvaguardas do concedente por imputar a este as ações de monitoramento, sem apoio local. E a CGU, ao não considerar essas esferas, termina por reforçar essa atuação onerosa, em que pese o esforço da controladoria de fortalecimento dessas funções, mas trata-se de uma brecha horizontal que caminhou lentamente na esfera municipal e que precisa de atenção.

5.2.3.4 Alinhamento com os objetivos da política

O alinhamento das recomendações se dá com aspectos centrais de cada programa, ou seja, com aquilo que Rossi, Lipsey e Freeman (2004) chamam de teoria do programa, uma concepção da estrutura, funções e procedimentos apropriados para atingir seus objetivos. A sua lógica.

E quando a gestão municipal foge dessa lógica, pela adoção de submetas que destoam desse alinhamento, a atuação da CGU pela recomendação pode ser um elemento de ajuste desse alinhamento. Mas, para isso, a lógica desse programa deve ser clara e se refletir nas recomendações do controle, conforme análise no quadro a seguir:

Quadro 19 – Análise das recomendações à luz da lógica do programa

(continua)

Programa	Lógica	Análise global das recomendações
Fundeb	Na busca de contribuir com o equilíbrio entre os entes federativos, aportar os municípios com recursos para a manutenção e o desenvolvimento da Educação Básica, por meio da valorização da remuneração dos professores e de custeio das despesas afetas à política educacional.	AEPG – os problemas encontrados, no sentido da compatibilidade das despesas e observância do mínimo de 60% aplicado aos professores, são relacionados à lógica do programa, e as soluções apontadas buscam fortalecer mecanismos que contribuam com a mitigação desses problemas, principalmente pela ampliação da transparência e de normativos, que estão alinhados aos objetivos do programa.
		Sorteio de Municípios – da mesma forma, as questões afetas à remuneração de professores, plano de carreira, bem como o desvio de finalidade, surgem como problemas alinhados à lógica do programa, mas com uma carga de questões formais e de legalidade. As recomendações, em especial as do Fundeb, pelas limitações das características desse fundo envolvem mais a questão da responsabilização e do ressarcimento, com dificuldades de ações gerenciais mais alinhadas ao programa.

(conclusão)

Programa	Lógica	Análise global das recomendações
PNAE	Propiciar condições de uma melhor aprendizagem e desenvolvimento aos alunos por meio de uma complementação financeira que visa oferecer alimentação escolar e ações de educação alimentar e nutricional aos estudantes da Educação Básica pública.	AEPG – os problemas encontrados se detêm na presença da merenda, bem como da gestão do programa, nos tópicos afetos a despesas, armazenagem, preparo e da presença de nutricionistas, trazendo soluções que se comunicam com esses problemas, sendo uma avaliação alinhada aos objetivos do programa.
		Sorteio de Municípios – os problemas do sorteio se alinham à lógica do programa, em especial da presença de merenda, armazenagem e da presença de nutricionistas, mas se detêm muito a questões de aquisição, licitações, bem como controle de estoque, e as recomendações são limitadas frente às características do sorteio já discutidas.
PNATE	De forma a reduzir a evasão escolar, destina-se a custear despesas de manutenção e funcionamento de veículos utilizados para o transporte de alunos da Educação Básica pública residentes em área rural.	AEPG – como no Fundeb e no PNAE, o conselho é um ponto relevante do escopo, com destaque também a aspectos relacionados às aquisições, bem como aspectos da gestão financeira, preços praticados e especificação de veículos. As recomendações trazem a questão do desvio de finalidade e de aprimoramento da forma de contratação e a adequação aos objetivos do programa, de forma bem alinhada.
		Sorteio de Municípios – foco na adequação dos veículos, dos motoristas, além de desvio de finalidade e questões afetas às contratações figuram como problemas. As recomendações padecem das limitações do sorteio, de caráter corretivo e orientativo, mas pode-se dizer que a avaliação segue alinhada às ideias do programa.
PNLD	De forma a enriquecer o processo de aprendizagem, fornece às escolas de Educação Básica pública obras didáticas de qualidade para o apoio à prática educativa.	AEPG – os problemas se detêm à entrega e ao remanejamento dos livros, bem relacionados ao espírito do programa, no que se refere à atuação municipal, e as recomendações são no sentido de se fortalecer essa lógica.
		Sorteio de Municípios – entrega de livros, uso do sistema e gerenciamento desse processo de distribuição figuram entre os principais problemas, que se alinham à lógica do programa, e as recomendações, como têm sido no sorteio, são predominantes no sentido da capacitação.

Fonte: Construção do autor.

Como explicitado no quadro 19, os problemas e as recomendações, via de regra, se alinham à lógica do programa, com uma carga de questões burocráticas e acessórias que já foram comentadas amiúde no capítulo 4.

Esse alinhamento se dá por conta do planejamento dessas ações, que se prendem a um estudo prévio do programa, suas características, trabalhando sobre o fluxo do programa, sua trajetória e os pontos de controle, e essa abordagem garante não só um viés finalístico nas avaliações, como protege contra a tendência do auditor de buscar o acessório.

Cabe, porém, registrar que a lógica dos programas é dinâmica e se modifica ao sabor das mudanças do ambiente institucional, e isso pode se refletir nas avaliações da CGU, como pelo exemplo citado por Barros (2018), que aponta que, de 2007 a 2016, o Ministério da Educação ofereceu recursos extras para regiões carentes para subsidiar a Educação Integral, como um assunto estratégico no âmbito da educação, por meio do Programa Mais Educação, com suplementações via Fundeb e PNAE.

Entretanto, a discussão de Educação Integral não figura nos relatórios de AEPG e do Sorteio de Municípios, perdendo a CGU uma oportunidade de dialogar com questões centrais da política, o seu nível mais estratégico, realimentando uma iniciativa relevante.

Por um outro lado, os relatórios apresentam uma constância de problemas similares e, considerando-se a racionalidade limitada da CGU no momento do planejamento, baseado em documentos condicionantes, as interações *ex post* do programa no município podem realimentar o planejamento dessas ações de controle, de forma a se ajustar a riscos não previstos.

O que se vê na análise, até agora, é que esse planejamento, inclusive no próprio mecanismo do Sorteio de Municípios, tem o potencial de ser o esteio de garantir um aspecto sistêmico à avaliação, o que é mais predominante no instrumento AEPG, permitindo o alinhamento aos objetivos centrais do programa.

Assim, em relação aos custos de transação, o alinhamento das ações da CGU com a lógica do programa possibilita a atuação em salvaguardas[134] que agregam valor ao programa e que evitam a submeta e a ação oportunista em uma linha finalística, e os instrumentos de planejamento dessas ações, voltados para conhecer a sua essência, a forma de implementação, permitem que essa lógica se desdobre no decorrer dos trabalhos.

---

[134] Possibilita, mas, como se viu em outros tópicos, a atuação da CGU se prende muito a aspectos formais e descontextualizados dessa salvaguarda e pouco da sua existência e suficiência.

5.2.3.5 Intencionalidade na combinação de controles e incentivos

O fato de se considerar a descentralização de políticas no âmbito do federalismo como um arranjo de caráter híbrido tem como consequência a relevância da ideia de combinação de controles e incentivos frente à autonomia necessária do ente municipal.

Nesse sentido, para que essa combinação se dê na ação da CGU, como integrante da rede de *accountability*, faz-se necessário que as ações na linha de controle dialoguem com as ações na linha de incentivo para que possa existir a coerência entre estas, considerando a realidade dos municípios.

A pesquisa mostrou que essas ações conversam pouco em documentos e relatórios dessas iniciativas que não referendam as ações de outra natureza, de tal forma que os programas de melhoria da transparência não têm caminhos formais de interação e realimentação com as ações de auditoria e que essas ações de auditoria, quando se reportam à transparência como solução, não citam ações da própria CGU, em uma visão de insulamento das macrofunções da CGU, mormente as de ouvidoria, prevenção e auditoria, que se relacionam mais diretamente à descentralização de recursos.

Da mesma forma, as ações do concedente no sentido de capacitação e de promoção da transparência não são objeto de instâncias ou fluxos de interação com a CGU, existindo superposições, como o programa de capacitação do FNDE (Formação pela Escola) em relação à atuação do Programa Olho Vivo no Dinheiro Público e o Programa de Fortalecimento da Gestão, esses dois últimos da CGU e que têm públicos e finalidades similares.

A ideia de fortalecer os incentivos, de mecanismos de adaptação autônoma, não é uma leitura predominante nos produtos da CGU, sendo vista a transparência de forma predominante como um direito e pouco como um instrumento gerencial, de *enforcement*, o que se comprova pela pouca relação dessa transparência com os problemas e as salvaguardas. Uma parcera do controle social, mas que tem essa importante relação pouco explorada.

O Decreto nº 7.507/2011 é o caso emblemático de problemas reiterados e que geram uma solução que afeta o ambiente institucional na esfera da promoção da transparência, mas o fato é que não foram encontrados outros na análise da interação dos problemas concretos encontrados e da atuação da CGU na promoção da transparência.

Outra questão é que os problemas detectados nos programas, os problemas centrais, se figurassem como esteio das ações de aprimoramento de salvaguardas diretivas ou de incentivo, trariam um aspecto mais efetivo a essas combinações, mas o que se vê é que as ações de promoção de transparência e seus artefatos (cursos, cartilhas) dialogam pouco com esses problemas, o que impossibilita uma estratégia que melhor aproveite essas ações na indução do controle social.

Essa visível dificuldade de coordenação desses esforços de incentivos com ações mais diretivas pode afetar os custos de transação de todo o processo de *accountability* desses programas, que já é onerado por uma rede que tem problemas de coordenação, e ainda no município, onde tudo isso se encontra, pode se ter uma série de produtos ofertados que não só não dialogam entre si, como também não se comunicam com a realidade municipal e os programas ali geridos.

A visão conciliadora da TCT, trazendo para a mesma discussão os controles hierárquicos e os incentivos, é um arcabouço teórico que permite essa combinação, tendo os custos de transação como métrica a definir essa forma de organização, dentro da visão da corrupção, como um fenômeno múltiplo.

O desenho federativo tem como calcanhar de Aquiles os aspectos coordenativos, mas a ação do órgão de controle interno, mais próximo do gestor federal, precisa ser estratégica nessa combinação de controles e incentivos para ser uma fonte de alinhamento das ações com o concedente e que o reflexo dessas ações no município seja promotor da efetividade.

5.3 Síntese das principais conclusões

De forma a consolidar as análises dos capítulos 4 e 5, tornando mais didática a leitura da presente obra, este tópico apresenta as principais conclusões sobre a atuação da CGU na política educacional descentralizada aos municípios, à luz da TCT.

Nesse sentido, os cinco quadros a seguir detalham, por quesitos derivados das categorias de análise, os pontos relevantes dessa atuação e os possíveis impactos nos custos de transação na implementação da política, bem como apresentam proposições de ações ou posturas que poderiam tornar o arranjo de *accountability* menos oneroso

Quadro 20 – Quesito realimentação

Quesito	Realimentação (Itens 4.2.1.1, 4.2.1.3, 4.2.3.2, 5.2.1.3, 5.2.1.4, 5.2.2.3 e 5.2.3.4)
O que se identificou da atuação da CGU no período da pesquisa?	– As recomendações da CGU são, de modo geral, alinhadas aos programas por conta do processo de planejamento das auditorias, com a ressalva de uma carga perceptiva de questões acessórias e a dificuldade dessas ações se adaptarem à dinâmica dos programas no decorrer do tempo. – Os problemas são vistos, de forma predominante, como o descumprimento de regras e são agregados de forma quantitativa, o que realimenta pouco o aspecto estratégico e sobrecarrega o processamento das demandas decorrentes por parte do FNDE. – A rede de *accountability* se relaciona com a CGU sem instâncias perceptíveis de coordenação, o que se torna mais acentuado no Sorteio de Municípios, que tem alto grau de dependência de providências de suas recomendações em relação a esses atores. – A atuação da CGU tem grau reduzido de realimentação das normas de caráter estratégico ou de representatividade nos fóruns que definem os rumos da política educacional. – As informações oriundas do controle social são pouco utilizadas pela CGU como insumo estratégico, levando a um olhar igualitário em relação aos municípios e suas questões na implementação das políticas.
Possíveis impactos da atuação da CGU nos custos de transação do arranjo de implementação da política educacional descentralizada aos municípios.	– O alinhamento da atuação da CGU com a rede de implementação da política, em especial nos aspectos finalísticos, observando a lógica do programa, reduz o oportunidade de ações locais que não agregam valor à política, inclusive aquelas que sejam imputadas pelo próprio órgão de controle. – A produção de grande volume de recomendações com um foco de aderência aos normativos sobrecarrega a capacidade de processamento do concedente de recursos federais, dificultando o processo de ajustes *ex post* da política educacional e a realimentação estratégica, revertendo em salvaguardas mais superficiais e onerosas. – A falta de coordenação na rede de *accountability* da política descentralizada pode gerar ações de pedidos de informações sobre providências, com uma sobrecarga de transações a serem processadas pelos diversos atores, favorecendo lacunas e conflitos, com baixo potencial de realimentação das salvaguardas em um sentido estratégico. – A pouca utilização de dados oriundos do controle social aumenta a incerteza do ambiente e demanda salvaguardas mais onerosas e descontextualizadas dos problemas, forçando a racionalidade limitada do concedente e da CGU.
Em que circunstâncias podem-se aumentar os custos de transação?	– Quando as recomendações da CGU não se alinham à lógica do programa. – Quando a CGU produz grande volume de recomendações de caráter específico e ligadas à aderência a normas procedimentais. – Pela falta de coordenação da rede de *accountability* para o trato de recomendações produzidas por um dos seus atores. – Quando a CGU não estimula ou viabiliza a produção de informações do controle social de forma que estas possam dialogar com a construção de salvaguardas.

Fonte: Construção do autor.

Nesse quesito em especial, a pesquisa pode apresentar algumas proposições de melhoria para o desenho atual, buscando que as recomendações estejam mais ligadas a aspectos sistêmicos, mantendo a predominância gerencial sem prejuízo dos aspectos punitivos e de ressarcimento e, ainda, que se estimule a criação de instâncias de interação com os atores da rede de *accountability* no âmbito da descentralização e, por fim, que se busque o estímulo a aplicativos para telefones móveis e outros meios para que se promova uma participação social mais alinhada à lógica do programa e que este se combine com as ações mais diretivas, como a auditoria.

Quadro 21 – Quesito padronização

Quesito	Padronização (Itens 4.2.2.3, 4.2.3.1, 4.2.3.3 e 5.2.3.1)
O que se identificou da atuação da CGU no período da pesquisa?	– As recomendações do Sorteio de Municípios são, de forma geral, padronizadas e procedimentais, tratando os municípios e seus problemas de forma igualitária. – As recomendações de AEPG têm pouco efeito diretivo sobre os municípios, respeitando a sua autonomia, voltando-se mais para o concedente. – A avaliação da CGU tem alto grau de centralidade normativa, de aderência, descontextualizado da realidade local e suas peculiaridades. – Não foram identificados atuação significativa nas auditorias da CGU que destaquem boas práticas e a inovação dos municípios na resolução dos problemas. – A atuação da CGU não considera a dependência de trajetória e a temporalidade dos municípios no trato dos problemas, na implementação das políticas.
Possíveis impactos da atuação da CGU nos custos de transação do arranjo de implementação da política educacional descentralizada aos municípios.	– A atuação focada na aderência normativa e procedimental, com recomendações genéricas e padronizadas, descontextualiza os fatos da realidade local, reforçando salvaguardas que têm seus custos de transação majorados pela necessidade de adaptação e de monitoramento sem ter, necessariamente, o impacto nos objetivos estratégicos da política. – Os desvios de finalidade, quando presos a detalhes normativos, que poderiam ser objeto de ajustes *ex post*, geram custos de transação de monitoramento e pouco agregam valor à política descentralizada. – A ausência de informações sobre boas práticas e soluções inovadoras, que possibilitaria uma ação *bottom up*, que tem como consequência salvaguardas menos onerosas por considerar a participação ativa do ente municipal.
Em que circunstâncias podem-se aumentar os custos de transação?	– Quando a CGU realiza auditorias com um foco predominantemente normativo, procedimental, em um contexto de normas específicas e que descontextualizam os problemas frente à realidade local. – Nas ações em que a CGU se prende a aspectos muito específicos no enquadramento de desvio de finalidade na aplicação dos recursos, sem olhar as possibilidades de ajuste *ex post*. – Na medida que a CGU, pela sua atuação, não possibilita a circulação de informações alusivas a boas práticas e à implementação de soluções inovadoras, mantendo uma linha de ação *top down*.

Fonte: Construção do autor.

A título de sugestão para o aprimoramento, seria desejável que a atuação da CGU fosse balizada por estratos geográficos e de indicadores,[135] não somente como critério de seleção de municípios a serem auditados, mas como subsídio de planejamento e de execução da avaliação, gerando trabalhos mais customizados, o que contribuiria com salvaguardas mais adequadas, desonerando os arranjos.

Pode-se propor também que as equipes de auditoria tenham mais autonomia para propor ajustes *ex post* em situações formais e que não exista desfalque de recursos, e sim variações na conceituação da aplicação do recurso em conformidade que sejam alinhadas com a lógica do programa e, ainda, que a CGU promova espaços para uma atuação mais *bottom up*, captando boas práticas e soluções inovadoras no âmbito municipal, permitindo a realimentação da rede de implementação da política, em um sentido estratégico, realizando, inclusive, devolutivas ao gestor.

Quadro 22 – Quesito dependência

(continua)

Quesito	Dependência (Itens 4.2.1.5, 4.2.2.1, 4.2.2.4, 5.2.2.1, 5.2.2.6 e 5.2.3.3)
O que se identificou da atuação da CGU no período da pesquisa?	– Os trabalhos da CGU têm baixa integração com os mecanismos locais de *accountability*, em especial os órgãos de controle interno, como parte da solução para as situações apontadas. – As recomendações utilizam, ainda de forma tímida, a exceção do caso do PNLD, de mecanismos relacionados à realocação de ativos e à regra de entrada, o que poderia reduzir a dependência oriunda da especificidade no investimento dos ativos e consideraria as diferenças de capacidades dos municípios. – A atuação da CGU foca predominantemente em tornar o controle social efetivo e pouco em considerar este um instrumento local de monitoramento das situações encontradas na gestão da política. – O fato da CGU divulgar os relatórios de auditoria e atuar nas operações especiais, por meio do fomento ao controle político e pelo afastamento de dirigentes, reduz a dependência de determinado grupo local na implementação da política.

---

[135] A escolha de o que auditar é decorrente da tensão das auditorias internas, de uma limitada capacidade operacional, frente a um grande universo a ser auditado, de forma a otimizar o seu papel preventivo. Aí, surge uma discussão de custos de oportunidade, pois, toda vez que a auditoria foca em um processo ou objeto, ele deixa de verificar outro.

(conclusão)

Quesito	Dependência (Itens 4.2.1.5, 4.2.2.1, 4.2.2.4, 5.2.2.1, 5.2.2.6 e 5.2.3.3)
Possíveis impactos da atuação da CGU nos custos de transação do arranjo de implementação da política educacional descentralizada aos municípios.	– Ao não considerar os mecanismos locais como salvaguardas, a CGU impõe ao concedente de recursos (FNDE) o uso de diligências e outras salvaguardas mais onerosas, em especial no que se refere ao monitoramento. – A atuação da CGU na realocação de ativos investidos reduz a dependência do programa oriunda da especificidade daquele ativo, desonerando o arranjo de implementação. – As ações de operações especiais da CGU que afastam compulsoriamente dirigentes ou, ainda, a publicação de relatórios de Sorteios de Municípios e que influenciam a avaliação do desempenho da gestão municipal são formas de mitigação da dependência dos municípios implementadores, causando pressão nos dirigentes e reduzindo a necessidade de mais salvaguardas. – As considerações das capacidades estatais em relação à implementação das políticas, utilizando-se regras de entrada que inibam a alocação de recursos para quem não tenha condições mínimas, desoneram os arranjos por evitar o oportunismo *ex ante*, que gera custos de monitoramento e de ressarcimento, além da acomodação da esfera municipal em não se adequar aos requisitos mínimos de implementação.
Em que circunstâncias podem-se aumentar os custos de transação?	– Quando a CGU não considera no processo de aprimoramento de salvaguardas os mecanismos locais de *accountability*. – No fato de desconsiderar a possibilidade de realocação de ativos específicos em suas ações de controle. – Quando a CGU não utiliza suas possibilidades de afastar dirigentes, compulsoriamente, pela ação em operações especiais ou pela publicação de relatórios de auditoria que afetam os processos eleitorais locais e que permitem pressionar os dirigentes locais em relação ao seu desempenho. – Quando a CGU não considera as deficiências de capacidades municipais como causa dos problemas de implementação e a necessidade de se proporem regras de entrada para adesão aos programas.

Fonte: Construção do autor.

No que se refere a sugestões para aprimorar o quadro atual, a integração com as redes locais de *accountability*, sejam os conselhos ou órgãos de controle interno, seria uma boa prática a ser adotada e, ainda, faz-se necessário discutir com o FNDE, na figura de concedente de recursos, estratégias para considerar as capacidades estatais e a imposição de regras de entrada que tenham um caráter emancipatório, no âmbito dos processos de descentralização, para reduzir o oportunismo *ex ante*.

Quadro 23 – Quesito controles

Quesito	Controles (Itens 4.2.1.2, 4.2.1.4, 4.2.1.6, 5.2.1.1, 5.2.1.2, 4.2.3.3 e 5.2.3.2)
O que se identificou da atuação da CGU no período da pesquisa?	– A relação das recomendações com o processo de prestação de contas no Sorteio de Municípios é de tratar essa prestação como um processo sancionatório e, no caso do AEPG, esta é vista como um processo de aprimoramento da disponibilização de dados sobre a implementação da política no município. – As proposições de soluções da CGU que têm caráter orientativo e que são utilizadas com significativa frequência não dialogam com a suficiência das salvaguardas ou os problemas encontrados nas auditorias. – As recomendações da CGU aumentam a complexidade da implementação da política, pois imputam ao gestor rotinas e alterações normativas que demandam novos monitoramentos em relação a essas medidas. – As auditorias nos municípios produzem informações primárias sobre a gestão local daqueles programas, em especial em relação à aderência a normativos, mais dialogam pouco com a capacidade das salvaguardas prevenirem as situações encontradas. – A avaliação da CGU prestigia as salvaguardas afetas à normatização, à prestação de contas e àquelas relacionadas ao monitoramento, denotando preocupação com o oportunismo *ex post*, mas um tanto descontextualizado dos problemas encontrados. – O desvio de finalidade oriundo dos desfalques é tratado no Sorteio de Municípios e nas operações especiais e funciona como forma de reduzir a submeta na ponta, acelerada pela liquidez dos recursos, o que facilita a realocação, mas tem mecanismos onerosos de ressarcimento dos recursos aplicados.
Possíveis impactos da atuação da CGU nos custos de transação do arranjo de implementação da política educacional descentralizada aos municípios.	– As ações que impactam o processo de prestação de contas podem, como no caso do AEPG, fortalecer o processo de redução da incerteza e melhorar a qualidade das salvaguardas em um caráter estratégico, mas as que utilizam a prestação de contas em um caráter sancionatório pontual trazem ônus ao processo de monitoramento dessa salvaguarda, aumentando os custos de transação. – As recomendações que indicam a necessidade de orientação de forma genérica e não dialogam com os problemas encontrados podem causar uma dissociação entre as salvaguardas e os problemas, onerando os custos de transação do arranjo. – A imputação pela CGU de rotinas e alterações normativas, a título de aprimoramento dos controles internos, se não for entendida essa recomendação como uma forma de antecipar eventos encontrados, pode ser apenas uma forma de aumentar a complexidade e os custos de monitoramento e correção, sem agregar valor à implementação da política. – O foco no desvio de finalidade das ações da CGU, quando envolve o desfalque de recursos, a apropriação para fins privados, tem o potencial de mitigar a implementação que for objeto de submeta, mas apresenta um caminho oneroso de ressarcimento dos recursos.
Em que circunstâncias pode aumentar os custos de transação?	– Quando a CGU utiliza a interação no aprimoramento do processo de prestação de contas do gestor apenas em um sentido punitivo. – Nas circunstâncias em que a CGU aponta como solução dos problemas encontrados a capacitação em um sentido amplo, sem contextualizar os problemas com suas causas. – Quando recomenda o aprimoramento de salvaguardas sem identificar nestas a capacidade de antecipar eventos prejudiciais à implementação da política. – Nos momentos em que a CGU tem por foco de suas ações somente a devolução de recursos transferidos e desviados, não adotando medidas de caráter preventivo e que permitam a redução da submeta.

Fonte: Construção do autor.

Em relação aos controles, tem-se como sugestão para aprimorar a atuação da CGU a necessidade do fortalecimento de uma cultura de gestão de riscos, no concedente, nos municípios e nas próprias auditorias para que as salvaguardas sejam preventivas e considerem as situações passíveis de acontecer e seu impacto, desonerando ações de controle e as suas recomendações, um caminho que a CGU tem trilhado mais amiúde nos últimos anos.

Da mesma forma, de modo a mitigar a questão do ressarcimento, formas alternativas de devolução de recursos, como as proposições da Lei Anticorrupção (Lei nº 12.846/2013) ou ações que envolvam os recursos provisionados, como a retirada de bônus de desempenho, são mecanismos que merecem estudo para evitar um ciclo gerador de dívidas estatais que são saldadas apenas gerações depois e que têm dificuldades de realocação dos recursos recuperados no futuro.

Quadro 24 – Quesito incentivos

(continua)

Quesito	Incentivos (Itens 4.2.1.7, 4.2.2.2, 5.2.1.5, 5.2.2.4, 5.2.2.5 e 5.2.3.5)
O que se identificou da atuação da CGU no período da pesquisa?	– A CGU, no período da pesquisa, adotou medidas significativas para avocar a promoção da transparência da gestão municipal, bem como para fortalecer o controle social dos municípios. – As ações desenvolvidas pela CGU na linha dos incentivos, de promoção da transparência e da capacitação, dialogam pouco com a atuação na linha das auditorias e vice-versa. – A CGU adota mecanismos de incentivo baseados em *ranking* e na divulgação de resultados de auditorias que têm a possibilidade de estimular o controle social em um viés mais qualificado. – A divulgação da avaliação da CGU é muito focada no erro e. em que pese isso trazer um apelativo para o controle social, por focar em aspectos por vezes acessórios no contexto da política, pode direcionar o processo de incentivo reputacional para fora das questões estratégicas na implementação da política. – A atuação da CGU define adequadamente as atribuições dos atores no processo de descentralização, o que reduz a dubiedade na vinculação de responsabilidades, em especial no contexto da atuação do controle social.

(conclusão)

Quesito	Incentivos (Itens 4.2.1.7, 4.2.2.2, 5.2.1.5, 5.2.2.4, 5.2.2.5 e 5.2.3.5)
Possíveis impactos da atuação da CGU nos custos de transação do arranjo de implementação da política educacional descentralizada aos municípios.	– A avocação pela CGU de parte da transparência municipal, por meio de portais e outras disponibilizações de informações, bem como o uso de *ranking* de transparência, reduz a incerteza local e permite uma melhor qualificação das salvaguardas ligadas ao controle político, instrumentalizando o cidadão e a imprensa. – As ações de promoção da transparência e de capacitação do controle social levadas a cabo pela CGU, ao dialogarem pouco com os resultados concretos das ações de auditoria, diminuem a capacidade de combinação de salvaguardas de controle e incentivos, o que pode gerar ações dissociadas e onerosas. – A avaliação da CGU, quando exalta de forma acentuada os erros, em especial aqueles mais presos a detalhes, migrando essa ênfase para as peças de comunicação, pode reduzir o uso da confiança como elemento de redução do oportunismo, de forma menos onerosa, e ainda direciona o controle social para questões de caráter pouco estratégico, gerando a necessidade de mais salvaguardas. – A definição de responsabilidades dos atores da federação promovida pelas auditorias e na promoção da transparência inibe a dubiedade na atuação do controle social, o que reduz os custos de transação por evitar que exista esforço de cobrança sobre atores que não têm poder de resolução.
Em que circunstâncias podem-se aumentar os custos de transação?	– Quando a CGU não avoca ou fomenta a transparência na gestão municipal, como um mecanismo de redução da incerteza e de qualificação das salvaguardas. – Aumentam-se os custos de transação pela presença de ações de promoção da transparência e de capacitação do controle social realizadas pela CGU e que não dialogam com as informações trazidas pelas auditorias. – Nos momentos em que a CGU divulga os resultados de suas auditorias se detendo a questões peculiares e detalhistas e pouco em relação aos aspectos estratégicos da política descentralizada. – Quando a ação da CGU é difusa na atribuição de responsabilidades dos atores federativos, diante das situações encontradas.

Fonte: Construção do autor.

No contexto das proposições de melhoria do arranjo de *accountability* da política educacional descentralizada aos municípios, faz-se necessário que os achados de auditoria dialoguem com as ações estratégicas de capacitação e promoção da transparência e, ainda, que a divulgação das ações de auditoria, mesmo nas operações especiais, resista à lógica da espetacularização e guarde uma lógica com os objetivos estratégicos da política.

Dessa forma, pode-se dizer, em linhas gerais, que a atuação da CGU tem o potencial de aumentar os custos de transação do arranjo de implementação da política educacional descentralizada para os municípios quando:

i) as suas ações não dialogam com a lógica do programa, em uma agenda própria, sem alinhamento com a política a ser implementada;

ii) a sua atuação não estimula a coordenação entre os diversos atores no processo de implementação e de *accountability* da política descentralizada;
iii) não estimula ou promove a circulação de informações qualificadas sobre a implementação entre os diversos atores;
iv) se detém a aspectos menores, detalhes, aderência a normas procedimentais, prestigiando um foco punitivo e pouco preventivo;
v) despreza a dependência do município na implementação e as limitações nas capacidades estatais como um elemento-chave nesse processo.

Um processo de combinação de incentivos e controles, de forma coordenada, alinhada, dialogando com as questões estratégicas das realidades locais, utilizando a autonomia como uma ferramenta de promoção dessas políticas descentralizadas, faz da atuação do controle interno um braço indutor da qualidade e da eficiência, reduzindo os custos de transação oriundos, principalmente, de salvaguardas dissociadas da lógica da política e da realidade local e com pouco potencial de agregar valor à gestão da política.

A síntese dessa discussão é o resgate de um gráfico apresentado por Klitgaard (1994, p. 45) que relaciona o custo social da corrupção, ou seja, o efeito desta nas políticas, com o custo de se combater a corrupção. Um gráfico de linhas que se equilibram, na visão central desse autor de que a corrupção não pode ser extirpada, mas que deve ser mantida sob controle. Mais do que um câncer terminal, a corrupção é uma doença crônica, e vamos ter que conviver com ela.

A diferença no presente trabalho é que o arranjo, o ambiente institucional, entra na discussão, resgatando a questão dos incentivos, e que o custo de combate à corrupção não é apenas o custo dos órgãos de controle, e sim aquele derivado dos impactos do que se impõe a esses arranjos, na contenção dessa corrupção. Mais do que o custo do controle, é o custo decorrente do controle.

Desse modo, cria-se uma régua na discussão do combate à corrupção. Não a régua da espetacularização ou da criação de normas cada vez mais detalhadas. O potencial de uma salvaguarda é a sua efetividade, o alinhamento na promoção da eficiência, mas também é o impacto que ela impõe ao arranjo institucional, em um tênue equilíbrio que permite discutir as melhores formas de se controlar, entrando no mérito administrativo do controle, assim como esses órgãos por vezes adentram na discussão de como melhor gerir. Esse é um trabalho sobre a qualidade da atuação dos órgãos de controle, um tema árido.

CONSIDERAÇÕES FINAIS

O final da segunda década do século XXI, tempo de conclusão da presente pesquisa, traz um cenário no qual a discussão do controle das políticas públicas ganha centralidade no cenário nacional, com a ascensão de modelos focados na punição dos agentes, na zona de influência da Operação Lava Jato, com uma ideia de *compliance* como uma postura preventiva da corrupção focada nas empresas, invadindo a pauta dos chamados órgãos de controle e as suas práticas, em um cenário ainda indefinido dos rumos que serão adotados no cenário nacional.

Na política educacional, tem-se um momento no qual a alternância de poder aliada a uma crise fiscal traz um histórico recente de estagnação em relação a iniciativas mais estratégicas, e o foco habitual dos problemas educacionais migra para questões relacionadas à ideologia, permeado esse cenário por ideias de "Menos Brasília, mais Brasil", propalada na eleição presidencial de 2018, e que sinalizam um enfraquecimento no atual desenho de transferências intergovernamentais, com destaque para o Novo Fundeb, fruto da Emenda Constitucional nº 108, de 26 de agosto de 2020.

As questões levantadas na presente obra, do arranjo de *accountability* da política educacional descentralizada para os municípios, servindo-se do paradigma institucionalista da TCT, dialogam com este cenário atual, em especial pelo avanço de uma discussão no controle mais focada em aspectos hierárquicos, bem como pela ascensão de ideias de revisão do pacto federativo, em especial nas questões tributárias e distributivas.

A obra indica que o papel coordenador da União, do qual a CGU é um dos componentes, no âmbito da descentralização das políticas, necessita se fazer com uma agenda alinhada, que combine incentivos e controles, com possibilidades de realimentação estratégica, de forma a buscar o sucesso das políticas sem onerar transversalmente os arranjos de implementação.

E isso se faz com canais de coordenação, com uma cultura de circulação de informações, com uma visão de salvaguardas preventivas e no prestígio de aspectos finalísticos das políticas em relação à aderência inconteste a regras, com a percepção das oportunidades e problemas diante das capacidades municipais na implementação das políticas.

Pode-se dizer que o Estado unitário não é uma construção viável em um país diverso e de dimensões continentais como é o Brasil, com acentuadas desigualdades regionais e com uma dívida histórica com a questão educacional, cabendo à União, por lei e por questões históricas, um papel orientador e supletivo, que precisa ser realizado de forma consoante com o ambiente institucional do federalismo.

Em face desse cenário, a TCT, como prisma de análise desse processo de descentralização e a sua *accountability*, permite considerar a questão da autonomia dos entes sem perder de vista o alinhamento estratégico, trazendo à pauta o uso de incentivos como mecanismo menos oneroso nesse processo, mas sem desconsiderar a necessidade de controles.

O uso de incentivos, em uma ascensão dos mecanismos de comunicação, seria uma contribuição relevante para a visão de *accountability* da política educacional descentralizada, resgatando a dimensão política em relação à burocracia, em especial se forem consideradas as questões relacionadas aos custos impostos ao gestor por essas ações de controle e a necessidade de inovação, trazendo a discussão de transparência e do acesso à informação a um patamar estratégico.

No entanto, a visão hierárquica é necessária, instrumentalizada pela auditoria, entre outras ações, e precisa ser combinada com a ação na linha dos incentivos, trazendo a discussão presente nos arranjos híbridos da TCT, pois essa coordenação é um fator de força nos temas de *accountability*, que envolvem muitos atores, também autônomos, aliado a um espectro normativo denso e uma dificuldade de responsabilização de agentes.

A combinação de ações de transparência, capacitação, de uma linha endógena, de ajuste autônomo, com ações mais diretivas, hierárquicas, possibilita a otimização dos ganhos dessas abordagens e, no caso específico da pesquisa, permite o equilíbrio das tensões de padronização e autonomia, tão presentes no federalismo.

As lições do mais que cinquentenário art. 14 do Decreto-Lei nº 200/1967, que assevera a "(...) supressão de contrôles que se evidenciarem como puramente formais ou cujo custo seja evidentemente superior ao risco", reforçam que o controle é uma função político-administrativa que deve ter a sua qualidade discutida, inclusive em relação aos custos que imputa aos agentes controlados, em uma visão de arranjo coordenado, combinando controles e incentivos, um tanto distante das pretensões de punição de entes em relação a avaliações de impacto, como proposto nas ideias de uma lei de responsabilidade educacional ou, o outro extremo, nas ideias de federalização da educação básica, extremos dos tipos ideais de adaptação coordenada e autônoma.

Por fim, faz-se necessário na presente conclusão transcender, por meio de um adendo, as sínteses deste trabalho para além da descentralização de uma política social para os municípios, envolvendo a lógica apresentada da TCT para outras atuações desses órgãos de controle, em uma discussão que pode ensejar novas aplicações dessa teoria na *accountability*, fronteira trabalhada na pesquisa.

No que se refere à auditoria governamental, independentemente do processo ou organização avaliada, o estudo contribui com essa discussão indicando que:

- *Insulamento*: as auditorias não podem ter uma agenda autônoma e insulada, devendo primar pelo alinhamento aos objetivos da organização, e não à caça de erros, de forma descontextualizada, e sendo fiel a esse alinhamento do planejamento até as recomendações.
- *Realimentação*: uma auditoria, processo oneroso para quem faz e para quem é avaliado, quando presa a detalhes procedimentais, é um desperdício que onera a gestão e os atores que são objeto das recomendações, inclusive de fora desta, contribuindo pouco para a realimentação da

estrutura de governança e a melhoria das salvaguardas. A boa auditoria enxerga o pontual e o sistêmico e atua sobre os dois, fortalecendo a visão preventiva.

– *Autonomia*: se esta não for vista como uma característica do gestor e que pode ser um instrumento de uma melhor implementação da política, fortalecendo o uso de incentivos, possibilitando a adaptação deste às incertezas do ambiente, a auditoria se converte em um despotismo regulamentar, perdendo o seu potencial de alinhamento com os objetivos, preso a detalhes.

As ações de promoção da transparência e de estímulo ao controle social, à luz das discussões apresentadas, necessitam considerar alguns pressupostos listados a seguir:

– *Dissociação*: o fosso entre as ações de auditoria e investigação, mais diretivas, na linha da *accountability* horizontal, em relação às ações de transparência e participação social, sendo um o "policial mau" e o outro o "policial bom", precisa ser rompido. A transparência tem um caráter gerencial, instrumentalizador do *enforcement* do cidadão, de sua denúncia, e a forma de disponibilização de informações precisa dialogar com os riscos dos processos e com os erros encontrados no processo de auditoria, que é alimentado por essa participação social, em um processo de sinergia.

– *Avocação*: a transparência não se faz voluntariamente, sendo uma forma de oportunismo também. Assim, a avocação da disponibilização de informações por um ente supervisor é uma forma de incentivo e de cobrança para a promoção dessa transparência, bem como para o alinhamento desse processo, para que o cidadão e os órgãos de controle possam fazer uma *accountability* menos onerosa.

– *Centralidade*: a divulgação de um escândalo, que tem o ônus de afetar a confiança na organização e até no sistema democrático, precisa, para gerar benefícios, se prender às questões centrais que afetam os objetivos do processo em questão, pois o foco no detalhe, no folclórico, desvia ação do controle social para o que é acessório, contribuindo pouco para a efetividade e onerando os sistemas de controle.

No desiderato do *compliance* anticorrupção, das medidas preventivas e repressivas nesse sentido, em uma discussão ainda em amadurecimento, as ideias postas neste trabalho podem trazer reflexos em alguns pontos:
- *Possibilidade*: a corrupção é uma possibilidade que se manifesta, nunca extirpada totalmente e demanda salvaguardas específicas. Ao se adotar essa visão, saindo da ideia de que a corrupção é um problema eminentemente moral, passa-se a enxergar um leque de ações no seu combate e prevenção que precisam ser combinadas e sopesadas em seus efeitos, saindo apenas da linha do convencimento a não se realizar um ato corrupto. A corrupção é um risco para a organização, e assim precisa ser tratada.
- *Dependência*: a dependência dos atores envolvidos nos processos, a dificuldade de substituição, pela especificidade, e a possibilidade de isso ser fonte de uma atuação oportunista, que resulta em desvio de finalidade, impõem às estratégias anticorrupção que elas reduzam essa dependência, em uma linha que fortalece práticas como o rodízio de funções, os limites de alçada, decisões colegiadas e a segregação de funções, medidas clássicas de redução de poder[136] nas organizações.
- *Impactos*: a corrupção é uma possibilidade presente nas organizações e nos seus processos, mas não está descontextualizada destes, em um local isolada, pronta para ser exterminada por um herói de plantão. As medidas de mitigação desta precisam sopesar os possíveis impactos, não vendo a corrupção como algo autonomizado, e lançando mão de mecanismos de incentivos, de adaptação autônoma, em especial com o apoio da tecnologia da informação. Não se pode gastar milhões para controlar centavos.

A mesma corrupção que figura entre as causas de diminuição da legitimidade da democracia liberal, em um ambiente de profusão de comunicações, por conta da tecnologia da informação, pode ter seu efeito de descrédito ampliado pela forma como ela é tratada, em um perverso processo de realimentação da desconfiança que resulta na desesperança.

---

[136] Para um aprofundamento nessa discussão, recomenda-se a leitura de Braga (2019).

Tem-se então, para um esclarecimento final, que esta não é uma obra sobre a Controladoria-Geral da União, e sim uma discussão que se serve da atuação desse órgão na política educacional como pano de fundo para se discutir a *accountability*, pautada na teoria dos custos de transação, como uma ressignificação desse conceito, na ideia de que o controle imputa custos ao processo de implementação das políticas públicas. Um tema atual e relevante, em um momento histórico no qual emergem temas da *accountability* de forma pujante.

REFERÊNCIAS

ABRUCIO, Fernando Luiz. A dinâmica federativa da educação brasileira: diagnóstico e propostas de aperfeiçoamento. *In*: OLIVEIRA, Romualdo Portela de; SANTANA, Wagner (Org.). *Educação e federalismo no Brasil*: combater as desigualdades, garantir a diversidade. Brasília: Unesco, 2010.

ABRUCIO, Fernando Luiz. Uma breve história da Educação como Política Pública no Brasil. *In*: DALMON, Danilo Leite; SIQUEIRA, Caetano Pansani; BRAGA, Felipe Michel (Orgs.). *Políticas Educacionais no Brasil*: o que podemos aprender com casos reais de implementação? São Paulo: Edições SM, 2018.

ACEMOGLU, Daron; ROBINSON, James A. *Por que as nações fracassam*: as origens do poder, da prosperidade e da pobreza. Rio de Janeiro: Elsevier, 2012.

ADAMS, John. *Risco*. São Paulo: Senac São Paulo, 2009.

AGUIAR, Celso da Motta. *Análise dos resultados oriundos do sorteio público de municípios*: subsídios para o controle preventivo. 2009. 66 f. Monografia (Especialização) - Curso de Curso de Especialização em Auditoria Interna e Controle Governamental, Centro de Formação, Treinamento e Aperfeiçoamento (CEFOR) da Câmara dos Deputados, Brasília, 2009. Disponível em: www.tcu.gov.br. Acesso em: 01 set. 2020.

ALVES, Maria Fernanda Colaço. *Múltiplas Chibatas?* Institucionalização da Política de controle da Gestão Pública Federal 1988-2008. 2009. 118 f. Dissertação (Mestrado) - Curso de Administração, Universidade de Brasília, Brasília, 2009.

AMSDEN, Alice A. *A ascensão do "resto"*: os desafios ao Ocidente de economias com industrialização tardia. São Paulo: Editora UNESP, 2009.

ANECHIARICO, F.; JACOBS, J. B. *The pursuit of absolute integrity*: how corruption control makes government ineffective. Chicago: The University of Chicago Press, 1996.

ARANHA, Ana Luiza Melo. Corruption and the Web of accountability Institutions in Brazil. *In*: XII *Brazilian Studies Association Conference*, King's College, London, London, 2014. Disponível em: http://www.brasa.org/brasa-xii/. Acesso em: 01 set. 2020.

ARANHA, Ana Luiza Melo. *A rede brasileira de instituições de accountability*: um mapa do enfrentamento da corrupção na esfera local. 2015. 495 f. Tese (Doutorado) - Curso de Programa de Pós-graduação em Ciência Política, Universidade Federal de Minas Gerais, Belo Horizonte, 2015. Disponível em: http://www.bibliotecadigital.ufmg.br/dspace/handle/1843/BUOS-A4RF5P. Acesso em: 09 jun. 2019.

ARANHA, Ana Luiza Melo; FILGUEIRAS, Fernando. *Instituições de accountability no Brasil*: mudança institucional, incrementalismo e ecologia processual. Brasília: Enap, 2016. 51p. (Cadernos, 44).

ARRETCHE, Marta Teresa da Silva. *Estado federativo e políticas sociais*: determinantes da descentralização. Rio de Janeiro: Revan; São Paulo: FAPESP, 2011.

ARRETCHE, Marta Teresa da Silva. *Democracia, federalismo e centralização no Brasil*. 1. ed. Rio de Janeiro: Editora FGV; Editora Fiocruz, 2012.

ARRETCHE, Marta Teresa da Silva. Quando Instituições Federativas fortalecem o governo central. In: HOCHMAN, Gilberto; FARIA, Carlos Aurélio Pimenta de (Org.). *Federalismo e Políticas Públicas no Brasil*. Rio de Janeiro: Editora Fiocruz, 2013. p. 65-90.

ARVATE, Paulo; MITTLAENDER, Sergio. Condemning corruption while condoning inefficiency: an experimental investigation into voting behavior. *Public Choice*, [s.l.], v. 172, n. 3-4, p. 399-419, 17 maio 2017. Springer Nature. Disponível em: http://dx.doi.org/10.1007/s11127-017-0452-x.

ASSIS, Joaquim Maria Machado de. *O alienista*. São Paulo: Ática, 1971.

AVILA, Vicente Fideles de. *No município a Educação Básica do Brasil*. Maceió: Secretaria de Estado da Educação de Alagoas, 1985.

AZEVEDO, Fernando de. *A cultura brasileira*: introdução ao estudo da cultura no Brasil. São Paulo: Melhoramentos, 1958.

AZEVEDO, Paulo Furquim. *Integração Vertical e Barganha*. Tese de Doutorado da Faculdade de Economia, Administração e Contabilidade. São Paulo: USP, 1996.

BALBE, Ronald da Silva. *Controle interno e o foco nos resultados*. Belo Horizonte: Fórum, 2013.

BARROS, Daniel. *País mal educado*: por que se aprende tão pouco nas escolas brasileiras? 1. ed. Rio de Janeiro: Record, 2018.

BARZELAY, Michael. Instituições centrais de auditoria e auditoria de desempenho: uma análise comparativa das estratégias organizacionais da OCDE. *Revista do Serviço Público*, Brasília, v. 2, n. 53, p. 5-36, abr. 2002.

BATISTA, Mariana. Burocracia local e qualidade da implementação de políticas descentralizadas: uma análise da gestão de recursos federais pelos municípios brasileiros. *Revista do Serviço Público – ENAP/MP*, Brasília, v. 3, n. 66, p. 345-370, 01 jul. 2015.

BAUDRY, Bernard; CHASSAGNON, Virgile. The close relation between organization theory and Oliver Williamson's transaction cost economics: a theory of the firm perspective. *Journal of Institutional Economics*, 6.04, p. 477-503, Cambridge, 2010.

BEDNAR, Jenna. *The robust federation*: principles of design. Cambridge: Cambridge University Press, 2009.

BEDNAR, Jenna. The Political Science of Federalism. *Annual Review of Law and Social Science* 7, n. 1, 2011.

BERNSTEIN, Peter L. *Desafio aos deuses*: a fascinante história do risco. 2. ed. Rio de Janeiro: Campus, 1997.

BICHIR, Renata. *Mecanismos federais de coordenação de políticas sociais e capacidades institucionais locais*: o caso do Programa Bolsa Família. 2011. Tese (Doutorado) – Instituto de Estudos Sociais e Políticos, Universidade do Estado do Rio de Janeiro, Rio de Janeiro, 2011.

BLIACHERIENE, Ana Carla; LUCENA, Elisa Vanzella; BRAGA, Marcus Vinícius de Azevedo; OLIVEIRA JÙNIOR, Temístocles Murilo. Descentralização do Fundeb e federalismo da Política Educacional: uma análise à luz do conceito de *accountability*. *Jornal de Políticas Educacionais*, v. 11, n. 20. Semestral. Curitiba, 2017.

BLIACHERIENE, Ana Carla; BRAGA, Marcus Vinicius de Azevedo. LINDB: mais sobre efeitos do que sobre o combate às causas desejadas. 2018. *Portal Jurídico JOTA*, Brasília-DF. Disponível em: https://www.jota.info/. Acesso em: 01 set. 2020.

BONAVIDES, Paulo. *Ciência Política*. 18. ed. São Paulo: Malheiros Editores, 2011.

BORDIGNON, Genuíno; GRACINDO, Regina Vinhaes. Gestão da educação: o município e a escola. *In*: FERREIRA, Naura Syria Carapeto; AGUIAR, Marcia Angela da S. (Org.). *Gestão da educação*: impasses, perspectivas e compromissos. 5. ed. São Paulo: Cortez, 2006. p. 147-176.

BRAGA, Marcus Vinicius de Azevedo. A auditoria governamental na avaliação do controle primário. *Revista Jus Navigandi*, ISSN 1518-4862, Teresina, ano 16, n. 3022, 10. out. 2011. Disponível em: https://jus.com.br/artigos/20173. Acesso em: 01 set. 2020.

BRAGA, Marcus Vinicius de Azevedo; MACHADO, Carlos Mauricio Ruivo. Desafios na retroalimentação do planejamento: obstáculos e sinergias com as ações dos órgãos de controle. *In*: CARDOSO JR, José Celso (Org.). *Planejamento Brasil Século XXI*: inovação institucional e refundação administrativa elementos para o pensar e o agir. Coleção Pensamento estratégico, planejamento governamental & desenvolvimento no Brasil contemporâneo-Livro 4. Brasília: Ipea, 2015.

BRAGA, Marcus Vinicius de Azevedo; GRANADO, Gustavo Adolfo Rocha. Compliance no setor público: necessário; mas suficiente? 2017. *Portal Jurídico JOTA*, Brasília-DF. Disponível em: https://jota.info/. Acesso em: 01 set. 2020.

BRAGA, Marcus Vinicius de Azevedo; SANTOS, Franklin Brasil. Do paradoxo a efetividade: a controladoria pública como um instrumento de um estado mais eficiente e uma sociedade mais participativa. *In*: BLIACHERIENE, Ana Carla; BRAGA, Marcus Vinicius de Azevedo; RIBEIRO, Renato Jorge Brown (Org.). *Controladoria no Setor Público*. Belo Horizonte: Fórum, 2016. p. 375-392.

BRAGA, Marcus Vinicius de Azevedo; VISCARDI, Pedro Ribeiro. Gestão estratégica do Terceiro Setor: uma discussão sobre *accountability* e o novo marco legal. *Revista de Direito do Terceiro Setor – RDTS*, Belo Horizonte, ano 10, n. 19, p. 21-36, jan./jun. 2016.

BRAGA, Marcus Vinicius de Azevedo. A trajetória do Controle Interno do Poder Executivo Federal de 1964 a 2014: uma breve análise institucional desses 50 anos. *Síntese*: Revista da Escola de Contas e Gestão do Tribunal de Contas do Estado do Rio de Janeiro, Rio de Janeiro, v. 11, n. 12, p. 100-115, jan. 2016. Semestral.

BRAGA, Marcus Vinicius de Azevedo. *Conselhos do Fundeb*: participação e fiscalização no controle social da educação. 1. ed. Curitiba: Appris, 2015.

BRAGA, Marcus Vinicius de Azevedo. Dos galhos a raiz: a percepção das irregularidades e a atuação do controle interno. *In*: BLIACHERIENE, Ana Carla; BRAGA, Marcus Vinicius de Azevedo; RIBEIRO, Renato Jorge Brown (Org.). *Controladoria no Setor Público*. Belo Horizonte: Fórum, 2016. p. 161-178.

BRAGA, Marcus Vinicius de Azevedo. Por que necessitamos do controle interno? *Revista Síntese*: Direito Administrativo, São Paulo, v. 12, n. 137, p. 84-86, 1 maio 2017. Mensal.

BRAGA, Marcus Vinicius de Azevedo. Projetos governamentais descentralizados – o que a gerência de riscos pode contribuir para a qualidade dos serviços prestados nesse modelo? *In*: BRAGA, Marcus Vinicius de Azevedo (Coord.). *Controle interno*: estudos e reflexões. Belo Horizonte: Fórum, 2013.

BRAGA, Marcus Vinicius de Azevedo. *Como incentivar os municípios a prevenir a corrupção?* Prêmio JOTA INAC, 2016a. Disponível em: https://jota.info/. Acesso em: 01 set. 2020.

BRAGA, Marcus Vinicius de Azevedo. O fascínio do poder, o controle e a sustentabilidade. 2019. *Congresso em foco*. Disponível em: https://congressoemfoco.uol.com.br/opiniao/colunas/o-fascinio-do-poder-o-controle-e-a-sustentabilidade/. Acesso em: 01 set. 2020.

BRASIL. Controladoria-Geral da União. *Manual da Metodologia para Avaliação da Execução de Programas de Governo*. Brasília, 2015. Disponível em: http://www.cgu.gov.br/. Acesso em: 01 set. 2020.

BRASIL. Controladoria-Geral da União. *Estudantes utilizam aplicativo de celular para auxiliar CGU no monitoramento da merenda*. 2017. Disponível em: http://www.cgu.gov.br/noticias/2017/06/estudantes-utilizam-aplicativo-de-celular-para-auxiliar-cgu-no-monitoramento-da-merenda. Acesso em: 01 set. 2020.

BRASIL. Controladoria-Geral da União. *Relatório de Gestão do Exercício de 2010*. 2010. Disponível em: http://www.cgu.gov.br/. Acesso em: 01 set. 2020.

BRASIL. Ministério da Educação. Fundo Nacional de Desenvolvimento da Educação-FNDE. *Manual para aplicação dos testes de aceitabilidade no Programa Nacional de Alimentação Escolar (PNAE)* / organizadoras Ana Luiza Sander Scarparo, Gabriela Rodrigues Bratkowski; revisão e atualização CECANE UFRGS. 2. ed. Brasília, DF: Ministério da Educação, 2017a. Disponível em: http://www.fnde.gov.br/. Acesso em: 01 set. 2020.

BRASIL. Ministério da Educação. Fundo Nacional de Desenvolvimento da Educação. *Relatórios de Gestão*. 2016. Disponível em: http://www.fnde.gov.br/. Acesso em: 01 set. 2020.

BRASIL. Tribunal de Contas da União. *TCU discute o uso blockchain em prestações de contas da Ancine*. 2018. Disponível em: https://portal.tcu.gov.br/imprensa/noticias/tcu-discute-o-uso-blockchain-em-prestacoes-de-contas-da-ancine.htm. Acesso em: 01 set. 2020.

BRASIL. Tribunal de Contas da União. Acórdão-Plenário nº 2.339, de 14 de setembro de 2016c. *Consolidação das auditorias integrantes da fiscalização de orientação centralizada com objetivo de avaliar as práticas de governança e de gestão de aquisições na Administração Pública Federal*. Brasília, 2016. Disponível em: www.tcu.gov.br. Acesso em: 01 set. 2020.

BRASIL. Tribunal de Contas da União. *Educação (Relatório Sistêmico de Fiscalização)*. Processo TC-028.636/2013-9. Brasília: TCU, 2014.

BRASIL. *Constituição da República Federativa do Brasil*. Promulgada em 5 de outubro de 1988. Disponível em: http://www.presidencia.gov.br/legislacao/. Acesso em: 01 set. 2020.

BRASIL. *Lei nº. 9.394, de 20 de dezembro de 1996*. Estabelece as Diretrizes e Bases da Educação Nacional. Legislação, Brasília. 1996. Disponível em: http://www.presidencia.gov.br/legislacao/. Acesso em: 01 set. 2020.

BRASIL. Ministério da Administração Federal e da Reforma do Estado. *Plano diretor da Reforma do Aparelho do Estado*. Brasília, 1995. Disponível em: http://www.bresserpereira.org.br/. Acesso em: 01 set. 2020.

BRASIL. Tribunal de Contas da União. *Decisão nº 507/2001*. Disponível em: www.tcu.gov.br. 2001. Acesso em: 01 set. 2020.

BRASIL. Ministério da Educação. Instituto Nacional de Estudos e Pesquisas Educacionais Anísio Teixeira-INEP. *Censo Escolar da Educação Básica*. Disponível em: http://www.inep.gov.br/. 2019. Acesso em: 01 set. 2020.

CALDAS, Olavo Venturim. *Corrupção e composição dos gastos governamentais*: evidências nos municípios do Brasil a partir do Programa de Fiscalização por Sorteios Públicos da Controladoria-Geral da União. 2013. 71 f. Dissertação (Mestrado) - Curso de Ciências Contábeis, Fundação Instituto Capixaba de Pesquisas em Contabilidade, Economia e Finanças - Fucape, Vitória, 2013. Disponível em: http://www.fucape.br/. Acesso em: 01 set. 2020.

CALEIRO, João Pedro. Pesquisa mostra que cidades brasileiras não têm estruturas anticorrupção: apenas 24% das cidades acima de 20 mil habitantes têm órgãos como ouvidoria e corregedoria, segundo levantamento do Instituto Não Aceito Corrupção. 2019. *Portal Exame*. Disponível em: https://exame.abril.com.br/brasil/pesquisa-mostra-que-cidades-brasileiras-nao-tem-estruturas-anticorrupcao/. Acesso em: 01 set. 2020.

CALMON, Paulo Carlos Du Pin; PEDROSO, Marcel de Moraes. Incidência de custos transacionais em programas do Ministério da Saúde: um estudo de caso sobre as avaliações do Plano Plurianual (PPA). *In*: MELAMED, Clarice; PIOLA, Sérgio Francisco. *Política Públicas e Financiamento Federal do Sistema Único de Saúde*. Brasília: Ipea, 2011. Cap. 16. p. 333-356. Disponível em: http://www.ipea.gov.br/. Acesso em: 01 set. 2020.

CAMPOS, Gastão Wagner de Sousa. Reflexões sobre a construção do Sistema Único de Saúde (SUS): Um modo singular de produzir Política Pública. *Serviço Social & Sociedade*, São Paulo, v. 87, n. 26, p. 132-146, 1. set. 2006. Quadrimestral. Edição Especial SUS e SUAS.

CARNOY, Martin. *A vantagem acadêmica de Cuba*: porque seus alunos vão melhor na escola. São Paulo: Ediouro e Fundação Lemann, 2007.

CARON, Marcos Macedo Fernandes. À esquerda de Tordesilhas: uma experiência democrática popular de educação no município de Barra do Garças - Mato Grosso. 2010. 328 f. Tese (Doutorado) - Curso de Educação, Fe-UNB, Universidade de Brasília, Brasília, 2010. Disponível em: http://repositorio.unb.br/handle/10482/7723. Acesso em: 01 set. 2020.

CARVALHO, Maria do Carmo Brant de. Assistência Social: reflexões sobre a política e sua regulação. *Serviço Social & Sociedade*, São Paulo, v. 87, n. 26, p. 123-131, 1. set. 2006. Quadrimestral. Edição Especial SUS e SUAS.

CARAZZA, Bruno. *Dinheiro, Eleições e Poder*: as engrenagens do sistema político brasileiro. São Paulo: Companhia das Letras, 2018.

CASTELLS, Manuel. *Ruptura*: a crise da democracia liberal. Rio de Janeiro: Zahar, 2018.

CASTRO, Domingos Poubel. *Auditoria e controle interno na administração pública*. 2. ed. São Paulo: Editora Atlas, 2009.

CAVALCANTI, Sérgio; LOTTA, Gabriela S.; PIRES, Roberto Rocha C. Contribuições dos estudos sobre burocracia de nível de rua. *In*: PIRES, Roberto Rocha C.; LOTTA, Gabriela S.; OLIVEIRA, Vanessa Elias de. *Burocracia e Políticas Públicas no Brasil*: Inserções analíticas. Brasília: Enap: Ipea, 2018. p. 227-246. Disponível em: http://www.ipea.gov.br/. Acesso em: 01 set. 2020.

COASE, Ronald H. *The firm, the market, and the law*. Chicago: The University of Chicago Press, 1988.

COASE, Ronald H. The nature of the firm. *Economica*, London, v. 4, p. 386-405, 1937. [Reimpresso em COASE, Ronald H. *The firm, the market, and the law*. Chicago: The University of Chicago Press, 1988].

CNE. *Audiências e Consultas Públicas*. Brasília: Ministério da Educação, 2018. Disponível em: http://portal.mec.gov.br/conselho-nacional-de-educacao/audiencias-e-consultas-publicas. Acesso em: 01 set. 2020.

CONAE 2010. *Anais da Conferência Nacional de Educação*: Construindo o Sistema Nacional Articulado de Educação: o Plano Nacional de Educação, diretrizes e estratégias de ação. Brasília: MEC, 2011. Disponível em: http://www.ipea.gov.br/participacao/images/pdfs/conferencias/Educacao/relatorio_1_conferencia_educacao_vol_1.pdf. Acesso em: 01 set. 2020.

CONAE 2014. *Documento Base*: Volume II. Brasília: MEC, 2014. Disponível em: http://conae2014.mec.gov.br/. Acesso em: 01 set. 2020.

1ª CONSOCIAL. *Relatório Final*. Brasília: CGU, 2012. Disponível em: http://www.cgu.gov.br/assuntos/controle-social/consocial/arquivos/relatorio-final/consocial_relatorio_executivo_final_16012013.pdf. Acesso em: 01 set. 2020.

CORRÊA, Izabela Moreira. *Unveiled to Regulate*: The Logics and The Trajectories of Regulatory Transparency Policies. 2017. 257 f. Tese (Doutorado) - Curso de Philosophy, *The London School of Economics and Political Science*, London, 2017. Disponível em: http://etheses.lse.ac.uk/3632/1/Correa_Unveiled_to_Regulate.pdf. Acesso em: 01 set. 2020.

COSTA, Frederico José Lustosa da; BRAGA, Marcus Vinicius de Azevedo. É preciso combater a corrupção. Mas há de se pesar os custos. *Nexo Jornal*, São Paulo, v. 1, n. 1, p. 1-1, 24 abr. 2018. Disponível em: https://www.nexojornal.com.br/. Acesso em: 01 set. 2020.

COSTA, Frederico José Lustosa da. *Reforma do Estado e contexto brasileiro*: crítica do paradigma gerencialista. Rio de Janeiro: Editora Fundação Getúlio Vargas, 2010.

COSTA, Valeriano. Políticas Públicas no Brasil: uma agenda de pesquisas. *Idéias*: Revista do Instituto de Filosofia e Ciências Humanas da UNICAMP, Campinas, v. 6, n. 2, p. 137-166, 1 jul. 2015. Semestral. Conferência. Disponível em: https://www.ifch.unicamp.br. Acesso em: 01 set. 2020.

CRUZ, Rosana Evangelista da. Financiamento federal para a Educação básica pública: relações entre MEC e FNDE na gestão da Política Educacional. *Textura - Ulbra*, [s.l.], v. 19, n. 40, p. 36-57, 19 abr. 2017. Galoa Events Proceedings. Disponível em: http://dx.doi.org/10.17648/textura-2358-0801-19-40-3015.

CURY, Carlos Roberto Jamil. *Educação e Contradição*: elementos metodológicos para uma teoria crítica do fenômeno educativo. São Paulo: Cortez: Autores Associados, 1989.

CURY, Carlos Roberto Jamil. Os desafios da construção de um Sistema Nacional de Educação. *In*: BRASIL. Conferência Nacional de Educação 2010. *Coletânea de textos da CONAE:* Tema central e colóquios. Brasília: Ministério da Educação, 2010. p. 15-34.

DALLAGNOL, Deltan. *A luta contra a corrupção*. A Lava-Jato e o futuro de um país marcado pela impunidade. Rio de Janeiro: Primeira Pessoa, 2017.

DAMASCENO, Marcele Cristina Mattioda; BESSA, Francisco Eduardo de Holanda. Análise das fiscalizações da CGU oriundas de denúncias envolvendo obras sob gestão do ministério das cidades. *Cap Accounting and Management*, Curitiba, v. 09, n. 09, p. 81-101, 18 set. 2015. Disponível em: http://revistas.utfpr.edu.br/pb/index.php/CAP/article/view/1870/1518. Acesso em: 01 set. 2020.

DAVIS, L. E.; NORTH, D. C. *Institutional change and American economic growth*. Cambridge: Cambridge University Press, 1971.

DUARTE JÚNIOR, Alonso Pereira. *A CGU e a qualidade da democracia*: uma análise das operações especiais (2003-2016) como mecanismo de combate à corrupção. Porto Alegre, RS: Editora FI, 2017.

DYER, Jeffrey H. Effective interfirm collaboration: how firms minimize transaction costs and maximize transaction value. *Strategic management jornal*, v. 18, 7, p 535-556, Chicago, 1997.

EUROPEAN COMMISSION. *Compendium of the Public Internal Control Systems in the EU Member States*. Second edition, Luxembourg: Publications Office of the European Union, 2012.

FAORO, Raymundo. *Os donos do poder*: formação do patronato político brasileiro. 3. ed. São Paulo: Editora Globo, 2001.

FARINA, Elizabeth M. M. Q. (Coord.). *Estudos de caso em agribusiness*. São Paulo: Pioneira, 1997.

FAYOL, Henri. *Administração industrial e geral*. 5. ed. São Paulo: Atlas S. A., 1964.

FÉLIX ROSAR, Maria de Fátima. A municipalização como estratégia de descentralização e desconstrução do sistema brasileiro. *In*: OLIVEIRA, Dalila de Andrade (Org.). *Gestão democrática da educação*: desafios contemporâneos. 8. ed. Petrópolis: Vozes, 2008. p. 105-140.

FERRAZ, Cláudio; FINAN, Frederico. Exposing corrupt politicians: the effect of Brazil's Anti-Corruption Program on Electoral Outcomes. *IZA Discussion Papers*, n. 2836, 2007.

FERRAZ, Claudio; FINAN, Frederico; MOREIRA, Diana B. Corrupting learning. *Journal of Public Economics*, [s.l.], v. 96, n. 9-10, p. 712-726, out. 2012. Elsevier BV. Disponível em: http://dx.doi.org/10.1016/j.jpubeco.2012.05.012.

FERREIRA, Eliza Bartolozzi. Federalismo e planejamento educacional no exercício do PAR. *Cadernos de Pesquisa*, [s.l.], v. 44, n. 153, p. 602-623, set. 2014. FapUNIFESP (SciELO). Disponível em: http://dx.doi.org/10.1590/198053142952.

FIANI, Ronaldo. *O problema dos custos de transação em parcerias público-privadas em infraestrutura*. Texto para discussão 2261 / Instituto de Pesquisa Econômica Aplicada. Brasília; Rio de Janeiro: Ipea, 2016.

FIANI, Ronaldo. Teoria dos custos de transação. *In*: KUPFER, D.; HASENCLEVER, L. *Economia Industrial*: fundamentos teóricos e práticas no Brasil. Rio de Janeiro: Campus, 2002.

FIANI, Ronaldo. *Arranjos institucionais e desenvolvimento*: o papel da coordenação em estruturas híbridas. Texto para discussão 1815 / Instituto de Pesquisa Econômica Aplicada. Brasília; Rio de Janeiro: Ipea, 2013.

FIANI, Ronaldo. Arranjos institucionais e desenvolvimento: o papel da coordenação em estruturas híbridas. *In*: GOMIDE, Alexandre de Ávila; PIRES, Roberto Rocha C. *Capacidades estatais e democracia*: arranjos institucionais de Políticas Públicas. Brasília: Ipea, 2014.

FIANI, Ronaldo. *Cooperação e conflito*: instituições e desenvolvimento econômico. Rio de Janeiro: Elsevier, 2011.

FILGUEIRAS, Fernando. Burocracias do controle, controle da burocracia e *accountability* no Brasil. *In*: PIRES, Roberto Rocha C.; LOTTA, Gabriela S.; OLIVEIRA, Vanessa Elias de. *Burocracia e Políticas Públicas no Brasil*: Inserções analíticas. Brasília: Enap: Ipea, 2018. p. 355-381. Disponível em: http://www.ipea.gov.br/. Acesso em: 09 jun. 2019.

FILGUEIRAS, Fernando. Transparência e controle da corrupção no Brasil. *In*: AVRITZER, Leonardo; FILGUEIRAS, Fernando (Org.). *Corrupção e sistema político no Brasil*. Rio de Janeiro: Civilização Brasileira, 2011. p. 133-162.

FOUCAULT, Michel. *Vigiar e punir*: nascimento da prisão. Petrópolis: Vozes, 1987. 288p.

FRIEDMAN, Milton. *Capitalismo e liberdade*. São Paulo: Abril Cultural, 1982.

FUKUYAMA, Francis. *Ordem e decadência política*: da revolução industrial à globalização da democracia. 1. ed. Rio de Janeiro: Rocco, 2018.

GARCIA, Leice Maria. *Análise do controle interno do Poder Executivo Federal brasileiro sob a perspectiva de Pierre Bourdieu*: história social como possibilidade de compreensão da produção e reprodução de práticas dos agentes. 2011. 240 f. Tese (Doutorado) - Curso de Pós Graduação e Pesquisa em Administração, Universidade Federal de Minas Gerais, Belo Horizonte, 2011. Disponível em: http://www.bibliotecadigital.ufmg.br/. Acesso em: 01.set.2020.

GARDNER, Dan. *Risco*: a ciência política do medo. Rio de Janeiro: Odisséia, 2009.

GHOSHAL, Sumantra; MORAN, Peter. Bad for practice: A critique of the transaction cost theory. *Academy of Management Review*, v. 21.1, p 13-47, New York, 1996.

GIAMBIAGI, Fábio; ALEM, Ana. *Finanças Públicas*: teoria e prática no Brasil. 3. ed. Rio de Janeiro: Elsevier, 2008.

GOGOL, Nicolai. *O inspetor Geral*. São Paulo: Brasiliense, 1966.

GOMES, Luciano de Souza. *Repasse de recursos*: convênio ou transferência fundos a fundo? Texto 008 - Orçamento Público em discussão. Consultoria de Orçamentos, Fiscalização e Controle. Senado Federal. Brasília, 2013.

GOMIDE, Alexandre de Avila; PIRES, Roberto Rocha C. Analise comparativa: arranjos de implementação e resultados de Políticas Públicas. *In*: GOMIDE, Alexandre de Avila; PIRES, Roberto Rocha C. *Capacidades estatais e democracia*: arranjos institucionais de Políticas Públicas. Brasília: Ipea, 2014. p. 351-379.

GRASSI, Robson Antônio. Williamson e "formas híbridas": uma proposta de redefinição do debate. *Revista Economia e Sociedade*, v. 12.1, p. 43-64, Campinas, 2003.

GRIN, Eduardo José; ABRUCIO, Fernando Luiz. Las capacidades estatales de los municipios brasileños en un contexto de descentralización de políticas. *Revista del Clad Reforma y Democracia*, Caracas, v. 70, p. 93-126, 1. fev. 2018.

GUIMARÃES, Juarez. Sociedade civil e corrupção: crítica à razão liberal. *In*: AVRITZER, Leonardo; FILGUEIRAS, Fernando. *Corrupção e sistema político no Brasil*. Rio de Janeiro: Civilização Brasileira, 2011. p. 83-98.

GÜNTHER, H. Pesquisa qualitativa versus pesquisa quantitativa: esta é a questão? *Psicologia*: Teoria e Pesquisa, Brasília, v. 22, n. 2, maio/ago. 2006, p. 201-210.

GUSSI, Alcides Fernando; BRAGA, Marcus Vinicius de Azevedo; VISCARDI, Pedro Ribeiro. Meta-avaliação da atuação dos órgãos de controle em relação ao Programa Bolsa Família na ótica da avaliação em profundidade. *O Social em Questão*, ano XIX, n. 36, 2016, p. 215-238.

HAGE, Jorge. *O governo Lula e o combate* à *corrupção*. 1. ed. São Paulo: Editora Fundação Perseu Abramo, 2010.

HALACHMI, Arie. Accountability Overloads. *In*: BOVENS, Mark *et al*. *The Oxford Handbook of Public accountability*, [s.l.], p. 560-573, 1 maio 2014. Oxford University Press. Disponível em: http://dx.doi.org/10.1093/oxfordhb/9780199641253.013.0011.

HEDLER, Helga Cristina; TORRES, Cláudio Vaz. Meta-avaliação de Auditorias de Natureza Operacional do Tribunal de Contas da União. *Revista de Administração Contemporânea (RAC)*, Curitiba, v. 13, n. 3, art. 7, p. 468-486, jul./ago. 2009.

HILL, M. *The Policy Process in the Modern State*. 3. ed. Londres, UK: Prentice Hall, 1997.

HODGSON, G. M. Institutional Economics: surveying the 'old' and the 'new'. *Metroeconomica*, v. 44, n. 1, p. 01-28, 1993.

IIA BRASIL. Instituto de Auditores Internos do Brasil. Modelo das três linhas do IIA 2020: uma atualização das três linhas de defesa. *IIA Brasil*. São Paulo, 2020. Disponível em: http://www.iiabrasil.org.br/. Acesso em: 01 set. 2020.

JANOTTI, Maria de Lourdes M. *O coronelismo*: uma política de compromissos. 7. ed. São Paulo: Brasiliense, 1989.

JANSSEN, Roel. *The art of audit*: eight remarkable government auditors on stage. Amsterdan: Amsterdam University Press, 2015.

JENSEN, Jennifer M. State Representation in Washington and the Political Safeguards of Federalism. *Annual Meeting Paper; American Political Science Association*, 2013. Disponível em: https://papers.ssrn.com/sol3/papers.cfm?abstract_id=2300599. Acesso em: 01 set. 2020.

JIANG, Shan "helen". How "Scandalizing" Corruption Can Backfire. 2018. *GAB | The Global Anticorruption Blog Law, Social Science, and Policy*. Disponível em: https://globalanticorruptionblog.com/2018/07/09/how-scandalizing-corruption-can-backfire/. Acesso em: 01 set. 2020.

KAHNEMAN, Daniel. *Rápido e devagar*: duas formas de pensar. 1. ed. Rio de Janeiro: Objetiva, 2012.

KETOKIVI, Mikko; MAHONEY, Joseph T. Transaction Cost Economics as a Constructive Stakeholder Theory. *Academy of Management Learning & Education*, p. 123-138, 2016.

KLITGAARD, Robert E. *A corrupção sob controle*. Tradução de Octávio Alves Velho. 1. ed. Rio de Janeiro: Jorge Zahar Ed., 1994.

KNIHS, Clarice. *Avaliação do Custo Benefício das Ações de Controle da CGU de 2012 a 2016*. 2017. 54 f. Monografia (Especialização) - Curso de Pós Graduação Lato Sensu em Orçamento Público, Instituto Legislativo Brasileiro, Brasília, 2017. Disponível em: http://www2.senado.leg.br/bdsf/item/id/543513. Acesso em: 01 set. 2020.

LAMBSDORFF, Johann Graf. *The institutional economics of corruption and reform*: theory, evidence and policy. Cambridge: Cambridge University Press, 2007.

LESSARD, Claude; CARPENTIER, Anyléne. *Políticas educativas*: a aplicação na prática. Petrópolis: Vozes, 2016.

LEVITSKY, Steven; ZIBLATT, Daniel. *Como as democracias morrem*. Rio de Janeiro: Zahar, 2018.

LINDERT, Peter H. *Growing Public*: social spending and economics growth since the eighteenth century. Nova York: Cambridge University Press, 2004.

LIPSKY, Michael. *Street Level Bureaucracy*: dilemmas of the individual in Public services. Nova York: Russel Sage Foundation, 1980.

LIPSKY, Michael. *Street-level bureaucracy*: dilemmas of the individual in public service. 30th anniversary expanded edition. New York: Russell Sage Foundation, 2010.

LIPSKY, Michael. Toward a Theory of Street-level Bureaucracy. *In*: HAWLEY, W.; LIPSKY, M. (Eds.). *Theoretical Perspectives on Urban Politics*, Eaglewood Cliffs, NJ, Prantice Hall, 1976.

LOCHAGIN, Gabriel. O controle financeiro interno no direito comunitário europeu. *In*: BLIACHERIENE, Ana Carla; BRAGA, Marcus Vinicius de Azevedo; RIBEIRO, Renato Jorge Brown (Org.). *Controladoria no Setor Público*. Belo Horizonte: Fórum, 2016. p. 145-160.

LOTTA, Gabriela. O papel das burocracias do nível da rua na implementação de Políticas Públicas: entre o controle e a discricionariedade. *In*: FARIA, C. A. (Org.). *Implementação de Políticas Públicas*. Teoria e Prática. Belo Horizonte: Editora PUC Minas, 2012.

LÜDKE, Menga; MARLI, E. D. A. André. *Pesquisa em educação*: abordagens qualitativas. São Paulo: Editora Pedagógica e Universitária, 1986.

MAGALHÃES, João Carlos. Emancipação político-administrativa de municípios no Brasil. *In*: CARVALHO, Alexandre Xavier Ywata *et al*. *Dinâmica dos Municípios*. Brasilia: Ipea, 2007. Cap. 1. p. 1-40. Disponível em: http://www.ipea.gov.br/. Acesso em: 01 set. 2020.

MAIRAL, Héctor A. *As raízes legais da corrupção*. Ou como o direito público fomenta a corrupção em vez de combatê-la. Toshio Mukai (Comentários à edição brasileira). São Paulo: Editora Contracorrente, 2018.

MALTBY, Josephine. There is No Such Thing as Audit Society: A Reading of Power, M. (1994a) "The Audit Society". *Ephemera*, v. 8, n. 4, p. 388-398, 2008.

MARQUES NETO, Floriano de Azevedo; PALMA, Juliana Bonacorsi de. Os sete impasses do controle da Administração Pública no Brasil. *In*: PEREZ, Marcos Augusto; SOUZA, Rodrigo Pagani de (Org.). *Controle da Administração Pública*. Belo Horizonte: Fórum, 2017. p. 21-38.

MARTINS, Clélia. *O que é Política Educacional*. São Paulo: Brasiliense, 1993.

MARTINS, Paulo de Sena. *Fundeb, federalismo e regime de colaboração*. Campinas, SP/Brasília, DF: Autores Associados/Faculdade de Educação da UnB, 2011.

MARX, César Augusto. *A CGU e a Dualidade do Papel do Controle Interno no Brasil*. 2015. 95 f. Dissertação (Mestrado) - Curso de Administração, FGV-SP, São Paulo, 2015. Disponível em: https://bibliotecadigital.fgv.br/. Acesso em: 01 set. 2020.

MAUS, Ingeborg. Judiciário como superego da sociedade: o papel da atividade jurisprudencial na sociedade órfã. *In*: *Novos Estudos Cebrap*, n. 58, p. 183-202, nov. 2000. Disponível em: https://www.researchgate.net/. Acesso em: 01 set. 2020.

MCCANN, L. *et al*. Transaction Cost Measurement for evaluating Environmental Policies. *Ecological Economics*, 52, p. 527-542, 2005.

MCCUBBINS, Mathew D.; SCHWARTZ, Thomas. Congressional Oversight Overlooked: Police Patrols versus Fire Alarms. *American Journal of Political Science*, [s.l.], v. 28, n. 1, p. 165-179, fev. 1984. JSTOR. Disponível em: http://dx.doi.org/10.2307/2110792.

MELO, Gerlanne Luiz Santos; PASSOS, Guiomar de Oliveira. Auditoria Operacional do TCU no Ensino Médio: Federalismo de Cooperação? *Revista do Serviço Público/ENAP*, Brasília, n. 69, p. 37-62, jul./set. 2018. Trimestral.

MENARD, Claude. Hybrid Organization of Production and Distribution (December 1, 2006). *Revista de Analisis Economico*, v. 21, n. 2, 2006. Available at SSRN: https://ssrn.com/abstract=1239162.

MENARD, Claude. *Hybrid modes of organization: alliances, joint ventures, networks, and other "strange" animals*. Paris: Université Paris, Panthéon-Sorbonne, 2011 (Post-Print and Working Papers). Disponível em: http://halshs.archives-ouvertes.fr/halshs-00624291/. Acesso em: 09 jun. 2019.

MENARD, Claude. Research frontiers of new institutional economics. *Rausp Management Journal*, [s.l.], v. 53, n. 1, p. 3-10, jan. 2018. Elsevier BV. Disponível em: http://dx.doi.org/10.1016/j.rauspm.2017.12.002.

MENARD, Claude. The Economics of Hybrid Organizations. *Journal of Institutional And Theoretical Economics Jite*, [s.l.], v. 160, n. 3, p. 345-376, 1 set. 2004. Mohr Siebeck. Disponível em: http://dx.doi.org/10.1628/0932456041960605.

MENDES, Marcos. *Descentralização na educação*: medida acertada é parte da PEC do Pacto Federativo e tem passado despercebida. 2019. Folha de São Paulo. Disponível em: https://www1.folha.uol.com.br/colunas/marcos-mendes/2019/12/descentralizacao-na-educacao.shtml. Acesso em: 01 set. 2020.

MEYERS, Marcia K.; VORSANGER, Susan. Burocratas de nível de rua e a implementação de Políticas Públicas. *In*: PETERS, B; PIERRE, Jon (Orgs.). *Administração Pública*: Coletânea. São Paulo: Editora Unesp/ENAP, 2010.

MIGNOZZETTI, U.; CEPALUNI, G. *When does Clientelism pay off? Legislature Size and Welfare in Brazil*. Fórum de Pesquisa do PPGCC/FEA/USP. São Paulo, 2017. Disponível em: https://www.dropbox.com/s/k739wxzv0w7spuq/welfareclientelism-5.pdf?dl=0. Acesso em: 01 set. 2020.

MONTESQUIEU. *Do espírito das Leis*. São Paulo: Editora Martin Claret, 2006.

MORAES, Marcia Azanha Ferraz Dias de; RODRIGUES, Luciano. Análise das formas de governança utilizadas nos processos de carregamento e transporte de cana-de-açúcar. In: XLIII Congresso da SOBER, 2005, Ribeirão Preto. *Anais...*

NARDES, João Augusto Ribeiro; ALTOUNIAN, Claudio Sarian; VIEIRA, Luis Afonso Gomes. *Governança Pública*: o desafio do Brasil. Belo Horizonte: Fórum, 2014.

NOONAN JR., John T. *Subornos*. Tradução de Elsa Martins. Rio de Janeiro: Editora Bertrand Brasil, 1989.

NUNES, Edson. *A gramática política no Brasil*: clientelismo e insulamento burocrático. -3. Ed. –Rio de Janeiro: Jorge Zahar Ed. ; Brasília, DF: ENAP, 2003

ODI. *Local governance, decentralisation and corruption in Bangladesh and Nigeria (Report)*. 2018. Disponível em: https://www.odi.org/sites/odi.org.uk/files/resource-documents/12177.pdf. Acesso em: 01 set. 2020.

O'DONNELL, Guillermo. Accountability Horizontal e Novas Poliarquias. *Lua Nova*, São Paulo, n. 44, 1998.

O'DONNELL, Guillermo. Horizontal Accountability: The legal institutionalization of mistrust. *In*: MAINWARING, Scott; WELNA, Christopher. *Democratic Accountability in Latin America*. Oxford: Oxford University Press, 2003.

OLIVEIRA JÚNIOR, Temístocles Murilo; MENDES, Arnaldo Paulo. The fundamentals of corruption-fighting within the accountability program of the Brazilian Federal Government. *Revista do Serviço Público*, Brasília, v. 67, n. 3, p. 291-318, set. 2016. Trimestral. Disponível em: http://seer.enap.gov.br/. Acesso em: 01 set. 2020.

OLIVEIRA, Antônio. Burocratas da linha de frente: executores e fazedores das Políticas Públicas. *Revista de Administração Pública*, Rio de Janeiro, v. 6, n. 46, p. 1551-1573, 1 nov. 2012. Bimestral. Disponível em: http://bibliotecadigital.fgv.br/ojs/index.php/rap/article/view/7136/5686. Acesso em: 01 set. 2020.

OLIVEIRA, D. A. Política Educacional. *In*: OLIVEIRA, D. A.; DUARTE, A. M. C.; VIEIRA, L. M. F. *Dicionário*: trabalho, profissão e condição docente. Belo Horizonte: UFMG/Faculdade de Educação, 2010. CD-ROM.

OLIVEIRA, Lya Cynthia Porto de; FALEIROS, Sarah Martins; DINIZ, Eduardo Henrique. Information systems in decentralized social policies: an analysis of the federal coordination and management practices. *Rev. Adm. Pública*, Rio de Janeiro, v. 49, n. 1, p. 23-46, fev. 2015. Disponível em: http://www.scielo.br/. Acesso em: 09 jun. 2019. Disponível em: http://dx.doi.org/10.1590/0034-76121675.

OLIVEIRA, Mariana. CGU investiga 100 denúncias sobre fraude na merenda escolar: No estado de SP, cerca de 30 prefeituras são suspeitas de irregularidade. Merenda é criticada por escolas e pais, principalmente no Norte e Nordeste. *Portal G1*. Rio de Janeiro, 16 mar. 2011. Disponível em: http://g1.globo.com/educacao/noticia/2011/03/cgu-investiga-100-denuncias-sobre-fraude-na-merenda-escolar.html. Acesso em: 01 set. 2020.

OLIVIERI, Cecília et al. *A CGU e a administração pública federal (APF) no sistema brasileiro de controle democrático*: avaliação institucional e da percepção dos atores. São Paulo: Editora FGV, 2011.

OLIVIERI, Cecília et al. Gestão municipal e corrupção na implementação de programas educacionais federais. *Revista de Administração Pública*, [s.l.], v. 52, n. 1, p. 169-179, jan. 2018. FapUNIFESP (SciELO). Disponível em: http://dx.doi.org/10.1590/0034-7612171081.

OLIVIERI, Cecília. *A lógica política do Controle Interno*: o monitoramento das Políticas Públicas no presidencialismo brasileiro. São Paulo: Annablume, 2010.

OLIVIERI, Cecília; LOUREIRO, Maria Rita; TEIXEIRA, Marco. A.; ABRUCIO, Fernando. Democracia e Controle da Gestão Pública no Brasil. Avanços e desafios na atuação da Controladoria-Geral da União. *In*: MENICUCCI, Telma; GONTIJO, José Geraldo Leandro (Org.). *Gestão e Políticas Públicas no cenário contemporâneo*: tendências nacionais e internacionais. Rio de Janeiro: Ed. FIOCRUZ, 2016. p. 381-398.

OSBORNE, David; GAEBLER, Ted. *Reinventando o governo*: como o espírito empreendedor está transformando o setor público. Brasília: MH Comunicação, 1994.

PADILHA, Frederico et al. As regularidades e exceções no desempenho no Ideb dos municípios. *Estudos em Avaliação Educacional*, [s.l.], v. 23, n. 51, p. 58-81, 30 abr. 2012. Fundação Carlos Chagas. Disponível em: http://dx.doi.org/10.18222/eae235120121948.

PAPADOPOULOS, Yannis. Accountability and Multi-level Governance: More accountability, Less Democracy?. *West European Politics*, [s.l.], v. 33, n. 5, p. 1030-1049, 10 ago. 2010. Informa UK Limited. Disponível em: http://dx.doi.org/10.1080/01402382.2010.486126.

PARREIRA, Marcelo; FOREQUE, Flavia. Autarquia do MEC analisa pouco mais de 10% das prestações de contas de merenda escolar, aponta CGU. 2018. *Portal G1*. Disponível em: https://g1.globo.com/educacao/noticia/2018/07/27/autarquia-do-mec-analisa-pouco-mais-de-10-das-prestacoes-de-contas-de-merenda-escolar-aponta-cgu.ghtml. Acesso em: 01 set. 2020.

PASQUINO, Gianfranco. Verbete "Corrupção". *In*: BOBBIO, Norberto; MATTEUCCI, Nicola; PASQUINI, Gianfranco. *Dicionário de Política*. 13. ed. Brasília: Editora Universidade de Brasília, 2010. p. 291-293. (Volume I).

PEDROSO, Marcel. Racionalidade limitada e uso de informações técnicas em modelos de análise de Políticas Públicas: proposições sobre a perspectiva integradora da Análise Multicritério de Decisão Espacial Construtivista. *Revista de Pesquisa em Políticas Públicas*, Brasília, n. 2, p. 60-83, 1. dez. 2013. Disponível em: http://periodicos.unb.br/index.php/rp3/article/view/10156. Acesso em: 01 set. 2020.

PESSALI, Huáscar Fialho. *Teoria dos custos de transação:* Uma avaliação à luz de diferentes correntes do pensamento econômico. 1998. 155 f. Dissertação (Mestrado) - Curso de Mestrado em Desenvolvimento Econômico, Setor de Ciências Sociais Aplicadas, Universidade Federal do Paraná, Curitiba, 1998. Disponível em: http://www.empresas. ufpr.br/dissertacaohuascar.pdf. Acesso em: 01 set. 2020.

PESSANHA, Charles Freitas. *Accountability* e controle externo no Brasil e na Argentina. In: GOMES, Ângela de Castro (Coord.). *Direitos e Cidadania:* justiça, poder e mídia. Rio de Janeiro: FGV Editora, 2007. p. 139-167.

PINTO, José Marcelino R. *Os recursos para a Educação no Brasil no contexto das finanças públicas.* Brasília: Plano, 2000.

PINTO, Sol Garson Braule. *Regiões Metropolitanas:* por que não cooperam? Rio de Janeiro: Editora Letra Capital, 2009. 247p.

PINTO, Élida Graziane. Risco de novos "anões" coronelistas do orçamento abre década de 2020. 2019. *Revista Consultor Jurídico.* Disponível em: https://www.conjur.com.br/2019-dez-31/contas-vista-risco-novos-anoes-coronelistas-orcamento-abre-2020. Acesso em: 01 set. 2020.

PIRES, Waldir. Não há nada pior que a impunidade para estimular a corrupção. *Caros Amigos,* São Paulo, n. 101, p. 26-32, ago. 2005.

PISSAIA, Vitor Hugo; BRANDÃO, Carlos da Fonseca. Municípios de pequeno porte: uma a análise preliminar quanto à pesquisa de informações básicas educacionais municipais – MUNIC 2014. *Revista Contrapontos,* [s.l.], v. 17, n. 2, p. 395-415, 12 maio 2017. Editora UNIVALI. Disponível em: http://dx.doi.org/10.14210/contrapontos.v17n2.p395-415.

PORTAL G1. *Iranduba, no AM, terá aplicação de recursos fiscalizados pela CGU:* Objetivo da CGU é inibir o desvio de verbas na administração pública. Já foram fiscalizados 1.941 municípios desde 2003. Rio de Janeiro, 24 jul. 2012. Disponível em: http://g1.globo.com/am/amazonas/noticia/2012/07/iranduba-no-am-tera-aplicacao-de-recursos-fiscalizados-pela-cgu.html. Acesso em: 01 set. 2020.

PORTAL G1. *Programa de inclusão digital do MEC não cumpriu metas, diz CGU.* Controladoria estima que mais de 12 mil laboratórios não foram instalados. FNDE diz que estados e municípios são os responsáveis pela infraestrutura. Rio de Janeiro, 21 fev. 2013. Disponível em: http://g1.globo.com/educacao/noticia/2013/02/programa-de-inclusao-digital-do-mec-nao-cumpriu-metas-diz-cgu.html. Acesso em: 01 set. 2020.

POLLITT, Christopher *et al. Desempenho ou legalidade?* auditoria operacional e de gestão pública em cinco países. 1. ed. Belo Horizonte: Fórum, 2008.

POSNER, Paul L.; SHAHAN, Asif. *Audit Institutions.* In: BOVENS, Mark *et al. The Oxford Handbook of Public accountability,* [s.l.], p. 488-506, 1 maio 2014. Oxford University Press. Disponível em: http://dx.doi.org/10.1093/oxfordhb/9780199641253.013.0011.

POWER, M. *The Audit Society:* Rituals of Verification. Oxford: Oxford University Press, 1999.

POWER, Timothy Joseph; TAYLOR, Matthew MacLeod (Orgs.). *Corruption and democracy in Brazil:* the struggle for accountability. Notre Dame: University of Notre Dame Press, 2011.

PRAÇA, Sérgio. *Guerra à corrupção:* lições da Lava Jato-São Paulo: Évora, 2017.

PRADO JÚNIOR, Caio. *Formação do Brasil contemporâneo.* São Paulo: Brasiliense, 1942.

PRADO, Sérgio (Coord.). Transferências Intergovernamentais na Federação Brasileira-avaliação e alternativas de reforma. Fórum Fiscal dos Estados Brasileiros. *Caderno Fórum Fiscal nº 6*, Capítulo 1, p. 11-39. Brasília: ESAF, 2013.

PRADO, Sérgio. *Equalização e federalismo fiscal*: uma análise comparativa. 1. ed. Rio de Janeiro: Konrad-Adenauer -Stiftung, 2006.

PRESSMAN, Jeffrey L.; WILDAVSKY, Aaron. *Implementation*. Berkeley: University of California Press, 1973.

PRICE, Colin. *Leadership and the art of plate spinning*. 2012. McKinsey Quarterly. Disponível em: https://www.mckinsey.com/business-functions/organization/our-insights/leadership-and-the-art-of-plate-spinning. Acesso em: 09 jun. 2019.

PRZEWORSKI, Adam. Sobre o desenho do Estado: uma perspectiva *agent* x *principal*. *In*: PEREIRA, Luiz Carlos Bresser; SPINK, Peter Kevin (Orgs.). *Reforma do Estado e administração pública gerencial*. Rio de Janeiro: Editora Fundação Getúlio Vargas, 1998.

REZENDE, Maria de Fátima. *Os resultados da avaliação como instrumento nas tomadas de decisões: o Plano Nacional de Qualificação do Trabalhador – PLANFOR como base empírica*. 2002. 173 f. Dissertação (Mestrado) - Curso de Programa de Pós-graduação em Administração do Departamento de Administração, Universidade de Brasília, Brasília, 2002.

RICO, Bruno Gabriel de Melo. *O papel da Controladoria-Geral da União no Sistema de Integridade brasileiro*. 2014. 132 f. Dissertação (Mestrado) - Curso de Ciências Sociais, PUC-SP, São Paulo, 2014.

ROCHA, F.; DUARTE, J.; GADELHA, S.; OLIVEIRA, P.; PEREIRA, L. E possível atingir as metas para a educação sem aumentar os gastos? Uma análise para os municípios brasileiros. Secretaria do Tesouro Nacional/MF, *Texto para discussão nº 15*. Brasília, 2013.

ROSE-ACKERMAN, Susan. A economia Política da Corrupção. *In*: ELLIOT, Kimberly Ann (Org.). *A corrupção e a economia global*. Brasília: Editora Universidade de Brasília, 2002. p. 59-102.

ROSILHO, Andre Janjacomo. *Controle da administração pública pelo Tribunal de Contas da União*. 2016. 358 f. Tese (Doutorado) - Curso de Faculdade de Direito, Universidade de São Paulo, São Paulo, 2016. Disponível em: https://www.teses.usp.br/teses/disponiveis/2/2134/tde-08022017-165131/publico/Andre_Rosilho_Controle_da_Administracao_Publica_pelo_TCU_INTEGRAL.pdf. Acesso em: 01 set. 2020.

ROSSI, P. H.; LIPSEY, M. W.; FREEMAN, H. E. *Evaluation*: a sistematic approach. 7. ed. California: Sage Publications, 2004.

ROTHSTEIN, Bo. *Anti-Corruption-A Big Bang Theory, Paper presented at the Conference on Corruption and Democracy organized by the Centre for the Study of Democratic Institutions*. Vancouver: University of British Columbia, June 8-9, 2007.

ROTHSTEIN, Bo; USLANER, Eric M. All for all: Equality, corruption, and social trust. *World Politics*, v. 58, n. 01, p. 41-72, 2005.

SANTANA, José Santos Souza. *Análise comparativa dos custos de transação para o desenvolvimento da atenção primária à saúde no estado da Bahia*: Fundação Estatal e administração direta. 2013. 102 f. Dissertação (Mestrado) - Curso de Mestrado Profissional em Saúde Coletiva, Universidade Federal da Bahia, Salvador, 2013. Disponível em: https://repositorio.ufba.br/ri/handle/ri/16245. Acesso em: 01 set. 2020.

SANTISO, Carlos. *Auditing for accountability? Political economy of government auditing and budget oversight in emerging economies*. 2007. 421 f. Tese (Doutorado) - Curso de Philosophy, John Hopkins University, Baltimore, 2007.

SANTOS, Romualdo Anselmo dos. *Institutionalising anti-corruption in Brazil*: The path of Controladoria-Geral da União (CGU). 2013. 325 f. Tese (Doutorado) - Curso de Departament of Politics, University of Sheffield, South Yorkshire, 2013.

SÁTIRO, Daiana da Silva Sousa. *Gestão escolar na rede de ensino público do Distrito Federal*: a experiência da gestão compartilhada. 2010. 245 f. Dissertação (Mestrado) - Curso de Programa de Pós-graduação em Educação, Universidade Católica de Brasília, Brasília, 2010. Disponível em: https://bdtd.ucb.br:8443/jspui/handle/123456789/652. Acesso em: 01 set. 2020.

SAVIANI, Demerval. *PDE – Plano de Desenvolvimento da Educação*. Análise crítica da política do MEC. Campinas: Autores Associados, 2009. (Coleção polêmicas do nosso tempo).

SAVIANI, Demerval. *Educação Brasileira*: Estrutura e sistema. 9. ed. Campinas: Autores Associados, 2005.

SCHEDLER, Andreas. Conceptualizing accountability. *In*: SCHEDLER, A.; DIAMOND, L.; PLATTNER, M. *The Self-Restraining State*: Power and accountability in New Democracies. Lynne Rienner Publisher, 1999. p. 13-27.

SCHUBERT, Maycon Noremberg; WAQUIL, Paulo Dabdab. Análise dos custos de transação nas cooperativas da cadeia produtiva do leite no oeste de Santa Catarina. *Organizações Rurais & Agroindustriais* (Edição especial), Lavras, v. 16, n. 4, p. 435-449, 1 dez. 2014.

SCHWARTZMAN, Simon. *Bases do autoritarismo brasileiro*. 3. ed. Rio de Janeiro: Campus, 1988.

SEGATTO, Catarina Ianni; ABRUCIO, Fernando Luiz. A cooperação em uma federação heterogênea: o regime de colaboração na educação em seis estados brasileiros. *Revista Brasileira de Educação*, [s.l.], v. 21, n. 65, p. 411-429, jun. 2016. FapUNIFESP (SciELO). Disponível em: http://dx.doi.org/10.1590/s1413-24782016216522.

SEN, Amartya Kumar. *Desenvolvimento como liberdade*. São Paulo: Companhia das Letras, 2000.

SHAHAB, Sina; CLINCH, J. Peter; O'NEILL, Eoin. Accounting for transaction costs in planning policy evaluation. *Land Use Policy*, [s.l.], v. 70, p. 263-272, jan. 2018. Elsevier BV. Disponível em: http://dx.doi.org/10.1016/j.landusepol.2017.09.028.

SILVA FILHO, Edison Benedito da. A teoria da firma e a abordagem dos custos de transação: elementos para uma crítica institucionalista. *Revista Pesquisa & Debate*. Revista do Programa de Estudos Pós-Graduados em Economia Política - PUC-SP. v. 17, n. 2, p. 259-277, São Paulo, 2006.

SILVA, Daniel Pereira da. *O Programa Nacional de Alimentação Escolar (PNAE) cumpre o que promete?* Um ensaio para uma agenda de pesquisas sobre a dependência da trajetória de avaliação de uma política pública. 2018. 218 f. Dissertação (Mestrado) - Curso de Políticas Públicas e Gestão Governamental, Instituto Brasiliense de Direito Público, Brasília, 2018.

SILVA, Maria Abádia da. Qualidade social da educação pública: algumas aproximações. *Cad. CEDES* [online]. 2009, v. 29, n. 78, p. 216-226. ISSN 0101-3262. Disponível em: http://dx.doi.org/10.1590/S0101-32622009000200005.

SILVA, Thomaz Anderson Barbosa da. *Política e burocracia do controle*: as controladorias públicas nas capitais brasileiras. 2015. 116 f. Dissertação (Mestrado) - Curso de Administração Pública e Governo, Escola de Administração de Empresas de São Paulo, Fundação Getúlio Vargas, São Paulo, 2015. Disponível em: http://bibliotecadigital.fgv.br/. Acesso em: 01 set. 2020.

SILVA, Virgílio Afonso da. Federalismo e articulações de competências no Brasil. *In*: PETERS, B. Guy; PIERRE, Jon. *Administração Pública*: Coletânea. Brasília: Ed.Unesp/ENAP, 2010. p. 549-570.

SIMON, Herbert A. Rationality as process and as product of thought. *American Economic Review*, v. 68, May, p. 01-16, Pittsburgh, 1978.

SIMON, Herbert A. Human Nature in Politics: the dialogue of psychology with political Science. *American Economic Review*, v. 79, n. 2, p. 293-304, Pittsburgh, 1985.

SIMON, Herbert A. *Comportamento administrativo*: estudo dos processos decisórios nas organizações administrativas. FGV: Rio de Janeiro, 1979.

SOUSA, Rossana Guerra de; BRAGA, Marcus Vinicius de Azevedo. *Compliance* anticorrupção: entre panaceia e efetividade. 2017. *Portal Jota Jurídico*. Disponível em: https://www.jota.info/. Acesso em: 01 set. 2020.

SOUSA, Rossana Guerra de; BRAGA, Marcus Vinicius de Azevedo. Auditoria na era da pós verdade. 2019. *Rede Jornal Contábil*. Disponível em: https://www.jornalcontabil.com.br/auditoria-na-era-da-pos-verdade/. Acesso em: 01 set. 2020.

SOUZA, Celina Maria de. Políticas Públicas: uma revisão da literatura. *Sociologias*, [s.l.], n. 16, p. 20-45, dez. 2006. FapUNIFESP (SciELO). Disponível em: http://dx.doi.org/10.1590/s1517-45222006000200003.

SOUZA, Celina Maria de. Federalismo e Políticas Públicas Nacionais: diversidade ou uniformidade? *In*: MENICUCCI, Telma; GONTIJO, José Geraldo Leandro (Org.). *Gestão e Políticas Públicas no cenário contemporâneo*: Tendências nacionais e internacionais. Rio de Janeiro: Ed. FIOCRUZ, 2016. p. 131-154.

SOUZA, Celina Maria de. Instituições e mudanças. Reformas da Constituição de 1988, federalismo e Políticas Públicas. *In*: HOCHMAN, Gilberto; FARIA, Carlos Aurélio Pimenta de (Org.). *Federalismo e Políticas Públicas no Brasil*. Rio de Janeiro: Editora Fiocruz, 2013. p. 91-118.

SPINELLI, Mário Vinícius Claussen. Brasil e Estados Unidos: o Sistema de Controle Interno do Poder Executivo Federal em perspectiva comparada. *Revista da CGU*, n. 6, p. 32-140, Brasília: CGU, 2009.

SPINELLI, Mário Vinícius Claussen. O papel das Controladorias Governamentais. Do combate à corrupção à contribuição para a eficiência da gestão pública. *In*: MENICUCCI, Telma; GONTIJO, José Geraldo Leandro (Org.). *Gestão e Políticas Públicas no cenário contemporâneo*: Tendências nacionais e internacionais. Rio de Janeiro: Ed. FIOCRUZ, 2016. p. 399-412.

SPINELLI, Mário Vinícius Claussen. *Street-level corruption*: fatores institucionais e políticos da corrupção burocrática. 2016a. 182 f. Tese (Doutorado) -Escola de Administração de Empresas de São Paulo da Fundação Getúlio Vargas, São Paulo, 2016. Disponível em: http://bibliotecadigital.fgv.br/. Acesso em: 01 set. 2020.

TAYLOR, Matthew; BURANELLI, Vinícius C. Ending Up in Pizza: accountability as a Problem of Institutional Arrangement in Brazil. *Latin American Politics and Society*, v. 49, n. 1, 2007, p. 59-87.

THALER, Richard H.; SUNSTEIN, Cass R. *Nudge*: como tomar melhores decisões sobre saúde, dinheiro e felicidade. 1. ed. Rio de Janeiro: Objetiva, 2019.

TODOS PELA EDUCAÇÃO. *Educação Já*: uma proposta suprapartidária de estratégia para a Educação Básica brasileira e prioridades para o Governo Federal em 2019-2022. São Paulo: Todos pela Educação, 2018.

TREVISAN, Antoninho Marmo. *O combate à corrupção nas prefeituras do Brasil*. 4. ed. Cotia, SP: Ateliê Editorial, 2003.

TRIBUNA DO NORTE. *Auditorias da CGU descobrem fraudes contra o Fundeb*. Natal, 02 Abr. 2011. Disponível em: http://www.tribunadonorte.com.br/noticia/auditorias-da-cgu-descobrem-fraudes-contra-o-fundeb/177351. Acesso em: 01 set. 2020.

TRIVINÕS, Augusto N. S. *Introdução à pesquisa em ciências sociais*: a pesquisa qualitativa em educação. São Paulo: Atlas, 1995.

VATN, A. *Transaction costs and multifuncionality*. OECD Workshop on Multifunctionality by the Directorate for Food, Agriculture and Fisheries. Paris, France, 2001.

VAZ, Lucio. *Sanguessugas do Brasil*. São Paulo: Geração Editorial, 2012.

VIEIRA, James. O fundamento das improbidades na Administração Pública Municipal Brasileira. *V Congreso Latinoamericano de Ciência Política*. Asociación Latinoamericana de Ciência Política, Buenos Aires, 2010.

WALLIN, Cláudia Varejão. *Um país sem excelências e mordomias*. São Paulo: Geração Editorial, 2014.

WARDE, Walfrido. *O espetáculo da corrupção*: como um sistema corrupto e o modo de combatê-lo estão destruindo o país. Rio de Janeiro: Leya, 2018.

WEBER, Max. *Economia e sociedade*: fundamentos da sociologia compreensiva. Tradução de Regis Barbosa e Karen Elsabe Barbosa; Revisão técnica de Gabriel Cohn. Brasília, DF: Editora Universidade de Brasília; São Paulo: Imprensa Oficial do Estado de São Paulo, 1999.

WILLEMAN, Marianna Montebello. *Accountability democrática e o desenho institucional dos Tribunais de Contas no Brasil*. 2. ed. Belo Horizonte: Editora Fórum, 2020.

WILLIAMSON, Oliver E. *Market and Hierarchies*: Analysis and Antitrust Implications. New York: The Free Press, 1975.

WILLIAMSON, Oliver E. Outsourcing: Transaction Cost Economics And Supply Chain Management. *The Journal of Supply Chain Management*, [s.l.], v. 44, n. 2, p. 5-16, abr. 2008. Wiley-Blackwell. Disponível em: http://dx.doi.org/10.1111/j.1745-493x.2008.00051.x.

WILLIAMSON, Oliver E. *The mechanisms of governance*. Oxford: Oxford University Press, 1996.

WILLIAMSON, Oliver E. Comparative economic organization: the analysis of discrete structural alternatives. *Administrative Science Quarterly*, v. 36, p. 269-296, 1991.

WILLIAMSON, Oliver E. Public and private bureaucracies: a transaction cost economics perspectives. *Journal of Law, Economics, and Organization*, v. 15, n. 1, p. 306-342, 1999.

WILLIAMSON, Oliver E. *The Economic Institutions of Capitalism*. New York: The Free Press, 1985.

WILLIAMSON, Oliver E. The governance of contractual relations. *In*: PUTTERMAN, Louis; KROSZNER, Randall S. *The economic nature of the firm*: a reader. Cambridge University Press, 1996a.

WILLIAMSON, Oliver E. The incentive limits of firms: A comparative institutional assessment of bureaucracy. *Weltwirtschaftliches Archiv*, 120.4, p. 736-763, New York, 1984.

WILLIAMSON, Oliver E. The Modern Corporation: Origins, Evolution, Attributes. *Journal of Economic Literature*, v. 19, December, p. 1537-1568, 1981.

WILLIAMSON, Oliver E. The theory of the firm as governance structure: from choice to contract. *The Journal of Economic Perspectives*, v. 16.3, p. 171-195, Pittsburgh, 2002.

WINTER, Soren C. Perspectivas de implementação: status e reconsideração. *In*: PETERS, G.; PIERRE, J. (Org.). *Administração pública*: coletânea. São Paulo: Editora Unesp/ENAP, 2010. p. 209- 228.

ZAMBONI FILHO, Yves Basto. *Avaliando o avaliador*: Evidências de um Experimento de Campo sobre as Auditorias da CGU. 2012. 166 f. Tese (Doutorado) - Curso de Administração Pública e Governo, Fundação Getúlio Vargas, São Paulo, 2012. Disponível em: http://bibliotecadigital.fgv.br/. Acesso em: 01 set. 2020.

ANEXO

RELAÇÃO DE DOCUMENTOS ANALISADOS

1) Relatórios de AEPG

Programa	Período analisado	Ano de conclusão
Relatório nº 22 – Fundo de Manutenção e Desenvolvimento da Educação Básica e de Valorização dos Profissionais da Educação (Fundeb)	2007 a 2012	2013
Relatório nº 30 – Programa Nacional do Livro Didático (PNLD)	2009 a 2014	2014
Relatório nº 38 – Programa Nacional de Apoio ao Transporte Escolar na Educação Básica (PNATE)	2009 a 2014	2015
Relatório nº 63 – Programa Nacional de Apoio à Alimentação Escolar na Educação Básica (PNAE)	2011 a 2014	2016
Relatório nº 16 – Infraestrutura de Tecnologia da Informação para a Educação Básica Pública (Proinfo)	2007 a 2010	2013

2) Relatórios de sorteio de municípios

UF	Município	Sorteio	Ano
AC	Senador Guiomard	18	2005
AC	Xapuri	25	2007
AC	Brasiléia	33	2010

AL	Olho d'Água Grande	17	2005
AL	Campestre	30	2009
AL	Roteiro	37	2012
AM	Tonantins	17	2005
AM	Alvarães	30	2009
AM	Juruá	38	2013
AP	Pedra Branca do Amaparí	21	2006
AP	Ferreira Gomes	28	2009
AP	Porto Grande	29	2009
BA	Cruz das Almas	22	2006
BA	Boa Nova	30	2009
BA	Ibirapitanga	36	2012
CE	Acopiara	24	2007
CE	Amontada	25	2007
CE	Pacoti	36	2012
ES	Alegre	29	2009
ES	Pedro Canário	32	2010
GO	Campos Belos	23	2007
GO	Guapó	27	2008
GO	Palminópolis	35	2011
MA	Bela Vista do Maranhão	39	2014
MA	Feira Nova do Maranhão	21	2006
MA	Nova Colinas	33	2010
MG	São Roque de Minas	39	2014
MG	Virgem da Lapa	20	2006

MG	Salinas	23	2007
MG	Frei Inocêncio	31	2010
MG	Novorizonte	38	2013
MT	Vila Rica	16	2005
MT	Nova Guarita	22	2006
MT	Matupá	29	2009
PA	Marapanim	39	2014
PA	Peixe-Boi	27	2008
PA	Pau D'Arco	30	2009
PB	Assunção	19	2005
PB	Poço de José de Moura	26	2008
PB	Duas Estradas	29	2009
PE	Jucati	39	2014
PE	Jupi	17	2005
PE	Mirandiba	23	2007
PE	Venturosa	30	2009
PI	Júlio Borges	39	2014
PI	São João da Fronteira	18	2005
PI	Jacobina do Piauí	27	2008
PI	São João da Serra	32	2010
PR	Marumbi	15	2005
PR	Boa Esperança do Iguaçu	25	2007
PR	Indianópolis	35	2011
PR	Bela Vista da Caroba	36	2012
RJ	Petrópolis	39	2014

RJ	Barra do Piraí	24	2007
RJ	Rio Bonito	30	2009
RN	Ouro Branco	39	2014
RN	São Fernando	25	2007
RN	Ipanguaçu	29	2009
RN	Pedro Velho	32	2010
RO	Cerejeiras	32	2010
RO	Mirante da Serra	37	2012
RR	Amajari	31	2010
RS	Chiapetta	38	2013
RS	Caçapava do Sul	17	2005
RS	Eugênio de Castro	20	2006
RS	Igrejinha	29	2009
SC	Gravatal	19	2005
SC	Cunhataí	33	2010
SC	Três Barras	39	2014
SE	Divina Pastora	27	2008
SE	Japaratuba	34	2011
SE	Divina Pastora	35	2011
SP	Alto Alegre	19	2005
SP	Piquete	33	2010
SP	Pontes Gestal	35	2011
TO	Angico	21	2006
TO	Marianópolis do Tocantins	30	2009
TO	São Valério da Natividade	39	2014

3) Relatórios da CGU de contas anuais do FNDE alusivos aos exercícios de 2005, 2011, 2013 e 2014

4) Informações veiculadas na imprensa e em *sites* oficiais das operações em conjunto da CGU com outros órgãos, como o Ministério Público e a Polícia Federal

Operação	Ano	UF
Operação Guabiru	2005	AL
Operação Orthoptera II	2010	MA
Operação Uragano	2010	MS
Operação Iceberg I	2011	PI
Operação Tabanga	2011	AL
Operação Usura	2011	MA
Operação Alien	2012	MA
Operação Fonte Seca	2012	PA
Operação Cabipe	2013	AL
Operação Julio César	2014	PE
Operação USURA II	2014	MA
Operação Cheque Branco	2014	MA

5) Normativos e documentos relacionados à transparência

Tema	Normativo/Documento
Portal da Transparência	Decreto nº 5.482, de 30.06.2005 (dispõe sobre a divulgação de dados e informações pelos órgãos e entidades da administração pública federal, por meio da rede mundial de computadores – internet)
	Portaria Interministerial CGU MPOG nº 140, de 16.03.2006 (disciplina a divulgação de dados e informações pelos órgãos e entidades da Administração Pública Federal, por meio da rede mundial de computadores – internet, e dá outras providências)
	Portal da Transparência – http://www.portaltransparencia.gov.br/.
Fortalecimento da Gestão Municipal	Portaria CGU nº 363, de 06.07.2006 (instituir o Programa de Fortalecimento da Gestão Municipal a partir de Sorteios Públicos, na forma dos Anexos I e II desta Portaria)
	CGU – Gestão de recursos federais – Manual para os Agentes Municipais (2005)
	CGU – Cartilha – o vereador e a fiscalização dos recursos públicos municipais (2011)
	Portaria CGU nº 470, de 17.07.2006 (torna pública a realização do primeiro sorteio do Programa de Fortalecimento da Gestão Municipal a partir de Sorteios Públicos)
	CGU – Cartilha Fundeb Programa Olho Vivo (2012)
	CGU – Cartilha Controle Social Olho Vivo (2012)
	Portalzinho da CGU (http://www.portalzinho.cgu.gov.br/) e concursos de desenho e redação (http://www.cgu.gov.br/assuntos/controle-social/educacao-cidada/concurso-de-desenho-e-redacao)
	Portaria CGU nº 277, de 7 de fevereiro de 2013 (institui o Programa Brasil Transparente)
Publicação de relatórios de auditoria	Portaria CGU nº 247, de 20.07.2003 (institui o mecanismo do sorteio público para definição das unidades municipais onde será objeto de fiscalização a aplicação de recursos públicos federais)
	Portaria CGU nº 262, de 30.08.2005 (divulgação dos relatórios de gestão, dos relatórios e dos certificados de auditoria, com pareceres do órgão de controle interno)
Leis de Transparência	Decreto nº 7.507, de 27.06.2011 (dispõe sobre a movimentação de recursos federais transferidos a Estados, Distrito Federal e Municípios, em decorrência das leis citadas)
	Lei nº 12.527, de 18.11.2011 (regula o acesso a informações previsto no inciso XXXIII do art. 5º, no inciso II do §3º do art. 37 e no §2º do art. 216 da Constituição Federal; altera a Lei nº 8.112, de 11 de dezembro de 1990; revoga a Lei nº 11.111, de 5 de maio de 2005, e dispositivos da Lei nº 8.159, de 8 de janeiro de 1991; e dá outras providências)
	Lei Complementar nº 131, de 27.05.2009 (acrescenta dispositivos à Lei Complementar nº 101, de 4 de maio de 2000, que estabelece normas de finanças públicas voltadas para a responsabilidade na gestão fiscal e dá outras providências, a fim de determinar a disponibilização, em tempo real, de informações pormenorizadas sobre a execução orçamentária e financeira da União, dos Estados, do Distrito Federal e dos Municípios)

Esta obra foi composta em fonte Palatino Linotype, corpo 10,5
e impressa em papel Offset 75g (miolo) e Supremo 250g (capa)
pela Gráfica Laser Plus, em Belo Horizonte/MG.